LOS NUEVOS INCAS

LA ECONOMÍA POLÍTICA DEL DESARROLLO RURAL ANDINO EN QUISPICANCHI (2000-2010)

Raúl H.
Asensio

Los nuevos Incas

La economía política del desarrollo rural andino en Quispicanchi (2000-2010)

IEP
INSTITUTO DE
ESTUDIOS
PERUANOS

Serie: Estudios de la Sociedad Rural, 47

Programa de subvenciones para proyectos editoriales de la Think Tank Iniciative y el proyecto institucional del IEP-Convocatoria 2013

Horacio Urteaga 694, Lima 11
Telf.: (51-1) 332-6194
www.iep.org.pe

ISBN: 978-9972-51-572-9
ISSN: 1019-4517
Impreso en Perú

Primera edición: Lima, mayo de 2016
1000 ejemplares

Hecho el depósito legal
en la Biblioteca Nacional del Perú: 2016-06648

Registro del proyecto editorial
en la Biblioteca Nacional: 11501131600498

Corrección: Daniel Soria
Corrección de pruebas finales: Mariana Barreto Ávila
Carátula: Gino Becerra
Cierre de edición: Silvana Lizarbe / Gino Becerra
Cuidado de edición: Odín del Pozo
Fotografía de portada: Mural del auditorio de la municipalidad distrital de Ocongate. (Florencia Fernández)

Hernández Asensio, Raúl
Los nuevos incas: la economía política del desarrollo rural andino en Quispicanchi (2000-2010).
Lima, IEP, 2016. (Estudios de la Sociedad Rural, 47)

1. DESARROLLO RURAL; 2. ECONOMÍA POLÍTICA; 3. POBLACIÓN RURAL; 4. GOBIERNO MUNICIPAL; 5. CUSCO; 6. QUISPICANCHI

W/14.01.02/E/47

Índice

Introducción

¿De qué trata este libro?

La primera vez que visité Quispicanchi, mi viaje coincidió con la celebración de las Fiestas Patrias. Como en casi todo el Perú, esta es una de las principales fiestas cívicas del año. Las calles y las casas se engalanan con banderas peruanas de diferentes tamaños y formas, grandes y pequeñas, nuevas y viejas, con o sin escudo. Los pobladores urbanos y rurales desfilan compitiendo por mostrar el fervor de su orgullo patriótico. Abundan las proclamas y los discursos. "Desfila el Perú profundo, el verdadero Perú, los hombres y mujeres que son la esencia de este país, el corazón del Ande peruano". Con estas palabras, bajo el sol del mediodía, el animador del desfile saluda la entrada en la plaza de armas de Quiquijana de un batallón de campesinos ataviados con ponchos de diversos colores, porte marcial y mirada al frente. Paso a paso atraviesan la plaza, siguiendo las líneas precariamente marcadas con cal sobre la pista de asfalto. Frente a ellos, perfectamente trajeados, con una banda arcoíris atravesando su pecho, las autoridades locales observan desde la sombra del toldo protector donado por una empresa cervecera.

Esta escena resulta ilustrativa y paradójica por varias razones. Destaca sobre todo el idioma utilizado en el saludo a los campesinos. En todo el desfile, esta es la primera vez que el presentador abandona el quechua para expresarse en castellano. Quizás se trata de una deferencia a los escasos visitantes foráneos que observamos la ceremonia. Sorprende también la extremada seriedad de quienes en ese momento desfilan, muy lejos del aire casi lúdico que hasta ese momento había predominado en la plaza. La misma circunspección encontramos en el rostro del alcalde y sus regidores. Puestos en pie, saludan y aplauden durante varios minutos el paso de la comitiva campesina.

Con ligeras variantes, es probable que escenas similares se hayan repetido ese mismo día por todo el departamento de Cusco. Los desfiles patrióticos son parte de una narrativa nacionalista ampliamente compartida en muchas regiones del país. La escenografía es siempre similar, con abundantes referentes castrenses. Analizar en detalle cada uno de estos referentes implicaría deconstruir una superposición de narrativas identitarias, símbolos y sentidos comunes que remiten a tradiciones de pensamiento muy diferentes entre sí. La herencia de la historia es pesada en los Andes, pero existen también nuevos elementos que merece la pena resaltar. Incrustadas entre las arengas patrióticas y los memoriales de agravios, escuchamos sorprendentes referencias al desarrollo rural, a la importancia de cuidar el medio ambiente y los recursos biogenéticos andinos, a la cultura andina como fuente de identidad y orgullo, y a la necesidad de preservar, reconstruir y revitalizar la idiosincrasia de la provincia.

Este libro busca indagar en estos nuevos discursos. En concreto, se centra en la noción de "desarrollo rural". Me interesa analizar la manera en que este concepto se convierte en los últimos años en un elemento central en la economía política de la sierra peruana. Cualquiera que haya trabajado en esta región del país, o simplemente viajado por ella, sabe que desarrollo rural es un concepto omnipresente. Es posible encontrarlo en los discursos de las autoridades, en boca de quienes trabajan en las organizaciones no gubernamentales, en las conversaciones de los gestores de programas sociales, en los pliegos de reclamos de los líderes campesinos y, en general, en múltiples instancias de la vida cotidiana. "Desarrollo rural" vehiculiza esperanzas y proyectos políticos muy diferentes. Las preguntas clave que quiero hacerme son qué entienden los pobladores rurales por desarrollo rural, cómo esta idea permea en las dinámicas políticas, económicas y sociales de las zonas rurales y qué explica su éxito en el contexto peruano.

Pero desarrollo rural no es solo un discurso, sino algo más amplio. El concepto también abarca proyectos, programas y políticas públicas, tanto de rango nacional como local. ¿Cómo se imbrican discursos y prácticas? ¿Qué cambios positivos y negativos supone la noción de desarrollo rural para los campesinos andinos? Para responder a estas cuestiones mi investigación se enfoca en Quispicanchi, una provincia andina de aproximadamente ochenta mil habitantes, situada al sur del departamento de Cusco. El relato comienza a finales de los años noventa y llega aproximadamente hasta el año 2010. Los principales protagonistas son un conjunto de alcaldes de origen campesino, que en esta década llegan al poder municipal gracias a un conjunto afortunado de circunstancias que analizaremos en detalle. Se trata de una nueva generación de líderes rurales, con características distintas a las de sus antecesores. En dos ocasiones —en 2006 y 2010— consiguen hacerse con la municipalidad provincial, por lo que su influencia se proyecta en todo Quispicanchi, incluso en aquellos distritos donde la política local sigue estando controlada por alcaldes de extracción urbana.

A diferencia de sus padres y abuelos, casi todos los nuevos líderes rurales tienen educación universitaria. Antes de su entrada en política trabajan en organizaciones no gubernamentales (ONG) y programas sociales, por lo que se mueven con fluidez en los ámbitos urbano y rural. Sin embargo, a pesar de su educación y de su experiencia laboral, siguen reivindicándose a sí mismos como campesinos y mantienen fuertes vínculos con sus comunidades, donde muchos de ellos viven y desarrollan su carrera política. Su actuación en el gobierno local imbrica las reivindicaciones tradicionales de autogobierno y autonomía campesina junto con el mundo del desarrollo y la cooperación internacional. Como trataré de demostrar, la noción de desarrollo rural es clave para hacer el puente entre ambos universos.

Mi investigación busca aportar en los debates recientes sobre la sierra peruana, acerca de lo que ha cambiado y lo que permanece igual. Es necesario precisar, sin embargo, que el objetivo no es hacer una historia intelectual del concepto de desarrollo rural. Los apartados dedicados a cuestiones teóricas ocupan un espacio muy reducido. El lector no encontrará una indagación bibliográfica sobre los diferentes usos que el concepto tiene en los últimos años, ni una disquisición erudita de sus ramificaciones y matices, sino un estudio de caso centrado en un territorio específico de la sierra peruana. El objetivo es comprender de manera densa y detallada la manera en que la noción de desarrollo rural cristaliza sobre el terreno, permeando los discursos y las prácticas de los actores locales. Me interesa ver cómo este concepto se enlaza con las políticas cotidianas, qué suma y qué resta. Sostendré como idea central que, más que un programa político específico, "desarrollo rural" es un campo de fuerza que encapsula demandas, anhelos de trasformación social e ideologías muy diferentes entre sí. En este sentido, se puede comparar con las nociones de "revolución" y "reforma agraria" manejadas épocas anteriores por los actores rurales. En los tres casos se trata de un referente ideal, una caja negra en la que cada actor proyecta sus propias aspiraciones y deseos.

En una perspectiva de medio plazo, el desarrollo rural puede ser entendido como un paradigma de políticas públicas, es decir, como un conjunto legitimado, socialmente validado y ampliamente consensuado de prácticas y discursos que establecen lo que es posible imaginar y experimentar dentro de un ámbito específico de las políticas públicas. Como cualquier paradigma, es al mismo tiempo rígido y flexible: proporciona un lenguaje específico para describir la realidad, resalta algunos aspectos y oscurece otros. Establece los límites de lo factible y lo deseable, pero también permite un amplio margen para que los actores puedan defender sus propias agendas y demandas. Gran parte de su éxito reside precisamente en su versatilidad y en su capacidad para actuar en combinación con otras narrativas, retroalimentándose de manera recíproca, matizando o complementando su significado. La noción de desarrollo rural puede, incluso, interactuar en combinación con referentes mucho más radicales, generando discursos abiertamente contestatarios al orden vigente.

El paradigma de desarrollo rural tiene su origen a finales de los años setenta, cuando coinciden el agotamiento de los modelos revolucionarios de cambio social y el surgimiento de un nuevo consenso político en torno a las ideas de democracia, ciudadanía y economía de mercado. En cierto modo puede considerarse un producto específico del nuevo orden político neoliberal que se instaura en ese momento en toda la región. Es, por lo tanto, un constructo teórico-práctico cuyas raíces y motivaciones se encuentran fuera de Quispicanchi y de la región andina. Sus primeras manifestaciones se dan en el ámbito de la cooperación internacional, que desde la década de 1980 es un actor central de los espacios rurales latinoamericanos. Sus programas e intervenciones son el principal vector de transmisión del nuevo estilo de políticas públicas. Sin embargo, la plasmación sobre el terreno de este paradigma no es automática, ni tampoco se produce de manera incólume. El desarrollo rural "realmente existente" tiene en los Andes (y particularmente en Cusco) características particulares, relacionadas con las tradiciones políticas preexistentes y con las dinámicas sociales y culturales de la región. Los actores locales negocian el paradigma de desarrollo rural, lo adaptan a sus necesidades y lo dotan de matices singulares. Podemos hablar, en este sentido, de un estilo local de desarrollo rural, producto de la interacción entre discursos y prácticas importados y discursos y prácticas locales.

Partiendo de estas ideas, el libro se plantea como un estudio de caso de medio plazo sobre el surgimiento, evolución y plasmación del paradigma de desarrollo rural en una provincia andina particular, cargada de historia, con sus propias dinámicas demográficas, sociales, políticas, económicas, ambientales y culturales. En concreto, son cuatro los temas centrales que atraviesan el libro: (i) las trayectorias y los referentes de la nueva generación de autoridades que llegan al poder en Quispicanchi a partir del año 2001, (ii) el estilo de gobierno municipal articulado en torno a la noción de desarrollo rural que ponen en marcha estas autoridades cuando asumen sus cargos, (iii) la manera en que este estilo de gobierno influye y es influido por las dinámicas políticas, sociales, económicas y culturales de la provincia, favoreciendo a unos actores y perjudicando a otros, y (iv) la interacción entre el paradigma de desarrollo rural y otros discursos y narrativas que en estos mismos años surgen en Quispicanchi.

El caso de Quispicanchi es excepcional en muchos sentidos que analizaré en este libro, pero al mismo tiempo es representativo de un conjunto de tendencias que se observan en gran parte del mundo rural peruano. Es una buena historia para pensar las posibilidades, límites y dilemas del desarrollo rural porque en un periodo de tiempo corto coinciden tres procesos que pueden en cierta manera considerarse como resultados de dicho paradigma: un genuino proceso de empoderamiento político de los actores locales, una relativa dinamización económica (producto de factores endógenos y exógenos) y un intenso debate en torno a la cultura y la identidad locales. Lejos de ser un territorio aislado, Quispicanchi es un espejo donde se reflejan la mayor parte de los cambios que afectan a la sierra peruana, desde la reforma agraria hasta la actualidad. En las páginas que siguen hablaremos de densificación de la presencia estatal en las zonas rurales, mejora de carreteras y telecomunicaciones, incremento de la cobertura de los servicios básicos, universalización de la educación primaria, políticas públicas orientadas por la demanda, participación ciudadana, democratización de la política local, crisis de los partidos políticos, conquista del espacio público por parte de los pobladores rurales, diversificación de actividades productivas, nuevos discursos de identidad colectiva basados en referentes étnico-culturales, viejas y nuevas nociones de comunidad campesina, etc. Es en este contexto complejo de cambios sociales, políticos, económicos y culturales donde el paradigma de desarrollo rural se despliega, como una herramienta conceptual para leer la realidad, para estructurar nuevos proyectos políticos y para dar sentido a los anhelos y esperanzas de la población rural.

Quispicanchi puede considerarse un territorio afortunando en comparación con otras partes de la sierra peruana. Durante los años ochenta la provincia queda relativamente al margen de la violencia política que azota el país. Posteriormente, el ascenso al poder de los alcaldes campesinos coincide con una coyuntura especialmente favorable para las municipalidades rurales. La trasferencia de fondos por concepto de canon hace que en muy pocos años los recursos disponibles se multipliquen. Aunque esta mejora ocurre en gran parte de las provincias de la sierra sur, Quispicanchi cuenta con dos ventajas. Por un lado, la provincia recibe fondos derivados de la actividad minera y gasífera, pero en su territorio no existen grandes proyectos extractivos, lo que evita conflictos sociales que enturbien la vida local. Por otro lado, la cantidad recibida, aunque muy importante en términos relativos, no llega a distorsionar la economía local, como ocurre en otras provincias que reciben mayores trasferencias. Las instituciones quispicanchinas mantienen su capacidad de absorción y no se ven sobrepasadas. Gracias a ello, fenómenos negativos asociados al canon, como la corrupción o la presión excesiva por gastar fondos, se dan en menor escala. Otro factor clave es la presencia de una masa crítica de capital humano, procedente de las ONG y los programas de cooperación internacional que llegan a Quispicanchi en los años ochenta. Estas instituciones entran en crisis a finales de la década pasada, lo que facilita el trasvase de personal cualificado y con experiencia a los gobiernos locales.

Este cúmulo de circunstancias hace que Quispicanchi disfrute de unas instituciones locales relativamente eficientes. Sin embargo, es importante mantener la perspectiva. Los niveles de pobreza y marginalidad siguen siendo muy altos. La vida todavía es una lucha cotidiana, extremadamente difícil para la mayoría de los quispicanchinos. Incluso algunos grupos sociales pueden haber resultado perjudicados por los cambios ocurridos en los últimos años. Tampoco se observan cambios significativos en problemas profundamente enquistados en el mundo rural andino, como la discriminación de género. De ahí que el balance final del libro sea matizado y lleno de claroscuros. Los logros del paradigma de desarrollo rural deben resaltarse tanto como sus limitaciones y los dilemas que genera. Mi objetivo, quiero dejarlo claro desde el inicio, no es propugnar un modelo de desarrollo rural ideal, susceptible de ser exportado a otras regiones del Perú o del mundo andino, sino analizar la complejidad del mundo andino y los retos que enfrenta la población rural.

El libro se basa en un extenso trabajo de campo realizado entre los años 2007 y 2011. En este periodo, se hicieron más de cien entrevistas en profundidad con actores de diferente procedencia social y política y se aplicó una encuesta de hogares en dos distritos representativos de la provincia, Ocongate y Oropesa. También se realizaron varios grupos focales en diferentes comunidades, así como otras actividades complementarias, incluyendo el levantamiento de historias de vida, debates públicos entre candidatos y estudios de caso específicos. El primer capítulo presenta de manera sucinta el escenario de la investigación y los antecedentes históricos. Aunque lejos de ser exhaustivo, el recuento enfatiza una serie de aspectos imprescindibles para entender correctamente los procesos analizados en los capítulos posteriores: la antigüedad de Quispicanchi como entidad política y administrativa, cuya existencia se puede rastrear al menos hasta la época colonial, las diferencias económicas, sociales y culturales entre los diferentes territorios que integran la provincia, su abigarrada y conmovedora historia de resistencia y revueltas campesinas, que habría generado una cierta tradición de líderes rurales carismáticos. También se analizan la importancia de la reforma agraria como parteaguas de la historia reciente de la provincia, su balance ambiguo y las enrevesadas memorias que existen respecto a esta etapa, así como la consolidación de las comunidades campesinas como el principal actor del mundo rural quispicanchino a partir de la década de los ochenta.

El segundo capítulo se detiene en la aparición en los años setenta y ochenta de nuevos actores sociales y políticos, que hasta ese momento habían estado ausentes o habían tenido un impacto limitado en Quispicanchi. En esos años Cusco se convierte en un punto caliente para la cooperación internacional, lo que contribuye a crear una masa crítica de experiencias, prácticas, ideas y profesionales. Esta interacción permite desarrollar proyectos muy innovadores, tanto conceptual como metodológicamente. En los años noventa se suma una nueva hornada de políticas públicas, en parte fundamentada en los aprendizajes de la etapa anterior y en parte resultado del nuevo estilo de políticas públicas promovido por los organismos multilaterales de cooperación. El resultado es la emergencia de un nuevo enfoque del mundo campesino, que cristaliza en torno a la noción de "desarrollo rural". Este proceso está acompañado de la profundización del papel protagónico de las comunidades campesinas, que expanden su influencia a otras esferas de la vida social, tales como la seguridad y el orden público, pero también por la aparición de formas novedosas de asociatividad rural, tales como las asociaciones productivas, los núcleos ejecutores o los comités conservacionistas. Estas instancias son la cantera donde se forma una nueva generación de líderes rurales, diferente de la que había protagonizado la etapa emblemática de luchas campesinas de la reforma agraria.

El tercer capítulo tiene un contenido netamente político. Se analiza en detalle la elección de alcaldes campesinos y las trayectorias de algunos de sus protagonistas. Entre los temas tratados están las particularidades del sistema electoral peruano y el nuevo perfil de las municipalidades rurales, potenciadas en cuanto a capital humano y dotación financiera. Se presta también particular atención al "*ethos* rural" de los nuevos gobiernos municipales. Se trataría de un estilo propio de gobierno local, que amalgama referentes del mundo del desarrollo junto con elementos propios de la cultura política y la economía moral andinas. El discurso de los alcaldes rurales quispicanchinos se apropia de retazos de los discursos preexistentes en el mundo rural cusqueño y los rearticula de acuerdo con sus propias prioridades políticas y morales: campesinismo, indigenismo, cusqueñismo, incaísmo, nuevos discursos contrahegemónicos izquierdistas e incluso la retórica del desarrollo rural son incorporados en un lenguaje político propio, con significados que para un observador externo resultan muchas veces poco claros e incluso abiertamente contradictorios.

El cuarto capítulo continúa el análisis de este nuevo estilo de gobierno local a partir de un caso emblemático: las actividades relacionadas con el engorde de ganado vacuno para su venta en los mercados urbanos cusqueños. El estudio en profundidad de esta actividad nos permitirá ver la manera en que los alcaldes rurales operativizan su nuevo estilo de gobierno. El punto central son los cambios en la gobernanza de los mercados locales, con el objetivo de favorecer a los productores rurales. Una de las medidas más notables es el impulso de nuevas ferias ganaderas. Estos eventos pretenden ser un espacio menos hostil para el intercambio comercial. Su éxito, sin embargo, es solo parcial: logran consolidarse, pero su volumen de ventas queda por debajo de lo esperado. El propio dinamismo económico de la provincia incentiva ferias paralelas, menos controladas por las autoridades locales, pero potencialmente más lucrativas para los pobladores rurales.

El capítulo quinto se enfoca en aspectos económicos. El análisis se articula en torno a dos ideas centrales: el papel de las vías de comunicación que atraviesan la provincia y la creciente importancia de Cusco como mercado de referencia para los productores rurales quispicanchinos. El resultado es una dinamización económica, que impulsa, entre otros, a los productores de derivados lácteos y cuyes. Los panaderos de Oropesa son también objeto de una atención especial, así como los nuevos mercados de abastos que surgen en diversas localidades de la provincia y en sus aledaños. El capítulo concluye con un estudio detallado de la experiencia del llamado "Valle Sur", un proyecto impulsado por ONG y municipalidades que en pocos años logra consolidar discursos e identidades colectivas territoriales diferentes de las preexistentes, en los distritos situados a caballo entre las provincias de Quispicanchi y Cusco.

El sexto capítulo se centra en los nuevos discursos de identidad colectiva que surgen en Quispicanchi desde finales de los noventa. Sostendré que los vectores que alimentan estos discursos son dos: por un lado, las narrativas campesinistas tradicionales, derivadas de la reforma agraria, y por otro la reinterpretación local de los discursos neoindigenistas que surgen en la ciudad de Cusco en las últimas décadas. El resultado de la confluencia de ambas tradiciones, junto con los discursos vinculados al paradigma de desarrollo rural, es una amalgama de referentes puestos al servicio de una nueva narrativa territorial. El texto analiza la manera en que estos discursos se proyectan a la sociedad local, a través de creaciones artísticas, intervenciones urbanas y actividades performativas. Prestaremos especial atención a los llamados *raymis,* fiestas de reminiscencia inca que desde los años noventa proliferan en toda la región sur de Cusco, incentivadas por las municipalidades locales y por grupos intelectuales urbanos.

En los capítulos siete y ocho se analiza la influencia de estas narrativas de identidad colectiva en otras esferas de la vida cotidiana. El texto se centra en los "especialistas culturales" que surgen o se consolidan en estos años en la provincia: músicos, curanderos, místicos. Se trata de personajes emblemáticos, que aprovechan la ubicación geográfica de Quispicanchi y la fama de la provincia en los imaginarios regionales. Entre los temas tratados se encuentran la participación de las instituciones públicas en la promoción de estos emprendimientos, su relación con los nuevos discursos de identidad colectiva y su impacto en los sistemas de género predominantes en Quispicanchi. Se analiza también el incipiente surgimiento de proyectos turísticos, así como los dilemas que estas actividades generan. Un aspecto clave son las disputas entre las diferentes versiones de la autenticidad andina que surgen al calor del incremento de la demanda de bienes y servicios basado en activos culturales, así como las reacciones defensivas de los actores locales frente a la proliferación de lo que se interpreta como posibles amenazas para la integridad cultural quispicanchina: turistas, iglesias evangélicas y especialistas culturales puneños.

Finalmente, el noveno y último capítulo tiene un tono más sombrío en relación con los anteriores. El eje son los retos que enfrenta el nuevo estilo de gobierno local impulsado por los alcaldes campesinos de Quispicanchi. El texto se centra en los ganadores y los perdedores de los cambios ocurridos en los últimos años. Por un lado, como producto del crecimiento económico, se incrementan las diferencias entre unos distritos y otros. Un ejemplo emblemático es la capital provincial, Urcos, que pierde importancia en los planos económico y político, opacada por otros distritos más pujantes, como Quiquijana y Ocongate. Estas diferencias se perciben también en los hogares, entre las familias que logran engancharse a las nuevas dinámicas económicas y las que permanecen ancladas en las actividades agropecuarias tradicionales. Las tensiones se incrementan con el surgimiento de nuevos proyectos políticos, que disputan el poder alcanzado por los alcaldes de origen rural. De este modo, desde finales de la década pasada comienzan a conformarse nuevas alianzas políticas con el objetivo de devolver el control de la política provincial a los representantes de las capitales distritales.

Agradecimientos

El trabajo de campo que está en la base de este libro se realizó en el marco de varios proyectos del Instituto de Estudios Peruanos (IEP) y del Centro Latinoamericano de Estudios Rurales (Rimisp). Debo agradecer en primer lugar a Carolina Trivelli Ávila, responsable de involucrarme en estos proyectos, y que además desarrolló gran parte de las investigaciones conmigo, hasta el momento de ser nombrada ministra de Desarrollo e Inclusión Social en octubre de 2011. Muchas de las reflexiones e ideas que aparecen en este libro tienen su origen en nuestras conversaciones a lo largo de estos años. En Rimisp debo agradecer sobre todo a Julio Berdegué y Claudia Ranaboldo, quienes coordinaron los proyectos en los que estuvo involucrado el IEP. El extraordinario equipo humano de los programas Dinámicas Territoriales Rurales y Desarrollo Territorial Rural con Identidad Cultural fue clave para que las ideas y argumentos de este libro se fueran fraguando a lo largo del tiempo. Creo que solo cuando pase el tiempo nos daremos cuenta en la justa medida de la importancia que estos programas han tenido para la renovación de los enfoques sobre el mundo rural latinoamericano. Entre quienes participaron en estos proyectos, debo agradecer especialmente a Javier Escobal y Carmen Ponce, de Grade, quienes estuvieron en todo momento al tanto de nuestro trabajo en Quispicanchi y nos ayudaron de manera destacada en la parte cuantitativa de nuestro estudio (aunque, por supuesto, los posibles errores que pueda tener este libro en ese campo son de mi exclusiva responsabilidad). Carolina Porras, por su parte, contribuyó con su paciencia y perseverancia a la organización de varios eventos de discusión, incluyendo un accidentado taller de dos días en Cusco, con presencia de autoridades, líderes locales, representantes de la cooperación internacional y del mundo académico latinoamericano, donde los principales argumentos de este libro se expusieron por primera vez.

Trabajar en un territorio supone combinar la mirada desde fuera con la mirada de los propios actores locales. El equipo del IEP que trabajó en Quispicanchi tuvo la suerte de contar con el apoyo de un gran número de socios, que nos permitieron adentrarnos en la compleja realidad del sur de Cusco. Quiero agradecer la colaboración desinteresada de todos ellos. En todo momento contamos con el apoyo de la oficina del Proyecto Corredor Puno-Cusco, del Ministerio de Agricultura, tanto de sus últimos tres directores (César Sotomayor, Rosario Valer y Marina Díaz) como del resto del personal que allí trabajó (Gherson, Mauro, Santiago, Anavela, Benedicto, etc.). También contamos con la colaboración del Centro Regional para la Salvaguarda del Patrimonio Inmaterial de América Latina (Crespial), dirigido por Jaime Urrutia en el periodo de nuestro trabajo de campo. Sus oficinas en Cusco fueron las nuestras durante todo el proyecto. Especialmente mi agradecimiento a Silvia Martínez, Pablo del Valle y Fritz Villasante, incansables y acuciosos especialistas en todo lo relacionado con la cultura cusqueña y andina. Igualmente nos apoyaron en diversos momentos los integrantes del área de desarrollo local del Centro Guamán Poma de Ayala, Ángel Paullo, Ruffo Vega y Yovana Castillo. Su extraordinario trabajo en el valle sur de Cusco habla por ellos y será reseñado con detalle en este libro.

En Andahuaylillas, contamos con el apoyo de la Asociación Jesús Obrero (más conocida por su anterior nombre, Ccaijo), dirigida en el tiempo del trabajo de campo por César Aguirre e integrada en esos años, entre otros, por Magdalena Mateos, Baby Mendoza y Nahuel Muñoz. Igualmente debo agradecer el apoyo del Centro Bartolomé de Las Casas y sus dos directores durante este tiempo, Marco Zeisser y Valerio Paucarmayta, así como a Claudia Cuba, coordinadora de la Casa Campesina, quien participó en varias de las actividades del trabajo de campo. También en Cusco fueron muy esclarecedoras las conversaciones mantenidas con Ramón Pajuelo y Beatriz Pérez Galán. Casi nunca estamos acuerdo, pero sus ideas son siempre inteligentes, argumentadas y sumamente bien expuestas, por lo que discrepar con ellos es un placer. En diferentes momentos, como asistentes de campo, participaron en la investigación Adriana Arista Zerga, Alain Elvis Alanoca Aragón, Andrea García Abad, César Oré Rocca, Florencia Fernández, Jenica Frisque, Jimena Montenegro, John Salas, Jorge Fidel Quiroga Arévalo, Juan Gualberto Quispe Huallpa, María Cristina Gutiérrez Cottle, Martín Cavero Castillo, Míriam Rodríguez Centeno, Patricia Olivera Paredes y Rosaura Villafuerte Fernández. Con su paciencia y disposición para soportar jornadas de trabajo de campo que con frecuencia se iniciaban antes del amanecer y concluían muchas horas después, todos ellos son un pilar indispensable de este libro. Rafael Nova fue jefe de campo en muchas de las actividades realizadas. Su conocimiento de Quispicanchi es tal, que si él hubiera escrito este libro seguramente sería mucho más preciso y completo. Su aporte, junto con el de todas estas instituciones y personas, permitió desarrollar la página web interactiva www.mapavallesurocongate.com, que recoge información de un buen número de emprendimientos quispicanchinos. También participaron de este equipo en diferentes momentos Ludwig Huber y Óscar Madalengoitia. El primero aportó un muy saludable escepticismo ante nuestros avances y el segundo su pericia con el diseño de mapas.

Versiones previas de los diferentes capítulos fueron presentadas en varios eventos, y en algunos casos también publicadas. El lector interesado puede encontrar las referencias exactas en la bibliografía al final del libro. Los comentarios y críticas recibidos en estas presentaciones contribuyeron a mejorar los argumentos y corregir los errores del texto. Debo agradecer especialmente al lector anómimo del borrador preliminar del libro, cuyos comentarios sirvieron para perfilar decisivamente algunos capítulos en la etapa final de elaboración del manuscrito. Finalmente quiero agradecer al Instituto de Estudios Peruanos, mi casa desde hace tantos años, y a la Think Tank Iniciative del International Development Research Centre de Canadá (IDRC) por la subvención que me permitió contar con el tiempo necesario para escribir este libro.

Fotografía: Rafael Nova Arismendi.

Vista de Ccatcca y la cordillera del nevado Ausangate.

1

Mucha esclavitud había

Si el viajero se levanta temprano quizás consiga salir de Cusco sin demasiados problemas. Es posible que a esa hora el tránsito aún sea fluido por la avenida De la Cultura y pueda atravesar sin mayores problemas la zona universitaria, el estadio Garcilaso de la Vega, las populosas barriadas de Wanchaq y las nuevas urbanizaciones de clase media que han surgido durante los últimos años en torno a Larapa. Lo más normal, sin embargo, es que esta hazaña no sea posible. Cusco es una gran ciudad en constante y desordenado crecimiento. Sus cuatro distritos urbanos —Cercado, Santiago, San Sebastián y el mencionado Wanchaq— reúnen casi cuatrocientas mil almas. El monumental centro histórico se parece cada vez más a una diminuta isla rodeada de nuevos barrios, urbanizaciones y asentamientos humanos. La periferia crece cada año gracias a los inmigrantes de toda la región que llegan a la capital regional en busca de mejores oportunidades para ganarse la vida y educar a sus hijos. Los edificios de dos, tres y cuatro plantas alternan con casas bajas. Las fachadas de vidrio ahumado conviven con los tejados tradicionales de teja, adornados con pequeñas figuras propiciatorias, equecos cusqueños, iglesias de estilo ayacuchano o toros puneños. También son frecuentes las viviendas a medio terminar, sin pintar o con los hierros al descubierto, a la espera de rematar la obra cuando las cosas vayan mejor.

Como ocurre con frecuencia en Perú, las pistas y el habilitamiento urbano no han evolucionado a la misma velocidad que la ciudad. Todas las mañanas centenares de vehículos pugnan por llegar a su destino, cargados de estudiantes abrigados para hacer frente al frío característico de la mañana serrana. Se dirigen a las decenas de universidades, institutos y centros superiores, públicos y privados, que proliferan al calor del crecimiento económico de los últimos años; de trabajadores, que un día más atenderán a las decenas de miles de turistas que abarrotan la ciudad con sus costumbres, necesidades y ropas estrafalarias; de comerciantes que se desplazan a los multitudinarios mercados cusqueños, algunos coloridos y turísticos, otros malolientes y descuidados. Atrapado entre combis con nombres de superhéroes enmascarados, camionetas rurales cargadas de campesinos provenientes de algún lugar del interior de la región, ómnibus que conocieron tiempos mejores, vehículos particulares, ticos que por tres soles te llevan al centro, *station wagon* que hacen servicio de taxi colectivo, 4x4 del año y camiones con todo tipo de mercancía, salir de Cusco parece una aventura para el viajero. Los nervios de choferes, conductores y pasajeros están a flor de piel. Abundan los gritos, los toques de claxon y las maniobras arriesgadas. Hay humo y malos olores. Nadie se lleva bien con nadie. Todos quieren llegar a tiempo a sus obligaciones. Los semáforos no funcionan y los escasos policías que a golpe de silbato tratan de poner un poco de orden son apenas una figura decorativa. Hacen lo que pueden, que casi siempre es poco, refugiados bajo sus exóticos sombreros de ala ancha, pensados para resguardarse del crudo sol andino que lucirá dentro de un rato. Cuando con suerte, pericia o paciencia el viajero logra atravesar las peores etapas del embotellamiento, llega a las localidades periurbanas de San Jerónimo y Saylla. El tránsito es aquí algo más fluido. Son pueblos muy antiguos y con una gran tradición histórica, pero que en la actualidad casi se han convertido en prolongaciones de la gran ciudad. Un poco más adelante, saliendo de Saylla hacia el sur, comienza la provincia de Quispicanchi.

Quispicanchi se encuentra en el corazón de la sierra peruana, muy próxima a la antigua capital de los incas. Es una de las 13 provincias cusqueñas, la segunda en extensión y la quinta en número de habitantes. Por su geografía y el carácter de sus habitantes se divide en cuatro partes claramente diferenciadas. Empezando por el norte, el primer microterritorio es el valle del río Huatanay, integrado por los distritos de Oropesa y Lucre.[1] Se trata de una zona muy dinámica económica y socialmente, gracias a la cercanía de la capital regional. En buena medida este dinamismo deriva de su situación geográfica, ya que limita con la provincia de Cusco y se encuentra muy cercana a la gran ciudad. La agricultura y el comercio son las principales fuentes de riqueza. Pese a no ser muy ancho, el valle proporciona tierras fértiles para las poblaciones ribereñas. El Huatanay surte también el agua necesaria para el riego. El principal producto de cultivo es el maíz, que se vende con facilidad en el mercado cusqueño e incluso llega hasta Lima, aunque a veces etiquetado como si procediera de zonas más prestigiosas, como el valle del Urubamba. Otra ventaja son las buenas vías de comunicación. El valle se articula en torno a la carretera que conecta Cusco con Puno. Esta es una de las rutas de comercio más importantes de la sierra sur peruana al menos desde la época colonial. Su asfaltado en los años setenta es uno de los hitos clave de la historia cusqueña. Desde comienzos del siglo pasado funciona también un ferrocarril, que aún sigue en uso, aunque ahora con fines exclusivamente turísticos.

En el valle del Huatanay es posible encontrar transporte hasta la capital regional a precios muy baratos, ya sea en camionetas rurales, taxis, colectivos o en los autobuses que hacen la ruta hacia Puno y Arequipa. Gran parte de la población acude cotidianamente a Cusco para trabajar, visitar a sus parientes o realizar gestiones. En la práctica, algunos distritos casi pueden considerarse áreas periféricas de la gran ciudad y están mucho más conectados a Cusco que al resto de la provincia de Quispicanchi. Aunque existen algunas comunidades en la parte alta de las laderas del valle, la mayor parte de la población es urbana. El idioma predominante es el castellano. Los pueblos se suceden cada pocos kilómetros y presentan un aspecto consolidado. Tipón es un centro

---

1. Considerado en conjunto, el valle del río Huatanay comprende también los distritos de San Sebastián, San Jerónimo y Saylla, pertenecientes a la provincia de Cusco. El proceso de convergencia entre los distritos quispicanchinos y los cusqueños se analiza en detalle en el capítulo 4.

poblado famoso por su gastronomía y por la existencia de ruinas incas, Oropesa tiene importantes restos coloniales y Lucre es uno de los principales centros de esparcimiento para la clase media cusqueña. Se trata de poblaciones de pequeño tamaño, pero con siglos de historia. La arquitectura es de aspecto tradicional andino, con paredes de adobe y techos de teja. Algunas casas incluso conservan vestigios de portadas de piedra de varios siglos de antigüedad. También la estructura urbana es tradicional: unas cuantas calles que confluyen en una plaza central, presidida por imponentes iglesias erigidas durante la colonia. Solo en torno a la carretera es posible encontrar edificaciones más modernas, de tres o cuatro pisos, muchas de ellas levantadas recientemente por emigrantes procedentes de otras partes de la región.

Junto al Huatanay se encuentran algunas de las haciendas históricamente más importantes de Cusco. Es el caso de la hacienda Angostura, situada en la orilla derecha del río. Aunque la casa principal se encuentra en el distrito de Saylla, las antiguas posesiones de la hacienda se extienden también a Oropesa. Antes de la reforma agraria, Angostura llega a tener 1600 hectáreas, dedicadas sobre todo al cultivo de maíz. La casa hacienda, bastante bien conservada, es monumento nacional desde 2011. Otro ejemplo importante de hacienda dedicada al maíz es Nuestra Señora de la Asunción de Lucre, cuya casa hacienda se puede ver junto a la carretera principal, aunque en precario estado. Esta explotación se caracteriza por poseer hasta la reforma agraria una importante fábrica de tejido, derivada de un obraje fundado en 1715. Durante los años treinta y cuarenta del siglo pasado, fue un notable ejemplo de industria local exitosa. Sus productos se venden en Cusco, Arequipa y otras ciudades de la sierra, e incluso llegan a exportarse a Europa.

Desde Oropesa, el valle se ensancha camino de la confluencia con el río Vilcanota. Se encuentra aquí la laguna de Huacarpay, uno de los principales referentes geográficos de la provincia de Quispicanchi. Esta laguna está rodeada de una franja pantanosa, con abundantes humedales y una fauna diversa. El delta del río Lucre contribuye a generar un paisaje muy particular. En su orilla se sitúan las poblaciones de Lucre y Huacarpay. Debido a su buen clima y su aspecto pintoresco, la laguna y sus alrededores son una popular área de esparcimiento, con numerosos restaurantes y ramadas campestres. En época de lluvias, sin embargo, el agua puede desbordarse y causar destrozos catastróficos en las zonas aledañas. En los últimos años, son especialmente graves las inundaciones ocurridas en 2009, cuando varias semanas de precipitaciones continuadas provocan la casi total destrucción del centro poblado de Huacarpay, obligando a los vecinos a instalarse en campamentos provisionales en las laderas. La emergencia se prolonga durante varios meses, convirtiéndose en uno de los principales problemas de la agenda política regional. Varios artículos periodísticos publicados en ese momento señalaron que las riadas se habrían visto agravadas por la caótica planificación urbana, resultado del crecimiento demográfico, de la informalidad de las viviendas y de la mala calidad de los materiales de construcción.

El segundo microterritorio de la provincia de Quispicanchi es el valle del Vilcanota, que comprende los distritos de Andahuaylillas, Huaro, Urcos, Quiquijana y Cusipata.[2] El Vilcanota es un río mucho más caudaloso que el Huatanay, y marca en mayor medida el paisaje local. La orografía es accidentada, con fuertes pendientes y cambios de temperatura bruscos. El valle es estrecho y la mayor parte de la población vive en comunidades de ladera o en los valles de los afluentes secundarios del Vilcanota. Aunque la zona está bien conectada con el valle del Huatanay, social y culturalmente las relaciones son más estrechas con los distritos altoandinos y con las provincias de Canas y Canchis. Hasta los años noventa esta era la parte más poblada de Quispicanchi. Desde entonces, sin embargo, se observa un estancamiento de la población, que contrasta con el crecimiento sostenido de otras partes de la provincia. La crisis se percibe sobre todo en Urcos, la capital provincial. Se trata de una localidad situada a caballo entre ambas orillas del Vilcanota. Su posición

2. El valle del Vilcanota, el más importante de la sierra cusqueña, comprende también amplias porciones de otras provincias. La provincia de Quispicanchi corresponde al tramo intermedio del río. Andahuaylllas y Huaro pueden en cierta manera considerarse espacios intermedios entre los valles del Vilcanota y el Huatanay. Sin embargo, en los últimos años sus dinámicas políticas y económicas tienden a diferenciarse de las de los distritos vecinos del Huatanay, involucrados en un proceso de convergencia política y económica del que Andahuaylillas y Huaro quedan excluidos. Este proceso se analiza con detalle en el capítulo 5.

estratégica como cruce de caminos entre Cusco, la sierra sur y la selva de Madre de Dios explica su importancia desde la época colonial. A mediados de los años ochenta, Urcos llega a tener hasta quince mil habitantes, aunque en la actualidad esta cifra ha descendido de manera considerable. En sus calles se respira ya el aire de las provincias altas de Cusco. La decoración de las casas, las vestimentas de la población e incluso las diversiones de sus habitantes recuerdan a Sicuani, la gran ciudad intermedia entre Cusco y Puno, situada a dos horas de camino hacia el sur. Cantantes de música folclórica andina, como Alicia de Acomayo o Erick, el rompecorazones, hacen furor aquí tanto como en Canas, Chumbivilcas, Canchis o Espinar. Pese a su carácter de capital provincial y su larga historia, Urcos es una ciudad relativamente pequeña. Esta circunstancia explica las dificultades de las élites locales para dirigir la provincia. Como veremos en los capítulos siguientes, la política quispicanchina pasa cada vez menos por la capital, lo que constituye una diferencia importante con otras provincias de la sierra sur.

El otro distrito importante de esta parte de Quispicanchi es Quiquijana. A diferencia de Urcos, es un distrito casi completamente rural y el poder político se divide entre la municipalidad y las comunidades campesinas. El principal activo local es el instituto superior pedagógico abierto en 1994, la única institución de formación superior que funciona en Quispicanchi. Pese a este carácter rural, Quiquijana es un distrito bastante poblado, con un gran número de comunidades campesinas. Esta potencia demográfica se expresa también en el ámbito político. Desde finales del siglo pasado, Quiquijana es uno de los centros gravitantes de la política quispicanchina. Este protagonismo está amparado por una larga tradición contestataria asociada al distrito, que se traduce en la fama de indómitos y rebeldes que tienen los habitantes de Quiquijana.

El tercer microterritorio de la provincia de Quispicanchi comprende los distritos altoandinos de Ocongate, Ccarhuayo, Ccatcca y parte de Marcapata. Situada al este de la provincia, lejos de la carretera principal, es una zona muy montañosa, con pequeños valles y quebradas, y grandes extensiones por encima de los cuatro mil metros. El clima es duro y el paisaje con frecuencia tiene un aspecto hostil. El agua es un bien escaso, que debe ser administrado cuidadosamente. Los valles de los ríos Yanamayo y Mapacho apenas tienen tierras fértiles, por lo que su capacidad de producción es limitada. La ganadería es la principal actividad económica. Los centros urbanos son de pequeño tamaño y predomina un hábitat disperso y fragmentado. Solo el distrito de Ccatcca cuenta con 86 centros poblados y el de Ocongate suma 38. El eje de articulación es la carretera de penetración hacia Puerto Maldonado y la selva de Madre de Dios. Hasta los años noventa esta ruta no estaba asfaltada y con frecuencia se volvía impracticable. Viajar de Cusco a Ocongate requería más de seis horas. La frecuencia del servicio era escasa y los viajes, sumamente incómodos. Derrumbes y deslizamientos obligaban con frecuencia a cancelar el servicio. Esta situación mejora con la apertura de la Carretera Interoceánica, a comienzos de este siglo. La obra es parte de un ambicioso proyecto del gobierno peruano para comunicar las ciudades de la costa con Brasil. La carretera se construye en medio de fuertes tensiones y cuenta tanto con defensores como con férreos opositores. Su trazado es objeto de amargas disputas entre las localidades que temen ser dejadas de lado. Desde su inauguración, la zona altoandina de Quispicanchi está mucho mejor comunicada, aunque llegar a las comunidades más alejadas sigue siendo complicado.

Entre Ocongate y Marcapata se encuentra el nevado Ausangate, el punto más alto de Cusco, con 6372 metros sobre el nivel del mar. Es también uno de los espacios simbólicos más importantes de la provincia de Quispicanchi. En la cosmovisión local, el Ausangate tiene un papel clave en la creación del mundo. Es el fertilizador principal de la Pachamama, la madre tierra, lo que lo convierte en una de las fuerzas masculinas clave para el equilibrio cósmico. Por su orografía, el Ausangate es una pequeña cordillera con varios picos, cada uno de ellos con un nombre local diferente. En sus faldas se encuentra el santuario del Señor de Qoyllorit'i, donde cada año, 58 días después de la Pascua de Resurrección, se celebra una multitudinaria peregrinación, que atrae a fieles de todo el sur andino. Los peregrinos se dividen en ocho "naciones", de acuerdo con sus lugares de origen: Paucartambo, Quispicanchi, Canchis, Acomayo, Paruro, Anta, Urubamba y Tahuantinsuyo. Esta última nación corresponde a los fieles residentes en Cusco y otras localidades más alejadas. La peregrinación incluye una larga subida hasta la cumbre nevada y una procesión de un día de duración, en la que las naciones Paucartambo y Quispicanchi llevan al pueblo de Tayancani las imágenes de la Virgen Dolorosa y del Señor de Tayancani. Debido a su importancia espiritual y a su alto grado de convocatoria, desde 2011 el ritual forma parte de la lista representativa del patrimonio cultural inmaterial de la humanidad de la Unesco.

El cuarto microterritorio quispicanchino incluye el distrito de Camanti y la parte oriental del distrito de Marcapata. El paisaje es muy diferente del resto de la provincia, ya que se trata de una zona de transición hacia la selva. La densidad de población es muy baja. Quincemil, la capital de Camanti, es apenas un pequeño pueblo de carretera. Más que Urcos o incluso Cusco, la referencia es Puerto Maldonado, la capital del departamento de Madre de Dios. La presencia de pequeños grupos de población de etnia harakmbut refuerza esta distancia física, simbólica y afectiva de la sierra.[3] A finales del siglo XVIII, esta era aún una frontera abierta, en la que el dominio colonial estaba muy mal asentado. Un expediente de 1789 conservado en el Archivo Histórico Regional de Cusco relata con detalle una de las frecuentes escaramuzas ocurrida en una hacienda situada en la jurisdicción de Marcapata.[4] El incidente comienza cuando uno de los indios tributarios encargados de cuidar la hacienda se distrae, a punto de iniciar la siembra. En ese momento,

3. Pablo Sendón llama la atención sobre la necesidad de complejizar nuestra perspectiva de las relaciones entre las poblaciones quechua y harakmbut a partir del análisis detallado no solo de las miradas externas de viajeros, militares y misioneros, sino también de las propias percepciones de la población local, transmitidas a través de mitos y rituales. Estas fuentes apuntarían a un modelo más matizado de interacciones. Al respecto, Pablo F. Sendón, "Fundamentos etnográficos para una etno-historia comparativa de los valles orientales del macizo del Ausangate: distrito de Marcapara, departamento del Cusco, Perú, 1821-1960", comunicación presentada en la XXV Reunión Anual de Etnología, La Paz, Sucre, Santa Cruz, agosto-noviembre de 2011 .

4. "Expediente sobre muertes ocurridas en las fronteras de partido de Quispicanchi por los indios infieles chunchos de aquellos valles y montañas. Año 1789", Archivo Histórico Regional (Cusco), sección Intendente Provincial, expedientes criminales, legajo 121, 1789-1790.

"imprevistamente los asaltaron los chunchos". La sorpresa habría impedido una rápida reacción, "de tal manera que cuando el finado Juan fue a tomar su escopeta, se vio sorprendido de una tropa considerable de esos bárbaros, como de cuarenta poco más o menos, que sin embargo de haber logrado tomar su escopeta se vio tendido de unas tantas flechas en el pecho". Gracias a la valentía de Juan, su esposa, su hijo y sus compañeros ganan un tiempo precioso y logran refugiarse en un cobertizo cercano. Cuando la noticia llega a Cusco, las autoridades quispicanchinas se ven obligadas a abrir una investigación, que revela el estado precario en que se encontraba el extremo oriental de la provincia. Los hombres que cubrían la frontera selvática eran pocos y se encontraban mal armados. Con frecuencia eran hostigados por las parcialidades indígenas, en ocasiones con resultados mortales. El mal estado de los caminos hacía imposible que el socorro llegara a tiempo. Los puentes que comunicaban la sierra y la selva estaban derruidos, ya que nadie se preocupaba de mantenerlos. Ni la comunidad de Marcapata, ni los hacendados querían asumir esta responsabilidad. Incluso se negaban a incorporarse a las partidas de vigilancia cuando lo requerían las autoridades.

Aunque las cosas han cambiado mucho desde entonces, la selva de Quispicanchi sigue siendo una zona con una idiosincrasia particular. La economía se centra en la explotación forestal y en la minería aluvial de oro. Estas actividades son en gran parte informales, lo que hace que sea una zona muy conflictiva. Abundan las denuncias de abusos, robos e incluso trata de personas. Camanti tiene muy mala fama para el resto de los habitantes de Quispicanchi, que sin embargo acuden a este distrito en busca de oportunidades para complementar sus ingresos, especialmente los más jóvenes. Esta emigración era muy frecuente en los años setenta y ochenta, cuando la selva quispicanchina incrementa su población, pero parece haber disminuido en las últimas décadas. El desapego se percibe también desde el punto de vista político. Camanti y Marcapata permanecen ajenos a la mayor parte de los cambios ocurridos en los últimos años en Quispicanchi. En este libro, los dos distritos tendrán un papel muy secundario. Solo aparecerán en algunos casos concretos, como escenario ocasional de algunos episodios de la historia de vida de los entrevistados.

La relación entre estas cuatro partes de la provincia de Quispicanchi es compleja. Existen varios elementos a tener en cuenta. En primer lugar encontramos una fuerte disparidad en cuanto al nivel de ruralidad de los 11 distritos. Quispicanchi es una provincia con el 65 por ciento de población rural, de acuerdo con el censo nacional de 2007, pero esta cifra oculta diferencias importantes. Los distritos altoandinos son la zona más rural (84 por ciento). Sigue a continuación el valle de Vilcanota, con el 61 por ciento. En contraste, en el valle del Huatanay únicamente el 14 por ciento de la población vive en el ámbito rural. Una distribución similar se aprecia en el idioma quechua. Según el censo de 2007, esta es la lengua materna del 75 por ciento de la población, pero también con diferencias significativas dentro de la provincia. En el Vilcanota y en la zona altoandina el predominio del quechua es abrumador, mientras que en el Huatanay el castellano supera al quechua por primera vez en el último censo nacional.

Otro aspecto a tener en cuenta para entender las dinámicas políticas y económicas de los últimos años es el cambio en el balance demográfico que se produce en la provincia desde finales de los años ochenta. Todos los microterritorios aumentan su población desde 1972, pero de manera desigual. El valle del Vilcanota crece más despacio que la zona altoandina. Esto significa un cambio en el peso relativo de cada microterritorio. En 1972, el valle del Vilcanota reunía al 51 por ciento de los quispicanchinos, pero en la actualidad supone solo el 39 por ciento. El Huatanay se mantiene en el 12 por ciento y la ceja de selva en el 2 por ciento. En cambio la zona altoandina incrementa su importancia de manera muy notable: del 34 al 46 por ciento. Como consecuencia de este crecimiento demográfico desigual, Urcos deja de ser el distrito más poblado de Quispicanchi, superado por Ccatcca y Ocongate. La capital provincial incluso pierde su posición como principal distrito del valle del Vilcanota, a manos de Quiquijana. El gráfico 1.6 presenta la nueva jerarquía provincial. Urcos pasa de ser el distrito más poblado en 1972 a situarse en la actualidad en cuarta posición. Como veremos más adelante, se trata de un cambio con importantes repercusiones en el plano político. El centro de gravedad de la política local cambia: se hace más rural en detrimento de la población urbana. La capital pierde peso

Gráfico 1.1
Porcentaje de población rural en 2007

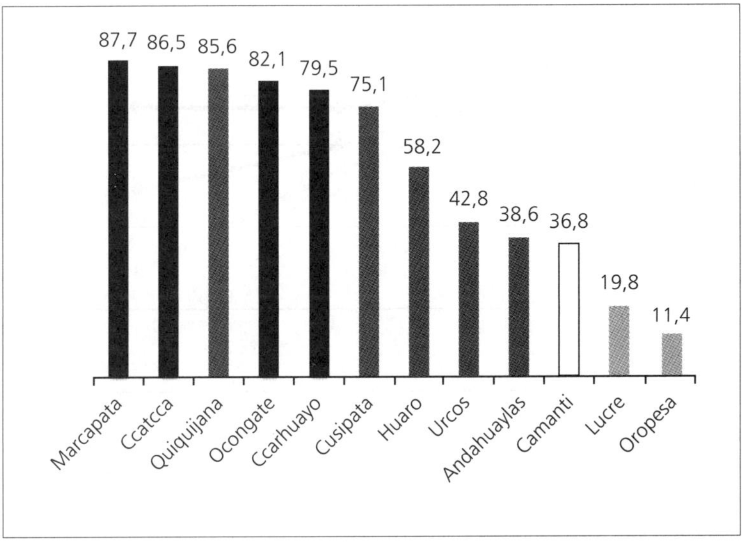

Fuente: Instituto Nacional de Estadística e Informática (INEI)-censos nacionales

Gráfico 1.2
Porcentaje de población rural

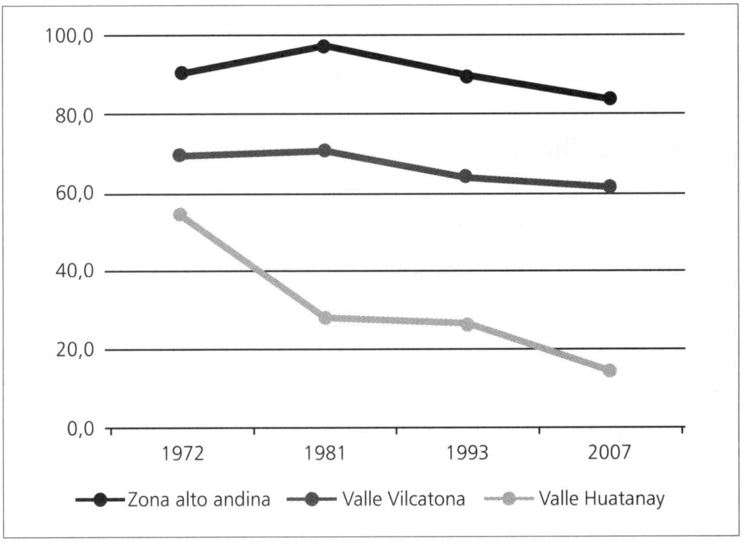

Fuente: Instituto Nacional de Estadística e Informática (INEI)-censos nacionales

Gráfico 1.3
Porcentaje de población que tiene el quechua como lengua materna

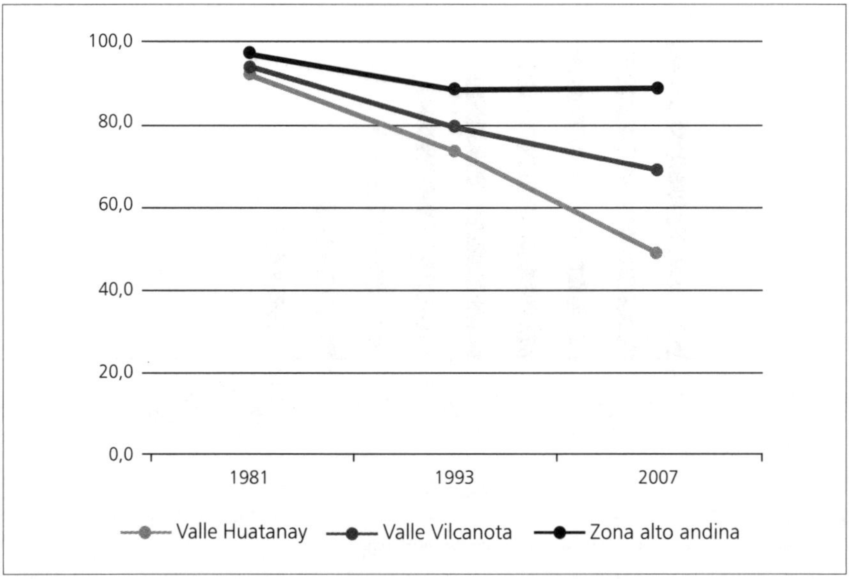

Fuente: Instituto Nacional de Estadística e Informática (INEI)-censos nacionales

frente a los distritos. El gráfico 1.7 muestra además que la población de la zona altoandina es la más joven de la provincia.

Una historia conflictiva

La idea de Quispicanchi como entidad política y administrativa se remonta al menos a la época colonial. Un mapa de 1786 conservado en el Archivo General de Indias de Sevilla, muestra los límites y la distribución interna de lo que entonces se conocía como "partido de Quispicanchi".[5] La jurisdicción se divide en diez curatos e incluye segmentos de las actuales provincias de Acomayo y Canas. Las principales localidades

5. Archivo General de Indias (Sevilla), Mapas de Chile y Perú, 95, 24 de noviembre de 1786.

Gráfico 1.4
Población total de las cuatro zonas de Quispicanchi

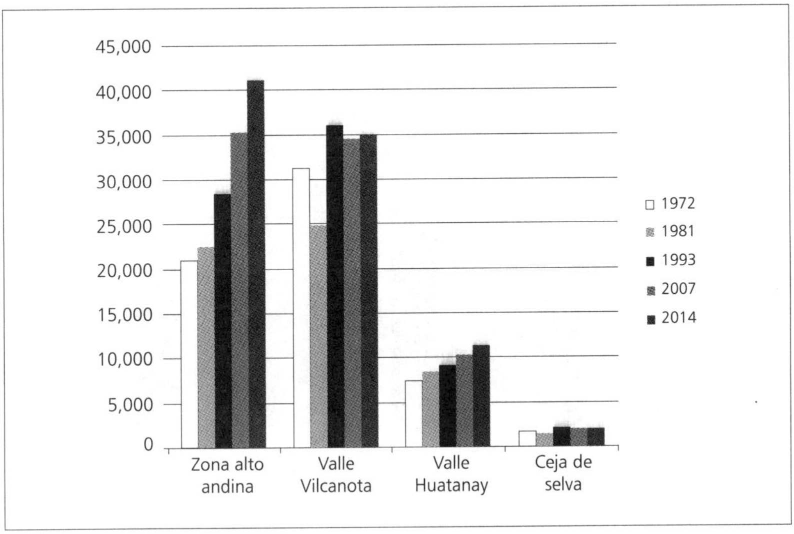

Fuente: Instituto Nacional de Estadística e Informática (INEI)-censos nacionales. La cifra de 2014 corresponde a la proyección oficial del INEI.

Gráfico 1.5
Porcentaje de cada una de las cuatro zonas sobre el total de población provincial

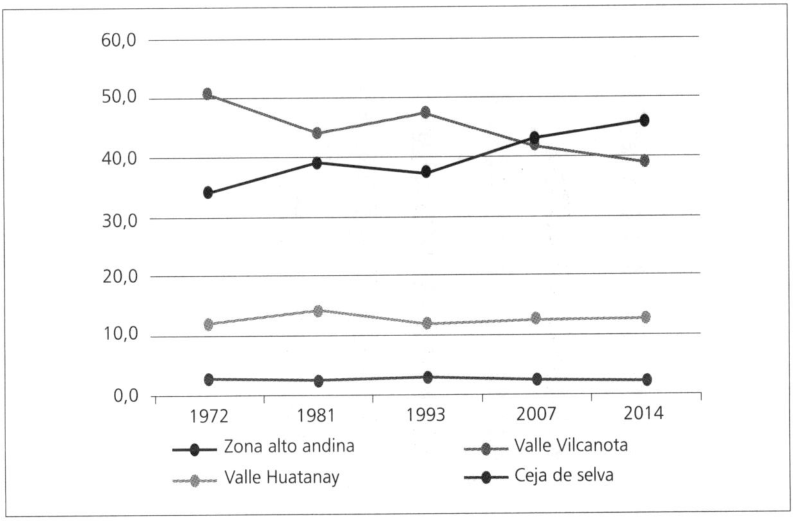

Fuente: Instituto Nacional de Estadística e Informática (INEI)-censos nacionales. La cifra de 2014 corresponde a la proyección oficial del INEI.

Gráfico 1.6
Evolución de la población de los distritos más poblados de Quispicanchi

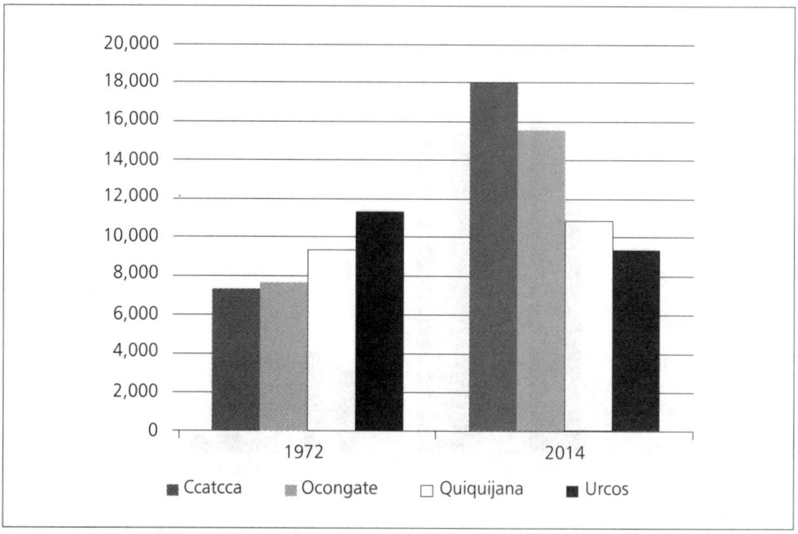

Fuente: Instituto Nacional de Estadística e Informática (INEI)-censos nacionales. La cifra de 2014 corresponde a la proyección oficial del INEI.

Gráfico 1.7
Porcentaje de población menor de 20 años en las cuatro zonas de la provincia de Quispicanchi

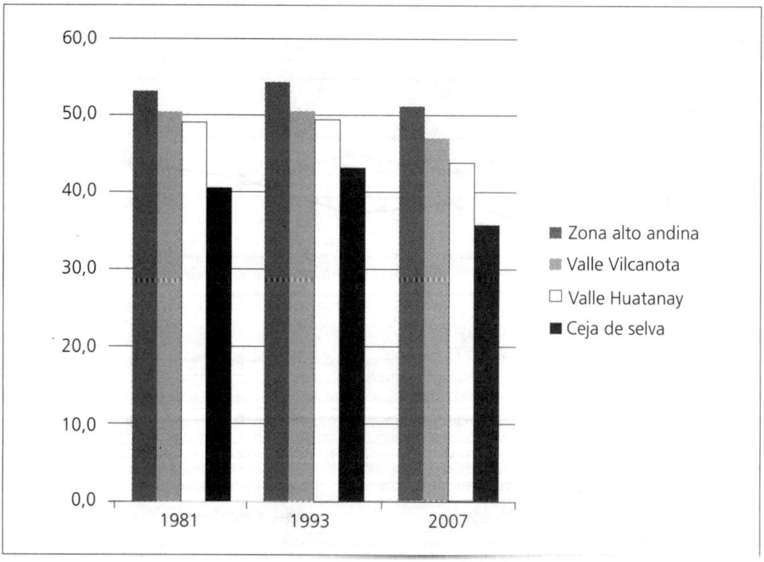

Fuente: Instituto Nacional de Estadística e Informática (INEI)-censos nacionales.

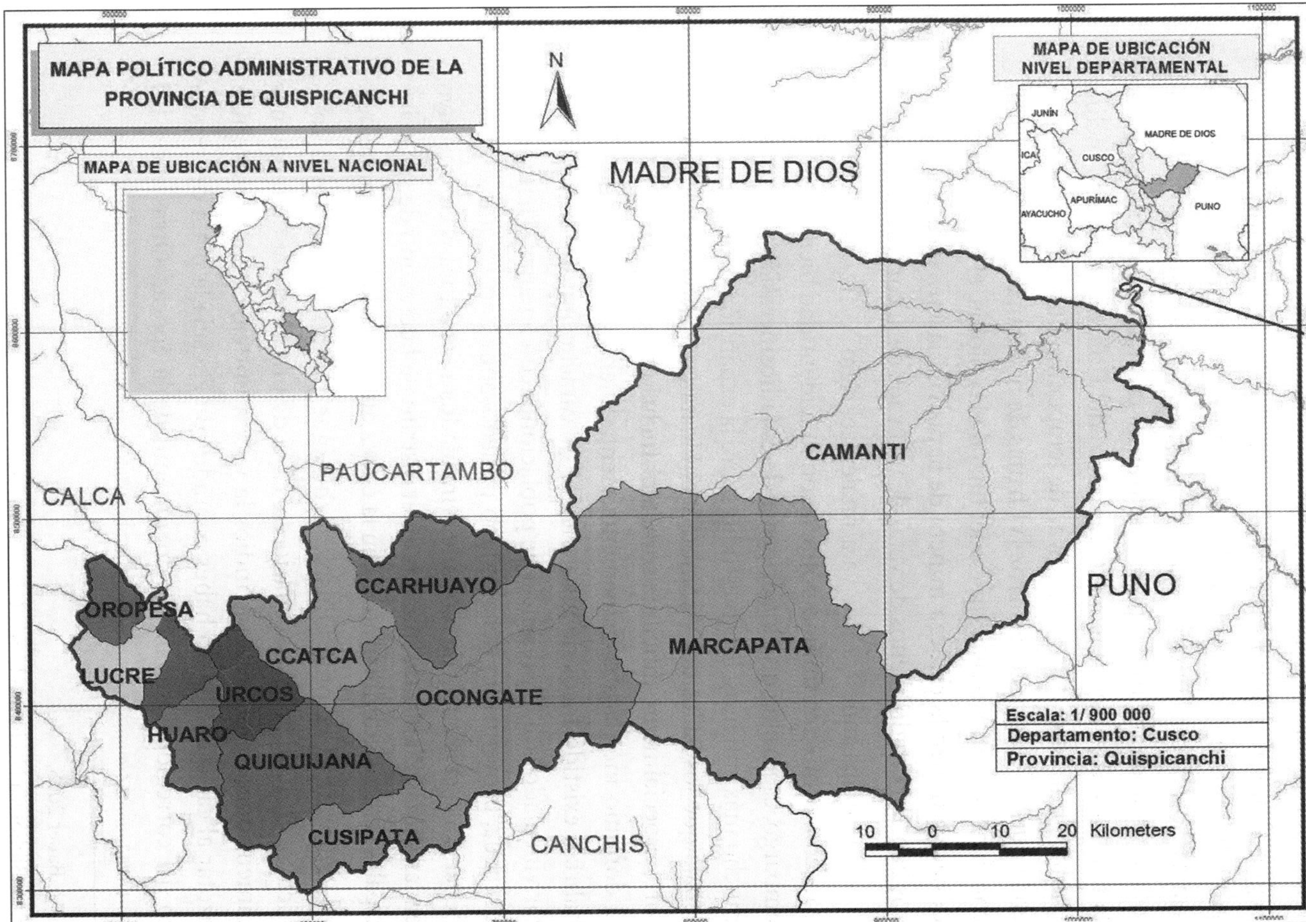

Mapa de la provincia de Quispicanchi

Fuente: http://www.map-peru.com

señaladas en el mapa son Oropesa, Andahuaylillas, Urcos, Quiquijana, Pomacanchi, Santa Lucía, Sangarará, Acomayo, Rondocán y Marcapata. Según el autor anónimo del mapa, se trata de pueblos prósperos y de gran dinamismo económico. "De temperamento benigno y saludable", señala, "producen mucho trigo, maíz, todas legumbres, berzas, hortalizas, abunda en frutos de queso y se trabaja crecida cantidad de ropa de la tierra, estas partes se llaman el granero del Collao". El partido incluía también una parte de ceja de selva, "de temperamento cálido y húmedo", en la que "se cultiva coca, arroz [y] frutas de montaña". En consonancia con la fiebre extractivista típica del final de la colonia, el autor del mapa destaca también la riqueza minera de la provincia, cuyos cerros selváticos habrían estado "llenos de vetas de oro y los de la cordillera de plata".

Este mapa muestra que ya a finales del siglo XVIII Quispicanchi se concebía como una unidad política con una identidad bien definida. Sin embargo, es posible que los orígenes de esa idiosincrasia particular sean mucho más antiguos. En su estudio sobre la expansión inca, Brian Bauer señala que los valles del Vilcanota y el Huatanay habrían sido un territorio especialmente difícil de someter.[6] Incluso en época tardía, cuando el dominio inca estaba firmemente asentado en otras partes de Cusco, habrían existido focos de resistencia. Este carácter indómito podría estar vinculado con la presencia de poblaciones con lenguas diferentes del quechua, provenientes del altiplano puneño-boliviano. O quizás podría deberse a la existencia de remantes vinculados a la cultura wari, que tuvo en las ruinas Pikillacta, situadas en el distrito de Lucre, uno de sus principales centros administrativos en la época anterior a la hegemonía inca.

Durante la colonia Quispicanchi sigue siendo un territorio conflictivo. Quiquijana es escenario en 1775 de una revuelta de medianas dimensiones. "Quitaron los indios la vida a un teniente, porque quiso azotar al cacique, por no haber cobrado con eficacia la plata del reparto del corregidor", señala un documento de la época.[7] Otras veces las

---

6. Bauer 2008.

7. Biblioteca Nacional (Lima) C 4129, "Informe de los curas de indios del Obispado de Arequipa sobre el inconveniente que traen consigo los repartos de mercancías de los corregidores", 1778, citado en O'Phelan 1977: 113-128.

muertes eran producto de asesinatos y pleitos entre particulares.[8] La provincia es también un escenario importante durante la rebelión de Túpac Amaru. Quispicanchi habría sido el partido con mayor cantidad de indígenas condenados, después de Tinta, la localidad natal del cacique rebelde.[9] Incluso en 1782, tras la ejecución de Túpac Amaru, las autoridades coloniales estaban preocupadas por los rumores que apuntaban a reuniones secretas entre los caciques indígenas de Ocogante y el hijo del finado, en preparación de un posible nuevo alzamiento.[10]

En 1815, Ocongate es el foco de una de las más importantes revueltas indígenas que preceden a la independencia peruana. La insurrección se enmarca en el levantamiento dirigido en Cusco por los patricios locales contra el intento del virrey Abascal de recuperar el control de la colonia para el rey de España. Tiene, sin embargo, componentes locales más profundos, ya que, además del ánimo antiespañol, puede verse también como una reacción local frente a la creciente injerencia de mestizos y criollos en los ámbitos de poder indígena.[11] El equilibrio político en las zonas rurales había permanecido relativamente estable desde el acomodo posterior a la conquista hasta mediados del siglo XVIII, cuando se profundiza la lucha por el control de la tierra y los recursos productivos, en un contexto de aumento de la población, mayor presión fiscal y énfasis modernizador por parte de las autoridades coloniales. El líder de la revuelta es Tomás Layme, danzante de tijeras, residente en la parte alta del distrito de Ocongate. Expulsado de Cusco por los propios rebeldes independentistas, Layme logra aglutinar cerca de un millar de indígenas de Marcapata, Ccatcca, Colquepata y Ocongate. La revuelta se hace más violenta y pasa a tener tintes étnicos. El objetivo de las tropas de Layme son los blancos y mestizos de los pequeños pueblos andinos, sin importar su origen peninsular o criollo. Entre quienes apoyan a Layme se encuentra Ignacio Huitoccollo, cacique del ayllu Callatiacc de Quiquijana.

8. Sobre esta violencia civil, Stavig 1985: 460-466 y, más por extenso, Stavig 1999.

9. Godoy 1979: 89-121 y más en extenso Walker 2014.

10. Walker 2014: 232-235.

11. Cahill 1988: 133-159. Los datos que siguen proceden de esta fuente.

Más adelante veremos que Callatiacc es una comunidad emblemática, con un importante protagonismo en la reciente historia política de la provincia. En 2006, otro Huitoccollo logrará ser el primer alcalde campesino de Quispicanchi.

La revuelta de 1815 se vincula con la reconfiguración del poder local en la última etapa de la colonia. El eje de tensión es la pugna entre las poblaciones indígenas y los hacendados criollos, que extienden progresivamente su poder en el ámbito rural. Lejos de resolverse, este conflicto se profundiza tras la independencia. Para finales del siglo XIX las haciendas son el actor predominante, tanto en los valles como en las zonas de altura. En el Huatanay, las tierras más ricas están en manos de unas pocas familias, muy bien conectadas con la elite cusqueña. En Cctacca y Ocongate las haciendas suman miles de hectáreas e incluyen en su interior comunidades enteras. Debido a la distancia, las autoridades regionales apenas ejercen control sobre los hacendados, por lo que las condiciones de explotación son especialmente duras. A diferencia de los valles, tampoco existen pueblos que permitan a los campesinos proveerse de manera independiente de productos de primera necesidad, lo que acentúa su dependencia de los hacendados.

Dos ejemplos de este tipo de haciendas son Ccapana y Lauramarca, en la zona altoandina de la provincia. Ccapana ocupaba parte de los actuales distritos de Ccatcca y Ccarhuayo, con una extensión aproximada de 16.000 hectáreas. Incluía siete estancias agrícolas y ganaderas. Lauramarca se encontraba en el camino entre Ocongate y Quincemil, y comprende una gran extensión de terreno, con altitudes hasta los cinco mil metros. Ambas son haciendas muy famosas por el papel que desempeñan sus habitantes en las luchas campesinas cusqueñas. Un confuso incidente en Lauramarca, en febrero de 1899, es el punto de partida de las disputas. Se trata de un conflicto a tres bandas, en el que además de los campesinos y los hacendados participan también los habitantes de Ocongate. El origen del ataque parece encontrarse en la rivalidad comercial entre la hacienda y el pueblo, que por entonces era poco más que una aldea de casas de abobe, cal y paja. La cercanía del carnaval y los ánimos excitados del momento habrían exacerbado los ánimos. "Por una disputa habida entre el gobernador del distrito y el joven Ernesto

Saldívar —señala un relato de la época— fue conducido aquel a la hacienda, donde después de inferidos algunos golpes se le amarró contra un pilar, habiendo pasado así la noche".[12] En respuesta, advertidos por un ayudante del gobernador, los habitantes del pueblo se dirigen a la hacienda para liberar a su líder. "Después de esperar toda la noche —prosigue el relato— resolvieron rescatarlo a viva fuerza, atacando en la madrugada la finca Lauramarca". Como resultado del enfrentamiento, dos indios que defendían la hacienda fallecen. También resulta herido de un disparo el padre Hilario Antonio Saldívar, dueño de hacienda y familiar del mencionado Emilio, quien días después se une a la lista de víctimas fatales. Los asaltantes habrían aprovechado su ausencia para saquear la estancia, llevándose ovejas, algunos caballos y alpacas, además de gran cantidad de cebada y aguardiente.[13]

Las noticias de prensa convierten este episodio en un suceso de relevancia regional. La muerte del Saldívar se atribuye tanto a los indígenas que protegían la hacienda como a la muchedumbre procedente de Ocongate. La versión más común señala que los indígenas habrían actuado en defensa de su hacendado-sacerdote, movidos por una combinación de respeto reverencial e ignorancia. "No pudieron ser los indios quienes hicieron esto —señala un testimonio citado por Norman Gall— porque ellos pensaban que el cura Saldívar era algo así como un dios".[14] Los indios no solo no habrían herido a Saldívar, sino que habrían tratado desesperadamente de ponerlo a salvo. "Al verlo herido malamente por la gente de Ocongate —recuerda un testigo de la época— algunos de nosotros llevamos al cura en una camilla de pieles a través de las montañas, por dos días y sus noches hasta Cusco, para salvarle la vida". Sin embargo, este postrero esfuerzo habría resultado

12. *El Comercio* (Cusco), 22 de febrero de 1899, "Lauramarca".

13. Norman Gall "Perú, mancha indígena", *Síntesis actuales elaboradas por el* CIAL (sin datos de edición). Según señala el autor, el texto es un adelanto de un estudio mayor sobre la reforma educativa emprendida en 1970 por el gobierno militar dirigido por Juan Velasco Alvarado en paralelo a la reforma agraria.

14. Según Gall, el testimonio procede de un "viejo campesino que solo hablaba quechua".

inútil. Saldívar fallece pocos kilómetros antes de llegar a la capital regional, "echando una maldición con sus últimas palabras".

La muerte de Saldívar supone un antes y un después para los habitantes de la hacienda y para sus vecinos. Marca el fin de los viejos buenos tiempos y el comienzo de una época de convulsiones. Sus consecuencias alcanzan incluso a los ámbitos productivos. "Antes de que el cura Saldívar echara esta maldición —concluye el relato— nuestras papas crecían del tamaño de melones, pero ahora salen pequeñas y duras". Gall recoge estos testimonios casi setenta años después de los sucesos, en la época de la reforma agraria. Se trata, por lo tanto, de un recuerdo muy reelaborado. La versión relativa a la ignorancia indígena y su presunto respeto reverencial al sacerdote-hacendado es discutible y contradice muchos otros testimonios que evidencian la difícil relación entre indígenas, hacendados y sacerdotes a finales del siglo XIX. Sin embargo, muestra hasta qué punto la muerte de Saldívar es un episodio traumático, que marca las memorias locales en un momento en que comienza a cuestionarse la primacía de las haciendas en el medio rural cusqueño.[15]

En la época de la muerte de Saldívar, las haciendas quispicanchinas se encuentran en su fase de mayor esplendor. Como institución hegemónica del ámbito rural, las haciendas tienen una doble dimensión: son un sistema de dominación económica y al mismo tiempo una ideología, basada en la idea de la supremacía moral y la autoridad natural del hacendado, a quien correspondería llevar la civilización a las zonas rurales.[16] La resistencia campesina se expresa en el día a día, pero las revueltas son de alcance limitado y fácilmente sofocadas con la ayuda de las autoridades locales. Las cosas empiezan a cambiar hacia 1920, cuando grupos de comerciantes urbanos asentados en las pequeñas

---

15. Pere Quintín señala la existencia de un proceso de apropiación y reelaboración de las memorias locales por parte de los grupos mestizos urbanos, que habría llevado a mezclar los relatos de la muerte de Saldívar con las disputas posteriores sobre el mercado. Esta narrativa tendería a restar importancia al papel de los campesinos en los eventos clave de la historia local, en favor de una memoria más urbana e institucional. Al respecto, Quintín Quílez 1993: 293-304.

16. Anrup 1990.

localidades andinas, muchos de ellos con vínculos con las comunidades, desafían el control de los hacendados sobre los circuitos comerciales. Para ello buscan el apoyo de los pobladores rurales, muy perjudicados por el monopolio comercial que ejercían los hacendados. Un ejemplo de esta pugna es el conflicto suscitado en ese mismo año por el control de la feria de Ocongate, que hasta ese momento se celebraba la hacienda Lauramarca. Este es el primer embrión de una reivindicación que, como veremos más adelante, está presente hasta la actualidad en los debates políticos locales: la pugna por controlar los circuitos comerciales que conectan las zonas rurales y urbanas de la provincia.[17] En paralelo comienzan a aparecer también los primeros líderes campesinos con capacidad para plantear programas de acción que superen el ámbito local. Su objetivo es vincular la lucha de los campesinos quispicanchinos con las agendas políticas regionales y nacionales. Es el caso de Francisco Chillihuani Delgado, quien entre 1922 y 1927 promueve diversas huelgas y acciones radicales en contra de las haciendas altoandinas.[18] Para dar mayor fuerza a sus argumentos, participa como delegado de Lauramarca en los congresos organizados por el Comité Pro Desarrollo Tahuantinsuyo, el primer esbozo de organización indigenista peruana. Creado en el 1921, en connivencia con el gobierno de Augusto Leguía, poco a poco el comité va radicalizándose, a medida que se profundizan los conflictos entre campesinos indígenas, mestizos urbanos y dueños de haciendas.

Las revueltas promovidas por Chillihuani tienen un fuerte impacto en la manera en que los campesinos cusqueños se perciben en el resto del país. Su imagen oscila entre los paradigmas simétricos del indio indómito serrano y la raza degenerada por su contacto con el mundo occidental. Estas dos tradiciones subyacen hasta la actualidad en muchos de los discursos políticos y culturales cusqueños, en ocasiones entrecruzándose entre sí. En los periódicos de las primeras décadas del siglo pasado son frecuentes las referencias a protestas, huelgas y enfrentamientos en las haciendas de Ocongate y Marcapata. En menor medida,

17. El tema se trata en detalle en los capítulos 4 y 5.

18. Reátegui 1977: 245-268.

también hay noticias procedentes de Ccatcca y otras localidades de la provincia. El tono por lo general es alarmista y descontrolado. "La revolución indígena en el Cusco —titula un diario de Lima— cuarenta vecinos de aquel pueblo secuestrados por la indiada. Salida de tropa de línea para contener a los sediciosos".[19] "En vez de sembrar los campos, pastar los rebaños y entregarse a las mil actividades honestas que le son propias, las indiadas se han cruzado de brazos, dejando improductivas las tierras, abandonando el pastoreo y preparando con sombría inconsistencia días de hambre para el porvenir", señala otro periodista, en este caso cusqueño.[20]

El momento más conflictivo se habría producido en septiembre de 1922, cuando en la capital regional llega a hablarse de una "revolución indígena" en las provincias altas de Quispicanchi. Además de los hacendados y las autoridades locales, los propios sacerdotes católicos se habrían convertido en objetivo de las protestas campesinas. Debido a "la propaganda de los falsos apóstoles", continúa el artículo, "los habitantes de los ayllus y de todas las comarcas indígenas no solo desconocen a las autoridades constituidas, exigiendo otras nombradas por ellos, sino que también se han apartado de la comunión católica". La falta de respecto por la religión es una señal ominosa, un indicio del desorden que se avecina. "Las festividades religiosas de ciertas aldeas, que descansaban antes en la devoción del indio no se han realizado este año", se escandaliza el periodista cusqueño. "Los indios, lejos de la religión y rebelados contra todo orden legal, dejaron de frecuentar los sacramentos y amenazan seriamente a los párrocos, a quienes confunden en un solo odio con los gamonales". El prefecto de la región, en contraste, tiene una actitud más comprensiva, quizás porque su propia función de autoridad pública le daba un mejor entendimiento de los detalles y las razones del alzamiento. En un telegrama enviado a su superior de Lima, señala: "los indios, perseguidos y explotados por gamonales, hanse convertido

19. *El Tiempo* (Lima), 30 de septiembre de 1922, citado en Reátegui 1977.

20. *El Comercio* (Cusco), 12 de septiembre de 1922, "La revolución indígena. Se declara el paro general".

en perseguidores, alentados por fingidos protectores. Todo se reduce a dar a cada uno lo que es suyo, garantías a los propietarios y justicia a los indios".[21]

Como muestra esta declaración, los campesinos no estaban solos en su lucha. Cuentan con el apoyo, o al menos con la simpatía, de algunos sectores urbanos de clase media, que denuncian su opresión y recelan del poder despótico de los hacendados. En paralelo a las revueltas, se desarrolla en Cusco la primera etapa del movimiento indigenista, impulsado por intelectuales locales de gran prestigio. Se trata de profesores universitarios y profesionales de clase media, algunos asentados en Cusco provenientes de diferentes partes del país y otros enraizados en familias urbanas tradicionales. Los une su preocupación por el trato injusto y denigrante que los hacendados infligen a los pobladores andinos. Luis Valcárcel, el más destacado de estos intelectuales, que más adelante llegaría incluso a ser ministro de Educación en los años cuarenta, relata en sus memorias el impacto de una reunión clandestina con uno de los líderes campesinos lauramarquino, a quien no identifica. El insurrecto había logrado escapar de la selva de Marcapata, donde había sido confinado por los dueños de la hacienda a la que estaba adscrito, en connivencia con las autoridades locales.[22] "Nos hizo una exposición detallada de lo ocurrido, mostrando una elocuencia y facilidad de palabra que nos llamó la atención", recuerda Valcárcel. "El relato fue hecho sin ninguna vacilación, en un quechua perfectamente modulado. Nos quedamos con la impresión de un hombre de gran inteligencia y memoria". El texto de Valcárcel está repleto de admiración. El líder lauramarquino debe haberle causado una notable impresión. Por momentos, su recuerdo se llena de tópicos, que hacen ver a su invitado la imagen como una suerte de buen salvaje andino. "Así era el hombre de la puna de Lauramarca —concluye Valcárcel— un hombre cabal, autónomo e independiente."

El impacto de los intelectuales indigenistas cusqueños en las zonas rurales es limitado, pero contribuye a poner los problemas del

---

21. *El Comercio* (Lima), 22 de septiembre de 1922, citado en Reátegui 1977.

22. Valcárcel 1981: 246.

campesino andino en la agenda de debate nacional. La lucha de las comunidades andinas para recuperar el control de la tierra se convierte en parte de un programa mayor de reforma social y económica, que progresivamente es asumido por diferentes actores políticos. Este anhelo está presente en el gobierno de Leguía, caracterizado por su énfasis en las obras públicas, junto con un vago discurso indigenista. También es central en las reformas más radicales propuestas por el aprismo y por la izquierda mariateguista, en auge en ese momento. Todos están de acuerdo en que el sistema de haciendas no puede subsistir a largo plazo, tanto por cuestiones morales como por su propia ineficiencia económica. Difieren, sin embargo, en el objetivo concreto de las reformas y en la manera de lograrlas. Los gobiernos que se suceden en los años treinta, cuarenta y cincuenta apuestan por incentivar la venta de tierra por parte de los hacendados a los campesinos o por abrir nuevas fronteras agrícolas, que permitan a los campesinos acceder a la tierra. Se construyen nuevas carreteras para facilitar la conexión de la sierra con la selva y de manera tímida se promueven algunas iniciativas de financiamiento rural. En el plano político, sin embargo, las autoridades mantienen un férreo control de las zonas rurales, muchas veces incluso aliándose con los propios hacendados. Frente a esta pasividad, la izquierda privilegia soluciones revolucionarias, especialmente a partir del triunfo de la revolución cubana, que abre una nueva etapa de revueltas rurales.

Son años de gran tensión en todo Cusco. Los sucesos más impactantes ocurren en las zonas de selva al norte de la región, en la provincia de La Convención, donde durante una breve etapa grupos radicales tratan de poner en marcha un embrión guerrillero de estilo guevarista.[23] Pero, más allá de este ámbito selvático, la efervescencia política se proyecta también en Quispicanchi. Las tomas de tierra por parte de los campesinos están a la orden del día y los choques con los hacendados son cada vez más frecuentes. Otras veces son los propios hacendados quienes, ante la presión, deciden vender sus haciendas a los campesinos, para evitarse males mayores. Un líder emblemático de esta etapa es Mariano

23. Lust 2014.

Turpo, quien en los años sesenta encabeza la comunidad de Pacchanta, en Lauramarca. Siguiendo un perfil que vamos a ver repetirse varias veces en este libro, Turpo es tanto un líder político como un consejero espiritual, que gracias a su carisma ejerce una gran influencia sobre los habitantes de su comunidad. Entre sus virtudes destaca ser "sabedor y hablar muy bien".[24] Durante su vida traba relación con conocidos sindicalistas cusqueños y abogados de izquierda. Estas redes de conocidos y aliados son su principal fortaleza. Marisol de la Cadena, quien lo conoció cuando ya era anciano, señala que "era muy fuerte y muy analítico", además de poseer "algo muy complejo que por el momento solo puedo definir como sabiduría".

Un ejemplo de resolución relativamente pacífica de los problemas tiene lugar en la hacienda Ccapana. En agosto de 1960, una disputa derivada de los castigos infligidos por uno de los mayordomos a dos colonos de la estancia Parccoccalla concluye con un pliego de reclamos colectivo, presentado ante el hacendado.[25] Un mes después una nueva protesta acaba con la formación de un sindicato agrario. Entre la espada y la pared, el propietario, Otto de Bari, decide parcelar y vender la tierra a sus campesinos, para "frenar los avances del comunismo". Sigue a continuación un tenso tira y afloja, en el que ambas partes tratan de sacar el mayor beneficio posible. El propietario se queja del sabotaje continuo de los campesinos las tareas agrícolas de la hacienda. En contrapartida, los pobladores rurales denuncian las prácticas abusivas que Bari pretendería imponerles. Las negociaciones se prolongan durante varios años, hasta que en 1968 se constituye la Asociación Agropecuaria Ccapana, integrada por la mayoría de los campesinos de la hacienda. Los campesinos adquieren 2200 hectáreas en un contrato privado de compra, que la

---

24. Marisol de la Cadena, "Murió Nazario Turpo indígena y cosmopolita", *Lucha indígena*, n.° 14, octubre de 2007. Nazario es el hijo de Mariano Turpo, quien como su padre es un conocido líder campesino. El artículo traza el perfil y la trayectoria de ambos personajes. Sobre Nazario, véase también más adelante, el capítulo 7 de este libro.

25. El caso de esta hacienda se analiza en Laats 2000. Salvo que se señale lo contrario, las referencias provienen de esta fuente.

Mapa de 1786 del partido de Quispicanchi, conservado en el Archivo General de Indias (Sevilla).

prensa local saluda como un "noble ejemplo" a imitar para solucionar la conflictividad rural.[26] Bari anuncia también que se encuentra a punto de vender otra hacienda de su propiedad en Ccahuayo. En las tierras recién adquiridas fundan la comunidad de Nueva Esperanza Ccapana. Este no es, sin embargo, el final de la historia. Los habitantes de la nueva comunidad tienen ante sí un doble reto: por un lado, reclaman al propietario la cesión de una porción mayor de tierras y, por otro, deben enfrentar las demandas de los habitantes de Parccoccalla, otra comunidad situada en el interior de la hacienda, quienes también se encuentran en lucha por su tierra. Se trata de un proceso general de movilización rural, que a partir de 1969 dará un salto cualitativo con el inicio de la reforma agraria promovida por el gobierno militar de Juan Velasco Alvarado.

Cooperativas y comunidades

La reforma agraria anuda todas las tensiones que el ámbito rural cusqueño había ido acumulando durante las décadas anteriores. Como en casi toda la sierra peruana, es el momento clave de la historia reciente de Quispicanchi. Su promotor es el general Velasco, quien había llegado al poder al derrocar en octubre de 1968 al débil gobierno democrático encabezado por Fernando Belaunde. Para los militares la reforma agraria era una parte imprescindible de un programa más amplio dirigido a cambiar de raíz la sociedad peruana, para adecuarla a un modelo corporativo estatista, aderezado con una fuerte retórica nacionalista y antioligárquica. El objetivo era sustituir las haciendas por empresas cooperativas administradas por funcionarios especializados, de las que los campesinos serían socios o empleados. Cada cooperativa debía tener el tamaño suficiente para generar economías de escala, por lo que, siguiendo el modelo previo de las grandes haciendas, habitualmente incluían a más de una comunidad campesina. Los socios debían pagar un reembolso al Estado por la transferencia de las tierras y los bienes de las haciendas, mientras que el Estado, a su vez, debía compensar a los antiguos

26. *El Comercio* (Cusco), 15 de noviembre de 1968, "Campesinos son dueños de parte de hacienda Ccapana".

propietarios, mediante los llamados "bonos de reforma agraria". En el caso de las zonas de alta producción agrícola, las nuevas instituciones se denominaron cooperativas agrarias de producción (CAP), mientras que en las zonas ganaderas fueron bautizadas como sociedades agrícolas de interés social (SAIS).[27]

---

27. La bibliografía sobre la reforma agraria es sorprendentemente limitada si se compara con su trascendencia para el mundo rural peruano. Existe un conjunto de trabajos que podríamos llamar clásicos, escritos a finales de los años setenta e inicios de los ochenta, que comentaremos más adelante. Existen también algunos artículos de esos mismos años, que tratan aspectos concretos o que buscan analizar la reforma agraria peruana en perspectiva comparada. Pero son pocos los trabajos de largo aliento dedicados al tema en las últimas décadas. Dos excepciones son: Linda J. Seligmann, *Between Reform and Revolution: Political Struggles in the Peruvian Andes, 1969-1991* (Stanford CA, Stanford University Press, 1995) y Harald O. Skar, *La gente del valle caliente: dualidad y reforma agraria entre los runakuna (quechua hablantes) de la sierra peruana* (Lima, Fondo Editorial de la Pontificia Universidad Católica del Perú, 1997). Ambos autores realizan su trabajo de campo a finales de los años ochenta. Un caso aparte es el libro de Enrique Meyer, *Cuentos feos de la reforma agraria* (Lima, Instituto de Estudios Peruanos, Centro Peruano de Estudios Sociales, 2009). Este es probablemente el único intento reciente, aunque muy polémico, de realizar un balance de largo alcance sobre la reforma agraria. Una reseña crítica al respecto es Héctor Béjar, "Comentarios a los cuentos feos de Enrique Mayer" (*Revista Argumentos*, año 3, n° 4, setiembre 2009). Núria Sala i Vila atribuye esta escasez de trabajos sobre la reforma agraria al poco interés que despiertan los estudios rurales entre los historiadores peruanos de las últimas décadas, en contraste con sus colegas argentinos o mexicanos. Al respecto, Núria Sala i Vila, "La historiografía rural peruana bajo el influjo de la Reforma agraria y el neoliberalismo (1968-2012)" ponencia presentada en el XIV Congreso de Historia Agraria, Badajoz (Extremadura), 7-9 de noviembre de 2013. Linda Seligmann, por su parte, señala que probablemente esto se deba a la desilusión de cierto sector de la academia por los resultados de las reformas agrarias de las décadas anteriores. Estos procesos habrían mostrado que el campesinado no era el actor de transformación social que se esperaba. Como consecuencia, se produce un giro hacia nuevos enfoques del mundo rural, que privilegian temas como la identidad, la cultura y el resurgir de los movimientos étnicos. En el caso peruano, el declive de los estudios campesinos se acentuaría por el impacto del terrorismo y la guerra interna, que cambian de manera radical la agenda nacional, tanto a nivel político como académico. Este estallido no había sido previsto por ninguno de los investigadores, académicos y políticos que en los años setenta y ochenta escriben sobre las zonas rurales. Al respecto, Seligmann 2008. En este contexto de olvido y desinterés, solo recientemente algunos nuevos trabajos estarían comenzado a retomar la cuestión desde perspectivas novedosas. Al respecto, Asensio 2014b.

Este era un modelo muy diferente del propugnado por otras reformas agrarias latinoamericanas, que habían apostado por transferir la tierra directamente a los campesinos, con diversas fórmulas de compensación al Estado y los propietarios. Era contrario, además, a las propias tradiciones locales de manejo de la tierra, caracterizadas por la centralidad de la idea de comunidad campesina autónoma. Un problema mayor es que desconocía los avances realizados en los años anteriores por los campesinos a partir de las compras directas de tierras a los hacendados. Además, iba en contra de la dinámica de fortalecimiento de las comunidades, que de manera incipiente comenzaba a consolidarse en los años sesenta. Para Velasco, las comunidades debían ser superadas por una forma de organización social más eficiente, que garantizara al mismo tiempo el acceso de los campesinos a la tierra y el abastecimiento de alimentos a las grandes ciudades. Esta concepción estatista del orden rural choca con la perspectiva de la población andina, que veía la reforma agraria como una oportunidad para hacer realidad sus aspiraciones de autosuficiencia y autogobierno comunales. Hay que tener en cuenta en este sentido que la comunidad campesina andina tiene una doble naturaleza: es una herramienta para regular el acceso y uso de los recursos productivos, pero también un proyecto de vida en común. Como institución holística, responde a un orden moral ideal, que los pobladores rurales conciben como intrínsecamente andino. Esta doble dimensión, económica y moral, explica su fortaleza y su capacidad para emerger en diferentes situaciones históricas, más allá de la forma legal concreta que pueda adoptar en cada momento.

La centralidad de la comunidad andina en la vida andina responde a un imaginario social muy arraigado y fuertemente legitimado. Ser integrante de tal o cual comunidad no es solo un indicador de origen. Tampoco se limita a una membresía instrumental, sino que supone una serie de derechos y obligaciones inalienables, más cercanas a una familia que a una asociación comercial. Si bien las cooperativas propugnadas por el gobierno militar incorporaban parte de la retórica campesinista andina, carecían de esta dimensión moral de proyecto de vida compartido. Las cooperativas eran vistas por la mayor parte de la población como una imposición externa y una nueva forma de dominación. En el mejor de los casos podían ser una etapa intermedia en el proceso de destrucción de las haciendas y recuperación de la tierra, pero siempre concebidas desde una lógica instrumental y no como un objetivo en sí mismo. Estas contradicciones se reflejan en el caso Ccapana. En 1971, se crea en esta antigua hacienda la CAP Revolución, que incluye las tierras que no habían sido previamente vendidas a los campesinos.[28] La cooperativa ocupa los territorios de las actuales comunidades de Ccapana, Parccocalla, Hachacalla y Anccasi, además de los anexos de Ccalhua y Ccoya. A su frente está un administrador externo, nombrado por el Ministerio de Agricultura. Desde 1974, se suceden diversos episodios de enfrentamiento entre ambas partes. Los comuneros acusan a los funcionarios estatales de venta fraudulenta y falta de mantenimiento de la maquinaria. Denuncian, además, la demora en la entrega de las tierras.[29] La tensión se incrementa hasta que en 1981 una asamblea conjunta decide desconocer la autoridad del administrador y dividir la tierra entre las diferentes comunidades involucradas en las disputas. Dos años después todos los sectores de la cooperativa envían un acta al Ministerio de Agricultura para hacer explícita su voluntad de autonomizarse entre sí y convertirse en comunidades campesinas legalmente reconocidas, con derechos de propiedad exclusivos sobre la tierra. El Ministerio no se opone en principio, pero tampoco quiere salir perdiendo. El principal obstáculo son los pagos que los comuneros deben realizar al Estado en contraprestación por las tierras y los bienes transferidos. Solo en 1989 los trámites concluyen y la cooperativa desaparece.

La lucha por la autonomía de las comunidades de Ccapana es una larga historia, pero no se encuentra entre las más trágicas de Quispicanchi. En Lauramarca, la pugna entre cooperativas y comunidades es aún más enconada. La historia comienza en marzo de 1970, cuando los representantes del gobierno central toman de posesión de la hacienda, en una ceremonia de un alto calado emocional, con presencia de ingenieros, políticos limeños y cusqueños, campesinos y líderes sindicales.

28. Laats 2000.

29. *El Comercio* (Cusco), 2 de agosto de 1974, "Comuneros piden inmediata afectación de hacienda Ccapana".

Este era el primer fundo expropiado a escala nacional, lo que explica la concurrencia. El evento estuvo presidido por un cartel gigante de Túpac Amaru II, el gran héroe andino convertido en emblema de la reforma agraria por el gobierno militar. Los participantes desfilan y dan vítores, mientras se suceden los discursos. El momento más emotivo es la entrega por parte de un anciano campesino de un puñado de tierra, como regalo para el general Velasco. "Esta tierra —proclama en el momento de la entrega— es el valor de muchas vidas, años de sacrificios, tierra donde hemos derramado nuestras sangres, y que hoy gracias a Dios por fin la hemos conquistado".[30] "El sacrificio en la lucha ha terminado —contesta a su vez el director general de reforma agraria, llegado desde Lima para el evento— y se inicia ahora vuestro trabajo en beneficio de ustedes mismos, [para] que hagan producir la tierra que es de ustedes".

Pese a estas buenas palabras, los conflictos comienzan ese mismo día, cuando la intervención de un representante sindical suscita la protesta indignada de los comuneros. "A este señor no lo conocíamos antes —afirma uno de ellos— apareció cuando la reforma agraria anunció que iba a afectar esta hacienda. Es un verdadero mandón. Si desde ahora se manifiesta así, qué será después".[31] Una autoridad de Ocongate, presente también en el evento, se une a las quejas y declara: "¿Qué pito tocan en Lauramarca estos agitadores profesionales?". Para ese momento tanto el caserío principal como las instalaciones adyacentes se encontraban ya en ruinas, "los techos de las habitaciones totalmente perforados por la acción del tiempo y la capilla desmantelada".[32] "Da verdadera pena —se quejaba un trabajador— y los campesinos no creo que vayan a poder reconstruirlo. Lo veo muy verde".

La expropiación culmina en diciembre con la adjudicación definitiva de la hacienda a 686 campesinos, a cambio de 6,7 millones de soles

30. *El Comercio* (Cusco), 2 de marzo de 1970, "64 mil hectáreas de tierras pastizales beneficiarán a más de 4 mil campesinos de Lauramarca".

31. *El Comercio* (Cusco), 3 de marzo de 1970, "Hacienda Lauramarca: tierra comprada con el sudor y la sangre de los campesinos"

32. *El Comercio* (Cusco), 3 de marzo de 1970, "Del caserío principal de la hacienda tan solamente quedaron ruinas".

que solo debían pagarse a partir de 1976. Los ingenieros a cargo del plan de explotación calculaban una utilidad anual de casi un millón de soles, desde el quinto año de funcionamiento de la nueva cooperativa. Para sacralizar el momento se realiza otra ceremonia con presencia de autoridades regionales y funcionarios del Ministerio de Agricultura. El programa incluye abundantes discursos desfile escolar, parrillada, una pelea de gallos "con programa especial" y una corrida de toros.[33]

Para los años siguientes contamos con un informe de 1978 elaborado por José Matos Mar y un grupo de colaboradores, con una gran riqueza etnográfica y abundante información de primera mano, que permite desentrañar el día a día de la reforma agraria en los distritos altoandinos de Quispicanchi.[34] El objetivo del trabajo de campo es analizar el impacto de la reforma educativa desarrollada por el gobierno militar en paralelo a la reforma agraria. Pero los autores van mucho más allá, e incluyen un detallado análisis de las dinámicas políticas locales. El informe comienza señalando las dificultades que desde su inicio encuentra la CAP Lauramarca, creada en 1971 sobre las tierras de la hacienda ganadera más importante de la región. El primer problema habría sido el saqueo realizado por los antiguos propietarios en los años anteriores a la transferencia de la tierra. Lauramarca poseía a finales de los años sesenta 15.000 ovinos de diferentes razas mejoradas, pero en al momento de asumir el Gobierno el control de la hacienda quedaban menos de cuatrocientos. Ante la amenaza de expropiación, los dueños habían vendido el resto, presumiblemente a intermediarios o a las comunidades cercanas, que de esta manera podían hacerse con un recurso vital para su subsistencia a bajo precio. Debido a esta descapitalización, la cooperativa se ve incapaz de cumplir con su cometido. Tampoco es recibida con simpatía por la población de la zona, que ve en ella un obstáculo para sus proyectos de control directo de la tierra. Los funcionarios puestos a cargo se muestran ineficientes y corruptos. Antes que

33. *El Comercio* (Cusco), 5 de diciembre de 1970, "686 campesinos serán dueños de Lauramarca a partir de mañana".

34. Matos Mar 1978. Las citas de las siguientes páginas corresponden a esta fuente.

convencer a la población sobre las bondades del proyecto reformista militar, prefieren aprovechar la coyuntura para su propio provecho.

El informe señala también las tensiones entre los socios. Se trata de un juego múltiple de intereses, que involucra a diversos actores. Algunos de los dirigentes campesinos ven en la cooperativa una oportunidad para enriquecerse, mientras que otros se oponen a su existencia y tratan de desmantelarla. En teoría, tanto los funcionarios impuestos por el Gobierno como los dirigentes campesinos están sometidos a la autoridad de la asamblea general de delegados, el órgano de mayor poder de la cooperativa, integrado por representantes de los 14 sectores de la antigua hacienda Lauramarca. Sin embargo, en la práctica las cosas son muy distintas. "La asamblea general de socios está sujeta y sometida a la habilidad con que los dirigentes han aprendido a manipular este tipo de reuniones", señalan los autores del informe. El resultado es una total desorganización y un caos administrativo que dificulta la toma de decisiones coherentes. "Esto explica en parte la inexistencia de actas actualizadas de las sesiones, que por otra parte deben ser escritas en castellano, a pesar de que las reuniones se desarrollan en quechua".

El manejo del idioma es un tema crucial en Quispicanchi. La lengua predominante en la parte alta de Quispicanchi es el quechua. En quechua hablan cotidianamente y realizan sus transacciones comerciales los campesinos. Es también la lengua de la política; en los mítines, en los debates y en las asambleas. Sin embargo, el relato de Matos evidencia que en Lauramarca no solo se trata del idioma que se habla, sino también del distinto significado simbólico que cada lengua tiene. Más allá de cuál sea el idioma de las interacciones diarias, saber castellano establece una frontera de poder entre un reducido grupo y el resto de los pobladores rurales. "Como los requisitos para ser dirigente en la empresa exigen saber leer y escribir, por lo general estos cargos son ocupados por personas con cierto grado de instrucción y experiencia urbana, y conocimiento del idioma castellano", señalan los autores del documento. El resultado sería una tendencia de los dirigentes a perpetuarse en el poder, manteniendo el control arbitrario de la empresa. El idioma es una herramienta para lograr este objetivo, tal como en la época anterior había servido a los hacendados para reducir las posibilidades de los campesinos. Las prácticas jerárquicas heredadas de la hacienda tampoco habrían sido superadas en otros ámbitos. Los dirigentes habían heredado de los gamonales su actitud prepotente y su estilo autoritario de dirigirse a los campesinos. "Entre los mecanismos de manipuleo está el uso de sistemas que utilizaba antiguamente el patrón [...] la habilidad de los dirigentes, en muchos casos es emplear este modelo y, por tanto, no plantean o fundamentan los acuerdos que deben tomarse, sino que gritan, gesticulan y rodean lo que debe hacerse".

La Lauramarca descrita por Matos es un ejemplo de las múltiples contradicciones y enfrentamientos que suscita la reforma agraria. Las disputas entre los campesinos y otros actores del mundo rural se complementan con disputas entre los propios campesinos y sus dirigentes. El relato es muy detallado y muestra crudamente la distancia entre los objetivos de la reforma y la realidad de su implementación sobre el terreno. Los autores del documento son profundamente escépticos respecto al funcionamiento de la teórica democracia interna de las cooperativas. "Las actitudes controlistas subsisten —continúa Matos— de tal manera que los directivos de la empresa o sus asesores logran hacer aprobar las agendas que proponen, las que muchas veces van en contra de los intereses de los participantes". Tanto los socios como los dirigentes buscan sus beneficios personales, sin que exista un real compromiso con la cooperativa. El elemento predominante es la picaresca. La dinámica cotidiana de la cooperativa está marcada por el deseo de obtener ventajas por parte de unos y otros. "Lo que más interesa es la participación en comisiones, especialmente cuando existe la posibilidad de lograr un beneficio personal". Las comisiones permitían pequeñas ventajas que los campesinos podían aprovechar para obtener ingresos adicionales. De ahí que fueran un botín apetecido, sobre todo las que implicaban desplazamientos fuera de las comunidades. "Las más apetecidas son las de ayudante y controlador del camión del empresa. Esto supone efectuar viajes, transportar carga y/o pasajeros a diferentes sitios", señala el informe. "En el afán de lograr el mayor beneficio se realizan viajes demasiado largos, que a menudo resultan antieconómicos para la empresa, pero no para los comisionados".

Todos estos mecanismos, de acuerdo con el juicio de Matos, apuntarían al incremento de las tensiones en el interior de la cooperativa. Se trataría de un escalamiento constante de la tensión entre quienes resultan beneficiados (los administradores y su círculo cercano de dirigentes campesinos) y el resto de los habitantes de la antigua hacienda. Estos últimos, sin embargo, no serían víctimas pasivas. Por el contrario, los campesinos tienen una actitud combativa, que impone límites a la acción de sus dirigentes, agudizando el clima de malestar y confrontación. "A pesar de la actitud pacífica y sumisa que adoptan en las asambleas o en cualquier otro tipo de actividad en general —concluye el informe— reaccionan violentamente cuando sus intereses personales son afectados y no trepidan en quejarse contra quien sea". El resultado de esta actitud sería un clima cada vez más enrarecido, en el que la propia continuidad de la cooperativa era puesta el juego. "La actitud de los socios es de franca condescendencia e indiferencia en cuanto se trate de las gestiones de la cooperativa, pero de mucho celo en cuanto se refiere a sus intereses personales".

Los casos de Ccapana y Lauramarca evidencian las dificultades que encuentra en la práctica la reforma agraria diseñada por el gobierno militar. El plan original queda envuelto en un entramado de intereses entrecruzados. La mala planificación y la débil capacitación del personal encargado de poner en marcha las cooperativas se conjuga con la oposición activa o pasiva de los campesinos. Las ambiciones personales de algunos de sus dirigentes, que buscan sacar beneficios de la confusión, completan el coctel. Con frecuencia impera el deseo de obtener pequeñas ventajas, en una sociedad que sigue siendo tremendamente pobre y precaria desde el punto de vista material. En un nivel más profundo, sin embargo, la pugna entre los modelos estatista y campesinista de reforma agraria refleja la existencia de diferentes concepciones sobre lo que era y debía ser el mundo rural andino. El modelo estatista impulsado por el gobierno militar choca con el deseo de autosuficiencia, autonomía y autogobierno comunales que está en el corazón de las luchas campesinas andinas.

La reforma agraria quispicanchina no se limita a estas grandes haciendas emblemáticas. En 1970, 59 familias campesinas se benefician con la expropiación de la hacienda Ninabamba de Urcos.[35] En mayo de 1972 se suman catorce fundos más, en Andahuaylillas, Ccatcca, Lucre, Oropesa y el mismo Urcos. En total son casi cuatro mil hectáreas que pasan a manos de los campesinos.[36] En julio de ese año, también en Urcos, se anuncia la toma de posesión del predio Parcohuaylla.[37] En 1973, en Oropesa, la hacienda Ccoccano-Tambobamba pasa a los campesinos. Los terrenos suman 5.870 hectáreas. "El acto fue ministrado por el juzgado de tierras —refiere la nota de prensa— en presencia de numerosas familias campesinas, que entusiastamente siguieron paso a paso la diligencia judicial".[38] En 1974 otros catorce fundos, con 4.386 hectáreas, se adjudican a la SAIS "Campesinos Unidos" de Oropesa. El lote incluye 506 cabezas de ganado vacuno, 207 ovinos, plantaciones forestales y frutales, y dos tractores. Los beneficiarios son 980 feudatarios y 600 comuneros de las comunidades de Huasao, Choquepata y Pinagua.[39] En noviembre se anuncia la expropiación de los fundos Chachapoyas y Chochapa con 2329 hectáreas.[40] Sigue, en diciembre, la consolidación del fundo Ynahuasi en Andahuyalillas, con 41 hectáreas, donde "se ha instalado el primer huerto frutícola con carácter comercial".[41]

El ritmo de reforma agraria se acelera en los últimos años del gobierno de Velasco. Sin embargo, la paciencia de los campesinos empieza a agotarse. En enero de 1972 cuatro comunidades de Marcapata envían un memorial de protesta a las autoridades de la Lima, ya que en su distrito "las cooperativas para campesinos hasta el momento constituyen

---

35. *El Comercio* (Cusco), 12 de octubre de 1972, "Ninabamba para 59 familias campesinas".

36. *El Comercio* (Cusco), 6 de mayo de 1972, "Afectan 14 fundos en Quispicanchi".

37. *El Comercio* (Cusco), 15 de julio de 1972, "Afectan más fundos para reforma agraria".

38. *El Comercio* (Cusco), 4 de noviembre de 1973, "Hacienda Ccolccaqui-Tambobamba a los campesinos: Oropesa".

39. *El Comercio* (Cusco), 29 de agosto de 1974, "Transfieren 4.386 hectáreas a Dirección de Reforma Agraria".

40. *El Comercio* (Cusco), 11 de noviembre de 1974, "Afectan para RA 2347 hectáreas".

41. *El Comercio* (Cusco), 21 de diciembre de 1974, "En Urubamba y Quispicanchi se consolidan 45 pequeños fundos".

un mito".[42] Ante el desinterés de las autoridades, avisan de la falta de semillas para el cultivo de los productos y de los problemas que encuentra la ganadería. Según refieren, "las enfermedades que atacan a los animales no son controladas sino empíricamente por los campesinos". La culpa sería de la Agencia Zonal de Ministerio de Agricultura de Ocongate, que "hasta el momento no realiza una labor efectiva". Peor incluso era la situación de los campesinos de Ccapacmarca, en Urcos. En un memorial enviado al ministro de educación en mayo de 1974 relataban que los alumnos de la escuela local recibían las clases sentados en adobes y troncos.[43] Para remediar el problema solicitaban el envío de carpetas, material didáctico y mobiliario. También pedían un reloj para la escuela y banderas bicolores, tanto para el centro educativo como para la propia comunidad. Otra de sus quejas era la falta de un puesto de salud. A pesar de tener 1.300 habitantes, Ccapacmarca carecía de atención médica permanente. Los pacientes debían desplazarse hasta Urcos. Las gestiones realizadas ante la Dirección de Salud de Cusco para remediar esta situación no habían dado resultados.

Las diferencias entre el Gobierno y los campesinos se superponen con las disputas políticas que surgen dentro del propio bloque reformista. A medida que el velasquismo se consolida, la izquierda se divide entre partidarios y detractores del gobierno militar.[44] Entre quienes se oponen destacan los partidos maoístas, muy influyentes en algunas zonas rurales. Su crítica de la reforma agraria velasquista está acompañada por un apoyo decidido a las ocupaciones directas de tierras. Promovidas por los campesinos, los maoístas ven estas ocupaciones como el primer paso de una verdadera revolución campesina.[45] Sobre el terreno tienen una gran carga emotiva y política. Las ocupaciones suelen estar acompañadas de un fuerte despliegue simbólico, que combina elementos andinos junto con el abigarrado universo estético de la izquierda

42. *El Comercio* (Cusco), 27 de enero de 1972, "Esperan la reforma agraria: Marcapata".

43. *El Comercio* (Cusco), 20 de mayo de 1974, "Aquí Ccapacamarca".

44. Paredes 2011.

45. Dorais 2012.

latinoamericana: banderas, pancartas, desfiles, afiches, etc. En la polémica también están presentes otros partidos de izquierda, que se disputan el apoyo de los campesinos para sus propios proyectos políticos. El resultado es una radicalización de las prácticas y los discursos, que en muchos casos es aprovechada por los pobladores rurales para impulsar su propio proyecto de control comunal de las tierras. Finalmente, tras la destitución de Velasco en 1975 y su sustitución por un nuevo gobierno militar, mucho menos abierto a aventuras reformistas, el proyecto cooperativista entra en una etapa de adormecimiento y decadencia. Las empresas cooperativas quedan abandonadas a su suerte, sin la protección estatal. En muchos casos se desmantelan y lotizan, dando lugar a nuevas comunidades campesinas o transfiriendo las tierras a comunidades ya existentes.

La mala administración y los desencuentros entre campesinos y funcionarios llevan a que el modelo diseñado por Velasco muy pocas veces funcione. Se trataba, en realidad, de una reforma agraria en la que ni la mayoría de los funcionarios, ni los campesinos creían. Asistimos a una pugna constante por redefinir sobre el terreno el sentido de la reforma agraria original. Las disputas casi siempre concluyen con el triunfo de las posiciones defendidas por los campesinos. Incluso en los casos en los que las cooperativas subsisten después de los ochenta, como ocurre en la hacienda Angostura de Saylla, son solo instituciones nominales, reducidas al control de algunos bienes emblemáticos, como las casas hacienda, pero sin relevancia en el plano productivo. El éxito del proyecto campesino de apropiación de la tierra tiene, sin embargo, un alto costo social y político. Se produce tras diez años de tensiones y enfrentamientos. Son múltiples las historias relativas a este periodo que hablan de comunidades e incluso familias enfrentadas entre sí. Estos recelos marcan profundamente los años posteriores, y en algunos casos llegan hasta la actualidad. Los turbulentos años setenta siguen marcando las dinámicas sociales y la micropolítica cotidiana de muchas comunidades. En su estudio de la comunidad de Llanchu, en Anta, la historiadora norteamericana Ingrid Hall sostiene que las diferencias entre los antiguos integrantes de la comunidad y quienes estaban adscritos a la hacienda serían el sustrato que explicaría la actual rivalidad entre protestantes y católicos.[46] "Se podría considerar —concluye— que aquello que estructura la vida comunal es el antagonismo heredado de la Reforma Agraria". Situaciones similares se pueden encontrar con facilidad en Quispicanchi. También son frecuentes los relatos de heroísmo asociados a la reforma agraria, ligados a las "recuperaciones" de tierras o a la afirmación de los derechos comunitarios. Los dirigentes de esta época tienen una gran legitimidad y durante largos años van a marcar la vida de las nuevas comunidades campesinas con sus prácticas, estilos de dirigencia e ideas.

Un balance ambiguo

Las historias de la reforma agraria, positivas y negativas, conforman una parte central de las mitologías sociales y los relatos identitarios de muchas comunidades quispicanchinas. Son un referente constante en las memorias individuales y colectivas. Por lo general se trata de una memoria ambigua y conflictiva, que pocas veces se expresa en voz alta. El hecho en sí de la reforma es recordado como un momento clave de liberación y evaluado muy positivamente. "En nuestro tiempo pasado, nosotros éramos sirvientes de los hacendados. Solo trabajábamos las labores agrícolas y ganaderas, según la orden del patrón o del mayordomo", recuerda Glímaco Salvo, campesino de la comunidad de Andamayo, en el distrito de Ocongate.[47] "No teníamos voz, ni voto. No teníamos la educación, ni el derecho, éramos como esclavos", reafirma. Una opinión similar tiene Enrique Apaza, de la comunidad de Huacatinco.[48] "Mis abuelos, ellos eran empleados de los hacendados", recuerda. "Trabajaban

---

46. Hall 2013: 101-125.

47. "Testimonio de Glímaco Sallo Pauccar de la comunidad de Andamayo, del distrito de Ocongate", documento presentado al Concurso de Emprendimientos con Identidad Cultural organizado por el proyecto Corredor Puno-Cusco y el Instituto de Estudios Peruanos en Ocongate, en diciembre de 2008. Este concurso se realizó en el marco del proyecto Desarrollo Territorial Rural con Identidad Cultural de Rimisp-Centro Latinoamericano para el Desarrollo Rural.

48. "Testimonio de Enrique Apaza Turpo, de la comunidad campesina de Huacatinco, distrito de Ocongate", documento presentado al Concurso de Emprendimientos

para el hacendado, eran como esclavos en la hacienda. También trasportaban cargas a otras haciendas, en llamas y caballos de la hacienda, hasta Cusco y Sicuani". La situación también era mala para las mujeres, quienes "sufrían muchos maltratos por los hacendados. Ellas cocinaban comidas para los perros, pastaban alpacas, llamas, caballos, vacas y hasta tendían la cama del hacendado". Estos recuerdos están plagados de referencias a personajes concretos, líderes campesinos que habrían desempeñado papeles importantes en las luchas por la libertad. El gobierno militar tiene un lugar central en esta narrativa. Para Apaza habría sido entonces cuando por primera vez los campesinos quispicanchinos sintieron que las autoridades estaban de su parte. "Entró Juan Velasco Alvarado —rememora— y decretó una ley a favor del campesinado, para que ya no haya más esclavitud".

Estos testimonios proceden de un concurso organizado en diciembre de 2008.[49] El objetivo era premiar las iniciativas más creativas que hubieran permitido mejorar los ingresos de los pobladores rurales y al mismo tiempo hubieran contribuido a preservar la idiosincrasia cultural local. El concurso tenía una etapa preliminar, en la que se instaba a los postulantes a enviar un testimonio sobre sus emprendimientos, ya fuera en forma de documento escrito o mediante grabaciones de audio, en castellano o en quechua. La etapa final consistía en representaciones dramatizadas, que debían realizarse de manera pública en la plaza de armas de Ocongate. En ambos casos se requería que los participantes explicaran la situación anterior al inicio de sus negocios y su trayectoria posterior. En ninguna de las dos fases del concurso las bases hacían referencia a la reforma agraria o al gobierno militar. Recabar información

---

con Identidad Cultural organizado por el proyecto Corredor Puno-Cusco y el Instituto de Estudios Peruanos en Ocongate, en diciembre de 2008.

49. El concurso fue organizado por el instituto de Estudios Peruanos y el proyecto Corredor Puno-Cusco, en el marco del proyecto Desarrollo Territorial Rural con Identidad Cultural coordinado a nivel internacional por Rimisp-Centro Latinoamericano para el Desarrollo Rural. Esta tradición cusqueña de concursos públicos asociados a programas de desarrollo rural se analiza con detalle en los capítulos posteriores. Como veremos, es uno de los elementos más característicos del modelo de desarrollo rural andino que se consolida desde los años noventa.

u opiniones sobre este periodo de la historia peruana no estaba entre los objetivos originales del concurso. Es por esta razón que los testimonios de los participantes son tan valiosos: porque son espontáneos.

Opiniones similares son muy habituales en las provincias altoandinas de Cusco. Los campesinos quispicanchinos recuerdan con acritud y odio la época de las haciendas. Las agotadoras jornadas agrícolas se sumaban a las humillaciones y a los largos viajes para trajinar mercancías en favor del hacendado. En ocasiones estas caminatas se extendían hasta la selva, al este de la provincia. "El hacendado tenía propiedades en la selva", rememora Amadeo Quispe, nacido en Pampacancha a finales de los años cincuenta.[50] "De allí extraían maderas, cedros y aguajes, y el traslado era a lomo, por lo cual se sufría mucho, por todo ello quedamos agradecidos al general Juan Velasco y a la reforma agraria".

Estos antecedentes explican por qué la memoria de la recuperación de la tierra está tan sólidamente arraigada en provincias como Quispicanchi. Sin embargo, cuando se profundiza en las conversaciones sobre lo ocurrido en los años setenta y ochenta, comienzan a aparecer los matices. Se trata de un recuerdo de alguna manera contaminado. La alegría por la libertad recuperada está inextricablemente unida a las disputas, desavenencias y conflictos asociados a la reforma agraria. La propia comunidad de Huacatinco, donde vive Enrique Apaza, es una creación de los años setenta, escindida de la "comunidad madre" de Llullucha. Esta ambigüedad en la evaluación de la reforma agraria se traslada también al mundo académico. Un ejemplo al respecto son los trabajos de José María Caballero y sus colaboradores, elaborados a principios de los ochenta en el marco de un amplio programa del Instituto de Estudios Peruanos.[51] Caballero reconoce que la reforma agraria habría sido el evento más importante de distribución de tierras de la historia peruana.

---

50. "Testimonio de Amadeo Quispe Ppocohuanco, poblador de la comunidad campesina de Pampacancha, distrito de Ocongate", documento presentado al Concurso de Emprendimientos con Identidad Cultural organizado por el proyecto Corredor Puno-Cusco y el Instituto de Estudios Peruanos en Ocongate, en diciembre de 2008.

51. Caballero y Álvarez 1980 y Caballero 1981, 1984.

Sin embargo, más allá de esta distribución, habría fracasado en casi todos sus objetivos, tanto económicos como sociales. Los deseos del gobierno militar de industrializar el campo e incrementar la producción agropecuaria no se habrían cumplido. Tampoco se habrían satisfecho los anhelos campesinos de mayor autonomía política y bienestar. Este fracaso se debería a que el diseño de la reforma agraria se habría basado en un conjunto de premisas ideológicas y análisis erróneos de los datos disponibles. Las decisiones se habrían tomado a partir de una visión incorrecta y estereotipada de las dinámicas sociales y económicas rurales. Esta combinación de políticas erradas e ideología es lo que Caballero denomina "el sesgo urbano-industrial de la reforma agraria". El resultado habría sido un impacto muy limitado en la distribución del ingreso nacional, que Caballero calcula entre el uno y el dos por ciento como máximo. Esta redistribución, además, "habría sido muy sesgada, beneficiando particularmente a los trabajadores estables de las empresas, sobre todo los de las costeñas".

Los estudios de Caballero tienen un fuerte impacto en el debate académico y político posterior, ya que argumentan de manera muy sólida la idea de la reforma agraria como fracaso económico. Desde una perspectiva diferente, esta idea está presente también en los trabajos de José Matos Mar. En este caso se trata de una crítica fundamentalmente política, desde una posición abiertamente marxista.[52] Para Matos, la reforma agraria peruana evidenciaría los límites de los enfoques reformistas de transformación social. El gobierno militar habría tenido éxito al eliminar a la clase terrateniente, que había oprimido tradicionalmente al campesinado, pero más allá de esto no habría tenido resultados positivos. La crisis económica mundial de los años setenta, junto con los propios errores del gobierno militar, habrían impedido convertir a los antiguos trabajadores rurales en una clase campesina autónoma. La reforma, en palabras de Matos, "no sólo no contribuyó a atenuar las características estructurales del subdesarrollo capitalista, es decir, su

52. Matos Mar y Mejía 1980 y Matos Mar 1976.

dependencia, descapitalización, desequilibrio regional, sino que por el contrario las agudizó".

En los años posteriores a su publicación, estas ideas se popularizan en los ámbitos académico y político, hasta convertirse en la base de la interpretación canónica de la reforma agraria. Aunque Caballero y Matos pretendían hacer una crítica izquierdista de las políticas del gobierno militar, sus ideas son reformuladas y apropiadas por los sectores conservadores. La reforma agraria se deslegitima como la expresión de un gobierno autoritario, que habría puesto por delante sus consideraciones ideológicas, ignorando las demandas de los campesinos y el funcionamiento real de la economía peruana. Esta percepción puede ser correcta desde un análisis estrictamente económico, pero obvia el enorme impacto que la redistribución de la tierra tiene a largo plazo en las dinámicas sociales y políticas de las zonas altoandinas. La reforma agraria es una carga de profundidad, que transforma radicalmente el balance de poder del mundo rural peruano. Permite a los antiguos campesinos dependientes de las haciendas contar con recursos impensables para sus padres y abuelos. El impulso reformista del gobierno militar está acompañado, además, de un gran esfuerzo pedagógico. Junto con el gobierno, partidos políticos, sindicatos y organizaciones de izquierda salen al campo para capacitar y empoderar a los pobladores rurales. En torno a la reforma agraria se anudan iniciativas de fotografía popular, teatro y alfabetización rural, que atraen a jóvenes militantes urbanos recién egresados del efervescente mundo universitario peruano de esos años.

Un ejemplo de estos esfuerzos es el cine vinculado a la reforma agraria. Para hacer frente a la oposición interna y mejorar su imagen internacional, el gobierno militar pretende trasmitir la buena marcha del proceso a través de documentales y películas de ficción, que combinan el tono heroico y la hagiografía. El rodaje de estas películas, muchas veces con actores campesinos y con medios muy precarios, es una aventura en sí mismo. El caso más conocido es *Kuntur Wachana*, película estrenada en 1977 tras una azarosa producción. La historia, ambientada en la antigua hacienda Huarán de la provincia de Calca, narra la lucha por la tierra de los campesinos locales, enfrentados a "inescrupulosos abogados, deshonestos policías y aterradores sacerdotes", en un estilo que según Meyer "combina el género indigenista con el realismo soviético".[53] Pese a estos atributos (o quizás a causa de ellos), *Kuntur Wachana* tiene un éxito limitado. Los retrasos de producción hacen que la obra no esté lista hasta la segunda etapa del gobierno militar, mucho menos proclive a la retórica revolucionaria. La película es incluso prohibida y debe salir del país clandestinamente. Estos avatares hacen que se convierta en una obra de culto para la izquierda peruana, pero su trascendencia en el ámbito público es muy escasa.

Mejores resultados tiene la que probablemente sea la creación cultural más conocida del gobierno de Velasco: los afiches propagandísticos relacionados con la reforma agraria. Se trata de un grupo muy numeroso de obras, de estilos muy diferentes entre sí, pero por lo general de alta calidad artística. Durante los años setenta tienen una gran difusión, tanto dentro como fuera del país, incluyendo imágenes icónicas, como la silueta de Túpac Amaru tocado con el característico sombrero caneño, convertida en uno de los emblemas visuales del gobierno militar.[54] En un estudio reciente, Anna Cant sostiene que estos afiches apuntaban a un doble objetivo: presentar de manera sencilla ideas complejas y difundir masivamente mensajes clave sobre las reformas emprendidas por Velasco y sus seguidores.[55] Lo sorprendente es que este intento se habría llevado a cabo recurriendo a formas visuales y estilos gráficos extraordinariamente vanguardistas. El arte de la reforma agraria es una de las principales vías de penetración en Perú de corrientes como el arte pop norteamericano o el *op art* (arte óptico) popularizado en Europa por el artista franco-húngaro Victor Vasarely. Cant encuentra la raíz de esta explosión de creatividad en la especial configuración de fuerzas que habría tenido lugar en el interior del gobierno militar entre 1971 y 1973, abriendo la posibilidad a la experimentación gráfica y al activismo cultural.

---

53. Meyer 2009: 80 y ss.

54. Sobre la utilización de Tupac Amaru por el gobierno militar y las disputas en torno a la definición de la imagen canónica del héroe andino: Lituma Agüero 2011.

55. Cant 2012: 1-37.

La reforma agraria está acompañada, además de estos esfuerzos de difusión masiva, por una importante reforma educativa emprendida por el gobierno militar a partir de 1972. Aunque no se refiere solo al ámbito rural, es en estas zonas donde tiene mayor relevancia. Para los campesinos quispicanchinos, como en otras muchas partes del Perú, la educación era un anhelo esquivo al menos desde los años veinte. La reforma velasquista está muy influida por las corrientes pedagógicas radicales de los años sesenta.[56] En la línea de los trabajos de Paulo Freire, el objetivo era "ampliar las conciencias". La escuela debía enfocarse en fomentar la independencia de los individuos y la conciencia de su lugar en el mundo, superando su papel tradicional de reproducción de la explotación. Para ello, el gobierno militar retoma las redes de escuelas rurales, impulsadas originalmente por Valcárcel durante su etapa como ministro de Educación en el gobierno de Luis Bustamante y Rivero. Estas redes habían sido abandonadas décadas atrás, aunque algunos ejemplos aislados subsistían en Cusco y otras regiones. Además, se autorizaba e incentivaba el uso de las lenguas indígenas al tiempo que se ponía en marcha el Servicio Civil de Graduados (Secigra), por el cual todos los licenciados debían trabajar en zonas alejadas del país durante un tiempo al terminar sus estudios. Este servicio debía permitir al Gobierno contar con personal calificado para mejorar la educación rural. Debía también reforzar la cohesión social, fomentando que los jóvenes urbanos de clase media y alta conocieran la realidad del Perú andino y selvático.

Los esfuerzos del gobierno militar se conjugan con las propias iniciativas de los pobladores rurales, que desde inicios del siglo habían comprendido la importancia de la educación y trataban de fundar sus propias escuelas, por sí mismos o vinculándose al Estado. La comunidad de Pacchanta ilustra bien estos esfuerzos. En 1926, se crea la primera escuela local, por iniciativa de la misma comunidad. Sin embargo, en poco tiempo se desmantela por orden de las autoridades locales. "El doctor Saldívar destruyó la escuela", recuerda Mariano Turpo, quien entonces era

56. Oliart 2013: 8-18. Todos los datos de este párrafo provienen de esta fuente.

apenas un niño.[57] Ernesto Saldívar era el representante de Quispicanchi en el Congreso nacional, además de familiar de los dueños de la hacienda Lauramarca, donde se encontraba Pacchanta, lo que probablemente explica su encono. "Usó a sus empleados para desplegar violencia extrema contra los profesores que habíamos contratado", continúa Mariano. "Mandó perseguirlos, aterrorizarlos, al punto de expulsarlos de nuestras comunidades". Pero, pese a este fracaso, los comuneros no iban a rendirse. En 1960, realizan un nuevo intento. Una comunicación dirigida a las autoridades señala: "demandamos la creación de dicha escuela y nos comprometemos a donar el lote en el que debería ser construida. También nos obligamos a edificar el local, donar el material de construcción necesario y el trabajo, incluyendo las herramientas que lo profesores necesitan".[58] El reclamo vuelve a resultar infructuoso, pero para ese momento ya se ha producido un cambio importante. A diferencia de los años veinte, los campesinos ya no se limitan a apelar a la buena voluntad de las autoridades. En apoyo de sus demandas esgrimen constantemente el argumento de ley. "De acuerdo a la ley orgánica de educación, nosotros tenemos el derecho de tener por lo menos una escuela" indica el comunicado. Los habitantes de Pacchanta eran además conscientes de quién debía cumplía con esa obligación: "el Estado y no la hacienda está obligado a construirla".

Estos esfuerzos ilustran la importancia que los campesinos otorgaban a la educación. "No queremos que nuestros hijos sean analfabetos como nosotros, ni que su ignorancia les cause los sufrimientos que nos ha causado la nuestra", explica Constantino Condori Mandora, "indio de 86 años de edad, que usa un sombrero de cuero de cabra y un raído poncho marrón", en un testimonio recogido unos años después por Norman Gall en la comunidad de Mallma.[59] "No podemos hacer negocios o penetrar las oficinas del gobierno por nuestra cuenta, porque no sabemos nada", se queja. Para el gobierno militar, la creación de escuelas

57. Citado en Cadena 2006: 51-84. Todas las citas de este párrafo provienen de este artículo.

58. Documento conservado en el archivo personal de la familia Turpo, citado en Cadena 2006.

59. Gall 1974.

rurales que solventaran esta situación era un objetivo prioritario. Las escuelas son vistas como un factor clave para lograr el cambio de mentalidad imprescindible para el éxito de la revolución. Solo con unas masas populares educadas sería posible vencer la resistencia de los grupos conservadores opuestos al régimen.

Pese a esta esta aparente confluencia de voluntades, la reforma educativa velasquista no está exenta de problemas. En los ámbitos urbanos, se oponen a ella quienes consideran que se trata de un primer paso para la revolución social. Tampoco satisface al Sindicato Unificado de Trabajadores de la Educación del Perú (Sutep), organización maoísta opuesta al gobierno militar que agrupa a la mayor parte de los profesores de educación primaria y secundaria del país quienes en este caso la consideran demasiado tibia. La creación de un sindicato paralelo de maestros controlado por el gobierno resulta un fracaso. Tampoco las comunidades se muestran especialmente felices. El nuevo modelo educativo requiere de los padres una gran inversión de tiempo, ya que deja en sus manos una buena parte de las tareas relacionadas con los Núcleos Educativos Campesinos. En el informe sobre Lauramarca citado anteriormente, Matos Mar y su equipo señalan que existían nueve escuelas en el ámbito de la antigua hacienda.[60] Sin embargo, solo el 2 por ciento de la población tenía educación secundaria completa, el 35 por ciento tenía "algún grado de instrucción" y el 68 por ciento restante eran analfabetos. Para solventar esta situación, en 1972, se había creado en Tinki un Centro de Educación para el Desarrollo Comunal, impulsado por el director de la escuela local. Sin embargo, las cosas no habían salido del todo bien. La cooperativa integrada por los antiguos campesinos de la hacienda tenía una actitud ambigua respecto al centro educativo. Aunque aprobaba los esfuerzos del director por extender la educación rural y escolarizar a todos los niños, se resistía a cubrir los sueldos de los docentes, alegando su crónica escasez de fondos. En el momento de la visita de Matos y su equipo, todas las escuelas seguían siendo unidocentes y los objetivos de la reforma estaban muy lejos de haberse logrado.

---

60. Matos Mar 1978: 76 y ss. Todas las citas y cifras de este y los siguientes párrafos proceden de este documento.

Esta precariedad se agrava debido a las rivalidades políticas desatadas por la reforma agraria. La reforma educativa preveía una mayor participación comunal en la elección de los directores de las escuelas como una manera de democratizar la educación. Este precepto se convierte en un nuevo motivo de discordia en las comunidades. "Para la elección del nuevo director —escribe Matos— se generó una activa campaña por parte de candidatos para ser considerados en las ternas". Todas las fuerzas políticas desean colocar a sus candidatos en este puesto clave para la vida comunal. En Lauramarca, como en casi todo el Perú rural de los años setenta, los maestros son una figura de autoridad, un referente moral y un intermediario imprescindible entre los campesinos y los actores externos a la comunidad. Los directores de escuela pueden regular la educación de los alumnos, ya que en la práctica ejercen su labor sin apenas control de las instancias superiores. Se trata, por lo tanto, de un cargo que es tanto profesional como político. El Gobierno desea imponer a sus candidatos para asegurar que los campesinos reciban las enseñanzas adecuadas. El mismo objetivo tienen los partidos de oposición. Para obtener el puesto los candidatos deben tejer alianzas, dentro y fuera de la comunidad.

El comité local de la liga agraria Mártires de Lauramarca, que está afiliado a la liga agraria Mártires de Ninabamba, de la provincia de Quispicanchi, tuvo activa participación en esta nominación —relata el informe— ya que los candidatos se disputaban el apoyo de estas organizaciones, para así mejorar sus posibilidades. Como resultado, "muchos profesionales se afiliaron al sindicato de maestros oficialista, a fin de lograr de este modo un mayor acercamiento a las ligas agrarias y facilitar sus traslados, promoción y ascenso".

Esta detallada relación evidencia los problemas asociados con la implementación de la reforma educativa en el contexto de luchas sociales desencadenado por la reforma agraria. La evaluación negativa de Matos debe, sin embargo, ser puesta en un contexto mayor. Según Oliart, un gran número de quienes se involucraron en la reforma educativa continuaron tras la caída del gobierno militar trabajando en temas relacionados con la educación.[61] Se habría tratado de una masa crítica de profesionales e intelectuales, que en las décadas siguientes juega un

61. Oliart 2013.

papel central en los debates sobre servicios educativos rurales, extensión de la cobertura y educación bilingüe e intercultural, entre otros temas. Sobre el terreno, los años setenta son escenario de una impresionante disminución en el número de analfabetos en casi todas las regiones de la sierra peruana. En el censo de 1972 únicamente el 38 por ciento de la población del departamento de Cusco sabía leer y escribir, mientras que en 1981 este porcentaje ascendía al 63 por ciento. Aunque el crecimiento estaba ya en marcha en el periodo anterior a las reformas agraria y educativa, en esta década se produce el mayor salto de la alfabetización rural. Considerando solo la provincia de Quispicanchi, los datos son algo más modestos, pero igualmente significativos. En 1981, el 49 por ciento de la población sabía leer y escribir de acuerdo con los datos del censo nacional, frente al 35 por ciento de unos años antes.

Un nuevo actor central

Teniendo en cuenta todos estos factores, evaluar la reforma agraria es sumamente complicado. Dependiendo del punto de vista que el investigador adopte, el balance puede ser diferente o incluso contradictorio. Esta tarea se complica aún más si consideramos que, además de los resultados directos, habría que incluir en la ecuación los efectos a largo plazo de los cambios sociales y económicos derivados de la actuación del gobierno militar en las zonas rurales. Muchos de estos efectos de largo plazo no estaban claros en el momento en que Caballero y Matos Mar escribieron sus trabajos clásicos sobre la reforma agraria. Son consecuencias indirectas o inesperadas, que no entraban en el plan original del gobierno militar, y que solo se hacen evidentes a medida que las nuevas dinámicas sociales y culturales impulsadas por la reforma agraria (y por la reforma educativa realizada en paralelo) cristalizan en las décadas siguientes.

Para los efectos de nuestro estudio, el resultado más relevante de la reforma agraria es la consolidación de las comunidades campesinas como el principal actor del mundo rural quispicanchino, sustituyendo a las antiguas haciendas y a las fracasadas cooperativas. En 2010, existían en Quispicanchi casi un centenar de comunidades campesinas legalmente reconocidas. Se trata de la provincia cusqueña donde las comunidades ocupan un mayor porcentaje de territorio: el 98 por ciento de la superficie total, frente al 84 por ciento de Chumbivilcas y el 83 por ciento de Anta, las dos provincias que siguen a continuación en importancia de las comunidades.[62] En su inmensa mayoría, se trata de comunidades creadas durante o inmediatamente después de la reforma agraria, en los años setenta y sobre todo en los años ochenta, cuando la desarticulación de las cooperativas da paso al triunfo definitivo del modelo de reforma agraria preconizado por los campesinos andinos. Posteriormente, el ritmo de creación de nuevas comunidades se ralentiza. El gráfico 1.8 muestra esta progresión de manera gráfica.

La distribución de las comunidades campesinas no es uniforme en toda la provincia. Los distritos que concentran el mayor número son Quiquijana y Ccatcca (16 en cada caso), seguidos de Urcos (14) y Ocongate (13). En contraste, Oropesa tiene tres comunidades y Lucre únicamente una. Los gráficos 1.9 y 1.10, basados en el censo agropecuario de 2012, muestran que el predominio de las comunidades campesinas es casi absoluto en los distritos altoandinos, donde estas instituciones son dueñas de más del 80 por ciento de la superficie agropecuaria. Estos distritos son los más extensos de la provincia. En el valle del Vilcanota, el porcentaje de superficie agropecuaria en manos de comunidades campesinas es más moderado, entre el 40 y el 65 por ciento. En el caso de los distritos del Huatanay, la situación es muy diferente. Aquí, la mayor parte de las tierras están en manos de propietarios individuales. Las comunidades poseen únicamente el 23 por ciento de la superficie agropecuaria en Lucre y solo el 8 por ciento en Oropesa. Durante la reforma agraria, estos distritos son las sedes de importantes cooperativas. Sin embargo, existe poca tradición previa de comunidades campesinas, por lo que tras la desaparición de las cooperativas la tierra se convierte en propiedad privada familiar.

Estas diferencias, entre las diferentes partes de la provincia, se reflejan también en la orientación productiva de las tierras. En el valle del Huatanay predominan las tierras agrícolas. Lo mismo ocurre en Huaro.

62. Samaniego Díaz 2013.

Gráfico 1.8
Número de comunidades campesinas reconocidas en la provincia de Quispicanchi

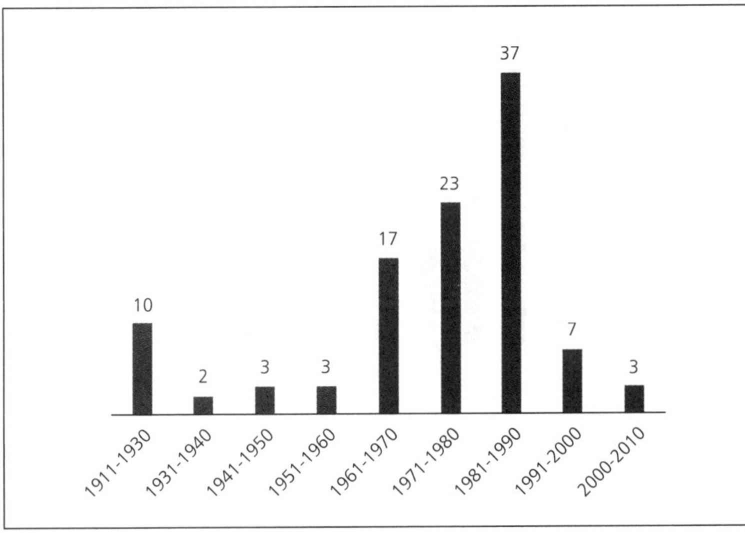

Fuente: Samaniego 2013.
Elaboración propia.

Pero se trata de una excepción: en total solo el 15 por ciento de la superficie agropecuaria quispicanchina se destina a actividades agrícolas. Por el contrario, en el valle del Vilcanota y en la zona altoandina la mayor parte de las tierras se dedica a la ganadería. Los distritos con mayor desbalance son Marcapata, Ccatcca, Ccarhuayo y Ocongate. Se trata, como veremos en los capítulos posteriores, de localidades netamente ganaderas, en las que se llevan a cabo algunas de las experiencias más innovadoras de gestión municipal anudadas en torno a esta actividad.

La escasez de tierras agrícolas se agrava debido al predominio del minifundio. Las explotaciones agrícolas quispicanchinas suelen ser de muy pequeño tamaño. En los 11 distritos analizados, más del 75 por ciento de las unidades agropecuarias tienen menos de cinco hectáreas. La fragmentación es más intensa en distritos con disponibilidad limitada de tierras, como Andahuaylillas y Huaro. Tal como se observa en el gráfico 1.12, en ambos casos las propiedades menores de cinco hectáreas suman el 97 por ciento del total. Las pequeñas propiedades no solo

Gráfico 1.9
Superficie agropecuaria total según distritos (hectáreas)

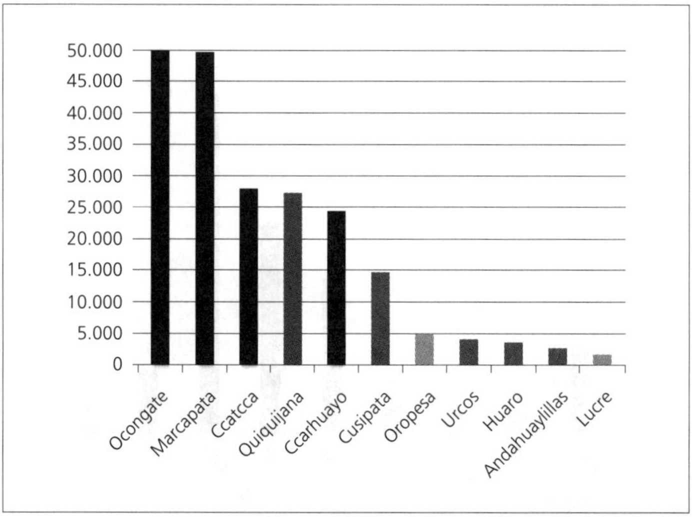

Color oscuro: zona altoandina
Color intermedio: valle del Vilcanota
Color claro: valle del Huatanay

Fuente: INEI-Censo agropecuario 2012.
Elaboración propia.

Gráfico 1.10
Porcentaje de la superficie agropecuaria en manos de comunidades campesinas según distritos

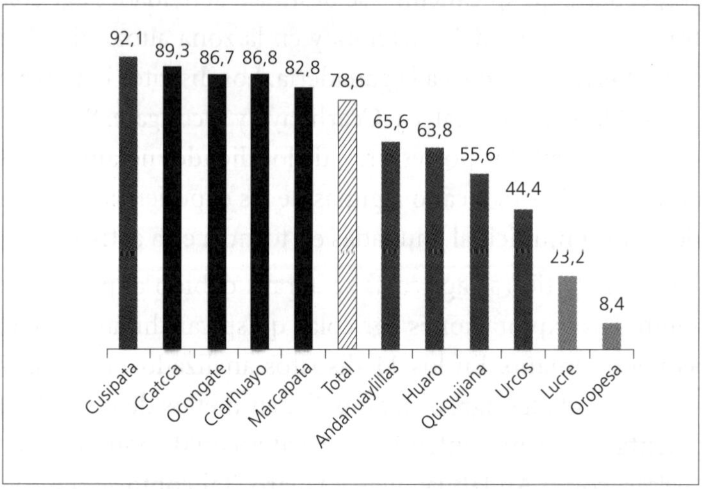

Color oscuro: zona altoandina
Color intermedio: valle del Vilcanota
Color claro: valle del Huatanay

Fuente: INEI-Censo agropecuario 2012.
Elaboración propia.

Gráfico 1.11
Porcentaje de la tierra agrícola sobre el total de la superficie agropecuaria de cada distrito

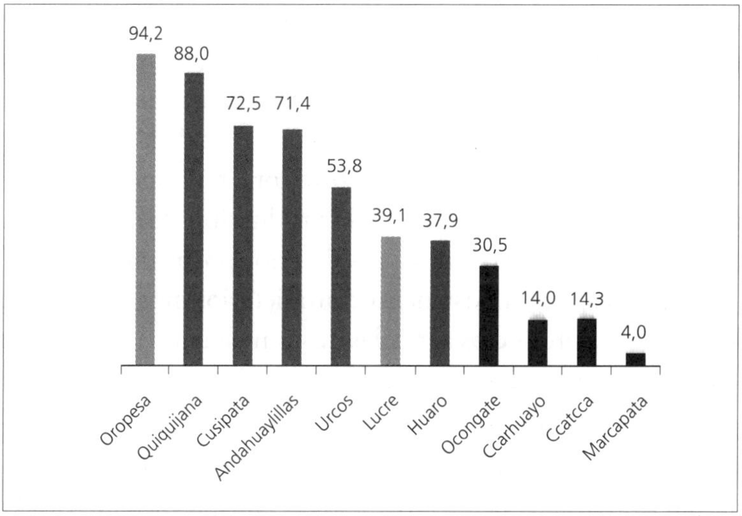

Color oscuro: zona altoandina
Color intermedio: valle del Vilcanota
Color claro: valle del Huatanay

Fuente: INEI-Censo agropecuario 2012.
Elaboración propia.

Gráfico 1.12
Porcentaje de pequeñas propiedades sobre el total de las unidades agropecuarias de cada distrito

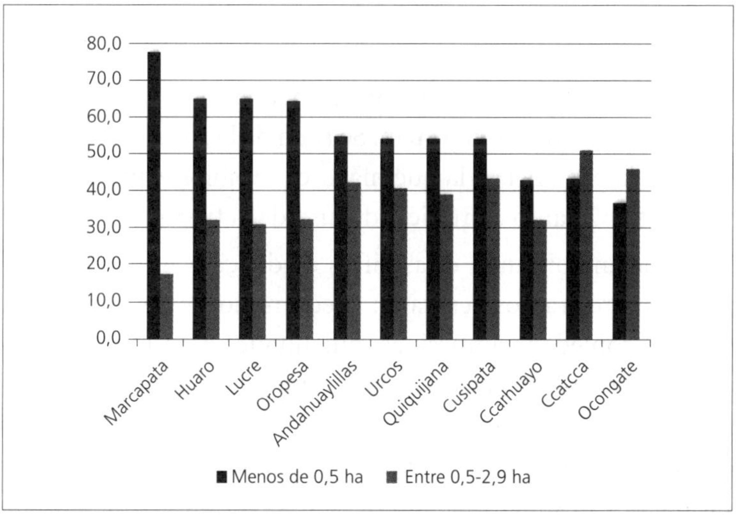

Fuente: INEI-Censo agropecuario 2012.
Elaboración propia.

son las más numerosas, sino que también concentran la mayor parte de la superficie agrícola total. En Andahuaylillas el 83 por ciento de la tierra agrícola se sitúa en explotaciones con menos de cinco hectáreas, en Cusipata el 80 por ciento y en Ccatcca el 79 por ciento. Las excepciones son los distritos de Ccarchuayo, Huaro, Quiquijana, Oropesa y Marcapata. Esta situación excepcional se relaciona en algunos casos con la presencia de empresas de ámbito nacional vinculadas a la agroindustria. Como veremos en un capítulo posterior, en Oropesa la concentración de microempresas dedicadas a la producción de pan impulsa una concentración de la tierra en manos de unos pocos propietarios. Otra posible explicación es la existencia de propietarios medianos, enfocados en determinados productos agrícolas de gran demanda en los mercados cusqueños: maíz en Huaro o flores en Quiquijana.

Otro dato importante se refiere a la extensión y distribución de las tierras de regadío. El gráfico 1.14 muestra que más del 70 por ciento de las hectáreas irrigadas de la provincia de Quispicanchi se concentran en solo dos distritos: Quiquijana y Oropesa. Este hecho no es casual. Quiquijana es una de las localidades donde la intervención de los alcaldes rurales se inicia más temprano. Es también uno de los distritos más intervenidos por la cooperación internacional y por los programas de desarrollo rural del gobierno peruano. La confluencia de estos elementos, junto con la existencia de algunos propietarios medianos, con mayor capacidad de inversión, explicaría el porcentaje de tierras irrigadas. En el caso de Oropesa, la razón se encuentra en la orientación del distrito hacia la producción de pan. Se trata de la zona más productiva y dinámica de la provincia y la que mayores cambios experimenta en los últimos años en cuanto a propiedad y uso de la tierra.

Tomadas en conjunto, estas cifras evidencian un panorama rural marcado por tres rasgos centrales: predominio de las comunidades y la pequeña propiedad campesinas, dificultades para lograr economías de escala y escasa tecnificación de la producción agropecuaria. La única excepción parcial dentro de este precario panorama es el valle de Huatanay, que, como veremos más adelante, es una zona muy particular de Quispicanchi, con dinámicas políticas y económicas diferenciadas del resto de la provincia.

Gráfico 1.13
Porcentaje de la tierra agrícola total de cada distrito ocupada por unidades agropecuarias menores de cinco hectáreas

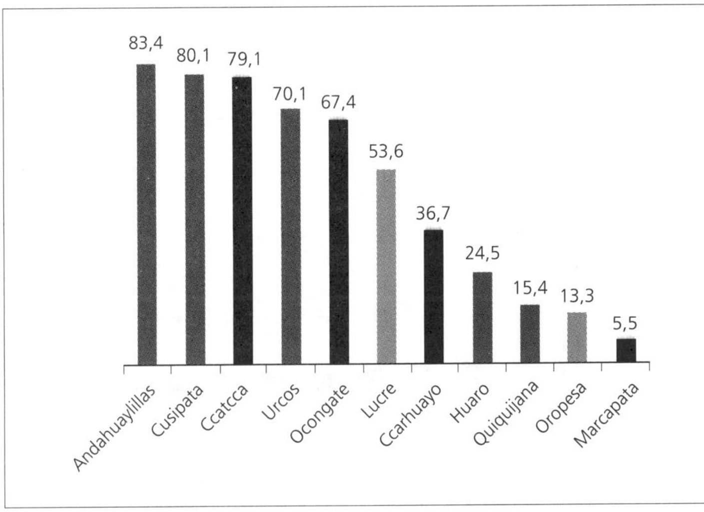

Color oscuro: zona altoandina
Color intermedio: valle del Vilcanota
Color claro: valle del Huatanay

Fuente: INEI-Censo agropecuario 2012.
Elaboración propia.

El casi monopolio de las comunidades campesinas en el control de los recursos se traduce también en su importancia en el plano político. La política quispicanchina es en gran medida una política comunitaria, hecha en las comunidades y a través de las comunidades. Son estas instituciones, más que la ideología o las lealtades partidarias, las que determinan los alineamientos y las alianzas políticas. La pertenencia a una determinada comunidad, haber nacido o residir en ella, es el factor clave para la carrera política de un candidato. De dónde vienes y quién eres determina la manera en que cada quien es percibido por la población del distrito. Las rivalidades entre comunidades, su historia pasada y sus rencillas condicionan todas las decisiones. Las comunidades son, además, la cantera en la que se forjan la mayor parte de los líderes políticos locales. Es en estos espacios donde se renueva la política rural quispicanchina y de donde surgen muchas de las propuestas que en las últimas décadas transforman las agendas locales.

Gráfico 1.14
Hectáreas de regadío según distrito

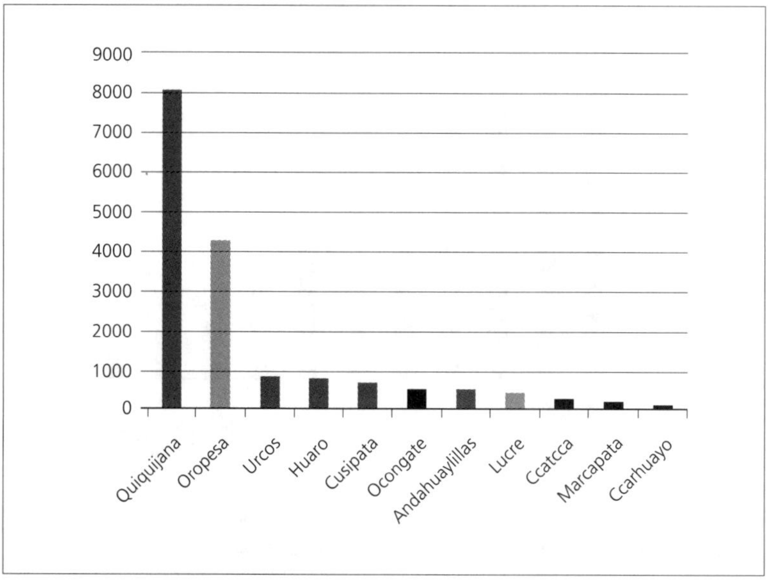

Color oscuro: zona altoandina
Color intermedio: valle del Vilcanota
Color claro: valle del Huatanay

Fuente: INEI-Censo agropecuario 2012.
Elaboración propia.

Gráfico 1.15
Porcentaje de superficie de regadio sobre el total de la superficie agrícola de cada distrito

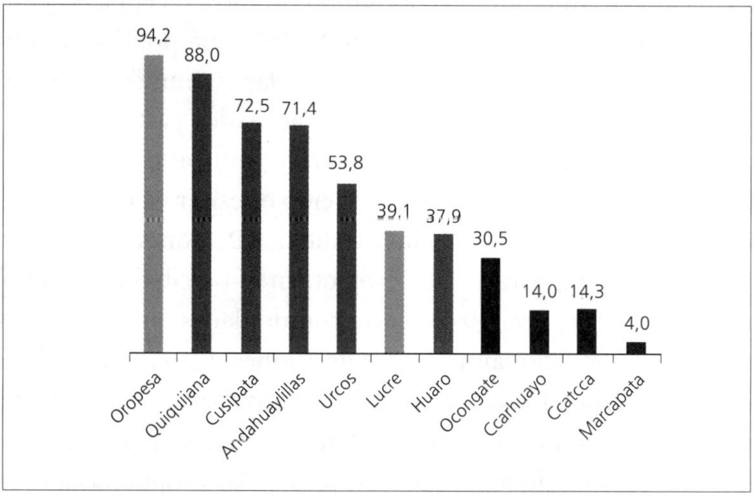

Color oscuro: zona altoandina
Color intermedio: valle del Vilcanota
Color claro: valle del Huatanay

Fuente: INEI-Censo agropecuario 2012.
Elaboración propia.

2

Desarrollo rural

"Cuando llegué a comienzos de los setenta, era el gobierno de Velasco Alvarado. Había toda una expectativa de cambio, de revolución. Había esperanzas de que las cosas pudieran cambiar, nos sentíamos libres".[1] José María Gómez García recuerda así sus expectativas de hace treinta años. Chema, como se le conoce en Cusco, es un antiguo religioso español cercano a la teología de la liberación. Su caso es emblemático, pero no excepcional. Nacido en Andalucía, es uno de los muchos jóvenes peruanos y extranjeros atraídos durante el gobierno militar por la posibilidad de participar en lo que entonces se percibía como un cambio social radical. Como Chema, estos jóvenes aspiraban a encontrar en la sierra peruana un espacio donde desarrollar sus propios proyectos personales y colectivos. Su presencia en Cusco es otro de los efectos a largo plazo de la reforma agraria.

En la segunda mitad de los años setenta, impulsados por los vientos de reforma política y social, un gran número de nuevos actores llegan a las zonas rurales de Quispicanchi, trasformando la ecuación del poder local de manera directa o indirecta. El objetivo de este capítulo es analizar el impacto a medio y largo plazo, así como la cristalización

1. "Nuestra ONG acompaña a los sectores populares. Entrevista a José María Gómez García, director del Centro Guamán Poma de Ayala", *Parlante*, año 24, n.° 99, mayo de 2009, pp. 10-13.

progresiva de un nuevo paradigma de políticas públicas, articulado en torno a la noción de "desarrollo rural". La renovación del paisaje social cusqueño se inicia, gracias a la presencia de instituciones como el Instituto Indigenista Peruano, que impulsa viajes de exploración en diversas partes de la sierra peruana, incluyendo las provincias altas de Cusco.[2] Sus reportes son una de nuestras principales fuentes de información sobre la vida social y económica de esos años. Se trata, sin embargo, de intervenciones muy limitadas, con escaso impacto en las dinámicas locales. El salto se produce durante la reforma agraria. Es entonces cuando se produce la llegada masiva de nuevos actores al mundo rural. Un ejemplo son los profesionales encargados de implementar las políticas reformistas del gobierno militar. Se trata de jóvenes provenientes de entornos urbanos, que llegan a las zonas rurales de Cusco en plena época de efervescencia política. Su formación es muy variada, desde ingenieros y agrónomos hasta sociólogos, antropólogos e historiadores. Todos comparten un fuerte sentido de "compromiso social". En algunos casos estos profesionales conocen ya la realidad campesina cusqueña gracias a los tibios intentos de reforma agraria impulsados por el primer gobierno de Belaunde. Para otros, sin embargo, se trata de su primera experiencia en el mundo real, fuera de las universidades y los barrios de clase media. Su impacto deriva de la combinación entre saber especializado y activismo político.

El encuentro de estos jóvenes técnicos y científicos sociales con el atribulado mundo campesino de la reforma agraria está plagado de incidencias, baños de realidad y decepciones, pero también de descubrimientos. Muchos de ellos participan en partidos izquierdistas y aprovechan sus viajes para realizar una doble militancia: en favor del gobierno militar y de sus propias organizaciones. Compatibilizar ambas tareas no siempre es sencillo, ya que con frecuencia terminan involucrados en las disputas campesinas, a veces incluso en contra de los intereses del gobierno militar, movidos por su entusiasmo, por estrategia partidaria o por solidaridad con los pobladores locales. Esta es una experiencia

---

2. Gonzales 2012: 33-44.

que marcará sus vidas de manera decisiva, tanto en lo laboral como político. Algunos de ellos permanecen en Quispicanchi mucho después del final de la reforma agraria, reciclados en otras instituciones y desarrollando sus propios proyectos políticos o personales.

Del gobierno militar a la sociedad civil

Inicialmente, la llegada de profesionales al mundo rural cusqueño se inscribe dentro de las políticas del gobierno militar. Entre las organizaciones que llegan a Quispicanchi en este periodo, destaca el Sistema Nacional de Apoyo a la Movilización Social (Sinamos), institución creada en 1971 para alentar bases de apoyo al gobierno entre la población de los sectores medios y bajos. Pensado como una correa de transmisión de la ideología nacionalista del gobierno militar, Sinamos es un híbrido "entre aparato político de legitimación y organismo administrativo del que dependen importantes recursos económicos y burocráticos para el desarrollo de las reformas".[3] Su papel es extremadamente controvertido desde el mismo momento de su creación. La derecha lo considera la fuerza de choque de la dictadura y la izquierda lo ve como una estrategia no demasiado sutil para debilitar a las organizaciones populares. Incluso su oficina en Cusco resulta destruida en 1973, en una protesta contra la deriva estatista de la reforma agraria.

Estas críticas pueden ser ciertas. Sin embargo, aunque de manera indirecta, Sinamos también contribuye al fortalecimiento de las demandas campesinas. Es un crisol en el que se estrechan lazos entre campesinos y profesionales urbanos procedentes de Cusco y otras partes del país. Estos vínculos, forjados en el momento clave de la reforma agraria, condicionan la política local de las siguientes décadas. Los campesinos cercanos a Sinamos serán los primeros receptores y vectores de transmisión de un discurso en el que se amalgaman la reivindicación campesinista y el paradigma modernizador. Gracias a sus contactos, se convierten en el nexo que permite a las comunidades campesinas

3. Martín Sánchez 2003: 198.

acceder a los programas estatales de apoyo al mundo rural. Es en torno a ellos que van a emerger muchas de las nuevas prácticas y discursos sobre desarrollo rural que analizaremos en este libro. En estos mismos años, comienzan a aparecer también instituciones privadas de desarrollo, las famosas ONG, que desde entonces se van a convertir en un actor fundamental de las dinámicas rurales cusqueñas. En muchos casos, sus fundadores son profesionales vinculados al gobierno militar, que llegan a Cusco durante la reforma agraria, y que tras el golpe de estado de Morales Bermúdez deciden continuar su labor por fuera del Estado. A ellos se unen religiosos y seglares vinculados con la teología de la liberación. Posteriormente se incorporan también estudiantes universitarios y profesionales de origen cusqueño, que comienzan a trabajar en estas ONG y se convierten en puentes entre las zonas urbanas y rurales. Todos ellos se caracterizan por una ideología abiertamente progresista y receptiva con los ideales de la ideología comunitaria andina, que en ocasiones asimilan con un "socialismo andino" o con una forma de cristianismo "más auténtica".

La expansión de las ONG a finales de los años setenta y principios de los ochenta es un fenómeno común a casi todas las zonas rurales peruanas. Sin embargo, Cusco destaca por la importancia que estas instituciones tienen en la vida económica y política regional. Una de las razones que explica esta influencia (sin duda mayor que en otras regiones peruanas) es el origen local de muchas de estas instituciones. Se trata de ONG cuya sede central está en Cusco: no son sucursales de instituciones limeñas o de grandes ONG transnacionales. Sus integrantes son mayoritariamente profesionales de la región o bien emigrados limeños o extranjeros con un fuerte compromiso vital con la región. Trabajan en Cusco durante largos periodos de tiempo y en ocasiones se trasladan a vivir definitivamente a la ciudad. Esta es una gran diferencia con Ayacucho, probablemente uno de los pocos departamentos serranos comparables en cuanto al peso de las ONG. En Cusco existe más continuidad en los equipos y mayores posibilidades para desarrollar proyectos de medio y largo plazo, con fuerte impacto territorial.

Otra característica importante es la vinculación inicial de muchas de estas ONG con la Iglesia católica. Su fundación coincide con un momento de particular activismo de los sectores católicos de izquierda. "Hace treinta años en el sur andino había un grupo de obispos que realmente acompañó mucho al pueblo", señala Chema Gómez. "Eran la voz del pueblo, animados por la teología de la liberación".[4] Desde su punto de vista, esta habría sido una época de "mística y fervor".[5] Especialmente importante es el Instituto de Pastoral Andina (IPA). Fundado en 1968, es la cantera que nutre a muchas de las ONG cusqueñas durante los años setenta y ochenta. Es también una fuente de influencia intelectual, gracias a su revista *Allpanchis*, una de las importantes de este periodo. El IPA pretende renovar la práctica religiosa tradicional, anudar la labor social al trabajo misionero e incorporar a los laicos dentro de la Iglesia. Esta influencia religiosa se encuentra en la actualidad más amortiguada, tanto por los cambios ocurridos en la iglesia peruana como por la propia evolución personal de los protagonistas de la oleada reformista de los setenta. Muchos de los promotores iniciales de las ONG cusqueñas están ahora alejados de la jerarquía católica y han buscado nuevas referencias ideológicas en otros ámbitos. Sin embargo, su pasado religioso es una señal de identidad que aún es perceptible en muchos de sus discursos y prácticas.

Un ejemplo de ONG cusqueña asentada en Quispicanchi vinculada inicialmente a la Iglesia católica es el Centro de Capacitación Agroindustrial Jesús Obrero (Ccaijo). Fundado en 1971, Ccaijo es la única de las grandes ONG cusqueñas que tiene su sede fuera de la capital regional. Desde su fundación, apuesta por la capacitación de los jóvenes rurales a través de un modelo de escuelas-taller que combina enseñanza académica y técnica. Parte de su éxito reside en su sólida alianza con la Compañía de Jesús, institución de la que depende. Dos años antes, esta orden había sido invitada por el obispo de Cusco para hacerse cargo de siete

4. "Nuestra ONG acompaña a los sectores populares. Entrevista a José María Gómez García, director del Centro Guamán Poma de Ayala", *Parlante*, año 24, n.º 99, mayo de 2009, pp. 10-13.

5. Entrevista a José María Gómez García. Cusco, diciembre de 2014 (realizada por el autor).

parroquias en la provincia.[6] Ccaijo es parte de un esfuerzo consciente de los jesuitas para aprovechar esta oportunidad y vincularse con los movimientos populares. En la línea del padre Arrupe, por entonces su principal referente internacional, los jesuitas se veían a sí mismos como agentes de cambio en favor de los pobres, especialmente en "zonas de frontera social" como Quispicanchi.

Instituciones similares a Ccaijo se fundan en esos mismos años en Piura, Lima y otras regiones del país. Este tejido institucional les permite contar con personal capacitado, con prestigio y con contactos para sacar adelante sus proyectos. Durante los años ochenta y noventa su presencia es importante sobre todo en Andahuaylillas, donde la sede de Ccaijo ocupa una enorme casona situada en la plaza de armas. En 1971, se abre aquí un centro artesanal que pretende enseñar a los jóvenes rurales nuevos oficios, que les permitan desenvolverse en los mercados de trabajo urbanos.[7] Tiene también un papel destacado en Ccatcca y Ocongate. Es muy frecuente, hasta la actualidad, encontrar líderes rurales que recuerdan haber vivido sus inicios profesionales en Ccaijo, como promotores de campo o como alumnos becados. Es el caso de los últimos dos alcaldes de Ocongate, Graciano Mandura y Armando Quispe, cuyas historias contaremos más adelante.

Otro ejemplo de ONG de raíz católica con fuerte impacto en Quispicanchi es el Centro Guamán Pompa de Ayala, la institución fundada por Chema Gómez junto con varios intelectuales cusqueños. Su nombre hace referencia a un conocido cronista andino, que en el siglo XVII dirige una larga carta al rey de España, donde denuncia las condiciones de vida de los indígenas americanos. "Elegimos el nombre —recuerda Chema— porque la crónica de Guamán Poma nos daba la visión del vencido, la visión del dominado. Era la voz de los que no tenían voz".[8] "El caminante Guamán Poma escribía desde el camino, y lo mismo

6. Entrevista a César Aguirre, Cusco, diciembre de 2014 (realizada por el autor).
7. *El Comercio* (Cusco), 2 de mayo de 1970, "Creación de un centro artesanal".
8. "Nuestra ONG acompaña a los sectores populares", op. cit.

queríamos hacer nosotros".[9] Al principio el trabajo se concentra en zonas marginales de Cusco, especialmente en los barrios más perjudicados por el terremoto de 1950, que aún no habían sido recuperados y reconstruidos. Este enfoque urbano significa una diferencia sustancial frente a la mayoría de las demás ONG cusqueñas, que desde el momento de su fundación se concentran en el mundo rural. En ese momento el movimiento campesino era muy vivo —explica Chema en una entrevista en 2014—, pero tenía una visión demasiado campesinista de la realidad. Pensaban que todo era una lucha entre campo y ciudad. En este sentido, Guamán Poma de Ayala ocupó un sitio que estaba vacío: la ciudad.

El objetivo de los fundadores de la ONG era "hacer ver que no tenía que haber una lucha entre campo y ciudad, sino más bien tenía que haber una articulación, y que quien articulaba las redes económicas, sociales, eran las ciudades". Cusco, hasta entonces una ciudad provinciana y somnolienta, estaba siendo transformada por la avalancha de familias que llegaba desde todos los rincones de la sierra sur, y "nosotros asumimos el papel de facilitadores de este proceso", señala un texto de rememoración escrito con motivo del aniversario de la institución.[10] Un proceso "mediante el cual, como ocurría en otras partes de la ciudad y en otras ciudades a lo largo de país, los migrantes del campo, muchas veces exsiervos de las haciendas, sin ningún derecho se trasformaron en pobladores de la ciudad y en ciudadanos". Tras esta primera etapa urbana, en los años noventa, el Centro Guamán Poma de Ayala comienza a expandir sus actividades también a las zonas aledañas de la provincia de Quispicanchi. Su influencia se percibe sobre todo en el valle del Huatanay. En los años noventa se desarrolla aquí un proceso de "invención" territorial, que incluye nuevas actividades económicas e intervenciones en el plano político. Como veremos en un capítulo posterior, en Guamán Poma es uno de los principales promotores de estos cambios.

9. Entrevista a José María Gómez García, Cusco, diciembre de 2014 (realizada por el autor). Salvo que se señale lo contrario, las siguientes citas de este párrafo provienen de esta misma fuente.

10. "Treinta años con el Cusco", *Parlante*, año 24, n.° 99, mayo de 2009, pp. 10-13.

La historia del Centro Bartolomé de Las Casas (CBC) es diferente de las dos anteriores.[11] Aunque abre sus puertas también en el contexto posterior a la reforma agraria, se trata de una institución que desde el principio pretende tener la investigación como eje de su trabajo. El objetivo de sus fundadores es convertirse en una especie de inteligencia en la sombra del movimiento campesino cusqueño. Para ello comienzan publicando el boletín *Sur*, que muy pronto circula a nivel nacional y tiene una notable influencia en el ámbito político. *Sur* incluye materiales de primera mano, actas de congresos, discusiones sobre normas legales y análisis de coyuntura, junto con resúmenes de trabajos de investigación académicos en temas relacionados con el mundo rural. Un paso más adelante, a finales de los ochenta, es el programa de diplomados andinos. Se trata de una experiencia educativa que en ese momento es muy novedosa: cursos intensivos, concentrados en un número limitado de semanas, impartidos por expertos de primer nivel internacional, procedentes de universidades europeas y norteamericanas. Los "diplomados del Bartolomé" muy pronto se convierten en un referente latinoamericano y atraen alumnos de diferentes países. Su punto fuerte es la apuesta por una formación muy rigurosa y altamente exigente, que rompe con los patrones de enseñanza universitaria cusqueña, generalmente de baja calidad, con cursos de larga duración y programas académicos poco diversificados. Cuentan además con el aval de la cooperación internacional, que en esta época financia una parte importante de los costos, lo que permite un sistema de becas para alumnos con trayectorias profesionales muy diversas, desde académicos hasta activistas y líderes sociales.

El CBC gestiona también con la Casa Andina, un alojamiento barato muy valorado por los líderes campesinos que deben acudir a la capital regional para realizar trámites. Desde los noventa, también gestiona diversos proyectos con comunidades campesinas y alcaldes rurales. Además de estas tres, en Cusco existen otras muchas ONG más pequeñas,

11. Asensio 2014a: 462-540. Este trabajo incluye un estudio de caso sobre el Centro Bartolomé de Las Casas en los años noventa.

que en determinados momentos intervienen en Quispicanchi. Tomadas en conjunto, constituyen un entramado tupido de instituciones e intereses entrecruzados. En ocasiones mantienen buenas relaciones entre sí, aunque también tienen amargos desencuentros. Como ocurre en casi todos los espacios rurales latinoamericanos, tan pronto colaboran como compiten por la atención de las autoridades y de los colectivos sociales a los que se dirigen. Deben hacerse necesarias para la población y mantener el apoyo de la cooperación internacional que financia sus intervenciones.

El momento de máximo esplendor de las ONG cusqueñas corresponde a los años noventa, cuando la crisis económica propicia una llegada masiva de recursos de la cooperación internacional. Durante aproximadamente una década y media, se convierten en el principal referente del mundo rural cusqueño. En el caso de Quispicanchi, las ONG llegan a ser incluso más importantes que las municipalidades. Disponen de recursos y capital humano que no están al alcance de los gobiernos locales. "Al no haber Estado, nos convertimos en el referente", recuerda César Aguirre, quien en esa época dorada era director de Ccaijo.[12] "Ya no éramos un actor más, éramos el actor". Además de capacitar y asesorar, las ONG acometen incluso obras de infraestructura. "Un municipio no tenía los recursos, que teníamos nosotros", continúa Aguirre. "Por eso te conviertes en el referente de la zona. Los pobladores iban donde el alcalde y el alcalde decía 'vayan donde Ccaijo'. Venían si era salud, si era educación, si era electrificación". Estos recueros no están exentos de autocrítica. Para Aguirre, esta habría sido una época de un intenso compromiso, pero también de un exceso de ambición, que habría llevado a algunas instituciones a olvidar el papel que deben tener las ONG en el mundo rural. Su actuación parecía orientarse por un principio de omnipotencia: "Soy el papá Ccaijo, el que va a resolver todos los problemas".

Esta centralidad de las ONG tiene varios impactos desde el punto de vista de las dinámicas rurales. Mirado en perspectiva, el balance es ambiguo. Por un lado, su éxito como intermediarios entre las comunidades,

12. Entrevista a César Aguirre, Cusco, diciembre de 2014 (realizada por el autor).

la cooperación internacional y el aparato estatal genera una fuerte dependencia en la población y las autoridades locales. Durante muchos años las ONG son el verdadero poder del mundo rural cusqueño. Hasta la actualidad esto se traduce en una cierta desconfianza por parte de otros actores rurales, que recelan de lo que consideran un ambiguo deseo de poder y hegemonía. Muchas de las ONG, no hay que olvidarlo, estaban lideradas por antiguos líderes políticos. Sin embargo, las ONG son también una red de seguridad, tanto colectiva como individual. Sin ellas, la crisis de los años ochenta e inicios de los noventa habría sido mucho más profunda en Quispicanchi. Sus conexiones internacionales permiten atraer fondos a la provincia y, aunque sea de manera parcial, amortiguan los efectos de la hiperinflación y el posterior ajuste liberal.

Como instituciones asentadas en la región, las ONG son una potencial fuente de empleo, que hace posible que en el largo plazo se consolide en Cusco una masa crítica, superior a las de otras regiones peruanas. Permiten que los profesionales cusqueños no tengan que salir de la región e incluso atraen a jóvenes formados en las universidades limeñas, para quienes vivir en Cusco se convierte en una suerte de ritual de madurez. Las ONG contribuyen además a renovar las agendas de debate regional, introduciendo temas como los derechos humanos, la equidad de género, la seguridad ciudadana, la democracia participativa, el cuidado medioambiental o la responsabilidad social empresarial. Popularizan la noción de sociedad civil y contribuyen a redefinir la política local. Como veremos en las siguientes páginas, todos estos elementos son clave para entender los cambios ocurridos en Quispicanchi.

La llegada de la cooperación

El éxito de las ONG en Cusco deriva en gran parte del papel privilegiado que este departamento tiene para la cooperación internacional, desde finales de los setenta hasta la actualidad. En el ámbito peruano, Cusco es uno de los espacios más intervenidos y que acumula mayor número de proyectos de desarrollo. Esta concentración se debe a la confluencia de dos factores. Por un lado, es una de las regiones más pobres del país, lo que la convierte en un objetivo legítimo de la cooperación. Por otro lado, Cusco tiene una sociedad civil muy dinámica, integrada por sindicatos, organizaciones campesinas y ONG. Esta trama institucional permite que sus demandas sean escuchadas con mayor facilidad que las procedentes de otras regiones. Para la cooperación internacional, este dinamismo también es un punto a favor, ya que permite contar con contrapartes locales para las intervenciones.

Estas ventajas comparativas se consolidan a inicios de los años ochenta, coincidiendo con un momento clave en la historia de la cooperación internacional en el Perú. Los estilos de intervención aún no están consolidados y existe una notable apertura hacia propuestas innovadoras, tanto desde el punto de vista conceptual como metodológico. Este escenario se suma a la presencia en Cusco de una generación de profesionales jóvenes, preparados y entusiastas. El resultado es una especie de tormenta perfecta. La sierra sur del Perú, y especialmente Cusco, se convierten en puntos calientes para la cooperación internacional, es decir, territorios donde existen las condiciones para innovar y la suficiente masa crítica de contrapartes locales y profesionales para ensayar nuevas ideas.

Un ejemplo emblemático de esta etapa de experimentación e innovación es el Programa Especial de Desarrollo Rural en Microrregiones (Proderm), iniciado en 1978 con financiamiento de la cooperación holandesa.[13] Su historia muestra cómo los proyectos se van redefiniendo sobre la marcha, gracias a la incorporación de ideas generadas a escala local. Al principio, Proderm parte de un enfoque clásico de la "revolución verde". Su objetivo era mejorar los ingresos de la población rural e incrementar la producción agropecuaria mediante la tecnificación y el uso masivo de fertilizantes e insecticidas químicos. Sin embargo, estos objetivos cambian pronto. Proderm es el primer programa peruano que incorpora la noción de "territorio". Se trata de una innovación que va más allá de los conceptos. El enfoque territorial obliga a identificar espacios funcionales, más allá de las fronteras administrativas, para optimizar el uso de los recursos productivos. Esta idea, como veremos en

13. Carpio, Cavaza y Gómez 1992.

varias partes de este libro, va a tener un recorrido muy largo. La noción de territorio entra a formar parte del lenguaje de la cooperación internacional y poco a poco se populariza también entre los actores locales. En el caso de Quispicanchi, se trata de un concepto que está detrás de algunos de los proyectos más exitosos de los últimos años.

Las innovaciones de Proderm incluyen también metodologías que no estaban previstas en el diseño original del programa, pero que terminan siendo su principal aporte a la cultura cusqueña del desarrollo. Un ejemplo es el uso de concursos lúdicos entre grupos de potenciales beneficiarios como mecanismo para asignar fondos. En lugar de elaborar tediosos expedientes con abigarrado lenguaje tecnocrático, Proderm promueve obras teatrales o pequeñas representaciones, que permiten a los pobladores rurales presentar sus propuestas de una manera más dinámica y creativa. Los concursos se realizan primero a escala comunal y posteriormente entre comunidades. Los ganadores son seleccionados por los propios participantes o por dirigentes campesinos. Los premios pueden ser cantidades en efectivo, que deben ser utilizadas en las actividades agropecuarias, o bien capacitaciones especiales por parte de especialistas en algún rubro priorizado por la comunidad. Estos eventos, rodeados de una parafernalia festiva, incentivan a los campesinos a participar de manera más directa en los proyectos.[14] El objetivo es que dejen se sentirse como meros beneficiarios. El éxito de esta renovación metodológica se debe a la confluencia dentro de Proderm de dos agendas diferentes: técnicos de la cooperación internacional que buscan trascender los paradigmas tradicionales de su trabajo e intelectuales cusqueños en pleno proceso de efervescencia política y reivindicación de los valores de la cultura andina local. Entre ellos está Juan Núñez de Prado, uno de los principales antropólogos cusqueños de esa época, quien apoya a Proderm en la puesta en marcha de estos concursos lúdicos, a los que se denomina "Pachamama Raymi", es decir, Fiesta de Madre Tierra. Núñez del Prado volverá a aparecer en este libro más

14. Van Immerzeel y Núñez del Prado 1994 y Van Immerzeel y Cabero 2003. Un análisis de los resultados de esta metodología en Davis 2013.

adelante, cuando analicemos la evolución reciente de los discursos identitarios cusqueños.

Proderm es una cantera en la que muchos profesionales cusqueños que se habían iniciado en el mundo rural durante la reforma agraria reencauzan su carrera. Para ellos la cooperación es una manera de continuar con sus anhelos de transformación social en un contexto menos explícitamente político. Es también una manera de consolidar un estilo de vida vinculado al medio rural andino. Tras el final del proyecto, estas innovaciones son asumidas por otras iniciativas, e incluso por algunos programas estatales de desarrollo. La trasferencia se facilita por la propia emigración de los profesionales que trabajan en Proderm. Su experiencia y conocimiento del medio les permite desempeñarse en otras instituciones, llevando consigo su bagaje de aprendizajes. Las prácticas más exitosas, poco a poco, se convierten en parte de la caja de herramientas habitual de los proyectos de desarrollo de las zonas rurales andinas.

En la actualidad, los concursos al estilo de "Pachamama Raymi" son un elemento omnipresente en todo el país e incluso han sido adaptados fuera de nuestras fronteras, en Bolivia, Chile y Guatemala.[15] Su éxito radica en su capacidad para engarzarse con costumbres preexistentes. En Quispicanchi, como en muchas otras provincias cusqueñas, existe una fuerte tradición de representaciones teatrales campesinas vinculada a festividades cívicas o religiosas, que los concursos aprovechan para sus propios fines. La habilidad de los promotores radica en conjugar ambas tradiciones (de las cuales muchas veces ellos mismos son también parte). Otra innovación promovida por Proderm es la participación directa de los campesinos en la asignación de fondos mediante comités conjuntos de beneficiarios y expertos. Como en el caso de los concursos, se trata de una adaptación realizada sobre la marcha, que no está en la metodología inicial del programa, pero que va a tener una trayectoria de algo recorrido en el ámbito cusqueño.

Sin embargo, las cosas no siempre salen bien. La apuesta por la innovación también implica riesgos y está plagada de innovaciones que

15. Cabero y Van Immerzeel 2007: 52-63.

salieron mal o se quedaron a medias. El ejemplo negativo más conocido es la desecación parcial de la laguna de Pomacanchi, en la provincia de Acomayo.[16] El objetivo de esta iniciativa era expandir la frontera agrícola de las comunidades ribereñas, ganando a la laguna nuevas tierras de gran fertilidad. La obra contó con el apoyo del gobierno peruano y de las autoridades locales e inicialmente resulta un éxito. Durante unos años, Pomacanchi se convierte en uno de los principales distritos productores de papa de la región. Sin embargo, pronto comienzan a percibirse problemas medioambientales relacionados con la menor capacidad hídrica de la laguna. Al reducirse la cantidad de agua, disminuye también la capacidad de regulación térmica de la laguna. Las temperaturas se vuelven más extremas y las zonas adyacentes se ven afectadas por heladas más intensas. En paralelo, las tierras ganadas a la laguna pierden rápidamente su potencial productivo debido al uso masivo de fertilizantes. Los ingresos agropecuarios disminuyen e incluso caen a principios de los años noventa niveles inferiores a los que existían antes de la desecación.[17]

Proderm es solo un ejemplo de un proceso más amplio de aterrizaje de la cooperación internacional en Cusco. Se trata de una fuerza dinamizadora que trae nuevas ideas a la región. Más allá de estos fracasos, se puede hablar de un balance positivo en varios sentidos. Su principal aporte consiste en una herencia de aprendizajes, que aprovecharán posteriormente otros programas y proyectos de desarrollo.[18] Tanto los concursos vivenciales como la participación de la población beneficiaria en la asignación de fondos se perfeccionan a lo largo del tiempo y entran a formar parte de la metodología de muchas otras instituciones. Proderm puede ser visto, en este sentido, como uno de los primeros pasos de un aprendizaje que se prolonga a lo largo de varias décadas.

---

16. Agurto et ál. 2002.
17. Escobal, Ponce y Hernández Asensio 2013.
18. Para una evolución de largo plazo de la cooperación holandesa en las zonas andinas: Bebbington, Rojas y Hinojosa 2002.

Años noventa: consolidación del paradigma

Pese a esta intervención masiva de ONG y cooperación internacional, las décadas de 1980 y 1990 son en Cusco tan duras como en el resto del país. Aunque la violencia política no golpea con la misma fuerza que en otras zonas de la sierra peruana, muchos otros elementos sí son comunes: hiperinflación, desabastecimiento, falta de mercados y ajustes económicos. Con el gobierno de Alberto Fujimori (1990-2000) se acaban las subvenciones a los insumos agropecuarios. También desparecen préstamos baratos a los productores rurales, que habían sido característicos del gobierno de Alan García (1985-1990). Durante unos años la economía se repliega al autoconsumo. La emigración lleva a que muchas zonas, sobre todo en el valle del Vilcanota, vean decrecer su población. Algunas comunidades son abandonadas y otras quedan casi como pueblos fantasma.

En el lado positivo, los años noventa son escenario también de una profundización del autogobierno campesino. En 1992, se crea en Ocongate la central distrital de rondas campesinas. La asamblea fundacional tiene lugar en Upis, un anexo de la comunidad de Yanacocha, situada en las laderas del Ausangate, que había sido parte de la hacienda Lauramarca. Además de los comuneros ocongatinos, asisten delegados de otras comunidades del distrito de Ccarhuayo y representantes de las rondas campesinas de la vecina provincia de Canchis. Según recoge el acta de la reunión, el presidente "hizo recordar el clamor de las cuarenta y dos comunidades de ambos distritos por juntarse en una central para luchar por la justicia, la verdad y la paz que tanta falta hace a nuestros pueblos para alcanzar su desarrollo".[19] La asamblea está precedida de varios meses de asaltos a estancias y robos de animales. Estos hechos habían derivado en un clima general de alarma. "Las autoridades correspondientes —continúa el acta— no se abastecen a resguardar lo poco que

19. "Acta de fundación del Comité Central de Rondas Campesinas del distrito de Ocongate y Ccarhuayo", Oficina Registral Regional Región Inka, asiento 15591, ficha 1929, citado en Chilliuhani Ttito 2012. Todas las citas de este y los siguientes párrafos proceden de esta fuente.

tenemos, [lo que] nos obliga a auto defendernos conforme lo establecen la constitución y la ley". Después de varios discursos en la misma línea, la reunión concluye con la proclamación del Comité Central de Rondas Campesinas de los distritos de Ocongate y Ccarhuayo, en medio del entusiasmo de los asistentes. "No habiendo más puntos que tratar —finaliza el acta— se levanta la asamblea, con vivas y arengas en forma multitudinaria, siendo las tres de la tarde".

En los años siguientes, las rondas se consolidan como una instancia permanente. El principal problema no es la violencia política, sino el abigeato, endémico en los distritos altoandinos desde la época anterior a la reforma agraria. Otra preocupación son los asaltos a autobuses de pasajeros y el cobro de cupos a los choferes en las zonas más alejadas. En ocasiones los ladrones incluso se hacen pasar por terroristas para lograr más fácilmente sus propósitos. La creación de las rondas es el producto de una larga maceración, en la que también influye el activismo de organizaciones de derechos humanos ligadas a Ccaijo y al Centro Bartolomé de Las Casas. Desde finales de los ochenta, varios proyectos en esta línea habrían difundido en toda la región la experiencia de las rondas campesinas del norte del país, conformadas de manera temprana. Este discurso empatiza con las propias aspiraciones de los campesinos quispicanchinos, siempre deseosos de extender sus ámbitos de autogobierno ante lo que perciben como un Estado ineficiente (en el mejor de los casos), despreocupado o incluso hostil. Varios de los primeros dirigentes ronderos señalan haber sufrido malos tratos por parte de las autoridades a causa de haber denunciado su pasividad ante el incremento de la violencia. La ronda cuenta además con el apoyo de la Iglesia católica. Es el propio párroco de Ocongate quien habría convocado la asamblea fundacional. Tras el éxito de las convocatorias, las reuniones posteriores de la ronda tienen lugar en la parroquia de Ocongate, hasta que en 2001 se trasladan a la localidad vecina de Tinki. Cinco años después se inaugura allí un local propio de las rondas.

Las rondas campesinas son un remedo de guardia campesina que cumple las funciones de policía rural. Formalmente, su propósito es la protección de las propiedades campesinas y la salvaguarda de los caminos. Sin embargo, en la práctica, su influencia es mayor, ya que sirven también para reforzar la cohesión social y para amortiguar los conflictos entre localidades vecinas. En algunos casos, se convierten incluso en una suerte de árbitro de la vida cotidiana, con el que debe convivir las instancias formales del Estado, gobernadores y tenientes gobernadores, jueces de paz y policía. Sus intervenciones incluyen también aspectos vinculados con las buenas costumbres y la moral. "Me es grato dirigirme a usted para poner al conocimiento de usted este problema de adulterio", recoge un escrito dirigido por el comité local de la ronda de Upis al presidente del Comité Central de Rondas del distrito de Ocongate en 2006.[20] El enfoque de los ronderos en este caso es extremadamente conservador. Tras indicar el nombre de los acusados prosiguen: "Nosotros pedimos el apoyo de la autoridad para combatir esta enfermedad que padece este hombre. Llamado por su dinero, por sus animales, por su fuerza, ni hace el caso a las autoridades, ni comuneros, es prepotente, malhadado en nuestra comunidad, abusivo, costumbreado. Por esta razón [...] ponemos a su conocimiento y pedimos justicia por parte de usted".

Debido a la interacción entre política y moral que caracteriza sus actuaciones, las rondas campesinas son evaluadas de manera muy dispar por otros actores. Sus defensores señalan que se trataría de un genuino esfuerzo de la población rural por proveerse servicios de seguridad y justicia, de acuerdo con sus propias tradiciones. Destacan también su papel en la gestión de los conflictos endémicos de la sociedad rural, sin necesidad de recurrir a la compleja y muchas veces disfuncional administración estatal de justicia. Sus detractores, por el contrario, enfatizan sus funciones de control social y sanción a la disidencia, incluso con resultados mortales (aunque en Quispicanchi no existe ningún caso documentado de ejecución o muerte accidental a manos de las rondas). En este sentido, un aspecto interesante es que las acciones de las rondas suelen tener una cierta dimensión ritual. Chillihuani asocia a los ronderos con personajes emblemáticos de la tradición local quispicanchina,

20. Oficio conservado en los archivos de la ronda campesina central de Ocongate en Tinke, con fecha 11 de septiembre 2006, reproducido en Chilliuhani 2012: 112.

vinculados a la peregrinación al santuario del señor de Qoyllorit'i: los llamados *pabluchas* encargados de mantener el orden y la disciplina durante la peregrinación.[21] Como los ronderos, estos personajes van armados con látigos, y suelen emplearlos a la menor trasgresión. Los castigos más frecuentes son baños de agua fría y latigazos, y suelen realizarse en público, con asistencia de toda la comunidad, incluyendo a las autoridades políticas y religiosas, lo que los dota de gran dramatismo y efecto ejemplarizante.

Esta profundización de la esfera de autogobierno comunal se desarrolla en paralelo al surgimiento en los años noventa de una nueva generación de políticas basadas en un modelo radicalmente diferente de interacción entre el Estado y la población rural: los programas focalizados por la demanda. Se trata de iniciativas en gran parte promovidas por las entidades multilaterales de cooperación, que encuentran en Perú uno de sus principales escenarios de experimentación. Frente a las intervenciones de gran escala de las décadas anteriores, con un costo de transacción muy alto, se apuesta ahora por intervenciones puntuales, que en poco tiempo son enfocadas en problemas concretos. El punto de partida es la idea de que deben ser los propios pobladores rurales (y no expertos externos) quienes decidan las intervenciones que se realizan en sus comunidades. Para ello se incentiva la conformación de comités locales que presenten propuestas a los organismos de desarrollo, a partir de una oferta previa de posibles intervenciones. Durante los años noventa, los programas más famosos en esta línea son el Fondo de Cooperación y Desarrollo Social (Foncodes) y el Programa Nacional de Manejo de Cuencas Hidrográficas y Conservación de Suelos (Pronamachcs). El primero se concentra en obras dirigidas a la provisión de servicios básicos, mientras que el segundo se enfoca en el manejo sustentable de la base productiva y el incremento de la producción mediante la introducción de riego y el mejoramiento de las prácticas agropecuarias.[22]

21. Chilliuhani 2012.

22. Una buena introducción al estilo de funcionamiento y el papel Foncodes en los años noventa es Bowen 2001: 15-47. La autora presenta un panorama bastante balanceado del impacto y los problemas del programa durante ese periodo.

Foncodes y Pronamachcs son programas emblemáticos del gobierno de Alberto Fujimori. En Quispicanchi, como en casi todas las zonas rurales peruanas, son muy apreciados por los pobladores rurales. Para muchas comunidades, constituyen su primera experiencia directa de interación con el Estado. Foncodes realiza más de cincuenta mil obras en todo el país entre 1991 y 2007, incluyendo aulas (25 por ciento de los proyectos de Foncodes), sistemas de agua potable (23 por ciento), piscigranjas, viveros y otras infraestucturas productivas (15 por ciento), sistemas de riego (8 por ciento), desagüe y letrinas (10 por ciento), electrificación rural (6 por ciento), puentes (5 por ciento) y trochas carrozables (4 por ciento). En el caso de Pronamachcs, entre 1997 y 2001, las intervenciones se dividen en conservación de suelos (50 por ciento), obras de riego (30 por ciento), desarrollo forestal (15 por ciento) y almacenes (3 por ciento).[23] Más allá de su impacto concreto, estas obras son importantes porque contribuyen al empoderamiento de la población rural. Como veremos más adelante, tienen un fuerte impacto fundamental en la renovación de los líderes y los estilos de política rural. Los programas se limitan a financiar las intervenciones y a poner a disposición de las comunidades un conjunto de profesionales para hacerse cargo de las obras, pero son las comunidades quienes deben contratar y supervisar las obras, además de aportar la mano de obra no remunerada. Esta participación local está a cargo de "núcleos ejecutores" (o de "comités conservacionistas", en el caso de Pronamachcs) integrados por un presidente, un secretario, un tesorero y un fiscal.

Foncodes y Pronamachcs son la punta de lanza de una forma de acción colectiva que cada vez es más frecuente en el ámbito rural peruano: los comités locales especializados. Se trata de agrupaciones que incluyen un número variable de comuneros, creados con una función concreta, que conviven con las formas tradicionales de autogobierno local. Además de los señalados, en poco tiempo aparecen también comités de

---

Posteriormente, Foncodes experimenta muchos cambios y varía sustancialmente su estilo de intervención y sus objetivos. Una comparación de la etapa inicial de ambos programas en Ballén y Francke 2003: 183-196.

23. Ballén y Francke 2003.

gestión de los centros de salud, comités educativos, comités de regantes y decenas de asociaciones productivas enfocadas en uno u otro producto. Aunque varían en su funcionamiento y composición, estos comités matizan el poder de las directivas comunales. Se trata de instancias paralelas, que tienen fuentes de legitimidad propias. Su poder se basa en su capacidad para mejorar rápidamente la vida de sus integrantes. Los comités permiten a los campesinos una mayor autonomía frente al control comunal y en cierta medida desafían a los poderes comunales tradicionales, que reaccionan de manera diferente según los casos. En algunas comunidades, las juntas directivas tratan de controlar los comités especializados, que están fuertemente vigilados. En otras comunidades, sin embargo, estos comités son cada vez más poderosos y diluyen otras formas de acción colectiva.

Desde comienzos del nuevo siglo, Foncodes y Pronamachcs, aunque no desaparecen, pierden peso ante una nueva generación de políticas públicas que profundiza los cambios del mundo rural. Por un lado, destaca Juntos, el programa de transferencias condicionadas creado durante el gobierno de Alejandro Toledo (2001-2006), que en muy poco tiempo se convierte en uno de los grandes referentes de las zonas rurales. Juntos da un subsidio de cien soles mensuales a las mujeres con hijos en edad escolar a cambio de que cumplan una serie de condiciones en temas de salud, nutrición, educación y registro civil. El programa pretende que los niños rurales puedan formarse íntegramente, rompiendo la cadena de trasmisión intergeneracional de la pobreza. Más allá de esto, Juntos tiene también otros efectos a corto plazo en al menos dos planos: refuerza el empoderamiento de las mujeres rurales, que ahora disponen de recursos propios, y contribuye a dinamizar las economías campesinas. Los días de pago de Juntos, se convierten en eventos que atraen a comerciantes de todas las áreas circundantes. Aparecen nuevas ferias y crecen otras que ya existían antes.

En paralelo al auge de Juntos, encontramos también un crecimiento de los programas enfocados en facilitar la incorporación de los campesinos al mercado. A diferencia de lo que era habitual en las décadas anteriores, estos programas conceden ahora una mayor autonomía a los productores locales para decidir la orientación de su trabajo. No se basan en intervenciones de gran escala, al estilo de la desecación de la laguna de Pomacanchi antes comentada, sino en la creación de una miríada de pequeños comités y asociaciones productivas, que en poco tiempo inundan la sierra sur peruana. Estas asociaciones permiten mejorar la gestión de los recursos y refuerzan el cambio en las estrategias de acción colectiva de la población rural. En esta línea destacan, entre otros, el Programa Corredor Puno-Cusco, Sierra Productiva y esfuerzos como el Proyecto de Manejo de los Recursos Naturales en la Sierra Sur (Marenass)

En el plano ideológico, estos nuevos estilos de intervención están acompañados de la consolidación de un nuevo discurso, que se convierte casi en hegemónico en gran parte de las zonas rurales peruanas. La idea de "desarrollo rural" sustituye a las nociones de revolución campesina, reforma agraria y revolución verde como paradigma de cambio. Se trata de un concepto procedente del mundo de la cooperación internacional, y que por lo tanto no es exclusivo de Cusco. Lo significativo es que en esta región arraiga de manera muy rápida y profunda, gracias a la confluencia de ONG, programas estatales y cooperación internacional. El eje de este nuevo paradigma es la noción de "pobreza", entendida como condición individual y colectiva cuya erradicación debería ser el objetivo de las políticas públicas.

La idea de "pobreza" es central en el paradigma de desarrollo rural. Se trata de una herramienta conceptual que permite describir la realidad, orientando las intervenciones en torno a objetivos claramente definidos y fuertemente legitimados. Se considera que el hecho de ser pobre o no ser pobre es el principal determinante de la condición de las personas, por encima de cualquier otra característica social, política o cultural. El pobre es sobre todo pobre, más que campesino, andino o cualquier otro posible atributo identitario, por lo que la lucha contra la pobreza pasa a ser el objetivo más importante de la acción del Estado, especialmente en el mundo rural, donde los pobres se concentran en mayor número. En este sentido, la segunda idea clave es que la pobreza del mundo rural sería un tipo de pobreza especial. La "pobreza rural" estaría anudada a un conjunto de factores específicos derivados de la propia condición de ruralidad: aislamiento, falta de dinamismo económico, ausencia o inferior calidad de los servicios públicos, escaso poder político, etc. De ahí que lo opuesto a la "pobreza rural" no sea tanto la riqueza, como el "desarrollo rural", es decir, la superación de estas condiciones diferenciales del mundo rural que explicarían la especial persistencia y arraigo de la pobreza.

En el paradigma de desarrollo rural, la pobreza es una condición individual y colectiva. Describe a los individuos, pero también a los territorios, por lo que comienza a hablarse de distritos pobres y no pobres. Los mapas de pobreza se popularizan y se convierten en una de las principales herramientas para orientar la focalización de las intervenciones, estatales y de la cooperación internacional. El esfuerzo pionero en esta línea es el mapa de pobreza publicado por Foncodes en 1995. Posteriormente, se suman los mapas del Instituto Nacional de Estadística e Informática (INEI), en 1996, y del Ministerio de Economía y Finanzas en el año 2001. Cada mapa de pobreza tiene su propia metodología y se actualiza cada cierto número de años.

Las fuentes de información para elaborar estos mapas son los censos de población y vivienda y las encuestas nacionales de hogares (Enaho) que el INEI realiza anualmente desde 1995. En ellos, la pobreza puede definirse de varias maneras: en términos estrictamente monetarios (como gastos o ingresos) o bien de forma multidimensional (incluyendo, por ejemplo, el cálculo de necesidades básicas insatisfechas). En todos los casos, se considera que los pobres se caracterizan por una ausencia, por no tener algo que otros grupos sociales poseen y que ellos también deberían tener: servicios públicos, ingresos, capital humano, etc. Comparten también la idea de que para erradicar la pobreza rural serían necesarias políticas específicas, diferentes de las implementadas en otros contextos.

Este nuevo enfoque de lo que en los años sesenta y setenta se llamaba el "problema rural" es progresivamente asumido por diferentes actores, incluyendo a los propios pobladores rurales, sus autoridades, las ONG y los organismos públicos. Sin embargo, tiene también numerosos críticos. Hay que tener en cuenta, en este sentido, que se trata de un enfoque reformista, en contraste con los enfoques revolucionarios predominantes en las décadas anteriores. El paradigma de desarrollo rural asume que el cambio y la mejora de las condiciones de vida de los "pobres" son procesos graduales, para los que no existen atajos ni soluciones mágicas. El desarrollo sería el resultado acumulativo de cambios que afectan tanto a los propios individuos como al entorno social en que se desenvuelven, pero el punto de partida es siempre la aceptación de la democracia liberal y de la economía de mercado como los principios básicos de organización de las sociedades latinoamericanas. Solo donde estos dos principios estén asegurados podrían darse las condiciones para el desarrollo rural.

Frente al enfoque rupturista de la reforma agraria, el paradigma de desarrollo rural considera que la mejora de la vida de los campesinos debe producirse dentro del modelo socioeconómico vigente. Este conservadurismo social hace que sus postulados sean vistos con desconfianza en determinados círculos académicos y políticos.[24] Una crítica habitual señala que el paradigma de desarrollo rural sería en realidad poco más que un señuelo para contentar a los grupos campesinos y encubrir la dominación neoliberal de los ámbitos rurales. El objetivo del "desarrollo rural" sería mantener los privilegios de los grupos de poder tradicionales y la subordinación de los campesinos. Estaríamos así ante un estilo más sofisticado y menos violento de control y expolio de la población rural. Otras críticas apuntan a aspectos culturales y ponen en duda que las premisas del desarrollo rural puedan cumplirse en sociedades tan heterogéneas como las andinas. La noción de pobreza, según se señala, confundiría bienestar con occidentalización. El desarrollo rural supondría anular el derecho a la autodeterminación de los pueblos indígenas y campesinos, imponiendo un modelo social y económico ajeno a sus tradiciones.

Para revertir esta situación o minimizar su impacto, en algunos casos se promueven soluciones intermedias, que apuntan a versiones menos economicistas de la noción de desarrollo rural. Son los casos de enfoques como el "desarrollo humano" o "desarrollo con identidad cultural". A diferencia del desarrollo rural tradicional, se asume la necesidad equilibrar el crecimiento económico con el respeto a los estilos

---

24. La literatura crítica del desarrollo rural es muy amplia. Un resumen de los argumentos se puede consultar en Barkin 2001a, 2001b; Kay 2001, 2006, 2007: 31-50, 2009: 607-645.

de vida de las poblaciones rurales. Otros, sin embargo, apuestan por una ruptura más radical. Desde finales de los noventa surgen corrientes "posdesarrollistas", que buscan superar un paradigma que consideran fracasado. Destaca en esta línea el enfoque de "buen vivir", especialmente exitoso en países andinos como Bolivia y Ecuador. En sus diversas variantes, los autores de esta corriente postulan lo que consideran un modelo propio, ajeno al desarrollismo occidental, basado en el principio de armonía entre hombre, naturaleza y medio social. En sus vertientes más extremas, definidas por sus críticos como "pachamamismo", se considera incluso que la naturaleza tiene sus propios derechos, tal como los tienen los seres humanos. Estas ideas se presentan como una recuperación de los supuestos modelos propios de vida de los pueblos americanos, que serían diferentes a los occidentales, con una visión más auténtica del mundo y con una escala más equitativa de valores.

Estas críticas al paradigma de desarrollo rural son compartidas incluso por muchos especialistas y profesionales que trabajan en el mundo del desarrollo rural, especialmente en zonas como Cusco, con una fuerte tradición contestataria. Sin embargo, fallan en un aspecto clave: tienden a presentar el desarrollo rural como un constructo ideológico perfectamente coherente, que incluiría prácticas y discursos complementarios entre sí. Esta cohesión es una entelequia intelectual. Más que un modelo específico de políticas públicas, el paradigma de desarrollo rural es un campo de fuerza, que traza unas coordenadas conceptuales y políticas, dentro de las cuales cada actor trata de desarrollar su propia agenda. Existen puntos en común, pero también discrepancias y disputas. Como veremos a lo largo de este libro, el éxito de la noción de desarrollo rural radica precisamente en su polivalencia: es su capacidad para encapsular proyectos políticos diferentes lo que permite que haya sido asumido por actores tan diversos y contradictorios.

En Quispicanchi, el "desarrollo rural" sirve para legitimar discursos y prácticas que podríamos considerar prohegemónicos (es decir, favorables al equilibrio de poder existente en los espacios rurales latinoamericanos), pero también para legitimar discursos y prácticas contrahegemónicos. Se trata de un discurso funcional para las autoridades y los agentes tecnocráticos del Estado y de la cooperación internacional, pero también para los propios pobladores rurales, ya que les permite codificar sus reclamos y reivindicaciones en un lenguaje altamente legitimado, ampliando sus posibilidades de acceder a nuevas alianzas y recursos.

Intermediarios culturales

El paradigma de desarrollo rural, tal y como se consolida en Cusco desde mediados de los años noventa, se caracteriza por cuatro elementos: (i) es un paradigma de políticas públicas versátil y moldeable, que permite a los actores locales encontrar intersticios para articular sus propias agendas individuales y colectivas; (ii) tiene una notable capacidad para articularse con otras agendas reivindicativas, tales como los discursos medioambientales o de género, o los reclamos de autonomía campesina e indígena; (iii) pese a su origen foráneo, incorpora elementos idiosincrásicamente andinos, lo que permite que tenga matices muy diferentes de la manera en que este paradigma se plasma en otras regiones del mundo y (iv) se concreta en políticas públicas y proyectos de desarrollo con un fuerte carácter ritual y performativo.

Estas dos últimas características (incorporación de referentes andinos e importancia de los eventos públicos) están muy relacionadas entre sí. Desfiles, concursos y ferias son componentes indispensables de las intervenciones, tan importantes como cualquier otro. La funcionalidad de estas actividades públicas es múltiple: transmiten mensajes sobre el sentido y el avance de los proyectos, ayudan a delinear y a representar las nuevas identidades que adoptan los actores locales en el marco del paradigma de desarrollo rural y permiten a sus promotores legitimarse en el complicado mundo de la micropolítica andina. En estas actuaciones encontramos con frecuencia apelaciones a conceptos, prácticas e imaginarios propios de la cultura andina. En una primera mirada, la adopción de estos referentes puede parecer un simple barniz, una estrategia entre hábil y cínica para adaptar el paradigma de desarrollo rural al contexto andino, para hacerlo más asumible a los actores locales. Aunque es evidente que algo de esto hay, un análisis detallado muestra que existe una influencia más profunda de los modelos andinos, que no se limita a una apropiación retórica superficial.

La imbricación entre lo andino y el paradigma de desarrollo rural se produce gracias a la presencia de múltiples actores locales involucrados en las intervenciones. Son lo que podríamos denominar intermediarios culturales: actores locales que vehiculizan el paradigma de desarrollo rural y contribuyen a modelarlo de acuerdo con las condiciones del mundo andino. En las provincias altas de Cusco estos intermediarios constituyen un grupo heterogéneo y diverso, con diferente grado de formación e influencia. Por un lado, encontramos a los profesionales que trabajan en las ONG y los programas estatales de desarrollo. A diferencia de otras regiones del país, la mayoría de estos profesionales son cusqueños, nacidos y educados en la región. Son parte de las nuevas clases medias que desde los años noventa se consolidan en la capital regional y en otras localidades intermedias, como Urcos o Sicuani. Muchos de ellos, procedentes de las provincias altoandinas, constituyen la primera generación de su familia que logra acceder a la universidad. Su formación intelectual aúna el deseo de superación con una ética de trabajo vinculada a la ideología comunitaria tradicional. El mundo del desarrollo rural es para ellos un nicho laboral atractivo, que les permite ganarse la vida y acceder al mundo moderno sin desprenderse del todo de sus orígenes. Su quehacer está acompañado de una fuerte ideología de autoafirmación, que conjuga referentes clasistas y regionalistas, basada en la idealización del mundo rural andino, que consideran un referente de cualidades morales y espirituales superior al mundo occidental.[25] Los pobladores rurales serían un ejemplo a seguir e imitar; la función del desarrollo rural consistiría en apoyarlos para crear una sociedad más justa y más auténtica.

En los casos más exitosos, estos profesionales cusqueños de primera generación se convierten en gestores de proyectos y llegan a ingresar en la élite tecnocrática del desarrollo rural. Otras veces su trayectoria se desarrolla en un nivel intermedio, como trabajadores de campo de las ONG o como "promotores" de los programas estatales. Los promotores son una de las figuras más emblemáticas del mundo rural andino desde

25. Esta ideología se analiza en detalle en el capítulo 6.

los años noventa. Equipados con sus cuadernos, sus cámaras de fotos, sus grabadoras y sus teléfonos celulares, son los encargados de ejecutar el día a día de las políticas de desarrollo. Su presencia es constante en las ferias, en las reuniones sociales y en todas las actividades cotidianas de mundo rural. El trabajo de los promotores implica largas jornadas de campo, que deben afrontar muchas veces con recursos limitados. Convocan a reuniones, coordinan con los líderes campesinos, escriben informes y sistematizan información. Su éxito depende en gran medida de su capacidad para tejer alianzas locales, conocer gente y hacerse conocidos. Se distinguen de los pobladores rurales por sus infaltables chalecos, con los colores emblemáticos y el nombre de su institución. Esta prenda se populariza en los años noventa, y es en la actualidad un elemento imprescindible en la parafernalia de las políticas públicas y de los programas de desarrollo. Otorga a quienes la portan un capital simbólico notable, ya que los convierte en representantes del anhelado "desarrollo rural".

El trabajo de los promotores requiere paciencia, habilidad, enormes dosis de tacto, flexibilidad para adaptarse a las eventualidades que surgen en el camino y una gran resistencia física. Un buen promotor debe ser capaz de manejarse tanto con los códigos de las instituciones de desarrollo (escribir informes, redactar solicitudes, completar expedientes, elaborar presupuestos, diseñar "ruteos" para sus visitas) como con los códigos de los pobladores rurales andinos. Deben ser capaces de dirigirse a ellos con las palabras y el estilo correctos, conocer el funcionamiento de las comunidades, sus tensiones internas y los dilemas que enfrentan sus integrantes. Debe tener la capacidad para participar en asambleas comunales, para persuadir con los argumentos adecuados y para manejar la imbricada retórica campesina andina. Para lograr estos objetivos, es imprescindible dominar el quechua, una habilidad que, como veremos más adelante, conjuga aspectos prácticos y simbólicos, vinculados con el paradigma de desarrollo rural. Algunos se especializan en una sola provincia o en un conjunto de comunidades, con las que tienen fuertes vínculos personales o profesionales. Otros, por el contrario, son auténticos trotamundos del desarrollo, que recorren cada rincón del territorio imaginado cusqueño (que incluye, además del departamento de Cusco propiamente dicho, los departamentos vecinos de Madre de Dios y Apurímac).

Los promotores traducen y reelaboran los conceptos y prácticas del desarrollo rural. Consciente o inconscientemente, "andinizan" el paradigma, para adaptarlo a las condiciones cotidianas de su quehacer. Un segundo grupo de intermediarios del desarrollo rural se diferencia de ellos por no tener formación superior. Se trata de personajes más modestos: pobladores rurales que ven en los proyectos de desarrollo rural una oportunidad para mejorar su posición social o económica y entran a formar parte de los círculos de confianza de sus promotores. Se trata de referentes locales que articulan las intervenciones y contribuyen a asentarlas, para lo que asumen los lenguajes y prácticas asociados con la noción de desarrollo rural andino, pero sin abandonar sus propias agendas individuales, familiares y colectivas. El ejemplo más representativo de este tipo de intermediario cultural no letrado son los llamados kamayoq, una figura cuya presencia se multiplica por toda la sierra sur peruana desde finales del siglo pasado.

El origen de los kamayoq se vincula con el deseo de andinizar el desarrollo rural a finales de los años ochenta, en plena época de efervescencia de las metodología de aprendizaje "campesino a campesino", aunque según sus promotores sus antecedentes serían mucho más antiguos.[26] Su relevancia radicaría en su capacidad para acopiar, trasmitir y renovar conocimientos prácticos, basados en la experiencia acumulada de generaciones de campesinos andinos. "El kamayoq es la persona que innova, el que hace cosas nuevas, el que construye", señala en este sentido Mario López, uno de los más reputados especialistas de la provincia de Canchis, vecina de Quispicanchi.[27]

26. Dilucidar el origen de los *kamayoq* obligaría a realizar una investigación *ad hoc*, ya que son muchas las instituciones que alegan haber sido las primeras en promover su papel como aliados clave del desarrollo rural. Algunos trabajos al respecto son: Torre 2004, La Cruz et ál. 2004, Coello et ál. 2006, Hellin y Dixon 2008: 627-632 y Villanueva Rojas y Montero Palacios 2013: 395-414.

27. Wiener 2014. Agradezco a la autora por su autorización para usar de manera amplia esta historia de vida. Todos los datos y las citas atribuidas a Mario en las siguientes páginas provienen de esta fuente.

Mario es un ejemplo perfecto de "sabio" local. Nacido en 1971, en plena época de la reforma agraria, en la comunidad de Acco Acco Phalla, su currículo impresiona. Entre otras cosas, es técnico en sanidad animal y especialista en riego y conductor de programas de radio, además de constructor de baños ecológicos y rellenos sanitarios. Esta acumulación de habilidades tiene sus antecedentes, ya que Mario no es el primer sabio de su familia. Su madre era partera y experta conocedora de las plantas medicinales. Estaríamos, por lo tanto, ante una suerte de trasmisión generacional del prestigio asociado al conocimiento especializado. Este es un elemento muy frecuente en las zonas rurales andinas, y vamos a encontrar muchos casos similares en las historias narradas más adelante en este libro. Aunque codificado bajo conceptos y tramas de sentido distintas, veremos que el prestigio de "sabio" se trasmite de padres a hijos, como una suerte de herencia inmaterial.[28]

El prestigio de la madre de Mario no significa, sin embargo, un mayor bienestar material. Su infancia es sumamente difícil e incluye episodios trágicos. Además de sus nueve hijos, los padres de Mario deben ocuparse de varios ahijados. Para solventar las carencias entregan a Mario al cuidado de una vecina. Esta es otra práctica andina común. El cuidado compartido de los hijos entre varias familias, sea de manera permanente o temporal, es algo habitual, sobre todo en épocas de crisis, cuando las parejas se hacen y deshacen, los cónyuges se ven obligados a emigrar o el equilibrio de la comunidad cambia de manera brusca.[29] A los 16 años Mario decide escaparse y viajar a Lima, en busca de un hermano mayor que poco antes había partido hacia la capital. Sigue a continuación un año de búsqueda infructuosa en la caótica Lima de los años ochenta, de trabajos eventuales y de precariedad, hasta que Mario decide regresar a Sicuani. Posteriormente, se alista en el ejército, otra de

28. El concepto "herencia inmaterial" fue acuñado por el historiador italiano Giovanni Levi. Se refiere a la importancia que en las sociedades tradicionales tendrían los imaginarios familiares, transmitidos de generación en generación, estableciendo la función y el estatus de cada individuo. Al respecto, Levi 1990.

29. Respecto a las prácticas de crianza y adopción de niños en contextos andinos, un trabajo reciente con gran detalle es Leinaweaver 2009.

las experiencias formativas habituales de muchos jóvenes rurales peruanos durante los años ochenta y noventa. Es después de esta etapa militar cuando comienza a perfilar su trayectoria de kamayoq. Reúne en ese momento varios elementos clave para el perfil de estos nuevos sabios andinos: prestigio familiar heredado, capacidad para moverse en entornos urbanos y rurales, y experiencia previa con actores externos a la comunidad. También, por supuesto, empuje, capacidad e iniciativa personal. La conexión de Mario con el mundo del desarrollo se produce a través de ITDG-Soluciones Prácticas, una ONG internacional que trabaja en las zonas rurales del Perú, fomentando innovaciones tecnológicas para mejorar la calidad de vida de los pobladores más pobres. Los kamayoq son una parte central de su estrategia de trabajo, hasta el punto de fundar en 1996 una "escuela de kamayoq" en Sicuani. Mario pertenece a la tercera promoción, y se gradúa en 1999. "Se aprendían muchas cosas —recuerda—, riego, forestación, cultivos, sanidad, horticultura". En ese momento la formación de kamayoq era aún integral y no por especialidades, como sería más adelante.

Tras concluir su formación, Mario trabaja como especialista agropecuario en Cusco y Puno. También colabora con programas de desarrollo, como Marenass. Aún recuerda emocionado la vez que recibió su primer sueldo de esta institución, una de las pioneras en incorporar la metodología de capacitación campesino a campesino. Era mil quinientos soles. "Las manos me temblaban —rememora—, escalofríos me daban, nunca había recibido esa plata". Este dinero le permite a casarse y construir una vivienda propia, en un terreno de su comunidad cedido por su familia. Su cartera de clientes se amplía rápidamente, lo que le permite olvidarse de los oficios eventuales que hasta entonces realizaba en Sicuani: mototaxista, microcomerciante, etc. En 2003, el servicio nacional de sanidad animal recurre a él como técnico de campo. En los siguientes años, trabaja también Arariwa y Cedecap, dos ONG locales. La clave de su éxito radicaría en la combinación entre saber especializado, experiencia personal y habilidad en el trato. "Trabajé en muchas comunidades —recuerda—. Al inicio, cuando llegaba, las señoras eran tímidas; luego, cuando les hacía vistas domiciliares, ya se soltaban, más confianza me tomaban", señala.

Los kamayoq están presentes en casi todos los distritos rurales andinos, incluyendo por supuesto Quispicanchi. Durante su carrera profesional, suelen saltar de una a otra institución. Van tejiendo una red de contactos y sumando nuevas habilidades a su cartera de servicios. Con el tiempo se convierten en contactos privilegiados de la cooperación, y su presencia permite que sus comunidades logren nuevos proyectos. Los más exitosos incluso viajan al extranjero, invitados por ONG y programas estatales, donde intervienen en conferencias y eventos de demostración, adscritos en la categoría de actores locales involucrados en los proyectos de desarrollo. Es frecuente también que los kamayoq se convierten en líderes comunales. En 2013, Mario integra la junta directiva Acco Acco Phalla, cargo que supone una responsabilidad mayor con sus vecinos, por lo que dispone de menos tiempo para involucrarse en proyectos nuevos. "Durante dos años eres dirigente sí o sí —refiere con resignación—; tienes que estar preocupado por la comunidad, y por eso he dejado de trabajar con otras comunidades".

La vida de Mario muestra que los campesinos andinos no son personas aisladas, encerradas en opresivas estructuras sociales y económicas ancestrales, sino personajes dinámicos que prueban fortuna en múltiples campos, tratando de salir adelante con sus familias. Visto desde una perspectiva de largo plazo, el papel de estos intermediarios es clave para la consolidación y naturalización del paradigma de desarrollo rural. Se trata, sin embargo, de una labor que no está exenta de críticas y cuestionamientos. Yates señala que el auge de los kamayoq evidencia la manera compleja en que instituciones locales preexistentes se resignifican bajo la lógica del desarrollo rural. [30] Se trataría de un modelo idealizado de experto agropecuario, en quien se depositan las esperanzas de un desarrollo rural que respete las normas y valores de las sociedades andinas. La figura del kamayoq es atractiva porque permite solventar la disyuntiva entre saber técnico y saber local, al tiempo que legitima las intervenciones. En la práctica, sin embargo, su función sería la trasmisión de saberes expertos con un leve barniz retórico de interculturalidad. "A

---

30. Yates 2014: 53-65.

pesar de que su propósito era crear nuevas formas más participativas de desarrollo rural —señala Yates—, las técnicas [trasmitidas por los kamayoq] en realidad corresponden a formas neoliberales de gubernamentalidad que continúan prescribiendo [a los actores locales] prácticas sociales y técnicas específicas".

Desde esta perspectiva crítica, los kamayoq serían una suerte de agentes locales del paradigma de desarrollo rural; una nueva encarnación de la figura del "indio amigo", tradicional en los contextos fronterizos americanos desde la época de la conquista. [31] Sin embargo, esto no significa que sean una imposición. Su éxito se debería a que son funcionales tanto para los agentes de desarrollo como para las comunidades campesinas donde viven. Los kamayoq permiten a los pobladores rurales ganar influencia y capacidad de decisión en instancias de las que antes estaban excluidos. Como figura doblemente legitimada ("experto local" para los organismos de desarrollo y "sabio tradicional" para la población), matizan y reinterpretan la gama de soluciones técnicas ofertadas por los agentes de desarrollo. Aunque sea de manera precaria y parcial, contribuyen a insertarlas en la lógica de la población rural.

31. En los estudios de frontera, se denomina "indio amigo" a los indígenas aliados de los conquistadores europeos. El término era ya usado en la época colonial, y cubría una gran variedad de situaciones: desde etnias anteriormente sometidas que decidían luchar con los europeos contra sus enemigos ancestrales hasta mestizos y nuevas etnias producto de los procesos de etnogénesis vinculados a la reorganización social derivada de la conquista. La bibliografía al respecto es inmensa. El trabajo clásico que da inicio a estos estudios es Powell 1980.

3

Keynes en los Andes

El paradigma de desarrollo rural incluye discursos y prácticas que progresivamente son naturalizados y asumidos por la mayor parte de los actores del mundo rural cusqueño. Se trata de un conglomerado de referentes que proporciona a estos actores un lenguaje legitimado, que les permite describir la realidad y articular sus propias demandas. La consolidación de este paradigma es el resultado de la conjunción entre intereses políticos, demandas campesinas y presencia masiva de ONG. En gran medida, es parte de un proceso más amplio de transformación del mundo rural, que también se observa en otras muchas zonas del país. Sin embargo, un punto importante es que no se trata de una mera imposición externa. La consolidación del paradigma de desarrollo rural en los Andes no habría sido posible sin la presencia de actores locales, que contribuyen a vehiculizar y naturalizar los nuevos discursos y prácticas, que asumen estos elementos y los adaptan a sus propias agendas, al tiempo que los redefinen y los dotan de un color local particular.

Este capítulo se centra en un aspecto adicional, que caracteriza el aterrizaje quispicanchino del paradigma de desarrollo rural andino: su profunda imbricación con la política local. Desde finales de los años noventa, el desarrollo rural se convierte en el eje de las dinámicas políticas de la provincia. Como en toda la sierra peruana, la política local es sumamente importante en Quispicanchi. Es el ámbito en donde se producen las verdaderas confrontaciones de intereses, donde la población vuelca su energía y expectativas, y donde se expresan sus inquietudes y anhelos. Es también el escenario donde el paradigma de desarrollo rural andino alcanza su mayor expresión. La clave es la aparición de una nueva generación de líderes rurales, en su mayoría con educación superior y amplia experiencia en el mundo del desarrollo, que poco a poco comienzan a protagonizar la vida política local. Acostumbrados a interactuar con las ONG y con los programas sociales, su experiencia vital es muy diferente de la de sus padres y abuelos. Tienen expectativas distintas y promueven un nuevo estilo de gestión municipal, que puede ser considerado como la mayor expresión política del paradigma del desarrollo rural andino. Estos líderes campesinos no son el único cambio que tiene lugar en estos años, pero sí el más significativo. En dos ocasiones —en 2006 y 2010— logran hacerse con la municipalidad provincial, por lo que su influencia se proyecta incluso en aquellos distritos que siguen teniendo alcaldes de origen urbano.

Historias de éxito

El ascenso al poder de los alcaldes de origen rural en Quispicanchi es un ejemplo de lo que Cameron denomina la "municipalización de las políticas campesinas andinas".[1] Frente al protagonismo y la espectacularidad de los grandes movimientos sociales de las décadas anteriores, se observaría en la actualidad un cambio en las estrategias y los escenarios de las reivindicaciones campesinas e indígenas, que pasan del ámbito nacional al local. En este sentido, Perú se parecería a los casos más conocidos de Bolivia, Ecuador y Guatemala. Sin embargo, la emergencia de autoridades campesinas en nuestro país tiene elementos particulares, derivados de la historia reciente y de la particular configuración del sistema político peruano. Es probablemente un fenómeno mucho más extendido que en los países vecinos, pero menos ideologizado y menos llamativo en sus expresiones políticas formales; de ahí que apenas haya despertado la atención de unos pocos especialistas, en contraste con el

---

1. Cameron 2009: 64-82.

aluvión de publicaciones dedicadas a otros países de la región. Incluso en el ámbito académico peruano la proliferación de alcaldes campesinos es un tema que apenas está presente.

El auge de los alcaldes rurales en Quispicanchi se inicia en 2002, tras las primeras elecciones locales posteriores a la caída de Fujimori. Hablamos, en este sentido, de "alcaldes campesinos" en un triple sentido: por la autoadscripción de sus protagonistas, quienes se consideran a sí mismos representantes de la "clase campesina" quispicanchina; por la naturaleza de sus bases de seguidores (candidaturas basadas en alianzas comunales) y por el estilo de gobierno que desarrollan una vez que asumen el cargo (con un fuerte *ethos* rural). Previo a este momento, los procesos de empoderamiento rural derivados de la reforma agraria se habían proyectado sobre todo en el ámbito social, pero solo de manera limitada en el campo político. En su trabajo de comienzos de los años noventa, Quintín Quílez indica que pese a los cambios ocurridos desde la reforma agraria la política local seguía dominada por los grupos mestizos urbanos.[2] Sulmont señala la falta de ambición política de los pobladores rurales quispicanchinos de esa época, quienes preferían insertarse de manera subordinada en el juego político local, mediante alianzas con actores urbanos vinculados a los principales partidos políticos nacionales.[3] Como novedad, su estudio apunta sin embargo la emergencia de un nuevo perfil de político local, al que denomina los "mistis progresistas": profesionales de origen urbano con un discurso izquierdista y cierta propensión hacia nuevas agendas políticas, más favorables a la población rural.[4] La elección de alcaldes rurales profundiza esta apertura política, con una importante diferencia: ahora son los propios líderes rurales quienes alcanzan el poder municipal, sin necesidad de intermediarios urbanos.

---

2. Quintín Quílez 1993.
3. David Sulmont, "Demandas sociales y ciudadanía: el caso de Quispicanchi, Cusco", *Allpanchis*, n.º 46, 1995, pp. 45-89.
4. Sulmont 1995.

Este "giro rural" de la política quispicanchina es el resultado de procesos de larga duración de empoderamiento de la población rural, analizados en el capítulo anterior, pero habría sido imposible si no hubiera coincidido con una coyuntura política especialmente favorable. Debido a la crisis de los partidos políticos, el voto urbano, que tradicionalmente había sido dominante, se fragmenta en múltiples candidaturas. En contrapartida, un candidato rural con una base de apoyo sólida en un conjunto de comunidades puede aspirar a sacar un porcentaje de votos suficiente para competir por la victoria. Estas pretensiones se ven incentivadas por la ley electoral peruana, que permite que resulte elegido el candidato que obtiene más votos, sin importar el porcentaje ni la diferencia con la candidatura que queda en segundo lugar. Un alcalde puede resultar elegido con un porcentaje inferior al 20 o incluso al 15 por ciento de los electores. Esta, como veremos a continuación, es una cifra al alcance de los líderes rurales.

Las estrategias de los candidatos rurales pueden ser de dos tipos. Un primer modelo son las listas homogéneas, con candidatos procedentes de una sola comunidad o de un conjunto limitado de comunidades cercanas, articuladas a partir de la noción de microcuenca o de otras nociones microterritoriales similares. El objetivo aquí es sumar en bloque los votos de estas comunidades, para competir con ciertas garantías a escala distrital. El segundo modelo son las listas con candidatos de diferentes comunidades, a quienes se considera "representantes" de sus localidades. En este caso, el voto es menos concentrado, pero las redes son más amplias. No obstante, en ambos casos se trata de "coaliciones de independientes" más que propiamente agrupaciones políticas al uso habitual.[5] Son líderes con perfil alto a escala local, que suman sus activos electorales en una única lista, pero sin que exista una argamasa ideológica o partidaria sólida. Pueden compartir a grandes rasgos algunas ideas, pero su programa está siempre redactado en términos muy vagos, para contentar a todos los involucrados.

5. Sobre este concepto: Zavaleta 2014.

Tanto "listas homogéneas" como las "listas de representantes" se basan en las solidaridades primarias y en redes de lealtades personales. Este tipo de política tan personalizado se ve favorecido en Quispicanchi por el predominio casi absoluto de los discursos campesinistas de izquierda. El debate ideológico es muy limitado porque casi todos los candidatos se sitúan en posiciones de partida similares. Los candidatos, más que ideas o proyectos diferentes, representaran a distintos sectores de la provincia, con sus propias redes de seguidores personales, cohesionados alrededor de un fuerte sentimiento de pertenencia comunal.

Esta amalgama de liderazgos personalistas, discursos campesinistas e identidades microlocales no es exclusiva de Quispicanchi. Degregori refiere un panorama similar en su estudio sobre la política local de Huanta y otras zonas de Ayacucho en la segunda mitad de los años noventa.[6] Más conocido aún es el caso del Wilbert Rozas, alcalde de Limatambo, un pequeño distrito rural de la provincia de Anta, al norte de Cusco.[7] Rozas llega al poder en 1993 al frente del partido Unidad Campesina Popular. En cierta manera, su éxito representa a una generación de transición, entre el estilo de político rural de los años ochenta (ideologizado y articulado en partidos) y la nueva generación de líderes rurales andinos. En Quispicanchi, el giro rural de la política comienza el año 2002, cuando Domingo Huitoccollo, natural de la comunidad de Ccallatiac, es elegido alcalde de Quiquijana. El año 2006, el fenómeno se extiende a otras localidades, como Ocongate o Huaro, que también eligen alcaldes campesinos. También se produce un salto de escala, al ser elegido Huittoccollo alcalde provincial de Quispicanchi. Solo en el valle de Huatanay siguen predominando los alcaldes de origen urbano. Esta diferencia se explica por la particular historia de esta parte de la provincia, con mucho menor protagonismo de las comunidades campesinas.

---

6. Degregori, Coronel y Del Pino 1999: 437-465.
7. Los trabajos sobre Limatambo son muy abundantes, ya que se trata de una experiencia que goza de muy buena prensa en los ámbitos académico y de cooperación internacional. Algunos trabajos al respecto son: Ávila 2007: 26-43, Quedena 2003 y Gutafsson 2008. También el relato del propio protagonista, Rozas Beltrán 2010: 255-272.

Los alcaldes campesinos de Quispicanchi pertenecen a lo que podríamos llamar la "generación de hijos de la reforma agraria". Nacidos en la década de 1970, gracias a los cambios ocurridos en ese momento tienen mejores oportunidades de educación que sus padres y abuelos. Muchos de ellos incluso llegan a la universidad, gracias al esfuerzo de sus familias o al apoyo de ONG y organizaciones de la sociedad civil cusqueña. Al convertirse en profesionales logran un anhelo que había estado presente en los campesinos al menos desde la reforma agraria: ser capaces por sí mismos de modernizar el mundo rural. "Ustedes compañeros —declara un representante sindical durante la expropiación de Lauramarca en marzo de 1970— trabajarán para que nuestro nivel de vida sea mejor que antes, con la intención de que nuestros hijos sean educados y que aspiren a ser profesionales como los ingenieros que estamos viendo a nuestro lado".[8] Gracias a su experiencia universitaria, estos nuevos líderes campesinos pueden manejarse con fluidez en los ámbitos urbano y rural. Conscientes de que el equilibrio de poder ha cambiado, aspiran a desarrollar sus propios proyectos políticos, sin necesidad de intérpretes o intermediarios. De manera explícita, se presentan como representantes de las comunidades rurales, en contraste con lo que califican de "políticos tradicionales", asociados a los sectores urbanos.

La historia de Domingo Huitoccollo refleja estas nuevas condiciones del juego político quispicanchino. Su biografía y trayectoria política son casi emblemáticas. Su carrera se inicia a mediados de los años noventa, cuando tras su paso por la Universidad Nacional de San Antonio Abad de Cusco regresa a su comunidad de origen, Ccallatiacc, situada en la cuenca del río Añilmayo, afluente del Vilcanota. Esta ubicación no es casual: se trata de una zona que hasta mediados de los años ochenta había quedado al margen de las dinámicas económicas y políticas regionales debido su apartada situación geográfica, pero que desde ese momento, gracias a la apertura de una carretera local, comienza a ser escenario de intervenciones de desarrollo.[9] Los primeros pasos de

8. *El Comercio* (Cusco), 2 de marzo de 1970, "64 mil hectáreas de tierras pastizales beneficiarán a más de 4 mil campesinos de Lauramarca".

9. Sobre las particularidades de esta microcuenca: Bebbington, Rojas y Hinojosa 2002: 65 y Asensio 2008b.

Huitoccollo se vinculan con la micropolítica comunitaria derivada de estas intervenciones: comités de regantes, comités conservacionistas, núcleos ejecutores, etc. Las habilidades adquiridas durante su formación profesional le permiten convertirse en poco tiempo en un referente a escala local. Trabaja como promotor de campo en Ccaijo, la poderosa ONG cusqueña vinculada a la Compañía de Jesús, y gestiona proyectos ante Foncodes y Pronamachcs. Como vimos en el capítulo anterior, estas instituciones tienen un fuerte impacto en las comunidades andinas, y permiten crear nuevas formas de acción colectiva. En el caso de Foncodes, la responsabilidad recae en los llamados núcleos ejecutores, integrados por cinco vecinos, encargados de preparar las propuestas y supervisar las obras. Los proyectos incluyen puentes peatonales, locales comunes, reservorios, pequeñas obras de regadío, etc. Cada intervención tiene su propio núcleo ejecutor, de tal manera que varios de ellos pueden convivir al mismo tiempo en una comunidad. En el caso de Pronamachcs, las instancias de participación son los llamados comités conservacionistas. A diferencia de los núcleos ejecutores, estos comités se conciben como una instancia permanente, que puede supervisar varios proyectos en una misma localidad. El enfoque se centra en la conservación y puesta en valor de los recursos naturales e incluye reforestación, construcción y rehabilitación de andenes y muros protectores, reservorios para regadío, etc. A diferencia de Foncodes, Pronamachcs parte de un enfoque territorial, basado en las nociones de cuenca y microcuenca. Se considera que las intervenciones deben tener cierto nivel de coordinación, lo que implica reuniones entre los comités conservacionistas de diferentes comunidades, a veces enfrentadas entre sí por el control de los recursos naturales. Poco a poco esta coordinación obligada permite el surgimiento de líderes de rango mayor que la comunidad.

El prestigio de Huitoccollo conformando y supervisando comités conservacionistas y núcleos ejecutores es parte del capital político que le permite alcanzar la alcaldía distrital de Quiquijana en el año 2002. No es una victoria arrolladora, ya que solo saca el 21 por ciento de los votos, pero el fraccionamiento del sistema político le permite quedar en primer lugar. Su discurso combina apelaciones izquierdistas con apelaciones étnico-culturales a la población quechuahablante. La misma historia se repite en otros muchos casos. Graciano Mandura, elegido alcalde de Ocongate en 2006, también procede de una comunidad campesina de altura. Sus padres son agricultores, "en especial de papa", señala.[10] La entrevista tiene lugar en su despacho de la municipalidad distrital, adornado con una bandera multicolor cusqueña. Mandura habla con timidez y en voz baja; a veces incluso cuesta entenderlo. Constantemente se ve interrumpido por sus ayudantes, que entran a pedirle su opinión sobre asuntos relacionados con la vida diaria de la municipalidad. A todos ellos les responde con paciencia, una cualidad que señala haber aprendido a lo largo de su vida.

Con pocos años, Mandura emigra a Tinqui, uno de los principales centros poblados del distrito. Allí vive en un cuarto alquilado con otros parientes, en condiciones bastante precarias. Poco después, la familia se traslada Ocongate, la capital distrital, donde Graciano estudia secundaria, al tiempo que trabaja como jornalero para contribuir a los gastos familiares. Su peregrinaje concluye en Cusco, la capital regional, donde a finales de los años ochenta estudia zootecnia. Su acceso a la universidad es posible gracias a la ayuda de Ccaijo. En 1989, Mandura regresa a Ocongate y comienza a trabajar como promotor de campo. Es un trabajo duro, pero gratificante. Sus recorridos por las comunidades de los distritos altoandinos le permiten tejer una red de relaciones personales y consolidar su prestigio. Le sirven también para imbuirse del paradigma del desarrollo rural, que se convierte en una parte central de su programa político, aunque matizado por lo que considera "la preocupación social característica de la izquierda". Viajando por las partes altas de Quispicanchi, Mandura señala haber aprendido que "no siempre uno tiene que buscar mejor economía, también es posible hacer un esfuerzo por los demás, por quienes más lo necesitan". Ccaijo habría sido "una escuela que te enseña a capacitar, a llegar a las comunidades y hacerte pensar". Recuerda también el ambiente humano y la capacidad de aprendizaje compartido que habría caracterizado esa época, que considera un

10. Entrevista a Graciano Mandura, alcalde distrital de Ocongate entre 2006 y 2010 y alcalde provincial de Quispicanchi a partir de 2011, Urcos, agosto de 2011 (realizada por Martín Cavero).

momento fundamental para la evolución de su personalidad. "Siempre teníamos reuniones para discutir propuestas —señala—; te ayudaba a reflexionar y hacer propuestas; esto me ayudó mucho como persona".

El trabajo de campo habría sido "un largo camino de aprendizaje". En paralelo, Mandura se consolida como líder social. Su ascenso comienza al regresar Ocongate, donde llega a ser presidente de su barrio. Mandura se rodea de un grupo de jóvenes, su mayoría antiguos excompañeros de colegio. Aunque viven en Ocongate, proceden de comunidades campesinas, a las que se sienten muy vinculados. Poco después se unen al grupo "otros jóvenes del distrito, que veían que queríamos hacer algo nuevo". Su oportunidad parece llegar en 2002, cuando Mandura es invitado a liderar la lista de candidatos del partido neofujimorista Vamos Vecino. Pero la propuesta no prospera, y no se llega a concretar la postulación. Mandura explica que este fracaso se habría debido a que eran jóvenes y tenían poca experiencia en la realidad política local. No habrían medido bien "el aspecto económico de campaña" y tampoco habrían prestado atención a la representatividad de los candidatos. "La lista no era tan fuerte, no eran tan conocidos, y la mayoría ni habíamos hecho trabajo político previo", recuerda.

El fracaso supone un aprendizaje. Mandura comienza a prestar atención a detalles del quehacer político que hasta ese momento le habían pasado desapercibidos, "cómo entrar con la gente, qué gestos tener, la manera de estar en los grupos, relacionarse y llegar a ellos". Con la vista puesta en las siguientes elecciones, se involucra de manera más activa en la vida social del distrito: asiste a reuniones comunales, aniversarios, fiestas patronales, eventos deportivos y jornadas de protesta. Poco a poco se va haciendo conocido por todos. Su círculo de seguidores se incrementa, más allá de sus amigos y vecinos. En sus propias palabras, se trata de "hacer imagen más que todo, de tu persona, que te conozcan para el futuro, siempre hay que tener en la mente estas cosas". En 2006, es el principal candidato de Acción Popular, el antiguo partido de centroderecha que era una referencia en la política cusqueña de los años ochenta. Para ese momento, sin embargo, ya no se trata de un partido ideológico. Es únicamente un vehículo electoral. Mandura planifica su campaña de una manera más profesional y logra ser elegido con el 25 por ciento de los votos válidos. La clave, desde su punto de vista, habría sido "armar bases políticas en las diferentes comunidades".

El momento justo

Tanto Huitoccollo como Mandura son ejemplos de líderes de origen rural que logran dar el salto a la política municipal. Ambos comparten tres características: están vinculados al mundo de las ONG, carecen de una militancia política definida y cuentan con una sólida base de apoyo en sus comunidades de origen. En 2006, resultan elegidos además otros dos candidatos de origen campesino: Julián Condori en Huaro y Luis Tito Huaroccone, en sustitución de Huitoccollo en Quiquijana. Sus victorias electorales son casi siempre mínimas. Apenas uno o dos puntos les separan de sus contrincantes. Sin embargo, pese a este estrecho margen, para los protagonistas se trataría de un momento trascendental. Más allá de lo cuantitativo, Huitoccollo y Mandura consideran que su elección supone un cambio cualitativo para sus distritos. Por primera vez, el alcalde y la mayoría de los regidores proceden de comunidades campesinas. "Lo mío es un proyecto político", señala Huitoccollo, "en favor de los campesinos. Soy campesino y quiero que los campesinos progresen".[11] En términos parecidos se expresa también Mandura, para quien ser alcalde supone "un derecho y una obligación".[12]

Pronto se dan cuenta, sin embargo, de que ser alcalde no es una tarea sencilla. Sus primeros meses de gestión están repletos de frustraciones. Mandura señala que el primer reto consiste en adaptarse al complicado sistema administrativo de contrataciones y adquisiciones que rige en las municipalidades rurales peruanas. "Aprender que las cosas hay que hacerlas de una manera, y si no, no te dan la plata". Una opinión similar tiene Huitoccollo. "En realidad, la plata no es tuya —señala—, es de Lima, y hay que hacer como ellos dicen". Estos reclamos se refieren a

11. Entrevista a Domingo Huitoccollo, alcalde distrital de Quiquijana entre 2002 y 2006, y alcalde provincial de Quispicanchi entre 2007 y 2010, Raqchi, mayo de 2009 (realizada por el autor).

12. Entrevista a Graciano Mandura realizada por el autor y Carmen Ponce.

las condiciones impuestas por el gobierno central para evitar que los gobiernos locales dispongan arbitrariamente de su presupuesto. El control del gasto es un tema central en el proceso de descentralización peruano. Es el punto donde los discursos descentralistas chocan con las prevenciones de la élite limeña, temerosa de que la descentralización suponga un menor control sobre el resto del país.

La asignación de fondos a los gobiernos subnacionales está acompañada por una profunda desconfianza. El discurso oficial limeño sostiene que en las provincias no existiría la capacidad suficiente para tomar decisiones de manera autónoma. Para evitar el despilfarro, en el año 2000 se pone en marcha el Sistema Nacional de Inversión Pública (SNIP), un mecanismo centralizado de autorización del gasto, que establece varios pasos y requisitos antes de la aprobación de un proyecto de inversión. En la práctica, el SNIP funciona, sobre todo en sus primeros años, como un súper poder con la capacidad de aprobar o negar cualquier proyecto o programa estatal, a nivel nacional, regional o local. Su funcionamiento está a cargo de especialistas del Ministerio de Economía y Finanzas de Lima, que se convierten en los guardianes de la corrección política. Sin su autorización, los gobiernos locales están atados de manos. De ahí que sean vistos con recelo y desconfianza por las autoridades cusqueñas, o incluso con sentimientos más fuertes. El apelativo "funcionarios del Ministerio de Economía" se convierte casi en una categoría política en sí misma. A sus integrantes se les percibe como la nueva encarnación de la élite tradicional limeña, que, desplazada del gobierno, trataría de recuperar su poder mediante argucias tecnocráticas. Esta lectura del SNIP en términos clasistas, e incluso raciales, se refuerza por el hecho de que muchos altos funcionarios del Ministerio de Economía provienen de universidades limeñas de élite. A diferencia de otras oficinas estatales, consiguen mantener sus puestos a los largo de varios gobiernos, transmitiendo una imagen de omnipotencia muy superior al resto de los funcionarios públicos.

El SNIP se flexibiliza a partir del año 2007 con una serie de cambios que incrementan la autonomía de los gobiernos regionales, siempre que los proyectos no supongan endeudamiento público. Sin embargo, a pesar de estos ajustes, la supervisión sigue siendo vista con recelo por los alcaldes rurales, quienes, por un lado, se quejan de los retrasos que supone y, por otro, se sienten vigilados. Los alcaldes novatos como Mandura y Huitoccollo están obligados a adaptarse a reglas y plazos que no habían previsto. Deben aprender a formular sus proyectos de inversión con el perfil y la argumentación adecuados para ser aprobados por el SNIP. Tienen que saber moverse en el complicado ecosistema de la administración pública peruana: las relaciones personales, el hecho de conocer a los funcionarios adecuados, son elementos clave para una buena gestión municipal: ser capaz de levantar el teléfono y hablar con la persona adecuada, saber a quién dirigirse, cómo y cuándo. Son estos contactos los que pueden hacer que un proyecto sea aprobado o, por el contrario, se demore. "Construir amistades con la población, pero también con autoridades, ayuda mucho en la carrera política", señala Mandura. "Es conveniente negociar, para poder sacar la mayor ventaja para la población y el municipio".

Otra dificultad en los primeros días de gestión de los nuevos alcaldes quispicanchinos consiste en "armar un buen equipo técnico". Para Mandura, "escoger un buen cuadro de profesionales, equiparlos bien, compartir y coordinar mucho con ellos", es un aspecto que marca la diferencia entre un buen y un mal alcalde. El mandatario debe ser capaz de asumir sus funciones, sin por ello coartar la iniciativa de sus subordinados. "Darles seguridad en su trabajo, mostrándoles tu confianza, y no siendo el alcalde autoritario que manda". "Eso [ser autoritario] no te ayuda nada", enfatiza. Este equilibrio entre autoridad y respeto por la iniciativa de los funcionarios no es, sin embargo, algo sencillo de lograr. Lo habitual es encontrar recelos entre los nuevos alcaldes y los funcionarios o trabajadores más antiguos de las municipalidades. Las diferencias son tanto de estilo como de objetivos. Casi todos los alcaldes entrevistados señalan las zancadillas que sufren en sus primeros meses de gestión. El resultado es una suerte de guerra fría dentro de la municipalidad, que enfrenta al alcalde con sus trabajadores. "Habría que ser más consciente que en la municipalidad no solamente trabajamos los regidores y alcalde —argumenta Huitoccollo—, sino también con los técnicos. No sabemos con quién estamos trabajando, y eso es difícil controlar. Aquí hay cien trabajadores. Si solo fuera el trabajo el alcalde y regidores, sería más fácil".

Las quejas por la regulación del presupuesto y los desencuentros entre alcaldes, regidores y trabajadores municipales son temas comunes en la mayor parte de los distritos rurales de nuestro país. Los alcaldes quispicanchinos cuentan, sin embargo, con una gran ventaja en comparación con sus colegas de otras partes del Perú: se trata de municipalidades que desde finales de los noventa incrementan de manera muy notable su presupuesto. Entre 2004 y 2008, los fondos disponibles se multiplican por tres. Las municipalidades de la provincia pasan de gestionar presupuestos mínimos a una abundancia relativa, en un periodo de tiempo muy corto. Este cambio se debe tanto al mayor volumen de las transferencia ordinarias (resultado del incremento de la recaudación fiscal a nivel nacional) como a los recursos disponibles por conceptos de canon y sobrecanon.[13] El gráfico 3.1 muestra que este rubro pasa de apenas 4 millones de nuevos soles en 2004 a 31 millones en 2007 y 94 millones en 2012. Esta cantidad está todavía muy por debajo de otras provincias cusqueñas, pero en términos locales supone una auténtica revolución presupuestaria. Los gráficos 3.2 y 3.3 reflejan que Quispicanchi es la quinta provincia cusqueña por volumen total transferido a los gobiernos locales, con un total de 337 millones de soles entre 2004 y 2012, mucho menos que los 3630 millones recibidos por los gobiernos locales de La Convención. Está también por debajo de los 784 millones de Espinar, los 550 millones de la provincia de Cusco y los 371 millones de Chumbivilcas. En términos relativos, Quispicanchi es una de las provincias cusqueñas que menos transferencias por canon recibe: 3685 nuevos soles por habitante, menos de una sexta parte de lo recibido por La Convención.

---

13. Las municipalidades rurales se financian casi en su totalidad con transferencias de gobierno central. El Foncomun, fondo de financiamiento municipal, redistribuye los ingresos del Estado de acuerdo con un baremo que considera población, pobreza y número de centros poblados de cada distrito y su dispersión. Existe desde los años noventa. Su creación, que data de los años noventa, supone un salto en la dotación de los municipios, que hasta entonces dependían de los recursos propios. La otra fuente de financiamiento son las trasferencias por canon y sobrecanon relacionadas con actividades productivas no renovables. Reciben canon los distritos de las provincias donde existen minas o yacimientos de gas. El sobrecanon se divide entre las provincias de las regiones con estos recursos.

Gráfico 3.1
Evolución de las transferencias por canon recibidas por los gobiernos locales de Quispicanchi (millones de nuevos soles)

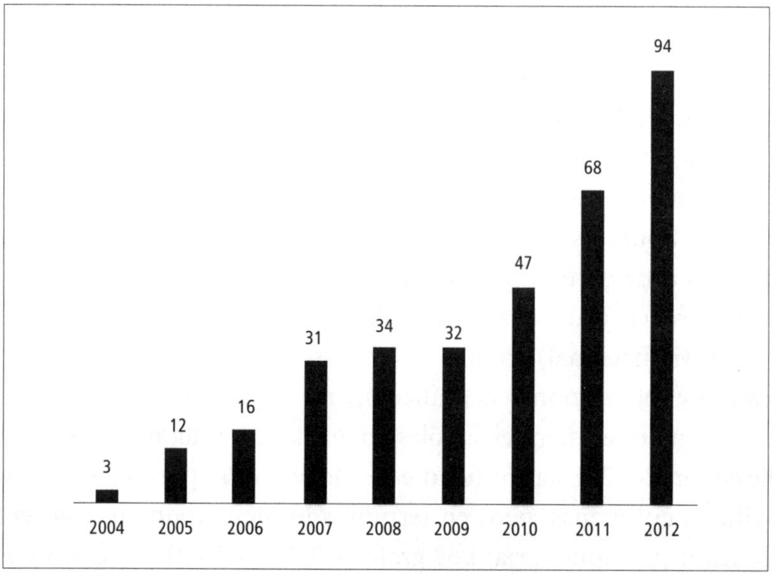

Fuente: Crabtree 2014.
Elaboración propia.

Gráfico 3.2
Total de transferencias recibidas por los gobiernos locales por concepto de canon entre 2004 y 2012 (millones de soles)

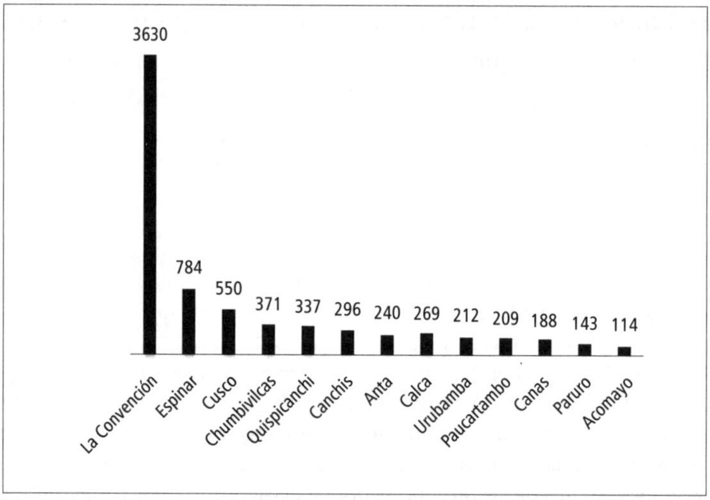

Fuente: Crabtree 2014.
Elaboración propia.

Gráfico 3.3
Transferencias por habitante recibidas por los gobiernos locales entre 2004 y 2012 (soles)

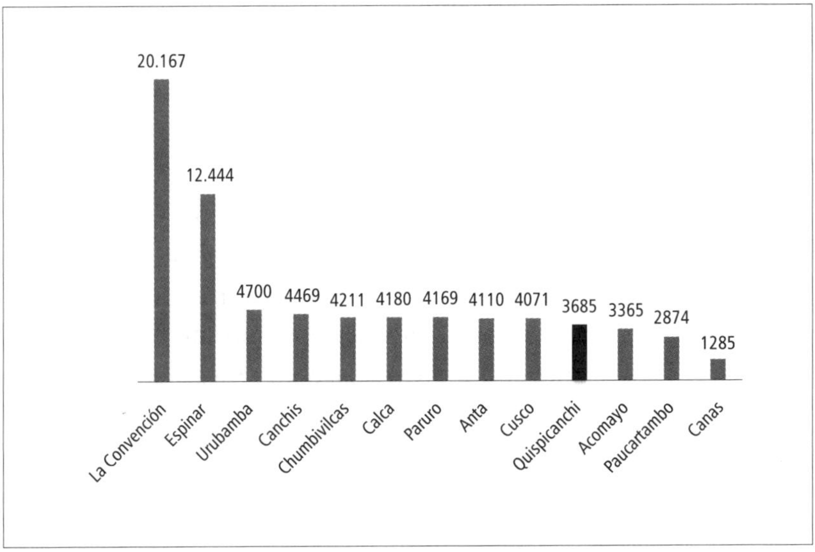

Fuente: Crabtree 2014.
Elaboración propia.

Este crecimiento moderado tiene consecuencias positivas. Permite a los alcaldes hacer muchas cosas, pero no llega a desestabilizar a las municipalidades. Crabtree señala que el crecimiento acelerado del presupuesto de los gobiernos locales gracias a las trasferencias estatales habría tenido cuatro consecuencias en las provincias cusqueñas: un incremento del rango de actividades que realizan las municipalidades, una creciente presión sobre las autoridades para gastar estos fondos, con el consiguiente problema para identificar proyectos factibles y rentables para las inversiones, un incremento notable de la percepción y las denuncias de corrupción, y una mayor debilidad de las instancias de control y rendición de cuentas a nivel local.[14] En las siguientes páginas, veremos que en Quispicanchi coinciden varios de estos procesos, aunque

14. Crabtree 2014: 452-467. El autor se basa en cuatro estudios de caso realizados en las provincias de La Convención, Espinar, Anta y Paucartambo.

se dan de manera mucho más matizada. El incremento moderado del presupuesto permite una mayor capacidad de absorción por parte de las instituciones locales. Existen también acusaciones de corrupción, pero son menos graves que en otras provincias.[15] Se trata de alegatos imposibles de probar, y que no suelen derivar en los abigarrados escenarios de acusaciones y denuncias judiciales entrecruzadas que abundan en otras provincias cusqueñas.[16]

Un aspecto importante es que el incremento del presupuesto municipal coincide con un periodo de notable fortalecimiento institucional. Se trata de dos procesos que en cierta medida están relacionados, aunque tienen orígenes diferentes. El fortalecimiento municipal se inicia antes de que el canon llegue a la provincia, pero se acelera en estos años. Las municipalidades quispicanchinas pasan de tener 199 empleados en 2004 a 443 en 2008. El cambio es también cualitativo. Se trata de un personal mucho más preparado y con mayor experiencia en la gestión pública. Los recursos adicionales obtenidos por canon permiten a las municipalidades competir en el mercado laboral con las ONG. Así, profesionales jóvenes que antes nunca habrían considerado la posibilidad de trabajar en el ámbito público se sienten atraídos por los mejores sueldos y por la posibilidad de desempeñar su trabajo en mejores condiciones. Este cambio es especialmente importante en el valle del Vilcanota y en la zona altoandina. En esta parte de la provincia, las municipalidades eran muy precarias, con solo unos pocos empleados, que debían cumplir múltiples funciones de manera simultánea, con el apoyo de un contador contratado por horas, proveniente de la capital provincial o de Cusco. Ahora siguen siendo municipalidades pobres en comparación con las de otras partes del país, pero su personal es mucho más dinámico y está más preparado.

---

15. Graciano Mandura, por ejemplo, enfrenta varias acusaciones durante su paso por la municipalidad provincial de Quispicanchi. Al respecto, "Denuncia al alcalde de Quispicanchi por actos de corrupción". *Letra Cierta*, 30 de diciembre de 2013.

16. En el lenguaje político cusqueño, como en otras regiones peruanas, se denomina "diezmo" a la cantidad que los alcaldes u otros funcionarios reclaman como "aporte voluntario" a los adjudicatarios de las obras municipales.

La captación de profesionales formados en el mundo del desarrollo se ve favorecida por la crisis que en esos años atraviesan las ONG cusqueñas. Este es un proceso que se observa en toda la región, pero Quispicanchi, cuenta con la ventaja de la alta densidad de capital humano que existe en la provincia desde los años noventa debido al gran número de proyectos e intervenciones de desarrollo de las décadas anteriores. Desde la caída de Fujimori, Perú deja de ser visto como un objetivo prioritario para la cooperación internacional. Muchas agencias se retiran o disminuyen sus actividades, por lo que las ONG locales comienzan a tener problemas para seguir funcionando. Algunas instituciones cierran y comienzan los despidos. Estos problemas afectan incluso a las ONG más representativas de la región, que tienen un papel central en las dinámicas sociales y económicas de Quispicanchi desde la época de la reforma agraria. Son los casos, sobre todo, de Ccaijo y el Centro Bartolomé de Las Casas. Ante las amenazas del desempleo, muchos de sus profesiones se integran en los nuevos equipos municipales, y a ellos se debe gran parte de la modernización de los gobiernos locales, tanto en sus estilos de trabajo como en sus discursos.

La modernización de las municipalidades llega también al plano material. El incremento del presupuesto permite a los gobiernos contar con mejores equipos. En el año 2004, solo la municipalidad de Urcos tenía acceso a Internet, gracias a una conexión precaria, que solo permitía llevar a cabo tareas básicas. Además, en época de lluvias la conexión se perdía con frecuencia. Cuatro años después, todas las municipalidades disponían de este servicio. Sin duda, este salto tecnológico hubiera sido imposible sin la extensión de la cobertura de Internet en las zonas rurales ocurrida en estos años, pero también es importante la mejora de los equipos informáticos de las municipalidades y de la propia capacitación del personal, ya que el número de computadoras pasa en ese periodo de 64 a más de 200.

Desarticulación y micropolítica

En su trabajo sobre la sierra ecuatoriana, Cameron señala cuatro condiciones que explicarían el surgimiento de gobiernos locales indígenas y

Gráfico 3.4
Cambio en la dotación de personal y equipamiento en las municipalidades quispicanchinas entre 2004 y 2008

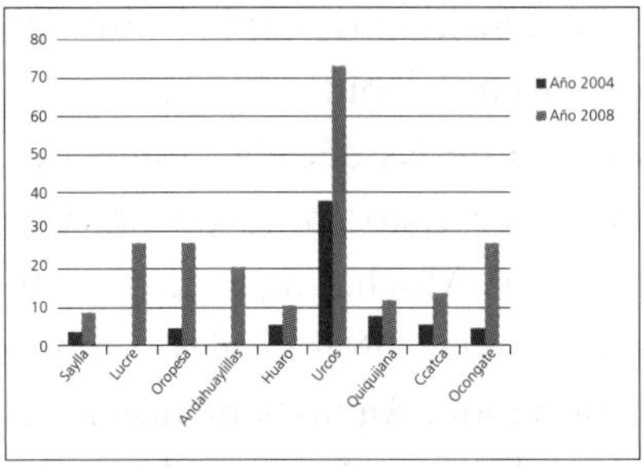

Número de computadoras

Zona	Año 2004	Año 2008
Valle del Huatanay	9	46
Valle del Vilcanota	53	117
Zona altoandina	11	41

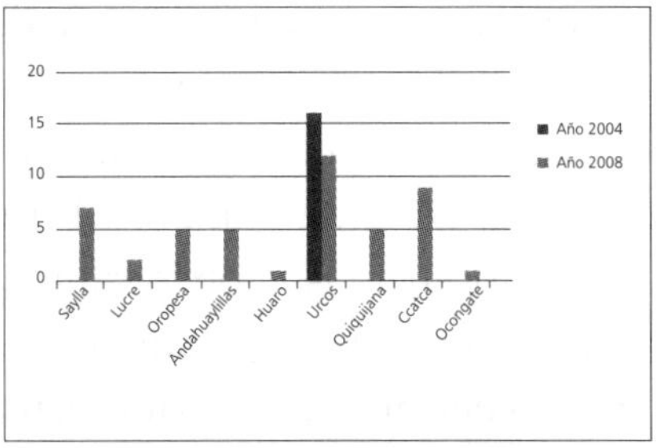

Número de computadoras con conexión a Internet

Zona	Año 2004	Año 2008
Valle del Huatanay	0	14
Valle del Vilcanota	16	23
Zona altoandina	0	10

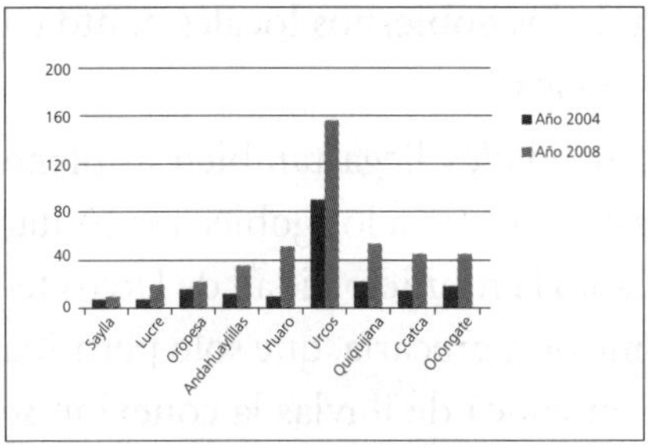

Personal de las municipalidades

Zona	Año 2004	Año 2008
Valle del Huatanay	30	54
Valle del Vilcanota	135	297
Zona altoandina	34	92

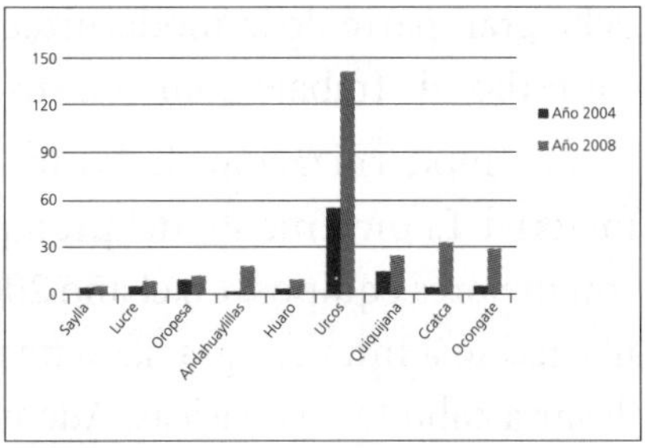

Personal cualificado (profesionales y técnicos)

Zona	Año 2004	Año 2008
Valle del Huatanay	21	27
Valle del Vilcanota	76	194
Zona altoandina	11	62

Fuente: Renamu 2004 y 2008.

campesinos en las zonas andinas: una distribución relativamente equitativa de la tierra agrícola, altos niveles de apoyo externo, tanto técnico como financiero, marginalidad económica (es decir, que no haya minería u otra actividad que distorsione las dinámicas políticas locales) y organizaciones campesinas o indígenas locales fuertes.[17] En Quispicanchi encontramos varios de estos elementos, pero no todos. La reforma agraria facilita una distribución de la tierra bastante igualitaria ya que en la mayor parte de la provincia predominan las comunidades campesinas y la pequeña propiedad agrícola. También existe un notable apoyo externo, aunque en este caso no solo se trata de ONG y cooperación internacional, pues habría que incluir en esta categoría el incremento exponencial del presupuesto municipal debido a las transferencias del gobierno central. Como hemos visto, estos recursos permiten atraer a técnicos con experiencia en el mundo del desarrollo, que se convierten en la masa crítica imprescindible para consolidar los nuevos gobiernos locales. Otra ventaja es que, a diferencia de otras provincias cusqueñas, no se trata de un territorio especialmente conflictivo, ya que no existen recursos naturales que lleven a disputas con actores externos. El modelo de Cameron falla, sin embargo, en lo que se refiere al cuarto criterio. A diferencia de Ecuador y Bolivia, la carrera política de los alcaldes rurales cusqueños no se relaciona con organizaciones campesinas o indígenas de largo recorrido. Ninguno de ellos cuenta con un respaldo político firme a escala regional o nacional, ya que la relación con los partidos por los que postulan es muy tenue o la mayor parte de las veces incluso inexistente fuera de los periodos electorales.

La ausencia de partidos políticos dignos de este nombre es una de las características más desafiantes de la política peruana, tanto para quienes participan en ella como para quienes la estudian. La mayor parte de las agrupaciones que concurren a las elecciones —sobre todo en el ámbito local— son únicamente marcas, sin ningún contenido ideológico aglutinador. Si bien en el momento de su creación pudieron haber tenido algún tipo de ambición, en la actualidad están en manos de lo

17. Cameron 2008: 205-230.

que podríamos llamar "emprendedores electorales", quienes pretenden hacer negocio con ellas mediante el alquiler de espacios en las listas a potenciales postulantes. El único requisito es obtener el número mínimo de votos para no perder la inscripción legal, para lo cual deben conseguir algunos candidatos emblemáticos, que les permitan superar esta barrera. Es aquí donde entran los líderes rurales. Los más conocidos son invitados a integrarse a estas listas para capitalizar sus votos, mientras que en otros casos son ellos quienes se dirigen a los dueños de las marcas, pagando los consabidos cupos a cambio de poder presentarse bajo su amparo. Esta es, una situación generalizada en todo el país. Aunque existen algunos intentos de poner en marcha movimientos regionales algo más articulados y ambiciosos, su éxito es limitado. Por lo general se trata de iniciativas vinculadas con discursos izquierdistas y campesinistas. En Quispicanchi, el ejemplo más destacado en esta línea es la Agrupación Autogobierno Ayllu, creada en 2002 "en medio de la resistencia a la reelección mafiosa, cuyo hito fue la victoriosa Marcha de los Cuatros Suyos [...] para derrocar a la dictadura de Fujimori y Montesinos".[18]

Los orígenes de Autogobierno Ayllu se vinculan a la federación campesina departamental de Cusco, una de las más importantes organizaciones sociales de la región, con gran prestigio en algunas zonas rurales, aunque venida a menos durante los años noventa. De forma emblemática, su lanzamiento público se realiza en Yanaoca, capital de

18. Acta de fundación del Partido Regional Autogobierno Ayllu, realizada en el local situado en la calle San Pedro, n.° 664, del Cercado de Cusco, el día 5 de abril de 2004. El partido se había lanzado dos años antes. El acta corresponde a su fundación formal a efectos de inscribirlo en los registros públicos. "Marcha de los Cuatro Suyos" es el nombre que recibe la campaña de protestas convocada por Alejandro Toledo en todo el país en los días 27, 28 y 29 de julio de 2000, coincidiendo con la toma de posesión de Alberto Fujimori tras las fraudulentas elecciones realizadas en mayo de ese año. El nombre remite a las cuatro regiones del imperio inca: Chichaysuyo (norte), Antisuyo (este), Contisuyo (oeste) y Collasuyo (sureste). Fue una muestra de la pretensión de Toledo de identificarse como representante del verdadero Perú frente a un Fujimori presentado como extranjero y al servicio de la élite limeña. La Marcha de los Cuatro Suyos y la posterior caída de Fujimori unas semanas después son hasta la actualidad elementos centrales en las memorias y narrativas de la izquierda peruana.

Canas, la provincia natal de Túpac Amaru II, el héroe andino por antonomasia. Explícitamente, se define como "el partido político de los indios, de los *ayllurunas*, que no tienen un partido como lo tienen los empresarios, profesores y otros sectores". Para ello, continúa el manifiesto fundacional, "recogemos la experiencia de los hermanos campesinos e indígenas de Bolivia, los campesinos sin tierra de Brasil, y los indígenas en el Ecuador, de los trabajadores y organizaciones gremiales que forjó la izquierda en el Perú". Sus postulados incluyen también una fuerte reivindicación de la cultura andina tradicional. "¿Por qué llamarnos Autogobierno Ayllu? —se lee en este manifiesto—. Porque en el Tahuantinsuyo el ayllu fue la organización sólida, base de la sociedad más avanzada de América y el mundo, donde no había miseria, desempleo, ni delincuencia; actualmente nuestros ayllus se mantienen y resisten haciendo frente a la dominación, abuso y explotación capitalista por más de quinientos años". Apostar por las comunidades como base de la acción política supondría "rescatar y revalorar nuestra identidad cultural" y lograr que "los *ayllurunas* construyan el destino de sus pueblos con autogobierno, es decir [que] el pueblo organizado tome decisiones, participe de la gestión y realice fiscalización permanente a sus autoridades y dirigentes".

En el momento de su fundación, Autogobierno Ayllu aspira a ser un movimiento de largo recorrido, diferente de las agrupaciones que surgen en las regiones andinas tras el colapso de los partidos tradicionales en los años noventa. No nos parece correcto —señala su manifiesto— construir una organización política de puro corte electoral. No creemos que la fórmula sea conseguir un buen candidato, inscribir un partido, y hacer campaña para que el candidato carismático ayude a que otros candidatos ganen elecciones y así pasen a asegurarse un mejor estatus social y económico por cuatro o cinco años. Esos son más proyectos de aspiraciones personales que nada tienen que ver con una utopía de cambio social y cultural de cambio radical. Sin embargo, su ideología está influida también por el paradigma imperante de desarrollo rural. "Mereceremos ganar las elecciones en municipalidades distritales y provinciales y en gobiernos regionales —argumentan— si antes, desde abajo hemos hecho méritos impulsando la democracia participativa y el desarrollo productivo de nuestras localidades". Entre los principios orientadores se señala sobre todo la lucha por una vida digna, basada en las nociones andinas de *ama suwa, ama kqella, ama llulla, allinta munay, allinta yachay y allinta ruway.*[19] Los tres primeros (no robar, no mentir y no ser ocioso) son preceptos muy populares en el mundo andino, ya que se relacionan con los pretendidos principios rectores de las antiguas civilizaciones prehispánicas. Los otros tres son una aportación novedosa de la cultura política cusqueña, aunque tienen paralelos con conceptos similares que se popularizan en los últimos años en los círculos izquierdistas de los países andinos: querer bien, aprender bien, hacer las cosas bien.

Otro punto clave de la apuesta política de Ayllu, como indica su propio nombre, es la idea de autogobierno. Ayllu pretende transformar la cultura política peruana a partir de la popularización y extensión de los principios rectores del gobierno comunal andino. "Nuestro objetivo", señalan los autores del manifiesto, es "fortalecer la democracia del autogobierno en las comunidades campesinas, organizaciones de base y supra comunales, organizar la democracia participativa en los gobiernos locales y los gobiernos regionales, y conquistar el autogobierno a nivel nacional". Esta noción de autogobierno tiene una larga tradición en el mundo andino. Como vimos en capítulo anterior, es el principio que orienta las demandas campesinas durante la etapa crítica de la reforma agraria. En los años ochenta y noventa se consolida en parte gracias al nuevo modelo de políticas públicas, basado en la noción de focalización de las intervenciones. La comunidad campesina se convierte de ese modo en el sujeto por excelencia de la política cotidiana. Como resultado, la idea de autogobierno se encuentra profundamente instalada en los imaginarios y la economía moral andina.

El manifiesto fundacional de Autogobierno Ayllu está firmado por representantes de diversas provincias de la región. Estos buenos augurios iniciales contrastan, sin embargo, con una realidad por debajo de lo esperado. Ayllu no escapa a las dinámicas políticas predominantes

---

19. La grafía se transcribe según aparece en el Acta de Fundación. En el capítulo 6, se discute sobre las diferentes maneras de transcribir el quechua y su relación con las políticas y los discursos de identidad cusqueños.

en Cusco. Su momento de máxima influencia son las elecciones municipales de 2010, cuando logra ganar la municipalidad provincial de Quispicanchi. Pero incluso entonces su vida orgánica es limitada y existe numerosos recelos respecto a sus objetivos. Sus detractores señalan que detrás de Ayllu se encontrarían antiguos militantes de la izquierda regional, deseosos de un reciclaje político tras el declive de los partidos tradicionales.[20] También se recela de la influencia de Ccaijo y otras ONG, en las que habrían trabajado algunos de sus principales líderes. Incluso se acusa a Ayllu de ser un instrumento de estas ONG para cooptar el presupuesto municipal. Estos vínculos hacen que el partido sea visto con desconfianza por una parte de la población quispicanchina, por lo que algunos de sus candidatos prefieren limitar su participación, para evitar verse asociados con los "políticos tradicionales". Pese a ser uno de los líderes regionales del partido, el propio Mandura señala que "casi nunca nos reunimos, no existen bases organizadas, aunque queremos trabajar en esto en los próximos años".[21]

Ayllu refleja las limitaciones de los proyectos políticos cusqueños de los últimos diez años. El concepto *aylluruna* busca definir un nuevo sujeto político, pero la palabra es muy poco utilizada fuera del círculo de sus promotores. Pese a sus pretensiones renovadoras y rupturistas, en la práctica el funcionamiento de Ayllu se asemeja a las "coaliciones de independientes" cusqueñas. Proporciona a los líderes rurales quispicanchinos una cobertura ideológica con la que se sienten cómodos, pero no se traduce en un compromiso profundo. Aunque con una retórica menos elaborada, en Cusco existen también otros movimientos similares, que amalgaman campesinismo e izquierdismo. En época de elecciones, todo ellos necesitan candidatos para completar sus listas, pues deben obtener un buen resultado para asegurar su inscripción en el registro oficial de partidos. Para los políticos locales, el valor diferencial el Ayllu

20. Según el acta, el autor del manifiesto fundacional es Carlos Paredes, un conocido representante de la izquierda cusqueña y activista del desarrollo en los años ochenta y noventa. En el momento de la fundación, es el apoderado legal del partido, y está a cargo de la secretaría de programa y plan de gobierno.

21. Entrevista a Graciano Mandura realizada por el autor y Carmen Ponce.

es mínimo en contraste con los potenciales costos de una militancia política demasiado activa. El propio Mandura señala haber tenido cinco o seis invitaciones de movimientos distintos para las elecciones de 2010.[22] Lo mismo ocurre con Huitoccollo. Ninguno de ellos necesita aliarse con un proyecto político más amplio para alcanzar el poder.

Esta falta de articulación política marca el gobierno de los nuevos alcaldes. Tanto los que tienen un origen netamente campesino —como Huittoccollo y Mandura— como los "mistis progresistas" carecen de una cobertura política que ampare su gestión. Una vez en el cargo, se muestran extraordinariamente pragmáticos en sus alianzas. Su estilo de gobierno se caracteriza por un activo involucramiento de las municipalidades en la vida económica de los distritos. Cuentan para ello con la favorable situación financiera reseñada en el apartado anterior, además de con una legislación favorable, tras la aprobación en 2003 de la nueva Ley Orgánica de Municipalidades, que concede a los gobiernos locales mayores atribuciones.[23] El resultado es una suerte de keynesianismo, caracterizado por la extensión del gasto público a través de inversiones directas en obras públicas y estímulos a la producción. Se trata, sin embargo, de un keynesianismo "andino", ya que las intervenciones municipales están condicionadas por imperativos derivados de la economía moral andina tradicional. El punto central es la idea de que tan importante como el crecimiento económico es el mantenimiento de la cohesión social. Las municipalidades deben así distribuir sus recursos de manera equitativa entre sectores del distrito, comunidades y familias; y asegurarse de que ningún colectivo resulte beneficiado en exceso. Este equilibrio es una suerte de canon moral

---

22. Entrevista a Graciano Mandura realizada por Martín Cavero.

23. El Título XI de esta norma encarga de manera explícita a las municipalidades rurales "la promoción del desarrollo integral, particularmente el desarrollo rural sostenible", estableciendo para ello una serie de competencias adicionales "relacionadas con la promoción de la gestión sostenible de los recursos naturales: suelo, agua, flora, fauna, biodiversidad, con la finalidad de integrar la lucha contra la degradación ambiental con la lucha contra la pobreza y la generación de empleo; en el marco de los planes de desarrollo concertado". Al respecto, Perú, Presidencia de la República, "Ley n.° 27972-Ley Orgánica de Municipalidades", Lima, 27 de mayo de 2003, artículos 139 y 141.

de buen gobierno municipal que las autoridades están obligadas a cumplir. En caso contrario, se arriesgan (como ocurre con frecuencia) a una fuerte conflictividad local, ya sea porque algunas comunidades se sientan perjudicadas por el reparto de los fondos públicos o porque se considere que existe favoritismo hacia determinadas familias o personas.

En casos extremos, el imperativo de cohesión social lleva incluso a imponer medidas que limitan el crecimiento económico. Obligados a elegir entre este crecimiento y el mantenimiento de la cohesión social, los alcaldes rurales se decantan siempre por esta última opción. Para ello pueden dejar de apoyar una determinada feria porque su éxito amenaza a otras ferias cercanas o pueden poner límites al número de animales que un productor está autorizado a vender en una feria municipal con el fin de evitar los recelos de otros productores. Este control social, junto con los controles administrativos impuestos desde Lima, limitan la discrecionalidad de los alcaldes en el empleo de los fondos públicos. Sus acciones son constantemente evaluadas, tanto por sus opositores como por su propio equipo de gobierno, muchas veces integrado por representantes de los diferentes sectores y comunidades del distrito, que vigilan escrupulosamente la asignación de los fondos. La solidaridad partidaria es menos importante que las identidades territoriales y microterritoriales. Son muchos los alcaldes denunciados, cuestionados o incluso revocados por sus propios regidores, quienes suelen adoptar con frecuencia un papel de "fiscalizadores" más que de aliados o miembros de un equipo de gobierno.

El "keynesianismo andino" puede considerarse como una práctica política híbrida. En su configuración coinciden el paradigma de desarrollo rural y la propia cultura política andina. Sobre el terreno, este estilo de gobierno municipal se plasma en una gran cantidad de iniciativas y proyectos de pequeñas dimensiones. Una primera línea de acción consiste en promover obras de infraestructura en las zonas rurales. Son, por lo general, intervenciones limitadas, con objetivos muy concretos: postas médicas, aulas escolares, locales comunales, canchas deportivas, renovación de plazas y calles, asfaltado de pistas, etc. Estas intervenciones responden a una evidente necesidad de las zonas altas, donde muchas comunidades carecen de infraestructuras básicas. El incremento de los presupuestos locales permite que las municipalidades financien directamente estos proyectos, sin tener que recurrir al financiamiento de otras instituciones públicas o privadas. Estas obras tienen además un fuerte sentido político, ya que permiten a las municipalidades transferir de manera indirecta recursos a los pobladores rurales.

El trabajo en las obras es especialmente importante para la economía familiar de los hogares más pobres, que no logran engancharse a las nuevas dinámicas económicas. Las obras emplean como mano de obra no calificada no solo a los jefes de hogar, sino también a sus esposas y a otros miembros de la familia. Incluso, en algunos casos, pueden llegar a suponer hasta una tercera parte de los ingresos familiares.[24] Este sentido político de sus intervenciones es reconocido por todos los alcaldes que asumen el poder en las zonas rurales de Quispicanchi. "Sin hacer obras —señala Graciano Mandura—, un alcalde nunca va a ser reelegido".[25]

Otro aspecto a considerar es el impacto que estas obras tienen en la autoestima colectiva de las comunidades. Tener calles asfaltadas y contar con una plaza de armas urbanizada, canchas deportivas, edificios municipales ostentosos e incluso estadios deportivos es una parte importante del imaginario del desarrollo predominante en las zonas andinas. También proliferan los monumentos emblemáticos, que tratan de encapsular la identidad colectiva de las localidades donde se erigen. Son los casos, por ejemplo, del monumento a la "mestiza panadera" de Oropesa, el cóndor que preside la Plaza de Armas de Ocongate o el conjunto escultórico que representa a Túpac Amaru y su familia, en Urcos. Estos monumentos reafirman el vínculo entre ornato y modernización que es característico de los imaginarios andinos del desarrollo. Vincent sostiene que las obras serían importantes, además, para la reproducción social de las propias comunidades: una localidad que se percibe así misma como "moderna" tendría mayores posibilidades de evitar la emigración

24. Un análisis detallado de estos datos, en el capítulo 8.
25. Entrevista a Graciano Mandura realizada por Martín Cavero.

de sus integrantes.[26] La "modernidad" podría, incluso, ser un incentivo para el regreso de quienes se fueron años atrás.

Una característica importante de las obras promovidas por los alcaldes rurales quispicanchinos es su escala microlocal. Son muy pocos los proyectos municipales pensados para tener un impacto mayor. La lógica del keynesianismo andino, compartida por los propios alcaldes, considera más justo dividir el presupuesto en múltiples pequeñas intervenciones, distribuidas por todo el territorio, en lugar de concentrar los esfuerzos y los recursos en proyectos de mayor escala. Para asegurar que todos los implicados están satisfechos, la selección de los proyectos suele realizarse en virtud de una mezcla de procedimientos formales e informales. Las herramientas principales son el presupuesto participativo y las negociaciones entre los regidores. En ambos casos, la municipalidad funciona sobre todo como una ventanilla de peticiones. Más que el ente rector del desarrollo local que teóricamente debería ser, de acuerdo con la nueva legislación, es una instancia tramitadora de las demandas ciudadanas basadas en la noción de autogobierno comunal.

Especialmente significativo es el caso del presupuesto participativo, una innovación introducida a inicios de este siglo por impulso de las ONG, que supuestamente debía mejorar la calidad de la gestión pública. Siguiendo los modelos de Ilo y Limatambo, el presupuesto participativo pretende que la población y la sociedad civil se involucren directamente en los debates sobre el desarrollo local, ayudando a las autoridades a priorizar las intervenciones.[27] Para ello se aprueba en agosto de 2003 una abigarrada reglamentación, que incluye diferentes etapas e instancias de debate: elaboración del plan de desarrollo concertado, talleres de diagnóstico temático y territorial, talleres de definición de criterios de

---

26. Vincent 2013: 522-540.

27. Pese a su carácter pionero, los trabajos sobre Ilo son mucho más escasos que los referidos a Limatambo, citados en una nota anterior. Esto se debe a que es una experiencia mucho menos visible en los ámbitos académico y de cooperación internacional, en buena medida debido a que se desarrolla en el departamento de Moquegua, que generalmente despierta mucha menor atención que Cusco. Un ejemplo es Vargas León 1998.

priorización, etc.[28] Trasladar estas normas a la realidad andina es una tarea compleja, pero permite a los alcaldes rurales contar con un mecanismo para desarrollar su política dentro del doble constreñimiento impuesto por la legislación peruana y las expectativas derivadas de la economía moral rural. "El primer presupuesto participativo se realizó mediante un taller centralizado en la capital", señala Domingo, recordando su experiencia como alcalde distrital de Quiquijana.[29] "Luego, en los siguientes años se zonificó por microcuencas. Primero se convoca a nivel comunal donde se realiza la primera priorización. Estos son canalizados a los talleres centrales donde participan representantes de organizaciones". Esta secuencia de encuentros sucesivos permite una mejor articulación de las demandas, de acuerdo con las características de la política andina realmente existente. "En el presupuesto participativo se consolidan los proyectos priorizados de las comunidades", continúa Huitoccollo. "Ahora hay mayor presupuesto y se prioriza el gasto en servicios básicos, en segundo lugar en canales de riego, se ha trabajado sistemas de riego por aspersión. A través del presupuesto se apoya el desarrollo económico. En ganadería se centra en el engorde de vacunos, se organizó en 2003 la fiesta del toro engordado y se sigue realizando, concluye.

Los recuerdos de Huitoccollo muestran la imbricación entre legislación y realidad. Más allá de los objetivos iniciales de sus promotores, el funcionamiento del presupuesto participativo está profundamente condicionado por la realidad de la política andina: fragmentación, predominio de las solidaridades locales, arraigo de la noción de autogobierno, etc. Hay que tener en cuenta, en este sentido, que si bien los alcaldes rurales pueden considerarse genuinos representantes de la población campesina, esto no quiere decir que representen a toda la población campesina de un distrito. Es habitual que en una misma localidad existan tres, cuatro o más candidaturas integradas por personajes con perfiles, trayectorias, discursos y proyectos políticos similares, compitiendo entre sí. Cada una de ellas representa a una o varias comunidades, en

28. Perú, Presidencia de la República, "Ley n.° 28056-Ley Marco del Presupuesto Participativo", Lima, 7 de agosto de 2003.

29. Citado en Trivelli, Escobal y Revesz 2008.

pugna por controlar el poder municipal. Las diferencias de votos suelen ser mínimas, por lo que los alcaldes deben ser muy habilidosos tejiendo alianzas para consolidar su poder. El temor a ser vacados o sufrir una revocatoria está muy presente en todos ellos. En 2005, el alcalde distrital de Camanti es destituido con poco más de la mitad de los votos en contra. En 2008, los alcaldes de Lucre, Oropesa y nuevamente Camanti deben enfrentar procesos similares, aunque en este caso logran superar la prueba. Estas revocatorias casi siempre están impulsada por los candidatos derrotados en las elecciones o bien por regidores del propio equipo municipal, en desacuerdo con las decisiones del alcalde. Sus promotores suelen apoyarse en una o varias comunidades, que se sienten perjudicadas por el reparto de los recursos municipales y aspiran a cambiar el resultado de las elecciones.

Colaboración conflictiva

La fragmentación social y la lógica política andina condicionan el presupuesto participativo hasta convertirlo en algo muy diferente de su sentido original. Condicionantes similares están presentes también en la segunda línea de actuación del keynesianismo andino: los proyectos de apoyo a la producción agropecuaria. Este es probablemente el aspecto que con mayor intensidad evidencia el sesgo rural del nuevo estilo de gobierno municipal. En 2004, antes de la elección de los alcaldes campesinos, la mayor parte del presupuesto municipal quispicanchino se concentraba en aspectos como "administración y planeamiento" y "previsión y asistencia social". Tres años después, los principales rubros de gasto municipal son las "actividades productivas", "educación y cultura" y "salud y saneamiento". Estos tres rubros suman el 44 por ciento de un presupuesto que pasa de 15,9 a 43,5 millones de soles en este periodo.[30] Los recursos se triplican en apenas cuatro años, y estas actividades se convierten en el eje y la cara visible de la política municipal.

La apuesta por las actividades productivas está acompañada de la creación de las llamadas Oficinas de Desarrollo Económico Local

30. Estos datos se analizan en detalle en Asensio y Trivelli 2013a: 351-392.

(ODEL). Se trata de dependencias municipales enfocadas en proyectos dirigidos a mejorar los ingresos de los pobladores rurales desde una perspectiva de mercado. Su creación es probablemente la innovación institucional más exitosa de la última década en las zonas rurales cusqueñas. Las ODEL surgen con carácter experimental a finales de la década de 1990, en el marco de los paradigmas de desarrollo rural y local. En la actualidad, es posible encontrarlas en casi todos los distritos de la provincia de Quispicanchi, especialmente en aquellos lugares donde han sido elegidos alcaldes de extracción rural. Su importancia depende del tamaño de las localidades y del compromiso de los alcaldes, pero por lo general se encuentran entre las dependencias municipales mejor dotadas y más conocidas. En algunos casos, pueden llegar a contar con varias decenas de trabajadores asignados. Su conducción suele estar a cargo de profesionales con experiencia previa en ONG o programas estatales de desarrollo rural, y sus intervenciones se enfocan en mejorar la calidad y la cantidad de la producción agropecuaria, al tiempo que promueven la articulación de los productores con los mercados locales y regionales.

Las ODEL son siempre instituciones de rango distrital. Incluso la ODEL de la municipalidad provincial de Quispicanchi concentra su trabajo en Urcos y las comunidades aledañas. Este esquema de funcionamiento evidencia una vez más la fragmentación de la política municipal andina. Por lo general, el trabajo se organiza a partir de "líneas de negocio". En Ocongate, por ejemplo, existen hasta siete de estas líneas: alpacas, vacunos de leche, cuyes, truchas, engorde de vacunos para venta de carne, artesanías y reforestación de zonas altoandinas. Hay que sumar además proyectos específicos referidos a turismo vivencial. El presupuesto total de la municipalidad para el año 2009 es de 12 millones de soles, de los que casi la mitad se dedican a estas labores.[31] En Ccatcca, otro de los distritos altoandinos de la provincia, la situación es similar, aunque matizada por una menor disponibilidad de recursos. "Aquí no hay agricultura", señala Juan Durán, gerente general de la municipalidad,

31. Entrevista a Hernán Monterrosa, gerente de desarrollo económico de la municipalidad distrital de Ocongate, Ocongate, enero de 2009 (realizada por el autor y Carmen Ponce).

en una entrevista realizada en abril de 2009.[32] "Lo que está en auge —explica— es sobre todo la crianza y venta de cuyes. Esta es la actividad que estamos trabajando principalmente". Existe además una red distrital de artesanas, en la que participan 17 comunidades. "La artesanía se vende aquí a precios económicos", complementa Rubén Castillo, subgerente de desarrollo económico.[33]

Durán y Castillo comparten una oficina amplia y ordenada en el edificio municipal de Ccatcca. Una docena de ficheros amarillos y azules, perfectamente etiquetados, da cuenta de su trabajo. El ambiente es el característico de las ODEL quispicanchinas, con su mezcla de modernidad, tradición e idiosincrasia andina. Afuera hace frío, es temprano, los cristales están empañados y los trabajadores municipales recién están ocupando sus puestos. Se reparten mates calientes y un café demasiado aguado. Durante la conversación, una computadora de última generación muestra videos de música andina. Las paredes están repletas de calendarios, afiches que anuncian ferias y eventos promocionales, junto con cronogramas de actividades. En una esquina quedan aún restos de decoración navideña. Detrás de una puerta, una hoja de papel de gran tamaño muestra el esbozo del organigrama de la futura subgerencia distrital de turismo. Durán y Castillo esperan que comience a operar en pocos meses. En un banco de madera, al otro lado de la puerta, aguardan varios campesinos, líderes comunitarios en su mayoría, que vienen a la municipalidad a gestionar ayudas o a coordinar actividades. Poco a poco van pasando a la sala. Las conversaciones son casi todas en quechua. Las comunidades que más han avanzado en desarrollo económico, señala Castillo, son Sacsaihuamán, "donde tienen cuyes, ganado lechero y piscigranjas, y además hacen yogurt, aunque aún no tienen una planta lechera", y Huayllabamba, "que trabaja sobre todo en lácteos, también cuyes y algo de artesanía". El presupuesto, sin embargo, es mucho más reducido

---

32. Entrevista a Juan Durán, gerente general municipalidad distrital de Ccatcca, Ccatcca, abril de 2009 (realizada por el autor y Ludwig Huber).

33. Entrevista a Rubén Castillo, subgerente de desarrollo económico de la municipalidad distrital de Ccatcca, Ccatcca, abril de 2009 (realizada por el autor y Ludwig Huber).

que en Ocongate: apenas 400.000 soles anuales. "Ocongate es una tierra bendita", se lamenta efusivamente Castillo. "Tienen de todo para prosperar, hasta turismo tienen. Y ahora, además, tienen un buen alcalde".

Como en caso de las obras públicas, también en las actividades económicas la dispersión del gasto municipal es el elemento predominante. En la lógica de la economía moral andina, es mejor favorecer a muchos con un poco que apostar todos los recursos municipales en unas pocas intervenciones concretas, aunque estas puedan tener un mayor impacto a largo plazo. Cada línea de trabajo comprende varios proyectos, que las ODEL pueden impulsar por su cuenta o en alianza con ONG y programas estatales de desarrollo. Este vínculo cercano con el entramado de desarrollo rural es otra de las características centrales del gobierno de los alcaldes campesinos. Se trata, como vimos en el capítulo anterior, de una relación que se remonta al menos a mediados de los años ochenta. Existen sin embargo dos diferencias sustanciales: por un lado, cambia el balance de poder relativo (ahora las municipalidades son más importantes que las ONG) y, por otro, después de tanto años ya no se puede hablar de las ONG como un actor "externo" que influye en la política local. Su influencia se percibe en el nuevo estilo de trabajo de las municipalidades, en sus prácticas y en sus discursos.

Aun así, la coordinación entre municipalidades, ONG y programas de desarrollo rural no siempre es una tarea sencilla. La extensión del paradigma de desarrollo rural permite que existan perspectivas similares e intereses compartidos, pero en la práctica cotidiana también hay problemas. Los conflictos se refieren tanto a la superposición de funciones como a la competencia por la atención de la población rural. Cusco es una de las regiones peruanas con mayor presencia de organizaciones de desarrollo. Es frecuente que en un mismo distrito convivan varias instituciones públicas y privadas tratando de sacar adelante sus proyectos al mismo tiempo. Para los pobladores rurales, esta abundancia de potenciales socios supone una oportunidad, pero también puede ser una fuente de problemas y preocupaciones. La mayor parte de las intervenciones asumen que los pobladores rurales deben aportar una contraparte a las ayudas que reciben, ya sea en forma de recursos o de trabajo no remunerado. Es frecuente también que se solicite a los beneficiaros parte de su tiempo, para coordinar, asistir a reuniones o participar en los eventos organizados por sus benefactores. Cuando la oferta de intervenciones es limitada, estos aportes resultan fácilmente asumibles, pero la situación se vuelve más complicada cuando existen varias propuestas funcionando en paralelo en una comunidad. En distritos como Ocongate o Ccatcca, los campesinos se ven obligados a elegir a qué propuestas prestan mayor atención, en cuál invierten su tiempo y sus recursos. La decisión depende de múltiples factores: el tipo de proyectos que se pretende realizar, la inversión requerida a los pobladores o la confianza que merece la organización que propone el proyecto. En casos extremos, la presión para conseguir beneficiarios puede llevar a una carrera de ofertas entre las organizaciones que quieren trabajar en una comunidad o en un distrito. Las entrevistas realizadas en el curso del trabajo de campo están plagadas de referencias a este tipo de disputas, incluyendo todo tipo de picaresca, desde negociaciones personales con líderes comunitarios hasta pequeñas ventajas para las comunidades que muestran su "lealtad" a una determinada ONG o a cierta municipalidad

Estos condicionantes entrecruzados influyen en la relación entre municipalidades, ONG y programas de desarrollo rural. Sin embargo, también existen incentivos para la cooperación. Las ONG que intervienen en Quispicanchi ven el auge de los alcaldes rurales como una oportunidad para mitigar los efectos de la retirada progresiva de la cooperación internacional. Se trata de una situación nueva: dejan de ser las instituciones omnipotentes de las décadas anteriores y deben asumir un papel más modesto, como "laboratorio de ideas", en palabras de César Aguirre, exdirector de Ccaijo, o como "recurso de capacitación y asesoría", según Chema Gómez, uno de los fundadores del Centro Guamán Poma de Ayala.[34] Para las municipalidades son una fuente de personal capacitado, de experiencia y de contactos. Muchos alcaldes y gerentes provienen ellos mismos del mundo de las ONG. En su paso al sector público, llevan consigo prácticas y discursos vinculados al paradigma

34. Entrevista a César Aguirre, Cusco, diciembre de 2014 (realizada por el autor) y entrevista a José María Gómez García, Cusco, diciembre de 2014 (realizada por el autor).

de desarrollo rural. "Cuando fue electo alcalde de Ocongate, ¿qué puso en práctica?", se pregunta Aguirre respecto de uno de los alcaldes campesinos elegidos en 2006. "El programa marco de Ccaijo", se responde a sí mismo. "Casi todos los programas, sin excepción diría yo, los aplicó: el sistema ganadero, en el tema de acondicionamiento productivo, reforestación". Esta influencia indirecta sería ahora el objetivo a conseguir. "Para nosotros fue una realización institucional —reconoce— porque como laboratorio de propuestas eso es lo que buscamos, que alguien se haga cargo de nuestras ideas".

Además de ideas, las ONG son también una fuente de contactos que permiten acceder a espacios difíciles de alcanzar para los alcaldes rurales. En un contexto en el que no existen partidos políticos que canalicen sus demandas, las ONG actúan como cajas de resonancia. Gracias a sus contactos pueden atraer la atención de las autoridades regionales o nacionales o, incluso, en determinados casos, de audiencias internacionales. En Quiquijana, los principales aliados de la municipalidad son el Proyecto Corredor Puno-Cusco y World Vision.[35] En Ocongate y los distritos altoandinos destaca el papel de Ccaijo. Lo mismo ocurre en Andahuaylillas y Huaro. Sin embargo, el predominio de esta ONG es en algunos casos visto con desconfianza. Según se señala, Ccaijo habría estado directamente involucrada en la elección de los últimos dos alcaldes provinciales, Domingo Huitoccollo en 2006 y Graciano Mandura en 2010. La trayectoria de ambos es muy similar: de promotores de Ccaijo pasan a alcaldes distritales y de ahí a alcaldes provinciales. Ccaijo habría tenido también un papel central en la conformación de Autogobierno Ayllu. En el valle de Huatanay, es especialmente destacado el papel del Centro Guamán Poma de Ayala. Existen además muchas otras organizaciones que tienen una presencia más o menos permanente en la provincia, que realizan proyectos ocasionales o se concentran en comunidades específicas.

Las municipalidades aprovechan la experiencia de las ONG, sus redes de contactos dentro y fuera del territorio quispicanchino y la

35. Asensio 2008b.

Fotografía: Rafael Nova Arismendi.

Nuevas autoridades locales.
Autoridades de Urcos con trajes tradicionales y emblemas del poder en camino a la celebración del Qocha Raymi.

experiencia de su personal en el manejo de proyectos. Dan continuidad a las actividades cuando los proyectos de las ONG terminan y contribuyen a ampliar su área de intervención, incluyendo un mayor número de comunidades. Esta actitud es vista casi siempre con satisfacción por los promotores de las iniciativas, aunque a veces existen resquemores. En algunos casos se acusa a las municipalidades de haberse apropiado de innovaciones y éxitos que no les corresponden. Se trata, no obstante, de una acusación difícil de verificar. El mundo del desarrollo rural cusqueño es una esfera sumamente fluida. Las ideas y las personas circulan a gran velocidad entre los ámbitos público y privado, llevando consigo sus ideas y sus propios aprendizajes. Es muy frecuente que una innovación o una estrategia exitosa sean replicadas por instituciones diferentes a sus promotores iniciales, con pequeñas modificaciones o replicando abiertamente el modelo original. Como veremos a continuación, de esta manera las nuevas ideas se consolidan y asientan en el territorio, hasta llegar a convertirse en una parte de la institucionalidad local.

4

No somos menos que nadie

En agosto de 2010, Ocongante se prepara para uno de los días de pago del programa Juntos.[1] Es también un día de feria. Centenares de pobladores rurales de todo el distrito abarrotan las calles con una notable explosión de color que contrasta con el pardo uniforme del paisaje predominante en esta época del año. Polleras, monteras y ponchos de tradición andina se combinan con polos estampados con imágenes alusivas a la cultura popular contemporánea, personajes de dibujos animados y camisetas deportivas. Muchos de los visitantes visten coloridas ropas tradicionales, especialmente las mujeres. Para el observador externo, el ambiente es extremadamente llamativo. Es un ejemplo perfecto de las sorprendentes rutas de la modernidad andina, con su particular y mezcla de conservadorismo, tradicionalismo, modernización y globalización.

Un transporte blindado, estacionado frente la puerta del municipio, evidencia que el dinero ya ha llegado. En Ocongate no hay todavía oficina permanente del Banco de la Nación, por lo que el pago se realiza en la misma sede del gobierno local.[2] Comerciantes provenientes de Cusco

---

1. Los siguientes párrafos se basan en la observación de campo realizada por el autor en agosto de 2010.

2. La instalación de una oficina local del Banco de la Nación es una demanda en Ocongate desde hace mucho tiempo. Incluso antes de la reforma agraria la idea

y Sicuani se apresuran a instalar sus puestos de compra y venta de mercadería en la Plaza de Armas. La impresionante estatua de un cóndor andino, emblema de la localidad, observa atentamente. También las calles aledañas están plagadas de puestos que comienzan a exhibir sus productos, mientras las beneficiarias del pago esperan en largas colas detrás de la iglesia. Juntos es uno de los programas más populares y exitosos implantados en la última década por el gobierno peruano.

El objetivo es romper la cadena de reproducción intergeneracional de la pobreza mediante la entrega a las familias con hijos en edad escolar de un pequeño estipendio mensual. A cambio las madres deben cumplir una serie de obligaciones referidas a alimentación de los menores, asistencia a la escuela y revisiones de salud. Este esfuerzo debe suponer a medio plazo niños más sanos y vigorosos, capaces de aprender y desarrollar mejor sus capacidades. Los pagos se hacen directamente a las madres, pero en la fila hay también algunos hombres. Son padres solteros o viudos, beneficiarios del programa en tanto tengan hijos menores. Otros son los esposos de las beneficiarias, que se limitan a mantener sus puestos en la cola mientras ellas visitan los puestos cercanos, comparan precios y se preparan para las compras posteriores. La oferta incluye alimentos, golosinas, utillaje doméstico, ropa barata y prendas tradicionales andinas. Destaca también un puesto con aparatos de radio de todo tipo, llenos de polvo algunos y otros casi desvencijados. La aglomeración de clientes y curiosos muestra la importancia que este medio de comunicación tiene hasta la actualidad en las comunidades rurales de la sierra peruana, a pesar de la explosión de canales locales de televisión en los últimos años.

Mientras la cola de quienes esperan el pago avanza lentamente, otro grupo se reúne junto a una tienda a mirar videos musicales. "Mi vida es mi vida, hago lo que quiero con mi vida, sí o sí", dice una voz femenina en una de las canciones, jaleada con aprobación por varios de los presentes. Otros aprovechan para hacer llamadas telefónicas, ya sea en las

estaba ya presente. Al respecto: *El Comercio* (Cusco), 20 de noviembre de 1968, "Banco de la Nación".

cabinas públicas o alquilando el celular a alguna de las múltiples promotoras que se dedican a esta actividad, identificadas con petos de color azul, verde o rojo, según la compañía telefónica con la que trabajan. Desde hace unos meses se reciben en Ocongate las señales de Movistar y Claro, aunque esta última "llegó mucho antes y se escucha con más claridad", señala en voz alta una de las promotoras más activas. A media mañana los colegios dan el día libre a los alumnos. Según cuentan varios de los muchachos que se arremolinan en torno a los puestos de golosinas, los profesores tienen una reunión urgente, y por eso han debido suspender las clases. Lo más probable, sin embargo, es que ellos también deseen acudir a la feria, ya sea como compradores o como vendedores.

Casi todas las beneficiarias están acompañadas por sus esposos. Muchas de ellas han salido de madrugada de sus comunidades, situadas a varias horas de distancia y ahora se unen a la feria, vendiendo sus propios productos. En la fila, el ambiente es tenso. El cansancio se une al deseo de ser las primeras en recibir el pago, para aprovechar las mejores oportunidades en la feria. "Después las cosas buenas se agotan, señor. Por eso me levanto, con mis hijitos y mi esposo, para llegar tempranito a Ocongate", cuenta una de ellas. Atentos a las oportunidades de negocio, vendedores ambulantes ofrecen variados tentempiés para amenizar la espera: helados caseros, gaseosas artesanales, gelatina de varios sabores, fruta, tamales. También pregona sus productos un vendedor de remedios y productos homeopáticos. Sus clientes son sobre todo señoras mayores, que buscan alivios para sus dolencias. Pero no parece que venda demasiado. Quizás no sea una buena idea ofrecer sus productos a quienes aún no han cobrado la asignación mensual.

La falta de efectivo no parece ser, sin embargo, un problema para otros. En la plaza varios promotores de entidades bancarias pugnan por captar la atención de las mujeres. Cuentan para ello con coloridos tenderetes móviles unipersonales, que imitan la forma característica de las ventanillas de los bancos. Estos promotores son una novedad reciente en las zonas altoandinas, donde hasta hace poco era escaso el interés de los bancos. En Ocongate también funciona un sistema informal de préstamos a cortísimo plazo, que permite a las mujeres o a sus esposos comprar o separar la mercadería antes de haber cobrado la asignación de Juntos, a cambio de un pequeño recargo en el precio. Estos microcréditos relámpago son muy comunes en los mercados andinos vinculados a Juntos: se te fía mientras estás en la cola del banco y devuelves el préstamo a la salida.

Hacía las diez se percibe un cierto cambio en el ambiente en la feria. Los más madrugadores comienzan a regresar a sus casas, mientras llegan otros potenciales compradores. Quienes parten pueden encontrar múltiples alternativas de transporte para regresar a sus comunidades: autobuses de línea, taxis colectivos o camionetas monovolumen donde se aprietan hasta una veintena de pasajeros con sus respectivos equipajes. También hay numerosos camiones de tolva descubierta, más baratos pero más lentos, que esperan a llenarse antes de partir. La mayoría han sido alquilados por las propias comunidades, para traer y llevar mercancías. Otros corren por cuenta de las municipalidades, que de esta manera mejoran sus relaciones con las comunidades. Los días de pago también son una oportunidad para los negocios de insumos agropecuarios que en los últimos años proliferan en Ocongate. Se trata de un rubro claramente en alza, cuyo éxito se debe tanto a las mejoras de la carretera que conecta esta parte de la provincia de Quispicanchi con Cusco, como al incremento de la demanda local. En la actualidad, hay más de media docena de establecimientos similares en Ocongate. Por lo general, son tiendas de mediano tamaño, bien provistas y de aspecto cuidado. En la agroveterinaria Alarcón, el dueño comenta que es de Sicuani, localidad con la que mantiene fuertes vínculos comerciales y familiares. Todos los fines de semana se desplaza allí para ver a su familia y para proveerse de medicinas, fertilizantes y herramientas que vende en Ocongate. Este ir y venir permite que funcione lo que su tarjeta de visita define como "Nego-Agro-Vet". "El negocio ahora va bien", relata, "hace unos años no se podía tener negocio abierto en Ocongate. Nadie compraba; ahora sí". Su optimismo se refleja en el propio establecimiento, ordenado, bien provisto y con las paredes recién pintadas, con anuncios de gran tamaño de "Alimento Balanceado Tomasino" y "Misti Fertilizante".

Escenas como estas son cada vez más frecuentes en Quispicanchi. Se trata de pequeñas ferias locales que reflejan el dinamismo de la economía local. En ocasiones, su surgimiento se relaciona con la acción de los programas sociales, como Juntos. Otras veces están vinculadas a la acción de las municipalidades. En ellas confluyen comerciantes de las provincias altas, pobladores rurales y un número creciente de comerciantes provenientes de las propias localidades quispicanchinas. Su dinamismo refleja una sociedad que, aunque sigue siendo predominantemente pobre, de manera incipiente comienza a mejorar su situación económica. La demanda local de bienes y servicios es mucho mayor y más diversificada que hace unos años. Ya no es solo una economía de subsistencia. La propia plaza de armas de Ocongate evidencia este cambio. Junto con un par de restaurantes precariamente equipados, alberga varias "librerías", en el sentido que esta palabra tiene en los pequeños pueblos rurales andinos, es decir, establecimientos con una amplia oferta, que va desde cuadernos y lapiceros hasta hilo, agujas y resmas de lana. También hay una cabina pública de Internet (donde se puede disfrutar también de videojuegos) y un par de negocios de compra y venta de oro, relacionados con la minería informal de Madre de Dios.

Este capítulo se enfoca en un aspecto concreto de esta dinamización económica: los festivales ganaderos impulsados por las municipalidades. El interés de este tema reside en que se trata de una actividad paradigmática, que permite analizar en detalle la acción combinada de políticas estatales, iniciativas de desarrollo rural y el nuevo estilo de gobierno municipal. La cría y engorde de ganado vacuno es una actividad muy tradicional en Quispicanchi. Como en otras partes de la sierra cusqueña, la ganadería está muy arraigada tanto en la idiosincrasia como en las estrategias económicas de la población. Supone una parte importante de los ingresos de las familias rurales, encapsula tradiciones y sentidos comunes, y permite afirmar la propia identidad del territorio. Para los gobiernos municipales, los festivales ganaderos son una parte central de sus actividades, especialmente en localidades como Ocongate y Quiquijana, de las que proceden los más recientes alcaldes provinciales.

Clivajes interculturales

Ocongate y Quiquijana son probablemente los distritos donde más claramente se percibe el nuevo estilo de gobierno local promovido por los alcaldes rurales. Ambas son localidades ganaderas, caracterizadas por un absoluto predominio de las comunidades campesinas y con un porcentaje muy alto de población quechuahablante. Estos elementos sociales y culturales condicionan la producción y venta de ganado. Hasta los años noventa, el principal mercado de destino eran las ferias ganaderas del valle del Vilcanota, especialmente la feria de Combapata, la mayor de la región, que todos los domingos reúne cientos de animales procedentes de Chumbivilcas, Acomayo, Canas, Canchis y Quispicanchi. Combapata es también un centro clave para la distribución productos de consumo doméstico, en muchos casos vinculados con los circuitos de contrabando que abastecen a todo el sur andino: ropa, electrodomésticos, licores y tabaco. Estos circuitos tienen su origen en La Paz, y existen dos modalidades de cruce de la frontera: al menudeo, a través del bullicioso paso de Desaguadero, al oeste del lago Titicaca, o mediante convoyes de camiones fuertemente resguardados, por la orilla oriental del lago, mucho más despoblada. Estos convoyes, llamados "culebras", suelen tener acuerdos de paso con las comunidades ribereñas. Los vigilantes de la ley son poco numerosos y suelen evitar enfrentamientos con los contrabandistas. El punto de llegada de ambas rutas es la ciudad de Juliaca, en Puno, donde la mercancía se almacena y se vende a comerciantes que la trasladan en ómnibus o autos particulares a Sicuani, a las ferias del valle del Vilcanota y a Cusco, donde se vende al consumidor final en las llamadas "ferias del altiplano". Estos productos constituyen también un porcentaje muy alto de la oferta de las ferias locales quispicanchinas.

Para los habitantes de Quispicanchi, Combapata es una feria complicada, ya que está controlada por intermediarios y comerciantes mestizos. Las regulaciones en la tablada son mínimas o incluso inexistentes, y suelen predominar relaciones desiguales entre compradores y vendedores, cargadas de estereotipos culturales y étnicos. Un tema clave es el uso predominante del castellano. Aunque tanto campesinos como intermediarios son frecuentemente bilingües, el uso de uno u otro idioma está pautado por consideraciones sociales y por sesgos de poder. El uso del castellano permite a los comerciantes e intermediarios mestizos un mayor control de las negociaciones. Es una herramienta que les permite dominar la conversación frente a las preferencias de los campesinos por el quechua. Nuestra encuesta de 2010 muestra que el 76 por ciento de los ocongatinos usan el quechua para conversar con sus familias, el 49 por ciento lo utiliza de manera frecuente al hacer negocios y el 45 por ciento recurre al quechua para realizar gestiones en la municipalidad.[3] En Oropesa las cifras son más bajas, pero igualmente representativas: el 52 por ciento habla este idioma con su esposa e hijos, el 56 por ciento lo emplea al hacer negocios y el 10 por ciento en gestiones municipales.

Este predominio del quechua se observa también en dos grupos focales realizados el año 2009 en la comunidad de Upis, en el distrito de Ocongate.[4] En el caso de las mujeres, es imprescindible contar con una intérprete. Las propias participantes son quienes solicitan su presencia antes de iniciarse la sesión. "Señor —dice una de ellas dirigiéndose al moderador, todavía en castellano—, preferimos quechua, en nuestra lengua; para hablar cosas importantes, mejor en quechua". En el transcurso de la conversación esta idea se enfatiza de varias maneras. Desde su punto de vista, el quechua es la lengua adecuada para las "conversaciones importantes", para los momentos clave que pueden definir una vida, para seducir a la pareja, para regañar a los hijos cuando se portan mal. Es la lengua empleada para transmitir información con alto contenido emocional sobre uno mismo. Las mujeres asistentes al grupo focal tienen todas entre treinta y cuarenta años, y han asistido a la escuela desde pequeñas. Solo una de ellas debe pedir ayuda para completar por escrito la planilla que recoge sus datos. Igualmente afirman haber realizado gestiones frecuentes en Ocongate y otras localidades, e incluso la

3. Esta encuesta se llevó a cabo en los meses de julio y agosto de 2010 en los distritos de Oropesa y Ocongante. Su aplicación estuvo a cargo de la empresa Cuánto, bajo la supervisión del IEP. El cuestionario incluía preguntas referidas a antecedentes y economía del hogar, consumo, percepción política y prácticas culturales, entre otros temas. Los cuestionarios debían ser respondidos por los jefes de hogar. Se realizaron en total doscientas encuestas en cada uno de los dos distritos, incluyendo tanto el ámbito urbano como el rural. Los resultados se analizan con mayor detalle en los capítulos 8 y 9.

4. Estos grupos fueron organizados por el IEP, en el marco del programa Desarrollo Territorial Rural con Identidad Cultural, coordinado por el Centro Latinoamericano para el Desarrollo Rural (Rimisp). La conducción estuvo a cargo de Rosaura Villafuerte Fernández, bajo la supervisión del autor de este libro.

mayoría señala haber viajado a Cusco en los últimos treinta días. No se trata, por lo tanto, de mujeres aisladas en sus comunidades. Sin embargo, concluye una de ellas, "cuando queremos hablar de nosotras, hablamos en quechua".

Upis es una comunidad de altura, situada a unas dos horas de Ocongate. Sus dinámicas económicas y sociales son muy representativas de las zonas rurales quispicanchinas. El paisaje está dominado por una pampa casi sin vegetación, con un cielo espléndido y una vista espectacular de la cordillera del Ausangate. Cuando comienzan los grupos focales, es aún temprano y hace bastante frío. Los niños recién llegan a la escuela. Los más madrugadores se entretienen jugando un disputado partido mixto de fútbol. La escuela está junto al local comunal habilitado para las entrevistas. En el caso de los hombres, la conversación se realiza casi siempre en castellano, aunque muchas de sus opiniones coinciden con las expresadas por sus esposas. "Hoy en día ya hablamos los dos idiomas —señala uno de los participantes—, pero más hablamos quechua y muy poco castellano". Otros invitados enfatizan también las diferencias generacionales a la hora de comunicarse en uno u otro idioma: "Con nuestras esposas hablamos en quechua —comenta uno mientras busca con la mirada la aprobación de sus compañeros— y con nuestros hijos a veces castellano".

La mayoría de los asistentes se muestran de acuerdo con esta opinión. Sin embargo, poco a poco surgen matices que hacen la conversación más interesante. "A veces —explica uno de los más jóvenes, que hasta ese momento ha permanecido en silencio, escuchando a sus compañeros— tenemos miedo de hablar en castellano, porque no hablamos bien". Esta afirmación genera cierta incomodad en la sala. Rápidamente, otro de los invitados precisa que eso se daba "sobre todo antes" y entre las mujeres, "que no iban a la escuela". En contraste, "nuestros hijos ya están hablando castellano más o menos, porque ya van a la escuela". Roto el silencio inicial, las historias comienzan a fluir. "Antes, nuestros padres solo hablaban en quechua —vuelve a tomar la palabra el asistente más joven— porque ellos no fueron a la escuela. No tenían, no existía la escuela, solo había una hacienda". "En quechua nos comprendemos mejor —precisa otro de los invitados, vestido con un colorido chullo y una camiseta celeste de un equipo de futbol limeño—. La mayoría hacen sus negocios o compran en quechua porque es nuestro idioma que hablamos correctamente".

Los invitados al grupo focal proceden de anexos como Pallcccamarca, Leccelecce, Tuyllaomaoma, Tikatika, Pucutuni y Ccasapata. En su mayoría son comunidades derivadas de antiguas haciendas, institución hegemónica en esta parte de Ocongate hasta la reforma agraria. El temor a usar incorrectamente el castellano es un tema recurrente en casi todas las conversaciones. Se trata de un sentimiento profundamente inscrito en los discursos colectivos, tanto en Upis como en otras localidades de Quispicanchi. Su recurrencia se vincula a la importancia que el idioma tiene en los Andes como marcador social y de clase. En su informe sobre la implementación de la reforma educativa en Lauramarca, Matos Mar señala que el quechua se encontraba en ese momento bastante extendido, tanto en las actividades cotidianas como en la vida política.[5] Pocos años antes, el gobierno militar había declarado este idioma como lengua oficial en todo el país, al mismo nivel que el castellano. Esta medida se recoge también en la Constitución democrática de 1978, elaborada tras la entrega del poder a los civiles por parte de los sucesores de Velasco. El quechua se usaba, según Matos, para los debates y las asambleas, en las ferias dominicales y en algunos edictos dominicales. Sin embargo, seguía constituyendo aun una rémora cuando se trataba de las relaciones de los habitantes de Quispicanchi con actores externos. Solo quienes sabían hablar castellano podía ser elegidos como dirigentes comunales y aspirar a algún tipo de carrera política. La oficialidad era solo un gesto simbólico, ya que la lengua del Estado seguía siendo exclusivamente el castellano.

En la actualidad, gracias a la extensión de la educación primaria y secundaria, casi todos los habitantes de Quispicanchi menores de cuarenta años hablan castellano de manera fluida. Esto no quiere decir, sin embargo, que la situación se haya normalizado. Casi todos los entrevistados señalan haber sufrido experiencias de discriminación vinculadas

---

5. Matos Mar 1978.

al uso incorrecto del idioma. La ansiedad lingüística está presente incluso en muchos de los alcaldes, quienes se disculpan por el uso incorrecto de alguna palabra o por emplear demasiados modismos locales, "que a lo mejor usted no entiende". Varios de ellos señalan que manejarse bien con el castellano en eventos públicos fue un reto para su aprendizaje político. Quizás por esta razón la reivindicación del quechua sigue siendo uno de los temas centrales de su agenda política. De manera consciente y sistemática se potencia su uso, tanto en las tareas cotidianas de las municipalidades como en los eventos públicos. "Trabajador que no habla quechua, no trabaja más en la municipalidad", enfatiza uno de los nuevos alcaldes rurales.[6] El castellano, por el contrario, solo se usa en los saludos iniciales; apenas unas palabras protocolares antes de pasar al idioma en el que todos se sienten más cómodos. Un ejemplo son los debates electorales que se celebran en varios distritos de la provincia en septiembre de 2010, antes de las elecciones municipales.[7] Las discusiones se realizan casi siempre en quechua. En el estadio de Ccatcca lleno a rebosar, los nueve candidatos hablan todo el tiempo en este idioma. Lo mismo ocurre en la Plaza de Armas de Ocongate. En menor medida, el quechua está presente también en los debates celebrados en Urcos, Quiquijana y Andahuaylillas.

Este énfasis de los alcaldes por afianzar el quechua como lengua vehicular de la política local es muy valorado por todos los entrevistados, y es uno de los aspectos que se resalta con mayor frecuencia al hablar de los cambios ocurridos en los últimos años. Refiriéndose al caso de Ocongate, uno de los participantes en el grupo focal de Upis señala que "el alcalde es hijo del campesino y es quechuahablante". "Hoy

---

6. Entrevista a Graciano Mandura realizada por Martín Cavero.

7. Estos debates fueron organizados por Rimisp-Centro Latinoamericano para el Desarrollo Rural y el Instituto de Estudios Peruanos, en el marco del programa Desarrollo Territorial Rural con Identidad Cultural, junto con el apoyo de varias instituciones locales. Se realizaron en Andahuaylillas, Ccatcca, Quiquijana, Ocongate y Urcos. En todos los casos, los debates fueron llevados a cabo en lugares públicos y contaron con la asistencia de todos los candidatos. El proyecto fue ejecutado en campo por un equipo integrado por Rafael Nova, Patricia Olivera Paredes, César Oré Rocca y John Salas.

en día en las municipalidades y en otras instituciones ya existen personas que saben hablar quechua", complementa otro. Este reposicionamiento del idioma no se extiende, sin embargo, a la feria de Combapata, donde el castellano sigue predominando de manera casi exclusiva. Esta circunstancia se achaca al propio interés de los intermediarios, que de esta manera controlarían mejor las negociaciones, de ahí que siga percibiéndose como una feria hostil, donde los campesinos quispicanchinos no se sienten cómodos, pues temen ser engañados y humillados. Otra de las prácticas criticadas es la llamada venta al "ojo", es decir, sin pasar los animales por la báscula. Esta práctica da ventaja al comprador, quien establece el "peso" del animal y en consecuencia el precio. Enfrentados a este contexto desfavorable, los campesinos altoandinos deben optar entre arriesgarse a negociar en condiciones desfavorables o bien vender sus animales a intermediarios o rescatadores locales. Estos últimos son muchas veces personajes de origen campesino, pero con experiencia urbana. Se sitúan en los caminos de acceso a las ferias para evitar a los pobladores rurales la "molestia" de acudir personalmente a la tablada. Para reforzar su papel de intermediarios culturales, durante las negociaciones apelan a estereotipos sobre los campesinos, ridiculizando su forma de hablar o su manera de vestir. Según dicen, el campesino que decida negociar por sí mismo en Combapata será probablemente engañado por los comerciantes mestizos. Por el contrario, venderles a ellos sus animales sería un mejor negocio: el precio es similar al que lograrían en la feria, pero se ahorrarían la humillación. La fortaleza de estos discursos reside en su amplia validación social, al punto que muchas veces son compartidos por los propios campesinos, quienes asumen su presunta inferioridad y su incapacidad para desenvolverse en contextos controlados por los mestizos.

A martillo

Estas prácticas de violencia simbólica marcan el comercio de ganado en la sierra de Cusco. Eliminarlas es el principal objetivo de los alcaldes rurales. Para ello cuentan con la ventaja de una coyuntura económica especialmente favorable. La promoción del engorde y venta de ganado vacuno en Quispicanchi es parte de una tendencia más amplia, que se observa en toda la sierra sur desde finales de los noventa. La clave es el incremento de la demanda urbana. El crecimiento económico permite que productos que antes eran un lujo, se vuelvan comunes para amplios sectores de las clases medias y bajas. La carne de vacuno es ahora un elemento básico en la dieta de ciudades como Arequipa o Cusco. Los productos cárnicos suponen el 21 por ciento del gasto promedio anual en alimentos de los hogares cusqueños, según la Encuesta Nacional de Hogares de 2010, claramente por encima de los cereales (15 por ciento) y los alimentos consumidos fuera del hogar (11 por ciento). Los productos lácteos se encuentran en cuarta posición, con el 10 por ciento del presupuesto total destinado a alimentación del hogar.

Cada hogar gasta en promedio algo más de 2500 nuevos soles en alimentos derivados del ganado vacuno. Esta demanda dinamiza el mercado regional. Al no existir grandes productores agropecuarios, los camales cusqueños se abastecen mediante una infinidad de proveedores, acopiadores e intermediarios, que extienden sus redes por toda la región. En otros casos, estos acopiadores confluyen en Sicuani, donde también existe un importante camal, que abastece de productos cárnicos a los mercados de Puno y Arequipa. En este contexto, la intervención de los gobiernos locales apunta a varias líneas paralelas: incrementar la producción de animales, mejorar su calidad y asegurar que los beneficios de estas mejoras lleguen a los bolsillos de los productores rurales.

El engorde de ganado es una actividad masiva, en la que participa un gran número de familias. El negocio consiste en adquirir un animal con pocas semanas de vida, alimentarlo durante unos meses y después venderlo cuando alcanza el peso ideal. Si las cosas salen bien, el resultado es una ganancia cuantiosa en unos pocos meses. Un caso especialmente destacado de institución pública que apuesta por este negocio es el Proyecto Corredor Puno-Cusco, que desde su creación en 2001 interviene en gran parte de la región. Se trata de uno de los programas más exitosos dedicados al fomento de pequeños emprendimientos y negocios agropecuarios en zonas rurales andinas. Su éxito deriva de haber sabido compaginar la lógica familiar de los emprendimientos andinos con incentivos para la colaboración a mayor escala. La metodología se basa en la alianza entre asociaciones locales de productores, especialistas contratados por estas asociaciones y autoridades locales. El Proyecto Corredor desempeña el papel de intermediario y facilitador de esta relación. Cuenta para ello con los llamados Consejos Locales de Asignación de Recursos (CLAR), integrados por especialistas independientes, líderes campesinos y autoridades municipales. Estos comités deciden cuáles de los proyectos presentados por las comunidades y asociaciones de productores serán financiados. Este modelo de gestión compartida tiene un éxito notable y es asumido por algunas municipalidades, por ONG y por otros programas de desarrollo, ya sea de manera directa (copiando el modelo) o indirecta (a través de la contratación de antiguos trabajadores, quienes una vez terminado el programa buscan nuevos empleos, llevando con ellos sus aprendizajes).

Como resultado, en los últimos años surgen en toda la sierra sur decenas de asociaciones locales de engordadores de ganado, promovidas por el Proyecto Corredor o por otros programas de desarrollo rural. El engorde de ganado vacuno sigue siendo un negocio familiar, pero las asociaciones permiten asumir determinados gastos comunes. Su extensión se acelera a partir de la llegada al poder de los alcaldes campesinos, ya que muchos de los nuevos líderes municipales tienen experiencia en este rubro y son fervientes partidarios de este modelo mixto. Las asociaciones permiten reunir fondos para contratar especialistas y mejorar la crianza, adquirir insumos de alto costo o realizar actividades de comercialización conjunta. Las municipalidades pueden también crear postas de inseminación, que permiten mejorar la calidad de los animales. Todas estas actividades están subvencionadas total o parcialmente por los gobiernos locales o por los proyectos de desarrollo, lo que permite a los productores reducir costos e incrementar su rentabilidad. En la línea del keynesianismo andino que vimos en el capítulo anterior, podríamos hablar de una actividad económica fuertemente subvencionada por actores externos, ya sea públicos (municipalidades y programas de desarrollo) o privados (ONG y cooperación internacional).

Como resultado de esta condensación de esfuerzos, la producción de ganado vacuno crece rápidamente. La práctica del estabulado y la extensión de los pastos mejorados permiten reducir el tiempo de engorde de los animales. En las comunidades más favorecidas, donde todas estas mejoras confluyen, se pasa de una única campaña anual a dos, tres o incluso cuatro. Las subvenciones permiten que también entren al negocio los campesinos que antes no podían hacer frente a los costos del engorde: compra del animal, traslados, alimentación, etc. El gráfico 4.1 muestra los resultados de este trabajo. El dato más destacado es que la mayor parte de la cabaña quispicanchina de vacunos se concentra en tres distritos: Ocongate, Ccatcca y Quiquijana. Estas localidades son, como vimos en el capítulo anterior, los principales ejemplos del nuevo estilo de gobierno local. 14.000 de los 26.000 animales censados en toda la provincia en el año 2012 se encuentran aquí. En el caso de Ocongate, se trata en su mayoría de animales mejorados. Este hecho probablemente se relaciona con el esfuerzo tanto el gobierno local, a través de las ODEL, como de los programas y proyectos de desarrollo del gobierno peruano.

El gráfico 4.3 muestra dos características adicionales que ayudan a explicar la importancia del engorde de ganado para las municipalidades rurales quispicanchinas. Por un lado, estamos ante una actividad que involucra a un porcentaje muy alto de la población rural. En Ccatcca, el 56 por ciento de las unidades agropecuarias tiene al menos un animal, en Ocongate el 57 por ciento y el Quiquijana el 48 por ciento. En paralelo, la crianza y engorde de ganado vacuno es, a menudo, una actividad que se realiza a pequeña escala. Casi todos los productores tienen menos de cinco animales e incluso un porcentaje muy alto posee apenas uno o dos. En esta situación se encuentran el 73 de los productores de ganado vacuno de Ccatcca, el 66 por ciento de Quiquijana y el 48 por ciento de Ocongate. De ahí que el apoyo estatal sea imprescindible para la sostenibilidad del negocio.

Estas cifras muestran la importancia de la actividad ganadera, pero también sus limitaciones. El escaso número de animales manejados en promedio por los productores rurales hace que las condiciones de la venta de cada animal sean decisivas para la economía familiar. Es aquí donde entra un elemento que en poco tiempo se convierte en la estrella del estilo de gobierno promovido por los alcaldes rurales: los festivales ganaderos alternativos a las tabladas tradicionales. Se trata de actividades que principio eran patrocinadas por los programas de desarrollo

Gráfico 4.1
Ganado vacuno: número total de animales por distrito

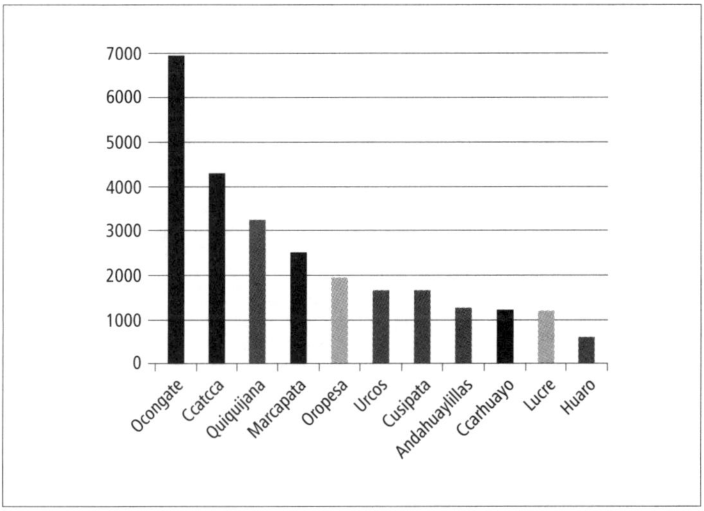

Color oscuro: zona altoandina
Color intermedio: valle del Vilcanota
Color claro: valle del Huatanay
Fuente: INEI-Cenagro 2012.

Gráfico 4.2
Porcentaje de animales de razas mejoradas sobre el total del ganado vacuno de cada distrito

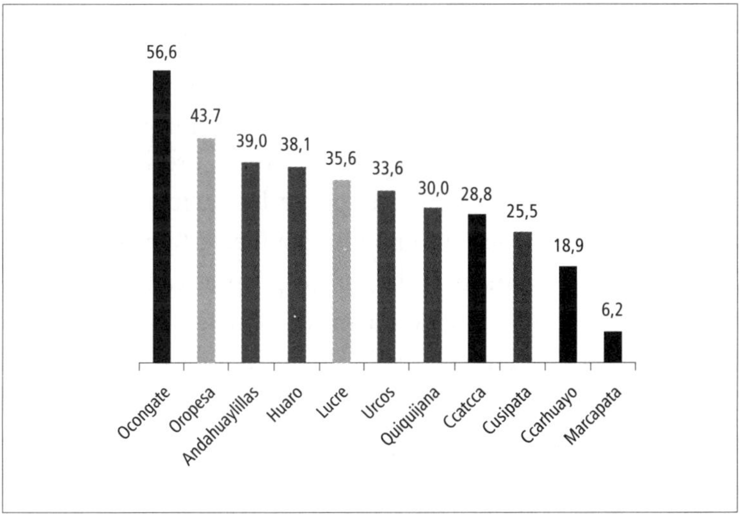

Color oscuro: zona altoandina
Color intermedio: valle del Vilcanota
Color claro: valle del Huatanay
Fuente: INEI-Cenagro 2012.

Gráfico 4.3
Características de la actividad ganadera en Quispicanchi

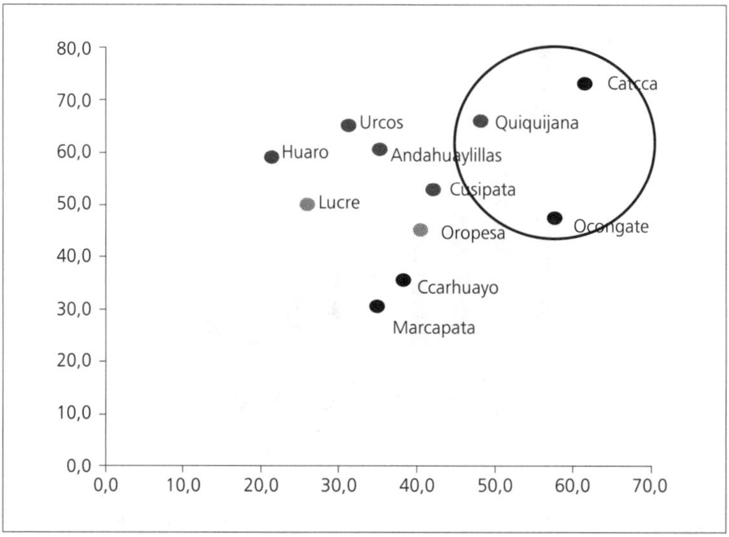

Eje vertical: porcentaje de unidades agropecuarias que tienen al menos un ejemplar de ganado vacuno
Eje horizontal: porcentaje de unidades agropecuarias con ganado vacuno que tienen solo uno o dos animales
Círculo: principales distritos con alcaldes campesinos analizados en este libro
Fuente: INEI-Cenagro 2012.

rural que trabajan en la región y que posteriormente son asumidas y potenciadas por los alcaldes rurales. Su creación se justifica a partir de un diagnóstico de las causas de la pobreza rural que apunta al control de los intermediarios, quienes distorsionarían los precios, perjudicando a los pobladores más pobres, sobre todo a los quechuahablantes. Más allá de hasta qué punto sea cierta o no, esta idea está muy extendida en toda la provincia, y es compartida por los propios campesinos, por sus autoridades y por gran parte de quienes trabajan en los programas de desarrollo rural. Las nuevas ferias impulsadas por las municipalidades pretenden poner fin a esta injusticia, sustituyendo las tabladas tradicionales por nuevos espacios de comercialización, mucho más regulados y controlados por las propias municipalidades, donde los intermediarios tengan menos poder.

Al principio los festivales ganaderos municipales tienen dimensiones reducidas. Con suerte reúnen a campesinos de un distrito o de un conjunto de comunidades. Su periodicidad es anual, para permitir que los productores puedan completar el ciclo de engorde de los animales. Sin embargo, a pesar de estas limitaciones tienen una gran repercusión pública, son muy promocionados y poco a poco van creciendo. Quizás el ejemplo más emblemático es el llamado Festival del Toro Engordado, que comienza a celebrarse en Quiquijana, en la parte media del valle del Vilcanota, en el año 2005. Este festival pretende desde el principio convertirse en una alternativa frente a la feria de Combapata y los camales de Cusco y Sicuani. Cuenta para ello con el apoyo de la municipalidad distrital (encabezada en este momento por Domingo Huitoccollo) y del Proyecto Corredor Puno-Cusco. También Ccaijo se suma a la iniciativa, así como otras ONG con presencia en el distrito. Entre las novedades destaca la obligatoriedad de pesar a los animales antes de entrar en la tablada. Los animales se clasifican en categorías de acuerdo con su tamaño, edad y raza. También se elimina la práctica de la negociación bilateral entre comprador y vendedor, sustituida por el remate de los animales "a martillo", es decir, mediante subasta abierta. El cumplimento de estas normas es celosamente vigilado por las autoridades locales, que también incentivan el uso del quechua en las negociaciones. Otra práctica habitual consiste en registrar a los animales que entran en la tablada, con el doble objetivo de evitar la presencia de intermediarios conocidos por sus malas prácticas y regular el número de animales que cada familia puede vender. Sus promotores quieren evitar de esta manera que las ferias sean aprovechadas por personas ajenas a las comunidades, limitando también la presencia de "acaparadores locales", campesinos relativamente bien posicionados que compran a sus vecinos animales a medio engordar para posteriormente revenderlos en los festivales, quedándose con la mayor parte del beneficio.

Los festivales ganaderos municipales se insertan en la lógica de la economía moral andina, y su diseño está pensado para evitar que nadie se beneficie excesivamente. El imperativo de cohesión social se lleva en ocasiones hasta sus últimas consecuencias, estableciendo cuotas de animales para las comunidades y para cada familia dentro de la comunidad.

Como veremos más adelante, estos constreñimientos no siempre son del agrado de todos los productores, e incluso pueden llegar a condicionar el éxito de los festivales. El reto para los organizadores consiste en reunir el suficiente número de compradores y vendedores para que el esquema de subastas a martillo funcione. Para ello, junto con las tabladas, se organizan competencias y concursos que premian a los mejores animales. La idea es incentivar a los campesinos para que traigan su cabaña más destaca, en lugar de llevarla a Combapata. La municipalidad se hace cargo también del alquiler de vehículos para el traslado de los animales a las tabladas, permitiendo de esta manera a los campesinos ahorrarse uno de los principales gastos que influyen en el precio de venta.

Tras el éxito del Festival del Toro Engordado de Quiquijana, aparecen eventos similares en casi todos los distritos de Quispicanchi. Existe una triple dinámica de expansión: se organizan nuevos festivales, los más famosos dejan de tener periodicidad anual para celebrarse cada pocos meses y se multiplica la variedad de productos en venta. El ganado vacuno sigue siendo el centro de atención, pero los festivales incluyen también otros animales, así como tubérculos, granos e incluso productos semielaborados. También comienzan a celebrarse festivales especializados en alpacas, cuyes, papa, etc. Las convocatorias se anuncian a través de afiches y folletos, cuyo diseño oscila entre un acusado naturalismo, con fotografías de los animales y de sus dueños, y una estética campesinista que recuerda a la cartelería de la reforma agraria. En muchos casos, incluyen también referencias a elementos culturales emblemáticos de los distritos: accidentes geográficos especialmente significativos, nevados, ríos o lagunas, festividades y monumentos arqueológicos. Estos afiches se pueden encontrar por toda la provincia y son una de las decoraciones más habituales en negocios, restaurantes y oficinas públicas.

Cumplir con su parte

Los festivales ganaderos alcanzan su apogeo entre 2007 y 2009. Este es el momento en que sus objetivos iniciales parecen cercanos a cumplirse; el creciente número de compradores y vendedores permite incrementar los precios de las subastas y con ello los ingresos de los productores. Los festivales se hacen cada vez más complejos y comienzan también a aparecer nuevas narrativas asociadas a ellos. Un ejemplo es la II Feria Agropecuaria, Artesanal y Cultural de Yanaccocha, celebrada en Quiquijana en agosto de 2010.[8] El origen de este evento es el antiguo Festival del Toro Engordado. Sin embargo, ahora es un festival mucho más ambicioso, tanto en términos económicos como desde el punto de vista de los actores implicados en su organización. La propia denominación, lejos de ser casual, refleja la variedad de referentes discursivos anudados en torno a los festivales ganaderos. Yanaccocha es una antigua denominación asociada a Quiquijana. Su inclusión en el nombre oficial del evento refleja la creciente afirmación de esta localidad frente a Urcos, la actual capital provincial. También es significativo que la feria incluya el adjetivo de "cultural". Esta vinculación de las actividades económicas con la identidad ancestral quispicanchina es un tema que analizaremos con detalle en los capítulos siguientes.

El escenario de la feria es imponente: una pampa rodeada de montañas de gran altura que en esta época del año presentan un color uniformemente amarillo. La tablada se instala en un campo de fútbol, junto a la carretera que une Cusco con Sicuani. Esta ubicación pretende facilitar el acceso de los visitantes y de paso evitar que los animales se dispersen por el pueblo. La higiene y el deterioro de las calles son cuestiones que los vecinos de las capitales suelen enrostrar a los alcaldes rurales, de quienes se dice que solo piensan en las comunidades, olvidando el bienestar de la población urbana. De ahí que las autoridades sean especialmente cuidadosas con este tema, para evitar críticas que puedan perjudicar su imagen. Los puestos de venta de productos agropecuarios ocupan casi todo el perímetro de recinto. En un lado, formando tres filas paralelas, se sitúan las asociaciones de productores promovidas por los programas de desarrollo y las ONG. Cada puesto está perfectamente delimitado, con líneas de cal pintadas en el suelo de tierra. La oferta

---

8. Los siguientes párrafos se basan en la observación de campo realizada por el autor en agosto de 2010.

incluye desde animales menores a productos tradicionales, convertidos ahora en una suerte de *delicatesen* andinas. Es el caso, por ejemplo, del charqui de alpaca. Estos nuevos productos andinos son parte de las estrategias de los programas de desarrollo para dotar a la producción rural de mayor valor agregado. Un propósito similar tienen las incipientes marcas territoriales que comienzan a aparecer en Quispicanchi. Uno de los puestos ofrece "Queso de Ocongate" y otro se centra en "Productos del Ausangate". Cada asociación de productores está perfectamente identificada con afiches y banderolas. Se encuentran presentes entidades vinculadas al Proyecto Corredor Puno-Cusco, Ccaijo, el Centro Bartolomé de Las Casas, World Vision, Pronamachcs, Foncodes y Juntos. En la mayoría de los casos, los puestos son atendidos por mujeres ataviadas con trajes tradicionales, que ofrecen un vistoso espectáculo. Como veremos más adelante, no es casualidad ni el hecho de que sean mujeres quienes estén a cargo de la venta de los productos, ni el hecho de que vistan trajes tradicionales.

Los animales mayores se concentran en un único sector de la feria, junto al muro perimetral. La oferta incluye sobre todo alpacas, aunque también vacas y ovinos. En el centro de recinto se sitúan dos corrales de madera especialmente habilitados para las exhibiciones y los concursos. Hay también un pequeño estrado, donde se realiza la solemne inauguración de la feria. Preside la ceremonia el alcalde distrital, acompañado de un consejero del gobierno regional. Un gran toldo con los colores de una conocida de marca de refrescos resguarda a los invitados del fuerte sol andino. Frente a ellos, en sendos mástiles ondean dos grandes banderas: la bicolor peruana y la multicolor cusqueña. Esta última es una presencia constante en todos los eventos oficiales de la región, incluyendo las localidades altoandinas, donde con frecuencia tiene mayor relevancia que la bandera peruana. Tras acomodarse las autoridades, el evento comienza con el himno nacional. A mitad de la canción, el equipo de sonido falla y se apaga sorpresivamente. El maestro de ceremonias debe concluir por sí mismo la entonación. Su discurso posterior es largo y enrevesado, y apenas despierta la atención de los asistentes. La mayoría de los participantes están atentos a sus mercancías, preparando los puestos de venta y dando una primera mirada a los animales de los demás.

La ceremonia se prolonga más de media hora. Entre otras cosas, incluye el reparto de medallas de agradecimiento para los organizadores, los auspiciadores, las autoridades y el comisario de la feria. El barroco ritual andino establece que todos los invitados deben ser presentados con su nombre completo y su cargo, seguido del título profesional e incluso la referencia a la universidad donde estudiaron. Entre las instituciones presentes en el festival se menciona a Ccaijo y al Proyecto Corredor Puno-Cusco. También se hace alusión a la presencia de productores procedentes de Quiquijana, Cusipata, Ocongate, Ccatcca y Huaro, es decir, de todo el área intermedia del valle del Vilcanota y algunas partes de la zona altoandina de Quispicanchi. Las palabras de bienvenida están cargo del comisario de la feria, quien alterna en su discurso el castellano y el quechua. Posteriormente toma la palabra el propio alcalde, Ttito (quien en las elecciones de 2006 sustituye a Huitoccollo, elegido acalde provincial de Urcos). Su discurso también pasa inadvertidamente de uno a otro idioma. Esta es una práctica habitual en los eventos públicos de las zonas rurales cusqueñas. Ttito felicita y agradece a todos los participantes y señala que el objetivo de la feria es exponer los productos "de Quiquijana y de toda la provincia de Quispicanchi", de los que los productores deben estar orgullosos, "porque no somos menos que nadie".

El discurso de Ttito enfatiza la importancia de mantener la identidad cultural de la provincia y el papel que en esta tarea corresponde a los pobladores rurales. Ellos serían "los depositarios de la herencia de nuestros padres y abuelos". Tras los discursos, comienza el concurso de ganado vacuno, que sirve de gancho al festival. En primer lugar, se exhiben los animales de la categoría "dientes de leche". El juez principal procede de la Universidad Católica Santa María de Arequipa, y ha viajado hasta Cusco expresamente para participar en el evento. Su presencia es una prueba del interés de la municipalidad en dar realce a la feria. Parte de los gastos de traslado y alojamientos son asumidos por una ONG cusqueña, que desde hace años trabaja en la promoción de estos festivales. Sin embargo, su desempeño resulta un poco decepcionante. Llega tarde y debe ser avisado por altoparlantes antes de empezar el concurso. Su presentación tiene un tono demasiado didáctico. Con palabras grandilocuentes y muchos aspavientos retóricos, enfatiza la importancia de continuar el mejoramiento genético de los animales. Desde su punto de vista, esta sería la clave para mejorar los ingresos de pobladores rurales. Se trata de un discurso muy tradicional. Es probable que los campesinos presentes en la tablada lo hayan escuchado decenas de veces. Desde mediados de los noventa, el mejoramiento genético es el objetivo de un sinnúmero de programas de ONG, cooperación e instituciones públicas. En su alocución, el juez no menciona ninguno de los temas planteados previamente por el alcalde, ni hace ninguna referencia al significado del festival como espacio de comercialización alternativo o sobre la importancia de visibilizar y valorar el trabajo de los productores rurales.

Las palabras del juez tienen un fuerte sesgo paternalista. Su estilo técnico y desapasionado es una muestra de la dificultad para compatibilizar los discursos tradicionales del desarrollo rural con las nuevas tramas de sentido relativas a la identidad cultural, el empoderamiento campesino y el patrimonio biocultural andino. Los quiebres son dos: por un lado, entre el agrónomo que enfatiza el componente técnico de su trabajo y el alcalde que trata de elaborar una narrativa política más amplia, y por otro entre el profesional urbano y los campesinos quechuahablantes. El juez arequipeño habla siempre en castellano. Su discurso recuerda a un profesor evaluando los trabajos de sus alumnos. Señala con detalle los puntos fuertes y las debilidades de cada animal, mientras los productores se limitan a asentir. Nunca se produce una real conversación entre ambas partes. Los productores no hablan directamente con el juez y tampoco son interpelados por este, más que para obtener datos concretos sobre la edad o procedencia de los animales. Sobre uno de estos animales, el juez señala que "camina sobre buenas patas". Otro presenta un "arqueamiento de las costillas que muestra que se va convertir en lechero". Un tercero "tiene un buen proyecto de ubre". "Se dice ubre —aclara a continuación— cuando ya ha parido una vez. Cuando son chiquillas las hembras, decimos proyecto de ubre".

La reacción de los pobladores ante estas precisiones es respetuosa, pero poco interesada. La mayor parte de quienes están en la tablada permanecen pendientes de sus propios negocios, mientras el concurso decae. Quizás no ha sido una buena elección de invitado. Para evitar perder la atención del público, el maestro de ceremonias toma de vez en cuando la palabra, sustituyendo al juez. Se dirige a los presentes en quechua, resaltando los premios ofrecidos por la municipalidad y las demás instancias promotoras. Señala además que la presencia del especialista es necesaria porque "no debe haber arreglos, ni compadrazgos". En un determinado momento, hace un llamamiento para que los maestros del colegio Virgen del Carmen saquen a sus alumnos fuera de la tablada. "No deben estar aquí en horas de escuela", les rezondra, ya que en cualquier momento "puede salir un toro o un vacuno". Este reclamo sorprende y molesta a algunos profesores, que precisamente habían llevado a sus alumnos de excursión a la tablada para que "aprendan lo que es una feria y no se olviden de lo que son sus raíces".

La feria de Quiquijana se prolonga hasta poco antes del mediodía. Estos festivales son un esfuerzo consciente por parte de las municipalidades para poner en práctica los principios de la economía moral del desarrollo analizados en el capítulo anterior. Tienen al mismo tiempo un sentido político y económico. Sus resultados, sin embargo, no siempre son los esperados. Los compradores y vendedores son casi exclusivamente campesinos altoandinos, quienes disponen de pocos recursos, y el movimiento económico es limitado. Solo los eventos más famosos escapan de esta dinámica. A ello hay que sumar que los productores campesinos en ocasiones no están dispuestos a llevar sus mejores animales a estos festivales, pues consideran que las restricciones impuestas al acceso de acopiadores hacen que los precios sean más bajos que en las tabladas tradicionales. Los premios ofrecidos por los concursos no compensan esta diferencia, y además estos están sujetos a múltiples modalidades de picaresca o bien a acuerdos previos que condicionan los resultados: animales especialmente preparados que recorren los concursos de diferentes distritos acaparando premios, cuotas tácitas que impiden que los ganadores provengan siempre de las mismas comunidades, etc.

Esta debilidad económica se compensa, no obstante, con el alto impacto político y micropolítico de los festivales. Esta es probablemente la verdadera razón que explica su éxito. Los festivales ganaderos son espacios propicios para la escenificación del desarrollo rural. En ellos, cada actor tiene un papel específico, que procura cumplir a cabalidad. Autoridades, líderes campesinos, productores, especialistas,

ONG y programas estatales son conscientes de lo que se espera de ellos en cada momento. Para los agentes de desarrollo, estos eventos son un momento central en sus cronogramas de actividades. La afluencia masiva de campesinos les permite reforzar el control y los lazos con las comunidades donde trabajan. Es frecuente ver a promotores haciendo preguntas a los productores, reuniendo información, levantando censos, coordinando reuniones, promoviendo asambleas de beneficiarios o participando en compañas de salud y educación. Los festivales permiten conocer los avances de otras instituciones y al mismo tiempo exhibir los resultados propios. Son también el escenario ideal para proyectar una imagen de eficiencia y compromiso. Sus representantes participan en los comités organizadores y son parte de los jurados; se hacen así conocidos por la población y las autoridades locales, lo que les permite reforzar su imagen pública e incrementar su legitimidad ante la población local. Todos estos elementos explican su disposición para financiar los festivales, más allá del posible beneficio económico que puedan tener para los productores.

Es importante comprender que no se trata de un gasto superfluo. La escenificación del desarrollo no es asunto secundario, de pura retórica o narcisismo de sus protagonistas. Los festivales son importantes porque quienes participan en ellos creen en lo que hacen.

Su presencia permite a los actores rurales acumular capital simbólico, que posteriormente pueden emplear para lograr sus propios objetivos. Esta función es importante sobre todo para los alcaldes rurales recién elegidos, ya que mediante los festivales ganaderos pueden presentarse como autoridades que cumplen su compromiso con los votantes rurales. Esto explica el hecho de que tengan un perfil público muy alto. Es muy frecuente ver a los alcaldes directamente involucrados en los eventos, asistir a las inauguraciones, participar en los jurados o premiando a los ganadores de los concursos. Las municipalidades se aseguran, además, de que los pobladores rurales acudan, fletando para ello camiones que los trasladan desde sus comunidades.

Para los pobladores rurales, los festivales también tienen múltiples utilidades. Además de hacer negocios, se trata de una oportunidad para intercambiar noticias y entablar contactos con otros actores del mundo rural cusqueño. Permiten recabar información sobre el precio de los productos agropecuarios, avizorar las oportunidades y contrastar opiniones sobre las novedades del mundo del desarrollo rural cusqueño: quién ha cambiado de trabajo, quién ha sido promocionado, qué líder está en alza y cuál a la baja, etc. Estas conversaciones son clave para conformar la "opinión pública" local. Junto con la influencia de las radios locales, que con frecuencia están presentes y contribuyen a difundir los festivales ganaderos, ayudan a los pobladores de comunidades alejadas entre sí a coordinar sus acciones y establecer los precios que consideran justos para sus productos, en función del contexto de cada temporada. Contribuyen también a conformar sus percepciones políticas y su juicio sobre los diferentes programas y políticas de desarrollo.

Los festivales son importantes además porque permiten anudar las alianzas entre comunidades campesinas, ONG e instituciones estatales. Por su lado, los campesinos acuden a estos eventos ataviados con sus trajes tradicionales. En muchos casos, su presencia en los festivales incluye performances ensayadas previamente, música, desfiles y pequeñas representaciones teatrales alegóricas. Estos esfuerzos son una forma de representarse a sí mismos como asociaciones productivas progresistas y exitosas. En este sentido, si algo caracteriza al paradigma de desarrollo rural cusqueño es precisamente su carácter performativo y visual. Gran parte de sus actividades se llevan a cabo en espacios públicos y están pensadas para ser observadas, tanto por los beneficiarios como por otros actores vinculados al mundo del desarrollo rural. Como resultado, las intervenciones pueden llegar a ser muy elaboradas e incluyen múltiples variedades: concursos basados en sociodramas protagonizados por los propios campesinos, desfiles de madres ataviadas con trajes tradicionales, exposiciones públicas de propuestas, etc. Su preparación es cada vez más sofisticada y puede suponer largas horas de trabajo , ya que se confeccionar las vestimentas, idear y ensayar las presentaciones, asegurar la presencia de todos los involucrados y esperar, a veces durante largo tiempo, entre las bambalinas de los actos oficiales, hasta que llega el momento de salir al escenario.

En la mayor parte de los casos, los propios campesinos son conscientes del carácter ambiguo de su presencia en los festivales, a medio camino entre lo económico y lo político. Sin embargo, asumen su papel como una contrapartida necesaria a cambio de las ayudas que reciben de las ONG y los programas de desarrollo. Son conscientes de que estos eventos son importantes para sus socios. Asistir a ellos y hacer su mejor esfuerzo supone, en los términos utilizados por el alcalde Ttito en la inauguración del festival de Quiquijana, "cumplir con su parte". A esto hay que añadir, además, los propios intereses y ambiciones personales de los líderes de las asociaciones de productores, para quienes los festivales ofrecen una oportunidad de reforzar su papel, pensando en la micropolítica comunitaria. Les permiten proyectarse como líderes solventes, incrementar su capital social y tejer nuevas alianzas que pueden ser útiles en posteriores luchas por el poder comunitario.

Fotografía: Raúl Hernández Asensio.

Festival ganadero en Quiquijana
Concurso de animales previo a la subasta. Al fondo, se observa el estrado de autoridades.

Plata en mano

Los festivales ganaderos permiten a los actores rurales representarse a sí mismos (y ante sí mismos, ya que esta representación no se hace para un público externo) como una sociedad que apuesta por el desarrollo rural. Pueden ser vistos como un ritual social, en el sentido pleno de este concepto. Se trata de eventos que permiten a diferentes actores alcanzar sus objetivos y al mismo tiempo tienen un significado simbólico para el conjunto de la sociedad. Su fundamento es un conjunto de derechos y deberes entrecruzados, que estos actores se reconocen de manera recíproca. Gracias a ello, en poco tiempo se convierten en parte imprescindible de lo que el mundo rural quispicanchino considera el "buen gobierno municipal". Con todo, su gestión cotidiana no es sencilla, ya que existen múltiples intereses divergentes. Un ejemplo al respecto lo encontramos en Ocongate, el otro gran distrito ganadero de Quispicanchi. Aquí, el programa municipal de engorde de ganado se inicia en 2008, con la participación de las comunidades de Lauramarca, Calcca, Yánama, Chacchichaza y Yuminchuk. Son en total cuarenta socios, enumera Arnulfo Vargas, su responsable, en una entrevista realizada en abril de 2009.[9] Como en el caso de Quiquijana, una de las iniciativas estrella es la organización de festivales ganaderos municipales. El primero de estos festivales coincide con las celebraciones del mes agosto, que como veremos más adelante es una fecha destacada del calendario ritual andino. En 2008, se suma una segunda feria anual, que se celebra en diciembre. Este 2009 habrían llegado a participar en este último evento 78 animales, que tras el pertinente concurso son vendidos mediante "remate a martillo". El resultado es un beneficio para los productores, "después de contabilizar todos los costos", que Vargas sitúa entre el 25 y el 50 por ciento.

Estas cifras esconden, sin embargo, varios problemas. El propio dinamismo de la economía supone un incremento progresivo de los costos

9. Entrevista a Arnulfo Vargas, encargado del programa de engordadores de ganado vacuno de la municipalidad distrital de Ocongate, Ocongate, abril de 2009 (realizada por el autor y Ludwig Huber).

de engorde. Vargas señala que los becerros son cada vez más caros. Esto se debería a que "muchos nos quieren copiar en Ocongate, porque han visto que el engorde funciona". El incremento de costos amenaza con dejar fuera del negocio a muchos pobladores rurales, para quienes el engorde está en el límite de sus posibilidades económicas. Deben así invertir en la compra de un becerro y asumir el costo de las "buenas prácticas" de crianza promovidas por las municipalidades y los programas de desarrollo. Para solventar este problema, la municipalidad fleta ocasionalmente camiones para comprar animales al por mayor en las ferias de Combapata y Tinta. Los campesinos pueden aprovechar el transporte para desplazarse y realizar sus propias compras o pueden más adelante adquirir los animales comprados por la municipalidad. Otro problema que preocupa a Vargas es la "infiltración" de acopiadores sicuaneños en las tabladas ocongatinas. Estos personajes actúan ahora de manera más sigilosa. Para adaptarse a la nueva situación, en lugar de presentarse de manera abierta en los festivales municipales, llegan a acuerdos con campesinos locales para que estos compren en su lugar. Esta práctica, oficialmente prohibida, es frecuente en muchas de las tabladas, y para los funcionarios públicos supone un dilema complicado de gestionar: la presencia de intermediarios atenta contra los objetivos de las tabladas municipales, pero su presencia permite reunir la masa crítica de compradores necesaria para que las subastas funcionen y los precios de los animales alcancen un buen nivel.

Para Vargas, la alternativa ideal para enfrentar estos problemas consistiría en llevar los animales a los mercados de consumo. Con el apoyo del Proyecto Corredor, las municipalidades quispicanchinas participan en los últimos años en festivales ganaderos en otras provincias e incluso venden sus productos a los camales de Cusco y Sicuani. Pero Vargas piensa más en grande. Desde su punto de vista, el objetivo a medio plazo debería ser vender en el camal de Yerbateros, en Lima. "Compensa llevarlos a Lima —afirma de manera rotunda—, ya que el pasaje de cada vacuno cuesta 150 soles, independiente de lo que pese". Es un buen negocio por el precio que los animales alcanzan en la capital: "En Lima pagan 11,5 soles por kilo, frente a los 8,5 soles por kilo que pagan en el camal de Cusco". Estas cifras lo hacen sentirse esperanzado, y relata con orgullo la iniciativa emprendida unos meses atrás, cuando el municipio sufragó el traslado a Lima de una veintena de animales. Vista en perspectiva, esta parece sin embargo una alternativa poco realista. El traslado a larga distancia requiere una logística compleja y además obliga a sincronizar los ciclos de engorde. Más allá de los éxitos puntuales relatados por Vargas, el mercado limeño es de momento una alternativa marginal, que no influye de manera determinante, ni en las estrategias de los productores, ni en el precio de los vacunos a nivel local.

En paralelo a los festivales ganaderos y al esfuerzo de trabajadores municipales como Vargas, encontramos también el surgimiento (o resurgimiento en ocasiones) de ferias que podríamos llamar "independientes", ya que se realizan sin la presencia directa de las municipalidades (aunque a veces sí con su autorización). En ellas se negocia gran parte de la producción quispicanchina, que no va a Lima o a Combapata, ni tampoco a los festivales ganaderos municipales. Se trata de eventos quincenales o mensuales, que se celebran en comunidades cercanas a las principales zonas productoras. Su tamaño es más reducido que el de las grandes ferias de Vilcanota, aunque depende mucho de las coyunturas del mercado. Sobre todo atraen a comerciantes provenientes de las provincias altas, especialmente de Sicuani, cuya entrada está vetada en los festivales municipalidades. El gancho es una menor regulación de las negociaciones, que permite mayores márgenes de ganancia para compradores y vendedores. Un ejemplo es la tablada de Tinke, una comunidad situada en la parte alta del distrito de Ocongate.[10] Esta tablada se celebra cada primer domingo del mes, y reúne entre treinta y cuarenta animales procedentes de las treinta comunidades del distrito. Además de ganado vacuno, también es posible encontrar ganado ovino, caballos y mulas. Estas últimas se emplean sobre todo para el transporte de turistas en las rutas del cercano nevado Ausangate, una actividad que, como veremos más adelante, se incrementa notablemente desde principios de este siglo. El movimiento comienza en torno a las siete de la mañana. A

10. Los siguientes párrafos se basan en la observación de campo realizada por el autor en agosto de 2010.

esa hora aparecen los primeros vendedores, precedentes de las comunidades más alejadas. Como en Quiquijana, el escenario es una cancha deportiva, situada en un extremo de la localidad. En la parte superior del recinto, donde en otro contexto estaría situado el público, se concentran los vendedores de animales menores. En la parte baja, separados por secciones, se coloca el ganado vacuno, ovino y porcino. A pesar de que formalmente la municipalidad es la encargada de organizar la tablada, ningún funcionario municipal está presente. No hay registro de asistentes, ni restricciones de entrada al campo ferial. Tampoco existe supervisión, ni se observa ninguna banderola oficial que indique el nombre del evento. No están presentes instituciones públicas, ONG, ni proyectos de desarrollo. No hay promotores haciendo campañas o levantando censos, ni tampoco desfiles coloridos de asociaciones de productores. Todo el interés de los asistentes se centra en la compra y venta de ganado.

A las ocho y media llegan dos camiones vacíos. Los propietarios son acopiadores procedentes de Sicuani. Según señalan, prefieren asistir a la feria de Tinke "porque hay menos competencia que en Combapata". Su estrategia consiste en dispersarse y negociar por separado, a partir de un precio previamente concertado. Cada cierto tiempo se reúnen en torno al camión para intercambiar impresiones y recibir instrucciones. Las primeras horas de la feria son de tanteo. Los asistentes circulan entre los animales, observan sus características y recogen rumores sobre los vendedores que llegarán más tarde o sobre las intenciones de los acopiadores. Espontáneamente se forman corros para comentar las virtudes de cada animal. Los más urgidos comienzan a preguntar los precios, pero todavía no se cierran tratos. José ha venido a la feria en busca de dos chanchitos que piensa revender en Cusco. Don Francisco quiere vender la vaca que ha estado criando desde hace tres meses. Lo acompañan su esposa y su hijo, que no se despegan de su lado. Cuando comiencen las negociaciones, será su esposa quien lleve la voz cantante. Frida trae una docena de ovejas desde Sicuani. Espera venderlas todas para regresar el próximo mes con una nueva partida. Los ovinos son una parte importante del sustento de las familias rurales quispicanchinas, pero no tienen ni el peso económico, ni el impacto simbólico del ganado vacuno. Por lo general, suelen provenir de las provincias altas, especialmente Canchis y

Canas. En este caso, son los acopiadores quienes traen los animales, a veces en los mismos camiones que posteriormente utilizan para trasladar el ganado vacuno.

Hacia las nueve se escuchan las primeras ofertas serias. Todas las ventas se realizan a ojo. No hay ninguna báscula a la vista. Nadie se encarga de la supervisión. Las transacciones implican una ida y vuelta constante, con un cierto sentido ritual que ambas partes parecen respetar en líneas generales, aunque las artimañas no están ausentes. La clave es la "plata en mano". Tras acordar el precio verbalmente, el comprador entrega el efectivo al vendedor, aunque es posible que lo entregado sea algo menos de lo pactado. Se inicia entonces un duelo que puede durar minutos u horas, dependiendo de la paciencia y el temple de ambas partes. El comprador se niega a recibir de vuelta el dinero, alegando que al tomar los billetes el vendedor ha aceptado el intercambio. El vendedor pisa el cabo de la cuerda del animal, para expresar que la compra aún no está concluida y el comprador no puede llevarse el animal. En ocasiones la discusión se encrespa a gritos. En otros casos ambos contendientes se limitan a esperar en silencio. Los billetes pueden cambiar de mano tres o cuatro veces antes de que el trato se cierre. En el caso de don Francisco y su esposa, el comprador trata de obligarlos repetidamente a aceptar un precio menor del apalabrado. Para reforzar su posición, se hace el distraído y da la espalda a la pareja. Espera que los esposos se pongan nerviosos. Mientras se desarrolla esta escena, ningún otro acopiador se acerca a ellos. Pasan los minutos y se incrementa la tensión entre ambas partes, que ven cómo la tablada declina sin que ellos puedan continuar con sus actividades, pero la pareja no cede. El círculo de amigos y vecinos se cierra en torno al acopiador y finalmente lo obligan a anular la transacción. Los billetes vuelven a cambiar de mano y cada uno se va por su lado. El juego vuelve a empezar.

Muchas de estas transacciones se convierten en auténticos espectáculos de sangre fría, que son observados con interés por los demás asistentes. Para quienes no están involucrados en las transacciones, existe un evidente componente lúdico. La tablada es también una manera de pasar la mañana del domingo. Cuando se trata de ovejas y animales menores, la venta se realiza mediante una puja informal en la que

Fotografías: Rafael Nova Arismendi.

Negociando en la tablada de Tinke.

Foto 1 (arriba izquierda)
El comprador entrega la cantidad pactada por el animal.

Foto 2 (arriba derecha)

¡Es menos de lo acordado! La vendedora se da cuenta de que la cantidad recibida es menor de la acordada. Mantiene el dinero en la mano mientras el comprador trata de hacerse el desentendido, conversando con otra persona, probablemente su cómplice. El esposo de la vendedora pisa la cuerda del animal para sujetarlo y dar a entender que el trato no está cerrado.

Foto 3 (abajo)
Finalmente el comprador se ve obligado a aceptar de vuelta el dinero e iniciar de nuevo la negociación. Ahora es la propia vendedora quien pisa la cuerda del animal para indicar su propiedad.

participan tres o cuatro compradores. La acción se mantiene hasta pasado el mediodía, cuando los asistentes comienzan a retirarse. Algunos se van frustrados porque no han encontrado un comprador dispuesto a pagar el precio de sus animales. Otros parecen más conformes, aunque, como siempre, el comentario más común es la dificultad para conseguir "precios justos". Los más satisfechos parecen ser los acopiadores de las provincias altas, que hoy han logrado comprar 14 animales, casi una tercera parte del total del ganado vacuno negociado. No siempre es así, sin embargo. "Bien difícil es comprar acá. Duro negocian", comenta uno de ellos antes de retirarse.

Mercado interno

Tinke es un ejemplo de cómo funcionan las pequeñas tabladas locales que en los últimos años surgen en varios distritos quispicanchinos. Estas ferias son el espacio de confluencia entre los pequeños productores de altura y los potenciales compradores, entre los que se encuentran vecinos de otras comunidades (que buscan ejemplares para engordar y volver a venderlos en plazos relativamente cortos), pequeños emprendedores locales (que se apuran para comprar varios animales y llevarlos a vender a otras ferias o directamente a los camales de Cusco y Sicuani) y acopiadores profesionales (que recorren la provincia, comprando animales para vender al por mayor). Estos últimos suelen ser muchas veces mujeres, que en los años recientes parecen haber ganado bastante protagonismo en el negocio ganadero. Es probable que parte de la plata invertida provenga de los circuitos de contrabando reseñados al principio de este capítulo, en los que las mujeres tienen también un papel central.

A diferencia de las ferias controladas por las municipalidades, en estas tabladas locales predominan las reglas de comercialización tradicionales. No hay supervisión de las ventas y todas las transacciones se realizan al ojo. La posición de dominio de los acopiadores es evidente, recalcada por el empleo constante de artimañas para obtener el mayor beneficio posible. Sin embargo, tampoco se trata de un regreso a las prácticas tradicionales. Demasiadas cosas han cambiado en Quispicanchi, empezando por el propio empoderamiento de los productores rurales.

La principal diferencia radica en que en tabladas como Tinke existe un mayor control social, en contraste con Combapata y otras grandes ferias ganaderas. Por decirlo de alguna manera, aquí los campesinos juegan de locales. La ventaja de los acopiadores se ve amortiguada por su presencia mayoritaria, que condiciona las negociaciones, a veces de un modo muy directo: obligan a los acopiadores a utilizar el quechua y apoyan a sus compañeros mediante, gritos, silbidos o simplemente con su presencia masiva. Se podría hablar de una suerte de solidaridad espontánea, que no existe (o no resulta efectiva) en las ferias de Combapata, Tinta, Cusco o Sicuani. Sin ser completamente equitativas, las negociaciones son mucho más equilibradas.

Para los acopiadores de las provincias altas, estas tabladas también son una buena alternativa. En ellas es más difícil negociar en comparación con Combapata, pero quienes se animan a ir encuentran una menor competencia por parte de otros acopiadores. El éxito de la tablada repercute también en la feria dominical que se realiza a escasa distancia, en la explanada situada frente al nuevo mercado modelo de Tinke. Esta feria tiene dos partes claramente diferenciadas. La primera incluye los negocios permanentes de venta de alimentos situados en el interior del mercado. Son casi treinta de puestos, atendidos por mujeres de la propia localidad o de comunidades cercanas. La construcción es muy reciente y el mercado se ve limpio, ordenado y espacioso. Dispone incluso de un segundo nivel, al que se debe acceder por una escalera de metal, que permite una vista excelente de todo el recinto y de la feria que se celebra en sus aledaños. Los puestos fueron asignados a mujeres locales, "madres de familia", según señala un empleado municipal, siguiendo un riguroso sistema de cuotas por comunidades, "aunque al final —precisa el gerente económico de la municipalidad provincial— muchas de ellas cedieron sus puestos a señoras del pueblo y de Ocongate".[11] Los productos ofrecidos proceden de los mercados de abastos situados en la parte baja de la provincia, Huancaro en Cusco y sobre todo Vinocanchón

11. Entrevista a Hernán Monterrosa, gerente de desarrollo económico de la municipalidad de Ocongate, Ocongate, enero de 2009 (realizada por el autor y Carmen Ponce).

en San Jerónimo. Las campesinas-comerciantes de Tinke bajan a estos mercados varias veces a la semana para adquirir los productos que posteriormente revenden en el mercado modelo local. La oferta incluye una variedad sorprendente de frutas y hortalizas, que dan cuenta de los cambios de hábitos alimenticios que se estarían produciendo en Ocongate y los distritos adyacentes.

Un segundo grupo de negocios son los puestos de venta de productos para el hogar situados frente al mercado. Estos negocios son más precarios, ya que deben desmontarse al final de la jornada. A diferencia del mercado modelo, van y vienen, buscando festivales ganaderos u otros atractivos que atraigan a potenciales compradores. La mayoría ofrece ropa barata procedente de Bolivia y Puno, productos para la nueva despensa familiar andina, azúcar, pasta, aceite, detergente, pasta de dientes, arroz, etc. Los propietarios son casi siempre emprendedores procedentes de las provincias altas, aunque existe un número creciente de negocios atendidos por mujeres de Ocongate y Ccatcca. Esta es una novedad reciente, que evidencia el mayor dinamismo económico de la provincia y el deseo de sus habitantes de incursionar en nuevos rubros de negocio.

En algunos casos, estas ferias minoristas pueden ser calificadas como tradicionales, ya que llevan décadas celebrándose. Otras tienen su origen en el momento posterior a la reforma agraria y responden a la reorganización del espacio económico del sur de Cusco, que tiene lugar en ese momento. Un tercer grupo es más reciente: se trata de ferias que, si bien pueden haber tenido antecedentes previos, solo en los últimos años se convierten en eventos estables. Lo que antes eran celebraciones episódicas, vinculadas a fiestas específicas o a momentos clave del calendario local, pasan a ser eventos semanales o quincenales. Los clientes son campesinos de las comunidades circundantes, quienes aprovechan para vender sus productos en la feria ganadera adyacente y para comprar alimentos, insumos para el hogar, ropa, herramientas e incluso bienes suntuarios, tales como grabaciones de música andina, que desde finales de los noventa se extienden por toda la región gracias a su bajo precio y la progresiva extensión de la frontera eléctrica.

La feria de Tinke atrae sobre todo a campesinos de comunidades aledañas, como Mallma, Mahuayani, Huayna Ausangate, Lauramarca, Collca, Rodeana, Chaupimayo y Maranpaqui. En la parte altoandina, son importantes también las ferias de Ocongate, Ccatcca y Kcauri. Este último es un centro poblado de Ccatcca, que en el ámbito económico supera en importancia a la capital distrital, generando tensiones que se proyectan en la vida política local. Mientras la feria de Ccatcca apenas mueve semanalmente seis mil soles, en Kcauri esta cantidad casi se quintuplica.[12] La feria de Kcauri comienza a celebrarse en 1971, en el marco de la reorganización del comercio quispicanchino durante la reforma agraria.[13] Desde el principio suscita la desconfianza de sus vecinos. La ventaja de Kcauri consiste en que la localidad se haya junto a la carretera, mientras que a Ccatcca se llega por una pista lateral mal asfaltada. Desde el mismo momento de origen de la feria, los habitantes de Ccatcca trataron de sabotearla. En 1974, incluso colocan troncos y piedras en la pista, para obligar a los camiones de transporte a pasar por su pueblo antes de llegar a Kcauri.[14] Aunque menos virulentas, estas rivalidades siguen vigentes hasta la actualidad, como veremos más adelante.

La feria de Ocongate, por su parte, atrae a campesinos de Llullucha, Pamtapallpa, Pacchanta, Pallcca, Puycabamba, Yanama y Pampacancha. En el valle del Vilcanota, destaca la feria dominical de Urcos, la capital provincial. El gráfico 4.4 muestra que se trata de la feria con mayor movimiento económico de Quispicanchi. Reúne más de 400 puestos de ropa y calzado (95 puestos), tubérculos (55 puestos) y frutas (32 puestos), entre otros rubros. Asisten a ella pobladores de los distritos cercanos, como Huaro y Andahuaylillas, y campesinos de las comunidades de Mollebamba, Urcospampa, Muñapata, Pampachulla y Occoran. En esta zona de la provincia, son importantes también las ferias de Quiquijana (que atrae a pobladores de Sachac, Llampac, Hayuni, Accopata,

12. López Gallegos et ál. 2013.

13. *El Comercio* (Cusco), 8 de enero de 1972, "Kcauri-pampa feria semanal".

14. *El Comercio* (Cusco), 4 de diciembre de 1974, "Choferes no quieren ingresar a Ccatcca".

Gráfico 4.4
Número aproximado de puestos en las ferias semanales quispicanchinas

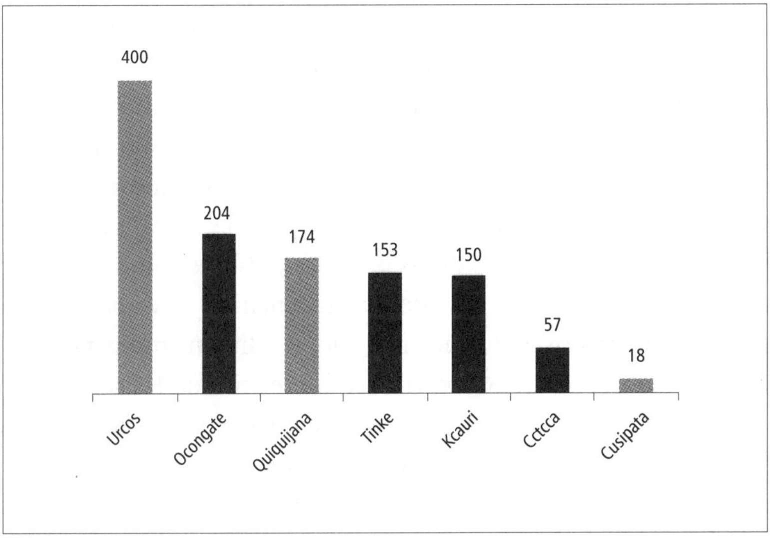

Fuente: López Gallegos et ál. 2013.
Elaboración propia.

Gráfico 4.5
Movimiento económico semanal de las ferias quispicanchinas (en nuevos soles)

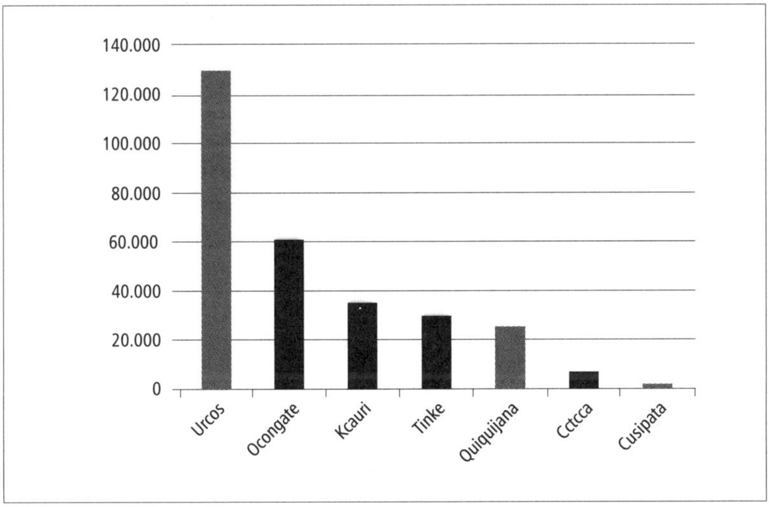

Fuente: López Gallegos et ál. 2013.
Elaboración propia.

Huaccaytaqui, Ccolcca y Ttio, entre otras comunidades) y en menor medida Cusipata.

Estas ferias dominicales se complementan con otras que se celebran de manera eventual, coincidiendo con fiestas locales u otros eventos. Es el caso de las ferias que suelen celebrarse coincidiendo con los días de pago de Juntos, que vimos al principio de este capítulo. Tomados en su conjunto, todos estos espacios de intercambio y comercio pueden verse como evidencia de un aspecto al que por lo general se presta poca atención, tanto desde el lado de las políticas públicas como en el ámbito académico, pero que en el caso de Quispicanchi es clave para entender los cambios ocurridos en los últimos años: el dinamismo generado por el crecimiento del mercado interno. A diferencias de las tabladas y los festivales ganaderos, los compradores que asisten a estas ferias son casi exclusivamente habitantes de las comunidades y distritos aledaños. Se trataría, por lo tanto, de mercados locales en un triple sentido: son locales muchos de los productos que se comercializan, son locales sus vendedores y son locales sus consumidores. En el siguiente capítulo vamos a ver que esta creciente presencia de productores y comerciantes quispicanchinos no se limita al mercado local, sino que se proyecta también en la capital regional, Cusco.

Fotografía: Andrea García.

Dinamización comercial en Tinke

Arriba: feria dominical.
Abajo: nuevo mercado modelo construido por la municipalidad.

5

Carreteras y mercados

Una mañana de 1934, una animada hilera de automóviles y ómnibus sale de Urcos hacia Ocongate. La caravana está presidida por el entonces prefecto del departamento de Cusco, el coronel Jorge Vargas. Lo acompañan dos vocales de la Corte Superior de Justicia, congresistas locales, ingenieros y un buen número de periodistas, incluyendo a los directores de *El Sol* y *El Comercio*, los dos principales medios locales. En Urcos se unen a la comitiva las autoridades quispicanchinas. El motivo de la algarabía es la apertura del primer tramo de la carretera de penetración hacia la selva, que une Urcos con las localidades altoandinas de Marcapata, Ocongate y Ccatcca. Arriba el paisaje es "agreste, desolado, yermo y triste, con apenas un poco de pasto de las alturas y en muy raros lugares raquíticas plantas que luchan contra la inclemencia del tiempo y las ventoleras". En Ccatcca esperan a los visitantes "trescientos jóvenes indígenas militarizados, encabezados por una buena banda de música, ataviados de pintoresca vestimenta, que les da el aspecto de soldados napoleónicos". La ceremonia de recepción es larga y abunda en discursos grandilocuentes. La nueva carretera es, en palabras del gobernador, don Martín Condori, "un anhelo acariciado por los habitantes del distrito, que alejado de los centros de actividad se debatía en el marasmo y la indiferencia". Su inauguración debe permitir que los campesinos altoandinos se sientan "incorporados a los demás pueblos hermanos, brindando todas las fuentes de riquezas, minera, agrícola y ganadera que como ningún distrito está dotado de estos dones de la naturaleza".[1]

Esta visión de la carretera como una herramienta de redención social es compartida también por el jefe de los ingenieros encargados de las obras. Desde su perspectiva, la nueva vía debe "traer el progreso y bienestar a estos aislados pueblos de densa población, que viven olvidados porque no se palpan sus necesidades". Una opinión parecida expresa el corresponsal en Cusco de Associated Press, que unos meses más tarde recorre la carretera, todavía en construcción, que debe unir la capital regional con Puno. "Los caminos en nuestra sierra —escribe— son arterias de progreso y adelanto; debemos pensar que sin estos, nuestra sierra nunca podrá llegar a tomar el ritmo de avanzada y civilización que tienen las ciudades de la costa o sierra de otros países".[2] El objetivo de esta vía era unir las dos capitales del sur andino, reduciendo el riesgo de aislamiento de Cusco, evidenciado por las huelgas ferroviarias de los meses anteriores. "El gobierno, la prensa y todos aquellos que tengan la obligación de hacerlo deben preocuparse de difundir e inculcar el amor y el cuidado que todos los ciudadanos deben tener para los caminos carreteros", concluye el autor.

En este capítulo, analizaremos en detalle hasta qué punto estas expectativas se traducen en la realidad. Desde comienzos del siglo pasado hasta la actualidad, muchas cosas han cambiado, pero la esperanza en torno a las carreteras sigue vigente. Este anhelo es un perenne recordatorio de los desafíos que la naturaleza impone en la sierra peruana. La mejora de las comunicaciones explica buena parte de la historia reciente de Quispicanchi. La reducción de los costos y el tiempo de traslado de viajeros y mercancías transforman la economía de la provincia y tienen un fuerte impacto en las dinámicas territoriales. Junto con el nuevo

1. *El Comercio* (Cusco), 21 de marzo de 1934, "Ayer se inauguró solemnemente el tramo principal de una de las más importantes obras camineras iniciadas por el gobierno de Leguía el Grande".

2. *El Comercio* (Cusco), 8 de septiembre de 1934, "Impresiones a través del camino carretero troncal del Cusco a Puno".

estilo de gobierno local, es el otro gran vector de cambio para la población rural.

Reactivación económica

Al hablar de las provincias altondinas de Cusco, tenemos la imagen casi automática de un territorio inmóvil, atrasado, que siempre hubiera sido igual a sí mismo. Pensamos en una sociedad volcada hacia las actividades agropecuarias y escasamente conectada con las dinámicas urbanas. En realidad, esta imagen es muy parcial. Responde sobre todo a un momento histórico concreto, entre los años cuarenta y setenta aproximadamente, cuando efectivamente toda la sierra sur peruana atraviesa un periodo de ruralización económica y social. Pero no siempre habría sido así. Al revisar los periódicos cusqueños de la década de 1940 del siglo pasado, una de las principales sorpresas es la abundancia de anuncios publicitarios referidos a Urcos y otras localidades cercanas. No se trata de ventas de ganado, ferias agropecuarias u otros negocios similares, sino de algo mucho más sorprendente: productos textiles, especialmente casimires.

La recurrencia de estos anuncios da a entender que las prendas quispicanchinas eran bien conocidas en toda la región sur del país. En ciudades como Cusco, competían con ventaja, en calidad y precio, con las prendas importadas. Un aviso de mayo de 1934 enfatiza este punto: "Urcos: los productos de calidad, prefiéralos siempre".[3] Otro precisaba estas cualidades en el estilo engolado de la época:

> Ofrecemos al público una colección de casimires modernos a precios económicos. Los casimires hechos en Lucre son sinónimos [sic] de duración y de precio económico. Compre un casimir de Lucre y le prestará bastantes servicios. Visítenos y vea nuestro surtido constantemente renovado, *tweeds* para caballero y señoras, alfombras, tapices, frazadas, borlones para pantalones de montar. Setenta y dos años de servicio tras nuestro nombre.

3. *El Comercio* (Cusco), 9 de mayo de 1934.

Marca registrada, Garmendia Hermanos. Sucursales en Marqués 77, Santa Teresa 15 y Santa Clara 1.[4]

Estos anuncios son representativos de un pasado no tan remoto en el que la economía quispicanchina no era exclusivamente agropecuaria. Entre 1870 y 1940, la provincia es uno de los principales centros de producción de los textiles que abastecen las capitales andinas. Los orígenes de esta pequeña y mediana local industria se remontan a la época colonial, cuando existía una importante tradición de obrajes en las provincias del sur de Cusco.[5] Estos talleres eran propiedad de familias cusqueñas o de órdenes religiosas, y se situaban en localidades como Quiquijana, Andahuaylillas y Lucre. Su función era tanto económica como política. Los obrajes eran una fuente de riqueza para los grupos privilegiados de la sociedad colonial y también una de las herramientas habituales de disciplinamiento de los pobladores díscolos. Delincuentes y revoltosos eran con frecuencia condenados a trabajos forzados en los talleres, para castigarlos, paliando de paso la crónica ausencia de mano de obra que afectaba a todos los sectores de la economía colonial andina.

Tras la independencia, la industria textil incrementa su importancia. Es una fuente de empleo y un eje de modernización del mundo rural cusqueño. El antiguo obraje de Lucre da paso en 1861 a una moderna empresa de procesamiento de lana de oveja y alpaca, la segunda más antigua del país. La producción de lana se convierte así en una de las actividades más lucrativas para las haciendas y las comunidades aledañas; emplea a una parte importante de la población y contribuye a dinamizar la economía local. Su funcionamiento propicia mejoras constantes, como la electrificación de las capitales de distrito y la apertura de carreteras.[6] En 1934, la modernización de una pequeña fábrica de textiles situada en la quebrada de Huaro permite electrificar Urcos.[7] El punto culminante es la

4. *El Comercio* (Cusco), 1 de diciembre de 1934.

5. Escandell-Tur 1997.

6. Por ejemplo, en Huaro: *El Comercio* (Cusco), 2 de mayo de 1969, "Luz eléctrica para el distrito de Huaro porporciona la fábrica".

7. *El Comercio* (Cusco), 14 de diciembre de 1934, "Quispicanchi. Urcos: instalación de luz eléctrica".

construcción de un ferrocarril que desde 1908 conecta Cusco con Puno, atravesando la provincia de Quispicanchi. Para facilitar su paso, en 1927 se construye el Puente Rojo de Huambutio, en Lucre, el primer puente de hierro que conecta las dos orillas de esta parte del valle del Vilcanota.

La extensión de las fábricas se vincula también con el auge de ideologías higienistas y regeneradoras, que veían en la actividad industrial una forma de disciplinamiento social de la población rural. En 1912, la visita realizada por un ingeniero a la fábrica de lanas de Huaro evidencia este discurso subyacente. Tras describir con apasionado detalle el funcionamiento de las máquinas y elogiar su modernidad, el autor del texto se centra en el impacto de la actividad industrial para los trabajadores. "Es verdaderamente halagüeño —señala— que industrias que representan un verdadero aliento hayan sido instaladas y lleven a cabo una labor de trabajo y de desarrollo". Los beneficios serían tanto colectivos como individuales. "Los que de de ella salen —continúa— han aprendido algo que despierta en el hombre mayor capacidad para el trabajo: están, pues, preparados para que en el *Sturggle for Life* sus actividades no queden rezagadas por falta de ejercicios y de conocimiento".[8]

La edad de oro de la industria textil quispicanchina dura hasta los años cuarenta, cuando las fábricas entran en crisis debido al menor precio de los productos importados. En este sentido, Quispicanchi, lejos de ser una provincia aislada, puede ser vista como una víctima de los cambios que se producen en la economía global tras el final de la Segunda Guerra Mundial. La decadencia de la pequeña industria local es muy rápida. En el mejor de los casos, algunas fábricas funcionan hasta el periodo convulso de la reforma agraria, pero con una producción decreciente, tanto en cantidad como en calidad. Durante el gobierno militar, las estrategias de reconversión fracasan. En 1969, los obreros se movilizan para pedir la intervención de las autoridades para evitar el cierre. "La fábrica constituye la base económica para la supervivencia de la mayoría de la población —leemos en una nota periodística de la

---

8. *El Comercio* (Cusco), 7 de julio de 1912, T. Monge, "Una visita a la fábrica de tejidos de lana de Huaro".

época— quienes dependen directamente, aparte de la energía eléctrica que suministra al pueblo".[9] La empresa estaba ahogada de deudas y funcionaba muy por debajo de su capacidad. Poco después, se convierte en cooperativa durante un breve periodo antes de su cierre en 1973 en medio de descontentos y huelgas.[10] Este destino es paradigmático de los cambios ocurridos en la provincia en ese periodo. Tras haber sido un referente económico y un foco de modernidad, en la actualidad su historia es casi desconocida. El antiguo local de la fábrica, construido por etapas desde la época colonial, conserva aún cerca de veinte máquinas industriales procedentes de Europa y los Estados Unidos, importadas entre 1880 y 1940. El lugar, sin embargo, está casi abandonado. Su propietario actual, que lo adquirió durante la reforma agraria, carece de fondos para restaurarlo y ponerlo en valor. Sus malas relaciones con las instituciones oficiales han impedido ningún tipo de acuerdo. Lo que podría ser uno de los principales conjuntos de arqueología industrial del país, es en la práctica un peso muerto.

La decadencia de la pequeña y mediana industria textil quispicanchina está acompañada de un repliegue hacia las actividades agropecuarias. El periodo de decadencia coindice con la lucha por la tierra y la reforma agraria analizadas en los capítulos anteriores. Es entonces cuando se consolida la percepción de una provincia fundamentalmente rural y poco integrada a la economía regional. Esta imagen atrasada y aislada de Quispicanchi responde a la realidad de esos años, pero también se alimenta de estereotipos transmitidos tanto por los viajeros que recorren la zona como por el propio discurso de los partidarios de la reforma agraria. Por desconocimiento o por estrategia política, los grupos campesinistas e indigenistas olvidan este pasado industrial y presentan la historia de Quispicanchi como un continuo temporal inmutable. El olvido permanece en gran medida vigente hasta la actualidad. Ni los

9. *El Comercio* (Cusco), 24 de marzo de 1968, "Todavía no dan préstamo para fábrica Lucre".

10. *El Comercio* (Cusco), 3 de eneo de 1973, "Comsión bipartita busca solución al paro en Lucre".

proyectos de desarrollo ni los actores locales incluyen en sus narrativas reflexiones sobre el pasado industrial de la provincia.

Esta situación de aislamiento y ruralización comienza a cambiar nuevamente a finales de los años noventa. Se produce entonces un nuevo reenganche de la provincia a las dinámicas económicas regionales. Sin embargo, se trata de un proceso diferente, en comparación con el dinamismo industrial de las primeras décadas del siglo pasado. Urcos no logra recuperar su papel de motor de la economía quispicanchina. Tampoco existe nada que pueda compararse con el papel jugado previamente por la industria textil como factor de modernización de la estructura productiva. En esta nueva etapa, el eje son los distritos y no la capital provincial. La inserción en la economía regional se basa sobre todo en productos agropecuarios, casi siempre poco elaborados y con poco valor agregado (aunque, como veremos más adelante, existen algunas iniciativas que buscan cambiar esta tendencia).

El reenganche de la economía quispicanchina a las dinámicas regionales se debe en gran medida a la mejora de la conectividad vial. Desde comienzos del siglo pasado, el sur de Cusco se articula en torno a dos ejes viales: la carretera Panamericana, que atraviesa de norte a sur el departamento, uniendo la región con Puno y Bolivia, y la carretera de penetración que comunica con la selva de Madre de Dios, a través de los distritos altoandinos de Ccatcca, Ocongate y Marcapata. En ambos casos, se trata de infraestructuras construidas en las primeras décadas del siglo pasado. En sus orígenes, fueron concedidas con fines económicos, pero tenían también un propósito civilizatorio. Las carreteras debían llevar la modernidad y el progreso a los pueblos atrasados del interior del país. Facilitaban el traslado de mercancías y personas hacia las grandes ciudades, pero también la llegada a las zonas rurales de nuevas ideas y prácticas, que se consideraban más acordes con los nuevos tiempos. Sin embargo, estos objetivos solo se lograron de manera parcial. Durante gran parte del siglo pasado, tanto la Panamericana como la carretera hacia la selva siguieron siendo rutas muy precarias, y las condiciones climáticas hacían muy difícil su mantenimiento. Las distancias eran muy largas y los costos de traslado, altos. Un artículo de 1934 presentaba como un gran avance el hecho de que la ruta hasta Arequipa pudiera hacerse en el futuro únicamente en 25 horas, en lugar de las 40 habituales, "maravilla[n]do su facilidad y el poco costo que representaría para el estado ponerlo en vía de practicabilidad".[11]

El cambio se inicia en los años setenta, cuando se asfalta la Panamericana, que atraviesa los valles del Huatanay y el Vilcanota. Su trazado incluye casi todas las capitales de distrito de la provincia. En 1970, la nueva carretera llega a San Jerónimo y en 1972 a Urcos, donde es recibido con alborozo.[12] En 1980, mil braceros y ocho brigadas técnicas, se reinician las obras hacia Sicuani y Puno.[13] El asfalto permite que nuevas compañías ofrezcan servicios de transporte.[14] En la actualidad, esta es una vía de tránsito muy fluido, incluyendo vehículos colectivos, camionetas rurales denominadas "combi" o "cúster" y ómnibus. A todas horas es posible encontrar movilidad desde o hacia Cusco, a un precio muy asequible, lo que permite una alta movilidad cotidiana de la población. El tiempo de viaje desde la capital regional hasta Urcos es de poco más de una hora. Desde allí hasta Sicuani son dos horas más.

El asfaltado de la carretera de penetración a la selva es más reciente. Pese a la mejoras de la época de Leguía, esta sigue siendo una vía muy peligrosa e inestable durante largo tiempo. Los huaicos ponen en peligro la vida de los pasajeros y dejan aisladas poblaciones enteras, a veces durante semanas. En abril de 1969, uno de estos derrumbes deja 19 víctimas mortales, al engullir varios camiones de pasajeros.[15] Hasta tres meses después no se puede reestablecer el paso.[16] También el estado

11. *El Comercio* (Cusco), 19 de agosto de 1934, "La futura carretera Cusco-Arequipa puede ser recorrida solo en 25 horas".

12. *El Comercio* (Cusco), 7 de marzo de 1970, "Con gran júbilo San Jerónimo recibió carretera" y *El Comercio* (Cusco), 8 de mayo de 1972, "Terminó asfaltado de 43 kms en vía Cusco-Urcos".

13. *El Comercio* (Cusco), 4 de octubre de 1980, "Mil braceros y 8 brigadas técnicas iniciarán trabajos vía Cusco-Juliaca".

14. *El Comercio* (Cusco), 19 de noviembre de 1970, "Una nueva línea de ómnibus presta servicios entre el Cusco y Urcos".

15. *El Comercio* (Cusco), 8 de abril de 1969, "Tragedia de Quince Mil dejó 19 muertos; 4 carros sepultados".

16. *El Comercio* (Cusco), 5 de abril de 1969, "Dentro de tres meses quedará reestablecida vía Quincemil".

de los puentes era calamitoso.[17] Dependiendo de la suerte, el viaje entre Cusco y Puerto Maldonado era una odisea que podía durar veinte días.[18] El asfaltado se produce a comienzos de este siglo, en el marco de un amplio programa de conexión vial entre Perú y Brasil, que entre otras cosas determina que la nueva vía adopte el pomposo nombre de "Carretera Interoceánica". El tramo correspondiente a Quispicanchi termina de construirse en 2007 y permite articular los distritos de Ocongate y Ccatcca con la capital regional. Lo que antes era un viaje que podía demorar casi todo el día, se reduce ahora a tres o cuatro horas. También las ciudades de la selva de Madre de Dios son ahora mucho más accesibles.

Esta mejora de la conectividad es valorada de diferente manera por los habitantes por los habitantes de la provincia.[19] En algunos casos, predominan discursos negativos, que enfatizan el incremento de la delincuencia y la presencia de personas extrañas, que alterarían las dinámicas de las poblaciones rurales cercanas a la carretera. Un foco de preocupación constante es el incremento de la minería ilegal en las zonas de selva, facilitada por la carretera, que permite trasladar insumos de manera más rápida y económica. Los campamentos mineros informales se habrían convertido así en un factor de riesgo, no solo para las zonas directamente afectadas, sino también para los distritos colindantes de la sierra, afectados por el incremento de la delincuencia y la trata de personas. Existe también una suerte de miedo moral, ya que estos campamentos son percibidos como focos de corrupción, prostitución y disolución de los valores. Estas percepciones se arraigan en decenas de historias que circulan en Quispicanchi, imposibles de comprobar en los límites de este estudio, relativas a raptos de niñas, asesinatos causados por la codicia de los mineros o el incremento de los robos en las zonas cercanas a la carretera.

---

17. *El Comercio* (Cusco), 28 de noviembre de 1968, "Puente en inminente peligro: Marcapata".
18. *El Comercio* (Cusco), 26 de febrero de 1969, "20 días emplean en viaje a Pto Maldonado: odisea".
19. Dos estudios críticos al respecto son Dourojeanni 2006 y Fernández 2012.

Otro efecto negativo de la Interoceánica estaría relacionado con la dificultad que encuentran las comunidades rurales para asegurar que sus integrantes más jóvenes participen en las tareas agropecuarias. La posibilidad de hacer dinero rápido y en cantidad los atraería hacia los distritos de selva, dejando abandonadas sus chacras e incluso a sus familias. Debido a esta escasez, el precio del jornal rural se habría incrementado, haciendo más difícil para los pobladores de menores recursos contratar ayudantes en las etapas críticas del ciclo agrícola. El dinamismo económico también habría debilitado los lazos comunales de ayuda mutua. La inflación de precios y jornales habría llegado igualmente a las zonas urbanas, sobre todo a Ocongate, donde la mayor parte de los entrevistados coinciden en que los precios se habrían incrementado exponencialmente en los últimos años. Este hecho se achaca tanto a la presencia de trabajadores asociados a la construcción y mantenimiento de la propia carretera, que demandan servicios de alojamiento y alimentación, como a la existencia en la localidad de establecimientos de compra de oro utilizados por los mineros informales.

Estas críticas están muy extendidas y, con mayor o menor intensidad, son compartidas por una parte muy amplia de la población local. Sin embargo, a la hora de hacer el balance, casi todos los entrevistados señalan tener una imagen positiva de la Carretera Interoceánica, ya que consideran que las ventajas derivadas de su construcción superan a los inconvenientes. Un aspecto particularmente apreciado es el incremento de la oferta de tiendas y bodegas locales. La Interoceánica habría facilitado que más productos estén disponibles de manera regular, reduciéndose notablemente el precio en rubros como ropa, papelería y menaje del hogar (es decir, en los rubros que no son requeridos por trabajadores foráneos y mineros informales). También disminuyen los precios de los insumos agrícolas, ya que ahora existen varios establecimientos de este rubro en Ocongate. Además se valoran de manera positiva las oportunidades de empleo vinculadas a la carretera, así como el menor costo del traslado hacia Cusco y otras ciudades. Como vimos en el capítulo anterior, como resultado de todos estos cambios, las ferias dominicales se habrían vuelto mucho más atractivas para los productores agropecuarios y para los comerciantes, y estarían ahora mejor abastecidas.

El asfaltado de la Panamericana y la Interoceánica potencia un fenómeno que ya era perceptible en las décadas anteriores: el incremento de la población urbana. Aunque Quispicanchi es todavía una provincia rural, casi todas las cabeceras distritales incrementan su población de manera importante. La población urbana pasa del 23 por ciento en 1972 al 36 por ciento en 2007. También se producen desajustes que afectan a la vida política local. Gracias a las carreteras, pueblos que hasta entonces eran secundarios crecen y llegan a superar a las capitales distritales. Son los casos de Ttío, en el valle del Vilcanota, y Kcauri, en la zona altoandina. En este último caso, como veremos más adelante, la mayor importancia demográfica y económica de esta localidad está acompañada de una fuerte tensión con la capital distrital, Ccatcca. Con todo, esta densificación tiene también efectos positivos en ámbitos el acceso a servicios. Agua potable, desagüe y electricidad son ahora más fáciles de instalar. También mejoran los servicios de educación y salud. No solo se trata de que ahora existan más escuelas de primaria y secundaria y más centros de salud en casi todas las capitales de distrito. La facilidad de transporte permite además que estos establecimientos estén mejor provistos, tengan más personal, atiendan durante más horas y cumplan mejor sus funciones. El ausentismo, asimismo, es menor por parte de maestros y personal sanitario.

En contrapartida a estas mejoras, la concentración de la población en torno a las carreteras implica también algunos problemas. Aunque el despoblamiento rural no es tan intenso en Quispicanchi como en otras zonas del país, existe una cierta tendencia al abandono de las localidades más alejadas, especialmente por parte de la población más joven y preparada. Aún no se puede hablar propiamente de un envejecimiento de la población rural, ya que según el censo de 2007 el 49 por ciento de los habitantes rurales de la provincia eran menores de 18 años, pero probablemente la tendencia se consolide en los próximos años. Existen también problemas ambientales derivados del crecimiento rápido y desorganizado de las localidades situadas junto a las principales vías. Un ejemplo es la destrucción de Huacarpay, en el distrito de Lucre, en 2010. Este pequeño caserío se encuentra en una hondonada cercana a la laguna del mismo nombre. Tradicionalmente era solo un punto geográfico, sin apenas habitantes permanentes. El número de casas se multiplica desde finales de los noventa, en parte por su estratégica situación en el cruce entre la carretera Panamericana y la vía que conduce a Paucartambo. En enero de 2010, varias semanas de lluvia provocan el desborde de la laguna y la destrucción de un gran número de viviendas, obligando a los habitantes locales a vivir durante largos meses en carpas provisionales en la ladera de un cerro cercano.

La conectividad impacta también en las relaciones de Quispicanchi con otros centros urbanos situados fuera de la provincia. Hasta finales de los años noventa, Quispicanchi se sitúa en el centro de un triángulo, cuyos vértices son las ciudades de Cusco, Puerto Maldonado y Sicuani. Aunque de tamaño diferente, estas tres localidades son el referente de las dinámicas económicas y sociales de la provincia. Cusco es una ciudad emergente, con más de cuatrocientos mil habitantes y un gran dinamismo económico, gracias sobre todo al turismo. Desde los años cincuenta, recibe oleada tras oleada de inmigrantes, creciendo de manera desordenada, hasta absorber una parte de su periferia cercana. Pueblos que antes eran independientes y tenían una identidad particular, son ahora parte de la gran capital regional. Cusco es también un centro importante de producción intelectual. Cuenta con una destacada universidad, que se encuentra entre las pioneras nacionales en ciencias sociales. La Universidad Nacional de San Antonio Abad es el centro de un mundo intelectual notablemente dinámico en comparación con otras regiones de la sierra, y contribuye a conformar una clase intelectual local muy asentada y fuertemente legitimada.

Puerto Maldonado es la capital de la región selvática de Madre de Dios. Aunque se encuentra a considerable distancia de Quispicanchi, la selva es vista como una tierra de oportunidades, donde es relativamente fácil encontrar empleo e incluso hacer "un buen dinero". Las exenciones tributarias y la diferencia de precios entre sierra y selva son la fuente de innumerables emprendimientos más o menos legales. Pasar dos o tres años en Madre de Dios es casi un ritual de tránsito entre muchos de los habitantes de distritos como Ocongate, Ccatcca y, en general, de todo el valle del Vilcanota, incluyendo la propia ciudad de Cusco. El viaje a la selva es también un recurso de emergencia, cuando los campesinos enfrentan gastos imprevistos o simplemente desean salir de sus localidades por cualquier tipo de problema.

Sicuani es el último vértice de este triángulo. Con poco más de cuarenta mil habitantes, se trata de una ciudad intermedia situada en la parte alta del valle del Vilcanota. Su principal función es la intermediación comercial entre la zona fronteriza de Bolivia y el valle del Vilcanota. Como vimos en el capítulo pasado, los comerciantes sicuaneños controlan las ferias dominicales de casi toda la región. Son ellos quienes abastecen a los campesinos de abarrotes y bienes de consumo, y quienes se hacen cargo de la mayor parte de las cosechas. Sicuani es también un centro de comercio ganadero de primer nivel. Su estratégica situación entre las zonas productoras de ganado, las ciudades del altiplano y Arequipa hace que sea un punto de referencia para acopiadores e intermediarios. Como vimos en el capítulo pasado, es especialmente importante la cercana feria de Combapata, que determina en gran medida la evolución de los mercados ganaderos del sur de Cusco, en la cual los comerciantes sicuaneños tienen un control casi absoluto.

Esta importancia comercial hace que Sicuani sea una localidad percibida de manera ambigua por los habitantes de Quispicanchi. Admiran la capacidad de emprendimiento de los sicuaneños y su tenacidad en la defensa de sus intereses, pero también les reprochan la escasa consideración que muestran por los campesinos altoandinos. De una manera más amplia, Sicuani es vista como un centro de irradiación de la cultura puneña. Como veremos más adelante, este es un tema especialmente sensible en los últimos años, ya que el presunto expansionismo puneño, en detrimento de la cultura "netamente cusqueña", es una cuestión que genera enorme ansiedad en amplios sectores de las élites quispicanchinas y cusqueñas en general.

Este esquema triangular se mantiene hasta finales de los años noventa, cuando se produce un cambio notable: las nuevas vías de comunicación y el crecimiento de la clase media cusqueña potencian el papel de la capital regional, en detrimento de los otros dos referentes. Sicuani y Madre de Dios siguen siendo importantes, pero pierden protagonismo ante la mayor pujanza de Cusco. La capital regional se convierte en el referente casi absoluto. Este cambio se percibe sobre todo en los distritos más cercanos a Cusco, como Oropesa y Lucre. La dinámica cotidiana de esta zona de Quispicanchi tiende a diferenciarse del resto de la provincia. Sus habitantes y autoridades se vinculan de manera cada vez más estrecha a la ciudad de Cusco, en detrimento de Urcos y los demás distritos del valle del Vilcanota. Las consecuencias de este giro no se limitan a la economía, sino que repercuten también en otros planos: la cultura, las relaciones sociales e incluso el ámbito cultural. Oropesa es un buen ejemplo de estas nuevas dinámicas del valle de Huatanay.

En la sierra nos levantamos temprano

Oropesa es una de las pocas localidades de Quispicanchi cuya economía no se basa en productos agropecuarios. Se trata de un pequeño pueblo del valle del Vilcanota, situado aproximadamente a mitad de camino entre Urcos y Cusco. La hora punta son las cuatro de la mañana. Aun antes de que salga el sol, las calles son un hervidero de gente que va y viene, que grita y se apresura hacia los autos que esperan junto a la carretera, estacionados de cualquier manera, con las ventanas casi siempre cerradas para resguardase del frío andino, mientras los choferes ayudan con la carga, buscan clientes o aprovechan los últimos minutos de descanso antes de iniciar la jornada. El motivo de este ajetreo es el pan. Oropesa, con apenas seis mil habitantes, es uno de los principales centros productores a nivel regional. El pan "chuta", como es conocido, se vende tanto en los mercados formales como en las calles de Cusco y otros muchos pueblos de la provincia. Es probablemente el producto más famoso de Quispicanchi y uno de los que genera mayor movimiento económico. Su elaboración y distribución condiciona la economía local y se proyecta también a los ámbitos sociales y culturales. Es quizás el mejor ejemplo de los cambios recientes derivados de la intensificación de las relaciones comerciales entre Quispicanchi y Cusco.

Oropesa es una localidad de aspecto tradicional, de las mejor conservadas del valle del Huatanay. Sus dos iglesias contienen importantes frescos ceremoniales barrocos. También es famoso su carácter reivindicativo, puesto en evidencia en la huelga de panaderos de 1920, uno de los eventos clave en la historia de las reivindicaciones laborales cusqueñas.

La fabricación de pan es una actividad inmemorial, cuyos orígenes se pierden en la nebulosa del recuerdo. Algunas versiones señalan que ya en la época colonial Oropesa era conocida por esta actividad. Otros señalan, sin embargo, que la especialización se habría producido a inicios del siglo pasado, con la apertura de la Panamericana. En lo que todos coinciden es en señalar que en los últimos diez años la importancia del pan se multiplica, hasta el punto de condicionar de manera casi absoluta las dinámicas locales. Parte de la razón de este éxito es el carácter absolutamente descentralizado de la actividad. La producción de pan se basa en un conglomerado de pequeños negocios y emprendimientos familiares o individuales. El pan se produce en hornos con entre dos y cinco trabajadores por turno. Existen más de sesenta de estos hornos, aunque su número exacto es impreciso. Empresas industriales situadas en los alrededores proveen de manteca y harina a los panaderos. La madera utilizada como combustible procede de Madre de Dios y muchas veces es traída de manera ilegal en grandes camiones que vienen de la selva. Casi todos los panaderos y panificadores de Oropesa tienen un pariente, un amigo o un contacto en Madre de Dios para asegurarse este suministro. En ocasiones, los propios dueños de los hornos se encargan de elaborar, distribuir y vender el pan, junto con sus esposas e hijos. Pero lo habitual es que elaboración y venta de pan sean actividades separadas. Cada mañana decenas de comerciantes e intermediarios adquieren el pan en los mismos hornos de Oropesa, contratan taxistas o traen su propia movilidad para trasladar el producto a San Jerónimo, Urcos, Saylla y otros pueblos de los valles del Huatanay y el Vilcanota, donde los revenden a los dueños de panaderías o comerciantes de los mercados más populares. La ruta de distribución incluye también las provincias Anta y Calca, y llega hasta Abancay y Juliaca, a más de doscientos kilómetros de distancia.

Estas actividades suponen una fuente de empleo permanente, tanto para los habitantes de Oropesa como para los distritos vecinos, que acuden diariamente a trabajar en los hornos o a prestar servicio de transporte. La producción de pan permite ingresos constantes para los dueños de hornos, los panaderos que alquilan dichos hornos, los operarios contratados para producir el pan, los intermediarios que trasladan el producto y los conductores de los automóviles encargados de este traslado. En total, según cálculos de la gerencia de desarrollo económico de Oropesa, casi un ochenta por ciento de las familias de la localidad recibe ingresos directos o indirectos vinculados con la producción de pan.[20] En Cusco, el pan de Oropesa se distribuye en los principales mercados minoristas (San Pedro, Almudena y Ccasccaparo) y en puestos ambulantes situados en esquinas y lugares estratégicos de los barrios populares de la ciudad. La comercialización casi siempre está a cargo de mujeres, que pueden ser de la propia localidad, de Cusco o de otros lugares cercanos. En algunos casos, son ellas mismas quienes se desplazan a Oropesa para adquirir el producto que posteriormente venden en la capital. Otras veces lo reciben a través de comerciantes e intermediarios.

La división de funciones según género está muy marcada. Los hombres producen el pan y las mujeres lo venden. Casi no hay excepciones a esta regla. En líneas generales, este es el esquema de funcionamiento del horno Cristo Rey de la familia Dávalos, uno de los más prestigiosos y antiguos de la ciudad.[21] En la actualidad, el negocio está a cargo de don Gerardo, quien señala que lo heredó de sus padres tras su fallecimiento hace cinco años. Para formalizar el traspaso, pagó cincuenta mil soles a sus hermanos por la compra de sus "acciones". Para ello tuvo que recurrir a un préstamo bancario, que su propio hermano avaló. El horno funciona en una típica casa serrana, un local amplio situado en una de las mejores ubicaciones de Oropesa: a una cuadra de la Plaza de Armas, en la calle que conecta el centro del pueblo con la Panamericana. "Es un horno muy conocido —señala don Gerardo— está aquí desde hace más de treinta años. Todos me conocen. No necesito hacerme publicidad". Según don Gerardo, sus clientes son los mismos desde hace décadas. Los heredó de su padre, así como la maquinaria, la infraestructura y las técnicas de elaboración del pan. "Eso es lo importante —indica— cómo

20. Entrevista a Ludwin Díaz, gerente de desarrollo económico de la municipalidad distrital de Oropesa, abril de 2009 (realizada por el autor).

21. Entrevista a Gerardo Dávalos Vargas, propietario del horno Cristo Rey, Oropesa, agosto de 2010 (realizada por Rafael Nova y María Cristina Gutiérrez Cottle).

hace el pan cada uno, porque ahí está la diferencia. Parece que todos hacemos igual —insiste—, pero usted prueba y no es así".

El relato de don Gerardo desvela un negocio que va creciendo poco a poco. Inicialmente su padre trabajaba en el horno de un vecino, que alquilaba por horas. Poco después, viendo que era más rentable, decidió vender la chacra familiar y comprar el local donde actualmente funciona el negocio. Después hubo que construir el nuevo horno, labor que requirió unos cuatro años, mientras la familia reunía los ahorros necesarios para los materiales y la mano de obra, "aunque casi todo lo hicimos nosotros solos", precisa don Gerardo. Esta mejora fue posible gracias a su hermano, quien "es profesional y trabaja en Cusco", que otra vez avaló el préstamo que hizo posible la compra de los materiales. El establecimiento incluye en la actualidad la bóveda (esto es, el horno en sí mismo) y lo que los panificadores oropesinos denominan "el laboratorio", es decir, la sala donde se amasa el pan, se le da forma y se lo deja secar tras la cocción.

En el horno Cristo Rey de los Dávalos trabajan tres familias: las del propietario, un cuñado y un primo. Ocasionalmente también la suegra de don Gerardo se involucra en la elaboración del pan. "Cuando hay lluvia, en época de lluvia, siempre sale más pan", afirma. "Será que la gente se queda en sus casas, tomando su lonchecito". Cuando la capacidad de la familia se ve sobrepasada, contratan ayudantes locales, a quienes pagan entre seis y ocho soles por cada turno de dos horas, según trabajen en el laboratorio o en la bóveda. El movimiento empieza muy temprano todas las mañanas. A las cuatro el propietario y sus ayudantes encienden los hornos y comienzan a trabajar. Su esposa se levanta a la misma hora. Ella es quien se encarga de llevar los panes a Cusco, donde los distribuye a clientes fijos en panaderías y puestos de venta ambulante. Las entregas deben realizarse antes de las cinco de la mañana porque "usted sabe, en la sierra nos levantamos temprano". El pan que doña Elvira lleva a Cusco corresponde al día anterior, ya que para que adquiera su gusto y textura característicos, la chuta oropesina debe dejarse secar varias horas antes de consumirse.

Don Gerardo se dedica sobre todo a lo que denomina "pan popular", una versión más barata de las características chutas. Cada pieza se vende en Cusco a veinte céntimos, y es posible encontrarlas en la mayor parte de los establecimientos, tanto en las zonas periféricas como en el centro de la ciudad. Cada día utiliza ochenta kilos de harina, que adquiere a la cercana factoría de una conocida empresa nacional. Para don Gerardo, esta fábrica fue una bendición. No solo abarató el insumo básico, que supone la mayor parte de sus costos de funcionamiento, sino que también le permitió contar con un suministro más seguro. Antes, según señala, dependía de sus vecinos para adquirir la harina o debía viajar personalmente a Cusco para comprarla. Los precios fluctuaban con frecuencia, lo que hacía que el negocio fuera más azaroso. "Da pena pensar que ya no vamos a la chacra —reflexiona cuando se le pregunta por este tema—, pero la verdad es que ahora estamos mejor".

La hora punta de actividad familiar concluye hacia las nueve. Si no tiene otras tareas que realizar, a esa hora doña Elvira regresa de regresa de Cusco, prepara a sus hijos para que vayan a la escuela y desayuna con su esposo, quien para entonces ya ha terminado de preparar el pan que ella venderá al día siguiente. Pero el negocio no concluye allí. El resto del día don Gerardo alquila su horno a otros panificadores, quienes, como le ocurría antaño a su familia, no tienen horno propio. Los turnos de alquiler son de dos horas, e incluyen tanto la madera que se consume en el horno como la ayuda de un maestro hornero. El costo de estos turnos era de 28 soles en el momento de la entrevista, en agosto de 2010. Para tener beneficios, la mayoría de los arrendatarios prefieren elaborar pan chuta, que pueden vender más caro. Según don Gerardo, lo llevan a vender a "Andahuaylas y Apurímac", aunque "yo ahí no me meto, es su negocio".

Los beneficios combinados de la venta de pan y el alquiler del horno permiten a don Gerardo y su familia vivir mejor. Las tareas manuales son más limitadas gracias a la maquinaria nueva que han podido comprar con sus beneficios. La elaboración del pan le lleva menos tiempo, y "ya no tenemos que tener todo el día el horno encendido". El tiempo libre del que ahora disponen lo emplean en las tareas del hogar, en descansar o en buscar nuevas oportunidades de negocio. Las decisiones, según señala, las toman en conjunto él y su esposa. "Ella viene también de una familia de panaderos y sabe igual que yo". Pese a todo, reconoce que no llevan una contabilidad demasiado clara y que no siempre son conscientes de sus gastos. Incluso han dejado de utilizar el RUC del que disponían, ya que "nadie nos pide". Son, por lo tanto, panaderos informales, al igual que gran parte de sus vecinos. "La municipalidad nos quiere registrar —señala—, tenemos nuestra asociaciones, pero no todos quieren participar, porque tienen miedo de que les vayan a poner impuestos".

Durante la entrevista, don Gerardo y su esposa insisten varias veces en el carácter tradicional de su horno. Están orgullosos de que sea uno de los más antiguos de Oropesa, ya que cuando se construyó apenas había una decena en la localidad. "No como ahora, que son más de cincuenta, y cada año se abren más". Su objetivo para los próximos años es ampliar el negocio con un "restaurante típico". Quieren también habilitar algunas habitaciones de su vivienda para adentrarse en lo que denominan "turismo vivencial". En su visión, los turistas convivirían junto con la familia y aprenderían el ciclo de producción del pan. Esta perspectiva no les parece tan lejana, ya que en los últimos años han recibido a varios grupos invitados por instituciones oficiales, a quienes han mostrado sus habilidades. Incluso recuerdan la visita del "señor embajador de Polonia", invitado por una ONG local. El propio horno ha sido modificado para dotar de agua caliente a la vivienda, aprovechando lo que don Gerardo define como "unas caídas de agua de origen inca que tengo en el interior de mi terreno".

El relato de don Gerardo toca varios puntos relevantes para comprender el auge actual de la producción de pan en Oropesa: prestigio previo, conectividad, flexibilidad laboral, informalidad, abaratamiento de los suministros, complejización de la cadena de producción y venta. Estos aspectos están presentes en casi todas las entrevistas, tanto con panificadores como con especialistas en desarrollo. Se podría decir, en este sentido, que Oropesa es casi un ejemplo perfecto de articulación de una localidad rural a un mercado urbano dinámico. El pan permite a la mayoría de sus habitantes vivir mejor que sus vecinos de otros distritos. Por supuesto, también existen tensiones. La red de producción y venta de pan incluye ahora a más actores que en las décadas anteriores. Lo que antes era un negocio basado en relaciones familiares tiende a convertirse en algo más complejo. La extensión de la práctica del alquiler de hornos se traduce en un distanciamiento entre panificadores (dueños de hornos) y panaderos (quienes elaboran pan en un horno alquilado). Ambos colectivos forman asociaciones separadas y comienzan a identificar sus propios intereses de grupo. Las tensiones se reflejan en temas como la asignación de salarios o el reparto de los costos de producción. Existe también un creciente recelo respecto a lo que se considera una excesiva presencia de panaderos de otras localidades. Don Gerardo y sus colegas se critican además la apertura en los últimos años de varios restaurantes y tiendas de venta de pan, situados en la carretera Panamericana. Estos establecimientos tienen una factura moderna, con carteles muy llamativos y a veces hasta dos pisos, pertenecientes en su mayoría a empresarios de fuera de la localidad. Muchos panaderos locales los ven con malos ojos, ya que compiten con ellos en el abastecimiento de los mercados cusqueños y además consideran que su construcción rompe con la estética y el estilo de la localidad.

Estas críticas no siempre son correctas (en realidad, varios de los locales más importantes son propiedad de oropesinos), pero traslucen la ansiedad por lo que un sector de la población percibe como un cambio demasiado rápido en su localidad. Un efecto colateral del éxito del pan en los últimos años es el creciente abandono de las actividades tradicionales. Son pocos los habitantes de Oropesa que siguen dedicándose a la agricultura. La mayoría de ellos prefieren alquilar o vender sus tierras. El gráfico 5.1, basado en nuestra encuesta de 2010, muestra que las actividades primarias constituían más del 40 por ciento del ingreso promedio de los hogares oropesinos hace un cuarto de siglo. Su importancia decrece al 20 por ciento cuando se pregunta a los encuestados por diez años atrás, y a poco más del 10 por ciento en el año 2010. En contraste, se incrementa la importancia del trabajo asalariado y el sector servicios. Estos dos últimos rubros comprenden básicamente la elaboración de pan. El gráfico 5.2 muestra que este es el distrito donde la población rural disminuye más rápidamente en las últimas décadas. Pasa del 52 por ciento en 1972 al 11,4 por ciento en el último censo nacional de 2007. Esta cifra supone casi seis veces menos que la población rural promedio de la provincia de Quispicanchi (64,8 por ciento).

Gráfico 5.1
Abandono de actividades tradicionales en Oropesa

Evolución de las fuentes de ingresos de los hogares.
Porcentajes sobre el total de ingresos de los hogares-promedio

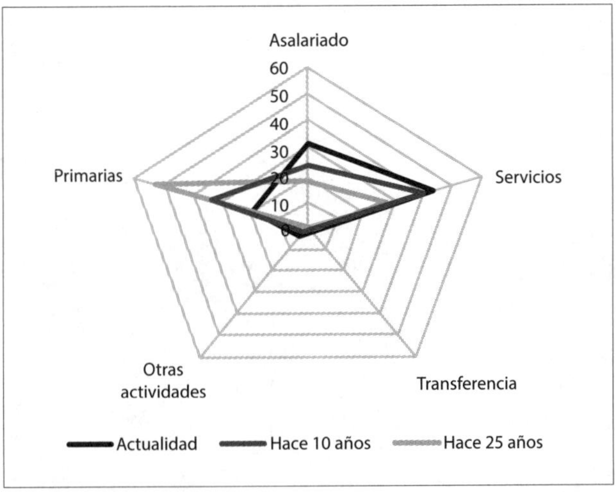

Fuente: Encuesta IEP 2010.

Gráfico 5.2
Abandono de actividades tradicionales en Oropesa

Evolución del porcentaje de población rural en Oropesa y el conjunto de la provincia de Quispicanchi

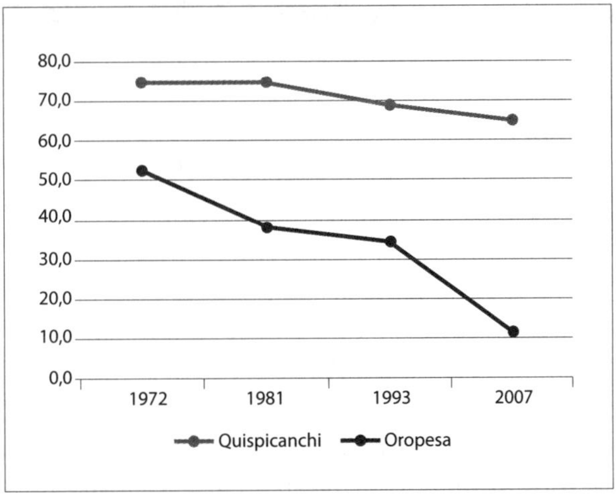

Fuente: INEI-censos nacionales.

Fotografía: Rafael Nova Arismendi.

Monumento que representa a la vendedora mestiza de pan,
situado en la Plaza de Armas de Oropesa.

Oropesa es una de las localidades del valle del Huatanay donde con mayor fuerza se observa la adquisición de terrenos para segunda vivienda o para conjuntos habitacionales ligados a la ciudad de Cusco. Aunque este es un proceso incipiente, es posible que en los próximos años contribuya a cambiar la fisonomía de la localidad de manera importante. El impacto de la industria panadera se percibe igualmente en el ámbito cultural. De manera progresiva, el pan anula o subsume los demás referentes identitarios oropesinos. Un reflejo de esta corriente es la reciente instalación de un monumento a la "mestiza panadera" en la Plaza de

Armas de la localidad. Sintomáticamente, la estatua representa a una vendedora de pan, y no a un hornero, panadero o panificador. La protagonista tiene un niño de corta edad a su costado y luce la indumentaria femenina típica de Oropesa: camisa blanca con bordados, falda ancha de color rojo y sombrero de copa alta, de color blanco, con una cinta y una flor de tela roja al costado. Los dos personajes tienen en sus manos sendas chutas. El conjunto lo completa una portada colonial, con flores grabadas, y una canasta de gran tamaño, igualmente repleta de chutas.

La posición central de esta estatua, entre la iglesia y el local de la municipalidad, es un ejemplo de la importancia del pan en la identidad oropesina. Muestra además un proceso que también es común en otras localidades de Quispicanchi: la creciente imbricación entre identidades productivas e identidades étnico-culturales. Oropesa es una localidad conocida por su carácter mestizo, una particularidad importante en una provincia con población mayoritariamente quechuahablante. Este elemento racial se mezcla con el pan como elemento icónico, para construir de manera consciente una identidad distintiva frente a otros distritos. En este sentido, Oropesa es probablemente la única localidad de la provincia que tiene en los monumentos de su Plaza de Armas un elemento característicamente colonial, como es la portada de esta escultura.

Mayoristas, minoristas y productores

El éxito del pan de Oropesa se debe a la confluencia de tres factores: (i) relaciones de producción muy flexibles, que permiten adaptarse a las alzas y bajas del mercado; (ii) reducción de los costos de producción, gracias a las carreteras y a la instalación de fábricas industriales de harina; y (iii) la existencia de lo que en términos de mercadeo sería una imagen de marca colectiva muy asentada. El pan de Oropesa era famoso antes del auge actual y está asociado a una imagen de calidad, excelencia y singularidad del producto. El asfaltado de la Carretera Interoceánica abarata la leña procedente de Madre de Dios y el buen estado de la Panamericana permite viajes rápidos y continuos a Cusco. Un aspecto adicional a considerar es que se trata de un negocio que se desarrolla prácticamente al margen de los esfuerzos de las municipalidades y los programas de desarrollo. Estas instituciones colaboran únicamente en la difusión del producto, organizando festivales o campañas en busca de nuevos mercados. A diferencia del negocio de engorde de ganado que vimos en el capítulo anterior, las municipalidades no se involucran directamente, ni subvencionan la producción. El negocio del pan funciona y es rentable por sí mismo, sin necesidad de estos apoyos.

El pan de Oropesa es un caso excepcional, pero no único. En los últimos años, encontramos también muchos otros productos quispicanchinos que pugnan por posicionarse en los mercados regionales. Se trata de un proceso que corre en paralelo con la propia modernización de los centros de acopio, distribución y venta de productos agropecuarios. Los recintos tradicionales, muchas veces poco más que pampas de tierra con tenderetes provisionales, son sustituidos por edificios de material noble, dotados de agua potable y de desagüe, y con mejores medidas de seguridad. Son los llamados mercados modelo. El de Tinke, que vimos en el capítulo pasado, es un ejemplo al respecto. También existe un mercado similar, relativamente reciente, en Urcos. En la mayoría de los casos, estos mercados modelo son promovidos por las municipalidades, que apuestan por diferentes fórmulas para asegurar que los productores acudan a ellos. Desde su punto de vista, estas iniciativas son parte de su esfuerzo por proporcionar mejores oportunidades a los pobladores rurales. De ahí que su funcionamiento esté pautado por principios similares a los que vimos anteriormente en las ferias ganaderas, es decir, por la combinación entre búsqueda de la rentabilidad económica y preservación de la cohesión social, de acuerdo con los principios de la economía moral andina. Las cuotas para el uso de los puestos son moderadas, e incluso las municipalidades donan los espacios a las asociaciones de productores, que los distribuyen de manera rotativa o mediante alquiler a sus socios.

Para los habitantes de Quispicanchi, el más importante de estos nuevos mercados modelo se encuentra, paradójicamente, fuera de la provincia. Se trata de Vinocanchón, el nuevo mercado modelo de San Jerónimo, un pequeño pueblo cercano al límite entre Quispicanchi y Cusco, pero administrativamente situado en esta última provincia. Esta era una idea que llevaba décadas gestándose. El 1971, existía ya un proyecto al respecto.[22] Desde su inauguración en el año 2000, Vinocanchón reúne cada día a más de mil trescientos productores minoristas y casi trescientos mayoristas. Juega a su favor su ubicación estratégica, junto a la carretera que une Urcos y Cusco. Otra ventaja es su diseño, que habría tenido en cuenta las preferencias y costumbres de los pobladores rurales en temas como la distribución de las mercancías o las rutas de acceso, carga y descarga. En esta misma dirección apunta la política de tasas, que pide a los minoristas pagos muy bajos en comparación con los de otros mercados cercanos. Explícitamente, la idea es hacer de Vinocanchón un "mercado popular", ajustado a la idiosincrasia de los productores rurales, "en el que puedan sentirse cómodos para negociar sus productos con justicia".[23] "Se paga por metro cuadrado", comenta Wilhelm Soto, administrador del mercado, en una entrevista realizada en octubre de 2011.[24] "En la zona mayorista, el pago es del 0,81 por ciento de la UIT por metro cuadrado por el año, y se tienen *stands* desde 7 hasta 18 metros cuadrados. En la zona minorista, casi un ochenta por ciento de los *stands* son de 4 metros cuadrados y pagan 22 soles anuales por metro cuadrado. En la sección comidas y carnes, también es 22 soles por metro cuadrado, pero ahí ya son 5 metros o un poco más. El más grande de la zona minorista mide 7 metros cuadrados. Para el caso de las comunidades, pagan por el sitiaje correspondiente un sol los domingos y cincuenta céntimos los demás días".

Estas tasas pretenden hacer de Vinocanchón un mercado atractivo para los pobladores rurales, quienes podrían ofrecer sus productos directamente a los consumidores urbanos, sin necesidad de intermediarios. Para ello el mercado se divide en tres áreas, perfectamente identificadas y delimitadas: mayoristas, minoristas y productores. En teoría se trata de categorías excluyentes. Para evitar la competencia desleal, un

---

22. *El Comercio* (Cusco), 22 de enero de 1971, "Mercado de productores proyecta distrito de San Jerónimo".
23. Entrevista a Ángel Elías Paullo, coordinador del área de desarrollo local del Centro Guamán Poma de Ayala, Cusco, abril de 2009 (realizada por el autor).
24. Entrevista a Wilhelm Soto, administrador del mercado de Vinocanchón, octubre de 2011 (realizada por Rafael Nova Arismendi).

minorista no puede vender en la zona de productores y mucho menos un mayorista. Sus productos tampoco pueden ser revendidos en esta sección, que únicamente debe acoger productos provenientes de las propias comunidades. Según Soto, la clave para que este esquema funcione consiste en asegurar un movimiento suficiente de vendedores y compradores durante toda la semana. La red de abastecimiento abarca no solo las provincias cusqueñas, sino también otros departamentos, como Puno, Arequipa o Apurímac. "Los lunes y martes vienen comerciantes de Puno, alrededor de veinte o treinta camiones pequeños, que llegan y se van ese mismo día. Los miércoles y jueves vienen de Puerto Maldonado, tráiler o semitráiler", explica Soto. "Los viernes vienen de Arequipa y de Andahuaylas, aunque no todas las semanas, según lo necesiten. Los mercados de Cusco vienen el día martes. Inclusive vienen camiones de otros mercados mayoristas a vendernos a nosotros".

Esta presencia constante de intermediarios y mayoristas de otras localidades permite que Vinocanchón esté siempre bien abastecido. Incluso se pueden encontrar productos que no son de temporada a precios mucho más bajos que en Cusco. Es también una oportunidad para los productores quispicanchinos. "Se genera una serie de enlaces entre todos —continúa Soto— que pueden convertirse en nuevas oportunidades para los campesinos, para que incrementen sus ingresos y reciban un precio justo por sus productos".

Los productores campesinos que venden directamente en Vinocanchón proceden del propio distrito de San Jerónimo, además de otras comunidades limítrofes de las provincias de Quispicanchi y Paucartambo. El domingo es el día preferido para realizar las ventas. Los productos más demandados son papa, cebolla, huacatay y zanahoria. También tienen una fuerte demanda las hierbas aromáticas y medicinales, que se venden junto a la entrada principal. "La gente viene a llenar la canasta familiar. Los domingos hay gran cantidad de personas dando vueltas", indica Soto. "Ahí es donde la comunidad pueden hacer su negocio".

La combinación de este público atraído por la amplia oferta del mercado y por sus precios competitivos, junto con los bajos costos de transacción y la existencia de un ambiente regulado y controlado, debería permitir a los productores locales incrementar sus ingresos, más aún cuando el apoyo municipal hace posible que una parte de los gastos de funcionamiento del mercado, que en teoría deberían ser asumidos por los propios vendedores, incluyendo a los campesinos, estén subvencionados. El éxito, sin embargo, no es total. Soto y Paullo coinciden en que, pese a las buenas intenciones de sus promotores, aún persisten problemas importantes que impiden que Vinocanchón se traduzca en la práctica en cambios significativos para los productores locales. "El problema básicamente de las comunidades —señala Soto— es que no tienen producción constante, solo estacional; entonces, eso no los hace muy competitivos".

La falta de especialización de la mayoría de los productores y sus escasos márgenes de ganancia hacen que muchos días la parte del mercado reservada a los minoristas presente un panorama desangelado, en contraste con el resto de las instalaciones. Según Soto, unos mil productores tienen asignados puestos permanentes en Vinocanchón, pero son pocos los que acuden de manera regular a vender sus productos. La mayoría prefiere dedicarse a otras actividades, y solo se acerca al mercado modelo algunos domingos. Su falta de interés abre la puerta a lo que Soto denomina "falsos comuneros", es decir, vendedores de origen urbano o comerciantes profesionales, que se aprovechan de las ventajas que Vinocanchón ofrece a los productores rurales para vender los productos adquiridos en otros mercados, o en las comunidades, como si fueran propios. El problema, se lamenta Soto, es que "no se tiene identificado quién es productor o rescatista".

Los falsos comuneros aprovechan la amplia la tolerancia que permiten las normas del mercado para colarse en zonas que no deben. "Muchas veces, a las cinco de la mañana, a la hora que llegan, cogen las sobras de los comerciantes de Arequipa y hacen el ademán de cambiar de costal. Es papa de Andahuaylas, pero la venden como papa de su comunidad. No hay registro: solo entran y se ponen a vender". Esta situación es de difícil solución, ya que implica un dilema para los gestores del mercado modelo: deben decidir entre aumentar el control interno, con el riesgo de ahuyentar a los pocos productores locales que todavía acuden a Vinocanchón, o bien asumir la presencia de estos falsos comuneros como un mal menor. El punto clave es la desconfianza de fondo que muchos productores siguen teniendo respecto a estos espacios de comercialización masiva. Son conscientes de que se trata de un mercado diferente, pero al mismo tiempo desconfían de que a mediano o largo plazo, una vez que se hayan acostumbrado a vender en Vinocanchón, se les incrementen las tasas o, peor aún, se les obligue a regularizar su situación fiscal, haciéndoles "vender con factura" o pagar impuestos. Este temor hace que miren con desconfianza casi cualquier iniciativa que implique un mayor control por parte de la gerencia del mercado o de la municipalidad.

Este tipo de malentendidos son frecuentes en Quispicanchi. Como en el caso de las ferias ganaderas que vimos en el capítulo anterior, los mercados modelo promovidos por las municipalidades apuestan por una economía política progresista, pero también suponen dilemas que no habían sido previstos por sus promotores. Pese a los esfuerzos de la municipalidad de San Jerónimo y de la propia gerencia del mercado, Vinocanchón es un proyecto a medio cristalizar. La idea de un "mercado popular" es más una aspiración que una realidad. El innegable éxito comercial no se traduce todavía en un impacto apreciable en cuanto a inclusión o incremento de los ingresos de los pobladores rurales.

Otro elemento adicional a considerar son los impactos no previstos que estos nuevos mercados tienen en los circuitos comerciales de la provincia. La posición estratégica de Vinocanchón facilita la entrada de productos agropecuarios de otras regiones, que hasta entonces habían tenido poca incidencia en la economía quispicanchina. El mejor ejemplo es el caso de la papa. Vinocanchón no solo concentra la producción de todas las provincias de la región, sino también de otras regiones, fundamentalmente Andahuaylas y en menor medida Barranca y otros valles de la costa. Miles de kilos se venden cada día a comerciantes minoristas que trasladan las papas en vehículos alquilados a Cusco o en dirección contraria, a localidades de Quispicanchi, como Urcos, Ocongate y Ccatcca, donde las venden en los mercados locales de abastos y en las ferias semanales. El resultado es un perjuicio evidente para los productores locales. La papa quispicanchina desaparece de los mercados y vuelve a ser casi exclusivamente un producto de autoconsumo o para pequeñas transacciones entre vecinos. La misma suerte corren otros

Incremento de la demanda cusqueña de productos agropecuarios.
Mercado semanal de Huancaro en las afueras de Cusco.

productos, como la fruta. Es muy frecuente ver a acopiadores quispicanchinos y minoristas que se abastecen en este mercado y posteriormente revenden las frutas en las ferias dominicales de Ocongate, Kcauri, Tinke, Urcos y Quiquijana. Un caso destacado es la piña procedente de Quillabamba (selva norte de Cusco), que en los últimos años se convierte en un alimento cada vez más frecuente en la dieta de las familias de la parte alta del territorio.[25]

25. La piña es un buen ejemplo de los cambios en los hábitos alimenticios de muchos de los habitantes de Quispicanchi. La fruta se usa sobre todo para preparar refrescos y jugos. Se trata de una práctica introducida originalmente por los empleados de las ONG y los programas de desarrollo que llegan a la provincia en los años setenta. Su consumo se convierte para los habitantes locales en un emblema de estatus. Se la considera más "sana" que otros productos locales empleados para los mismos fines. En los últimos años, se incrementa nuevamente su consumo, en gran parte por la demanda de los trabajadores empleados en la construcción de la Carretera Interoceánica.

Dependiendo de los días

Si Vinocanchón muestra los límites y dificultades de la articulación directa de los productores rurales con los mercados urbanos, en otros ámbitos la situación puede ser incluso más comprometida. Los productos quispicanchinos se venden también en los mercados cusqueños tradicionales, como Ccascaparo, Racsa, Huancaro, Wanchaq o San Pedro. Este último mercado se sitúa en pleno centro de la ciudad, a tres cuadras de la Plaza de Armas. En sus puestos es muy común encontrar productos como el pan chuta de Oropesa o las flores de Quiquijana. Otra opción para los productores quispicanchinos consiste en vender a acopiadores, ya sean procedentes de la propia provincia o de Cusco. Casi todos los campesinos combinan estas diferentes alternativas. Dependiendo de las circunstancias, pueden llevar directamente sus productos a la capital regional, donde obtienen mejores precios, a ferias o mercados locales, o vendérselos a acopiadores e intermediarios. La primera opción es la preferida, pero casi nunca es viable para un productor individual. El costo de llevar los productos a Cusco y competir allí con otros productores es demasiado elevado para un emprendimiento familiar altoandino. Incluso para una asociación de productores es difícil acceder por sí misma a los mercados cusqueños, que suelen ser espacios con normas preestablecidas que restringen quién puede vender y dónde, el tipo de transacciones que están permitidas, los precios y las condiciones de entrada de los productos.[26] Como ocurre con las ferias ganaderas tradicionales, los productores altoandinos se quejan con frecuencia de abusos y discriminaciones, que atribuyen a su condición de pobladores rurales quechuahablantes. Se quejan también del control que ejercen en los mercados cusqueños los comerciantes de otras provincias con más tradición o con mejores redes de contactos. Cuando deciden ir Cusco a vender sus productos, según señalan, no solo deben enfrentar la competencia de otras comunidades, sino también el desprecio de los cusqueños, la hostilidad

26. Una caracterización completa del funcionamiento de estos mercados en Seligmann 2004.

Gráfico 5.3
Unidades agropecuarias productoras de leche sobre el total de unidades agropecuarias de cada distrito

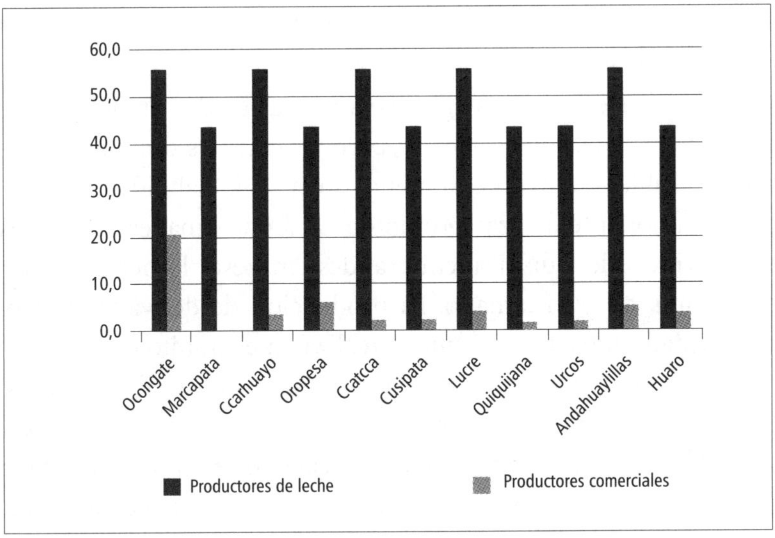

La categoría "productores comerciales" agrupa las siguientes actividades: venta al público, venta a plantas industriales, venta a porongueros y autoinsumo.

Fuente: INEI-Cenagro 2012.
Elaboración propia.

de sus pares de otras provincias y el bloqueo a sus iniciativas por parte de comerciantes más consolidados.

Un ejemplo de la manera en que estos problemas se conjugan son los emprendimientos enfocados en productos lácteos, un rubro que, como vimos en el capítulo anterior, se convierte en los últimos años en parte importante de la dieta de los habitantes de la capital regional. Los lácteos suponen en la actualidad el diez por ciento del gasto anual promedio en alimentos de las familias cusqueñas. Se trata sobre todo de quesos y yogures, cuyo consumo se extiende también a las capitales distritales e incluso en las propias comunidades. En contrapartida, se incrementa también de manera notable la producción, sobre todo en los distritos altoandinos. El gráfico 5.3 muestra que en Ocongate el 55 por ciento de las unidades agropecuarias producen leche. Este distrito es también el que tiene mayor orientación comercial de la producción. En casi el 38 por ciento de las unidades agropecuarias productoras, la leche tiene como destino principal actividades comerciales diferentes del autoconsumo. Este porcentaje es muy superior al registrado en cualquier otro distrito de la provincia.

La venta de leche es un negocio con ventajas y desventajas: es menos rentable que el engorde de ganado, pero los ingresos son más continuados y previsibles. Su éxito está menos sujeto a la habilidad negociadora y al componente de azar propio de las ferias ganaderas. No existen en la provincia de Quispicanchi grandes empresas lecheras, ni plantas procesadoras de gran tamaño. La producción de derivados lácteos es una actividad semiartesanal, que se realiza en el ámbito doméstico. Los productores de leche tienen dos opciones: elaborar ellos mismos los productos o bien vender su producto en bruto. En este último caso, los compradores pueden ser acopiadores locales, que utilizan la leche para elaborar ellos mismos quesos artesanales, o bien intermediarios que la llevan a la capital regional. Estas dos opciones suelen combinarse de acuerdo con las coyunturas del mercado. Una tercera alternativa consiste en agruparse en asociaciones de productores, apoyados por alguna ONG o programas de desarrollo, para elaborar productos de mejor calidad, que son vendidos en ferias locales, a acopiadores o en las tiendas abiertas por las municipalidades rurales en los últimos años.

El caso más notable de reorientación de la actividad familiar hacia los derivados lácteos es la comunidad de Yanama, en Ocongate. De aquí proceden buena parte de los quesos que se venden en la tienda que la municipalidad tiene en la Plaza de Armas de Ocongate. También son de Yanama los quesos de las ferias dominicales de Ccatcca, Kcauri, Ocongate y Tinke. Estos productos son parte de un proyecto promovido por el Proyecto Corredor y la municipalidad de Ocongate para crear una marca colectiva territorial, denominada "Productos del Ausangate". Aun así, se trata casi siempre de una actividad complementaria a otras. Pocas veces existe una real especialización de los productores. Un ejemplo es la familia de Felipe Cutipa, quien regenta una tienda abierta al público, situada junto a la carretera que lleva de Ocongate a Yanama.[27] El suyo es probablemente el caso más exitoso de especialización familiar en producción de derivados lácteos. Felipe se dedica a este negocio desde hace tres años. Al principio recibió capacitación del Proyecto Corredor, aunque en la entrevista resalta que estas enseñanzas "fueron motivaciones más que nada, el negocio lo tuve que aprender yo solo". Para adelantarse a sus competidores, todas las mañanas se levanta muy temprano, para ordeñar a sus animales. Después sale en su mototaxi a recolectar la leche adicional que necesita para elaborar sus productos. Esta tarea suele demandarle entre tres y cuatro horas diarias, y en ocasiones corre a cargo de su esposa. Por la tarde, Felipe se dedica a pasteurizar la leche, labor que realiza en una pequeña planta lechera instalada en un cobertizo junto a su domicilio. También debe moldear los quesos. En total el emprendimiento familiar consume unos cuatrocientos litros diarios, que se convierten en 45 moldes de queso. Estos productos se venden en parte en su tienda, unos veinte o treinta al día, según señala. Sus clientes son sobre todo sus propios vecinos, que cada vez consumen más queso. Lo mismo ocurre con los yogures, aunque también vienen compradores de otras comunidades cercanas. El remanente sin vender lo deriva a la tienda municipal o bien lo lleva directamente a Cusco, donde abastece a varios minoristas. Se trata, sin embargo, de vínculos personales y ocasionales, sin ningún tipo de contrato o acuerdo formal. Felipe aprovecha estos viajes a la capital regional para comprar los cultivos que necesita para elaborar yogures y para proveerse de envases y otros insumos, que compra a precios baratos en los mercados de la capital.

La principal aspiración de Felipe es que la recién conformada asociación de productores de derivados lácteos de Ocongate adquiera fuerza y logre el apoyo de la municipalidad, para contar con un puesto de venta permanente en Cusco. Esto le permitiría vender más productos y a mejor precio, aunque reconoce que se trata de "un sueño casi imposible

27. Entrevista a Felipe Cutipa, productor de lácteos, Yanama (Ocongate), octubre de 2011 (realizada por Rafael Nova y Florencia Fernández).

de cumplir". "Deberíamos asociarnos —reflexiona—, pero es difícil coordinar, porque cada uno queremos una cosa diferente".

En Yanama existen también otras familias especializadas en lácteos, aunque su volumen de negocio es mucho menor. Tomasa y Benjamín, por ejemplo, compran diariamente cien litros de leche, lo que les permite preparar 13 moldes de queso.[28] Su negocio se inicia hacia el año 2005, cuando el hermano de Tomasa regresa a la localidad tras trabajar seis meses en una planta lechera en Arequipa. Los tres juntos aprenden a preparar quesos y comienzan a establecer su red de contactos para aprovisionarse de leche. Pero, según Tomasa, su hermano es una persona inquieta. Al poco tiempo se aburre y parte nuevamente a Cusco, en busca de otro empleo. Ella, en cambio, habría preferido quedarse en Yanama para hacerse un sitio en la entonces incipiente industria local de lácteos. Gracias a los ahorros conseguidos con el trabajo de Benjamín en la minería informal en Madre de Dios, pueden comprar los insumos necesarios para empezar a producir. "Esto nos permitió empezar —señala Tomasa—, y nos permite también seguir adelante cuando el negocio está bajo".

Hasta el momento de la entrevista, Benjamín continúa viajando a la selva regularmente. En la práctica, es Tomasa quien se encarga del negocio familiar. Su principal problema es conseguir la leche necesaria para elaborar el queso. "La leche está escasa —se queja—, ya que ahora hay hartos que trabajan". Este auge contrasta con lo que ocurría hace apenas unos años, cuando solo dos familias se dedicaban a elaborar queso en Yanama. Al igual que Felipe, una parte de su producción la vende localmente y otra en Cusco. Sin embargo, Tomasa raras veces se desplaza a la capital. Por lo general trabaja con una intermediaria que sube dos veces a la semana a Yanama. Otra parte la vende a acopiadores de Tinke y Ocongate. Desde su punto de vista, esta opción es la más conveniente, ya que el pago es inmediato. Por el contrario, la venta en la tienda municipal supone esperar hasta que el producto se venda, y además "hay

28. Entrevista a los esposos Tomasa y Benjamín, Yanama, octubre de 2001 (realizada por Rafael Nova y Florencia Fernández).

que estar vigilando", ya que, según señala, teme que sus productos sean asignados a otros productores, "por error, no por malicia", precisa, perdiendo por lo tanto las posibles ganancias.

Las preocupaciones de Felipe Cutipa y Tomasa apuntan a varios problemas que limitan el crecimiento del negocio de lácteos en los distritos altoandinos de Quispicanchi: la dificultad para hacer llegar los productos a Cusco, potencialmente el principal mercado de la región, las pugnas para obtener la cantidad de leche necesaria para que los esfuerzos sean rentables y la desconfianza mutua entre los productores, que les colaboran para reducir los costos de producción y transacción. Como resultado, la presencia de lácteos quispicanchinos en Cusco es limitada. En el mercado mayorista de Huancaro, predominan los productos provenientes de la provincia de Anta. Lo mismo ocurre en los mercados minoristas de San Pedro y Ccasccaparo. Una de las razones que explican esta ausencia de queso ocongatino en la capital regional es que se trata de un rubro en el que la oferta local está aún muy por debajo de los estándares de calidad requeridos por el mercado cusqueño. A esto se une la poca confianza de los intermediarios, quienes consideran que los productores altoandinos son "poco profesionales", ya que venden su producto a cualquiera que pasa por sus comunidades, sin respetar los compromisos previos. Este problema es reconocido también por las ONG y los programas de desarrollo que trabajan en esta parte de la sierra. La lógica de las instituciones de desarrollo (obtener acuerdos a largo plazo con acopiadores) choca aquí con las prioridades de los pobladores rurales (obtener ingreso a corto plazo, aunque esto implique faltar a sus compromisos).

La competencia entre productores locales de queso y acopiadores incrementa el precio de la leche, pero al mismo tiempo impide establecer relaciones comerciales duraderas. Se trata de un dilema entre ingresos inmediatos e ingresos a medio plazo, que es posible encontrar también en otras actividades. Una de sus consecuencias es que los productores quispicanchinos tienen fama de ser poco cumplidores y faltar a sus compromisos. Los acopiadores cusqueños recelan de ellos y prefieren mantener sus relaciones con otras provincias, aun a pesar de las mejoras de los años recientes. La cuestión de fondo en estas disputas es que en la actual coyuntura de alta demanda, la producción lechera de comunidades como Yanama no alcanza para cubrir al mismo tiempo los requerimientos de los productores locales de queso, que utilizan entre cien y trescientos litros diarios, y los compromisos con los acopiadores. Tampoco es sencillo aumentar la producción total de leche, ya que la mayoría de las familias prefiere concentrar sus esfuerzos en el engorde de ganado. Esta es una decisión racional, contra la que es difícil alegar, ya que el engorde es más rentable a corto plazo, tiene un mayor prestigio social y permite a las comunidades una presencia más destacada en la política distrital. La producción de lácteos puede ser vista, en este sentido, como el hermano menor del engorde de ganado.

Pero la leche no es el único rubro agropecuario complementario al ganado vacuno que cuenta con el apoyo de las municipalidades. En Ocongate existen inicitivas con alpacas, cuyes, truchas, reforestación y artesanía. En las comunidades de Quiquijana y Urcos es importante la producción de flores, lirios, gladiolos y rosas, que posteriormente se venden en la propia capital provincial o en los mercados cusqueños, especialmente en Wanchaq y Huancaro, y en el mercado callejero situado a las afueras de San Pedro. Este producto puede incluso generar especializaciones microlocales muy intensas. Es el caso de la comunidad de Pampaquehuer, donde existen cuatro "redes empresariales" de productores de rosas, impulsadas por el programa Apoyo a la Micro y Pequeña Empresa en el Perú (Apomipe), una iniciativa bilateral de la Agencia Suiza para el Desarrollo y la Cooperación (Cosude) y el Ministerio de la Producción (Produce). En total, son casi treinta productores, casi todas ellas mujeres, que gracias a las gestiones de Apomipe y al apoyo de la municipalidad provincial cuentan con espacios de venta propios en Huancaro.[29]

Más allá de los detalles específicos de cada caso, todas estas iniciativas comparten una lógica similar basada en tres elementos: fomento de asociaciones locales de productores, subvenciones municipales y apoyo

---

29. Entrevista a Cecilia y Rosa, productoras de flores de Pampaquehuer, Cusco, agosto de 2011 (realizada por Rafael Nova y Andrea García Abad).

directo a la comercialización, a través de la participación en ferias locales o regionales. Como en el caso del ganado vacuno y los lácteos, el motor es el incremento del consumo urbano. Esto ocurre también en el caso de los cuyes, un ingrediente tradicional de la cocina andina, cuyo consumo se reservaba para ocasiones especiales, celebraciones familiares, fiestas sociales, agasajo a invitados, etc. Este patrón de consumo cambia en los últimos años, a medida que el cuy se populariza y entra a formar parte de la dieta cotidiana. En la actualidad, es un alimento consumido tanto por los turistas (que lo ven como una experiencia de autenticidad andina) como por la clase media cusqueña (que lo considera un elemento clave de su propia identidad).

La nueva demanda de cuyes supera las fuentes tradicionales de abastecimiento. En el ámbito de influencia de Cusco no existen granjas de grandes dimensiones. Encontramos, en cambio, un mercado abierto, con múltiples actores con escasa coordinación entre sí. El abastecimiento depende de acopiadores que adquieren los animales a pequeños productores familiares y los venden posteriormente en los mercados de Cusco, sobre todo San Pedro y Ccasccaparo, donde son adquiridos por los consumidores finales. Debido a este desbalance entre oferta y demanda, en los últimos años se incrementa notablemente su precio. También mejoran las condiciones de comercialización, y los acopiadores se ven obligados a establecer contratos más flexibles para asegurarse el abastecimiento. Las condiciones incluyen entregas más espaciadas y menores descuentos por la mala calidad de los animales. La competencia entre acopiadores obliga incluso a renunciar a la clasificación de animales por el color de piel, una práctica común en la sierra peruana, ya que se asocia el color de los cuyes con diferentes calidades y sabores de la carne. Los productores consideran que muchas veces los acopiadores utilizan este argumento como excusa para pagar precios más bajos por sus animales, por lo que tratan de sacarlo de las negociaciones.

En la actualidad, se calcula que Quispicanchi produce en total casi doscientos mil cuyes anuales.[30] En Ocongate las actividades comenzaron

30. López Gallegos et ál. 2013.

en 2005, "con el anterior alcalde".[31] Sin embargo, al principio, "se hacía muy poco, no sabíamos cómo". El gran cambio se habría producido a partir de 2008, cuando se decide constituir la Asociación de Criadores de Cuyes del Alto Ausangate. El requisito de entrada es tener "cincuenta cuyes y realizar un pago de 35 soles como derecho de inscripción". Hernán Monterrosa, gerente de desarrollo económico de la municipalidad distrital, precisa que este mínimo es necesario, para evitar que entren a la asociación pobladores que no están realmente interesados en la crianza de cuyes. "No nos interesa el criador ocasional —precisa—, sino la familia que realmente quiere dedicarse a esta actividad y está dispuesta a invertir su tiempo y algo de su plata para lograrlo". La municipalidad pretende que los productores abandonen la crianza tradicional, "en cocina, que le dicen", para pasar a "un sistema moderno". Para ello, promueve la construcción de galpones familiares, que cumplirían una doble función: incrementar la cabaña familiar, de unos treinta animales en promedio a más de doscientos, y evitar que los animales vaguen sueltos por la cocina y el resto de la casa, "dando mala imagen a los visitantes".[32] En contrapartida a este apoyo municipal, los productores se comprometen a vender sus animales a través de la asociación, para así asegurar un mayor control municipal de los precios. Otra alternativa consiste en vender los cuyes en el propio distrito de Ocongate, en las ferias dominicales de Yanama, Ocongate y Tinke. En estos casos, se lamenta Monterrosa, el animal no se vende al peso, sino por unidad. Por un ejemplar de algo menos de kilo y medio, el criador puede obtener entre

---

31. Entrevista a Hernán Monterrosa, gerente de desarrollo económico de la municipalidad distrital de Ocongate, Ocongate, enero de 2009 (realizada por el autor y Carmen Ponce).

32. Esta necesidad de adecentamiento es uno de los aspectos más destacados en las dinámicas de los hogares desde finales de los noventa. El sustrato es una serie de sentidos comunes y estereotipos que identifican a la población rural como sucia y descuidada. En este sentido puede considerarse que estos discursos son la continuación de discursos civilizatorios similares, que se observan a lo largo de todo el periodo republicano. La diferencia, sin embargo, es que en este caso no suelen presentarse de manera directa en clave civilizatoria, sino apelando a argumentos de eficiencia económica o salubridad. Un análisis al respecto en Perche 2012: 201-224.

Fotografía: Andrea García.

Un producto con identidad
Quesos de Ocongate con la marca "Ausangate" y la silueta del nevado, patrocinada por la municipalidad.

Fotografía: Florencia Fernández.

Supervisión municipal del comercio de cuyes para garantizar los precios en Urcos.

12 y 15 soles, "dependiendo de los días". Para evitar esta depreciación, la clave consistiría en "no ponerse nerviosos y vender todos juntos".

Imaginando un territorio

El crecimiento de la demanda urbana y la mejora de las vías de comunicación abren nuevas oportunidades para los productores quispicanchinos; sin embargo, estas nuevas dinámicas implican también riesgos. Los productores rurales deben enfrentar la competencia de otras regiones y asimilar la llegada de nuevos actores a sus mercados tradicionales. Están obligados a mejorar su producción, ya que la demanda es cada vez más selectiva y especializada. Estos condicionantes implican dilemas, tanto para los propios productores como para las municipalidades y sus aliados: ¿priorizar beneficios a corto plazo o a largo plazo?, ¿cambiar de actividad para aprovechar la coyuntura o continuar con los productos tradicionales, arraigados social y culturalmente?, ¿diversificación o especialización?, ¿enfocarse en los nuevos mercados rurales o en el mercado cusqueño?

Estas alternativas están presentes en muchas de las historias que analizamos en este capítulo. En este contexto, un caso especialmente exitoso de conquista del mercado cusqueño lo encontramos en los distritos de Saylla, Oropesa y Lucre: los emprendimientos gastronómicos que surgen en los últimos años en las localidades de la ribera del río Huatanay. La novedad consiste en que esta vez no se trata de "trasladar productos", sino de generar bienes y servicios que son consumidos en el propio territorio quispicanchino por visitantes y turistas procedentes de la ciudad.

Las raíces de este éxito se encuentran a mediados de los años ochenta cuando comienzan a surgir negocios de venta de alimentos junto a la carretera que comunica Cusco con Urcos, asfaltada unos años antes. Aunque previamente se habían manejado algunos proyectos para convertir la zona en un "balneario" de Cusco, no habían prosperado.[33] Se

---

33. *El Comercio* (Cusco), 4 de julio de 1970, "Saylla se convertirá en balneario y lugar de recreo del Cusco".

trata al principio de un proceso espontáneo y no demasiado bien definido. Los productos son muy estandarizados y no existe ningún objetivo colectivo más allá de obtener ingresos. El salto se produce a finales de los noventa, cuando varias instituciones, especialmente el Centro Guamán Poma de Ayala, perciben la potencialidad de estos emprendimientos en el contexto de estrategias de desarrollo local más amplias. Del emprendimiento individual se pasa al proyecto territorial. El objetivo es convertir el valle del Huatanay en un espacio gastronómico especial, enfocado en el mercado regional cusqueño. Este proyecto cuenta con la ventaja de un imaginario cultural que asocia esta parte de la región con ideas de autenticidad ancestral. Otra ventaja es la existencia de una demanda insatisfecha de espacios de recreación para las clases medias cusqueñas. Se trata de un grupo social que desde finales del siglo pasado crece, a la vez que incrementa sus ingresos e inicia un proceso de redescubrimiento identitario y afirmación cultural. Sus espacios tradicionales de esparcimiento, Písac y Urubamba, están copados por el turismo internacional, por lo que buscan nuevos destinos.

El proyecto gastronómico del Huatanay pretende llenar este hueco, ofreciendo un producto culinario asequible a la clase media cusqueña, revestido de una imagen de autenticidad andina. Sobre el terreno, se basa en una alianza entre las municipalidades y el Centro Guamán Poma de Ayala. La gastronomía es vista como una actividad catalizadora, con potencial para dinamizar las economías locales, creando ingresos directos e indirectos. "Las municipalidades son decisivas", señala Ángel Paullo, coordinador del área de desarrollo local del centro en una entrevista realizada en abril de 2009.[34] La reunión se realiza en la sede que Guamán Poma tiene en un barrio de clase media al sur del centro histórico de Cusco. Están presentes también dos de sus colaboradores, Ruffo Vega y Yovana Castillo. Varias pizarras acrílicas dan cuenta de las actividades previstas para las próximas semanas. El equipo está preparando varias propuestas para concursar con instituciones oficiales y en

34. Entrevista a Ángel Elías Paullo, coordinador del área de desarrollo local del Centro Guamán Poma de Ayala, Cusco, abril de 2009 (realizada por el autor).

cada rincón de la habitación se acumulan papeles y expedientes. Es sin embargo un momento de rara calma. Poco antes, una de las habituales tormentas cusqueñas ha interrumpido el flujo eléctrico, por lo que el trabajo se interrumpe. La reunión tiene lugar a la luz de las velas. "Son los alcaldes los que deben liderar el proceso y generar las dinámicas que faciliten el desarrollo económico local", continúa Paullo.[35] Su relato detalla minuciosamente el crecimiento de lo que inicialmente había sido un proceso espontáneo y limitado. La nueva imagen del valle del Huatanay como emporio gastronómico se consolida en pocos años, mediante ferias y festivales temáticos, como el Festival del Sabor Andino de San Jerónimo o el Festival Gastronómico del Pato en Lucre. Estos eventos son recogidos por los medios de comunicación cusqueños e incluso en los últimos años empiezan a trascender fuera de la región.Esta promoción comercial está acompañada por una labor de investigación sobre la tradición culinaria local.[36] Se escriben libros y se organizan concursos para recuperar los secretos de las recetas locales.

Saylla, Tipón y Lucre son en la actualidad localidades con gran prestigio en el mundo gastronómico cusqueño. Son cada vez más los restaurantes y ramadas campestres que ofrecen productos típicos a las familias que los fines de semana salen de la capital en busca de esparcimiento. Con menos intensidad, también se incrementa la oferta en otras localidades cercanas, como San Jerónimo. El éxito económico culmina la aparición de una nueva identidad territorial, el llamado Valle Sur, denominación que incluye varias localidades situadas en las márgenes del río Huatanay, ente Cusco y Quispicanchi. En 1996, se constituye la Asociación de Municipalidades del Valle Sur, integrada por los distritos de San Jerónimo, Saylla, Lucre y Oropesa.[37] En 2004, se suma también

35. Estas ideas sobre el papel promotor de las municipalidades para el desarrollo económico local se tratan por extenso en Centro Guamán Poma de Ayala 2005.

36. Un ejemplo son los concursos de cocina popular andina impulsados por el Centro Guamán Poma, en alianza con otras instituciones locales, así como los recetarios publicados posteriormente. Al respecto, Centro Guamán Poma de Ayala 2001a, 2001b y 2006b.

37. La historia de esta asociación se narra en Centro Guamán Poma de Ayala 2006c.

San Sebastián, el único distrito restante de la periferia sur de Cusco. La asociación permite inscribir las iniciativas gastronómicas en un marco más amplio de "desarrollo económico local". Un elemento singular es la participación de distritos pertenecientes a dos provincias diferentes. En este sentido, el "Valle Sur" es uno de los pocos casos peruanos de articulación municipal donde las dinámicas territoriales pesan más que la inercia administrativa definida por las fronteras administrativas.

En la cristalización del concepto Valle Sur juega un papel central el río Huatanay. La apelación a este afluente del Vilcanota potencia un sentimiento de identidad compartida y permite poner en marcha proyectos interdistritales, que crean hábitos de trabajo conjunto entre las municipalidades.[38] Para ello, el Centro Guamán Poma de Ayala populariza y naturaliza la expresión "Valle Sur" a través de cuatro vías: (i) creación de instancias de colaboración, como la Red Gastronómica del Valle Sur; (ii) eventos conjuntos de los alcaldes de estos distritos; (iii) documentos técnicos sobre la gestión municipal, que abarcan el conjunto de los cinco distritos como una sola unidad de intervención;[39] y (iv) la publicación de un conjunto de libros sobre la cultura de este territorio, considerado como una unidad histórica. Entre los temas tratados están el patrimonio cultural del Valle Sur, fotografías antiguas recopiladas por sus habitantes e historias orales que remiten al pasado legendario de esta zona de Cusco.[40] Estos esfuerzos cristalizan en una narrativa muy poderosa, que progresivamente es asumida por las autoridades locales y por la población local.

El trabajo del Centro Guamán Poma de Ayala permite, según Paullo, "que los actores de cada distrito se conozcan primero entre sí y luego con sus pares de otros distritos". Se trataría de un ejemplo de la manera relativamente rápida en que pueden emerger nuevas identidades territoriales, en un contexto de activación económica y dinamismo social.

---

38. La literatura institucional sobre este tema es muy amplia: Centro Guamán Poma de Ayala 2004a, 2005c, 2006d y 2008b.
39. Ejemplos de ello pueden verse en: Centro Guamán Poma de Ayala 2006a y 2008a.
40. Algunos ejemplos son: Centro Guamán Poma de Ayala 2002, 2004b y 2005b.

Como parte de una estrategia conscientemente planificada, cada distrito se concentra en un producto específico: el chicharrón en Saylla, el pato en Lucre y el cuy en Tipón. Esta especialización funciona porque el público es fundamentalmente local. A diferencia del turista, que cuenta con tiempo limitado para recorrer la infinidad de atractivos de Cusco, para el visitante local el costo de oportunidad es mucho más bajo. Para los dueños de los negocios, esta especialización es también muy útil, ya que reduce sus gastos. Deben comprar menos productos y pueden planificar sus compras con mayor certidumbre, además de desarrollar un sentido de orgullo local, clave para el éxito de la marca territorial conjunta.

El equilibrio entre identidad y economía, entre lo local y lo territorial, está muy presente en el caso de la cuyería que Soriano y Fortunata dirigen en Tipón, una pequeña localidad del distrito de Oropesa, famosa por su excelencia en la preparación del tradicional plato andino.[41] El origen de este emprendimiento se sitúa a finales de los años noventa. En ese momento, Soriano trabaja como chofer en un vehículo que alquila todos los días para trasladar pasajeros de Urcos a Cusco. También atiende su chacra y realiza pequeñas operaciones comerciales, aprovechando las oportunidades que se le presentan. Fortunata se ocupa de la chacra y busca recursos adicionales vendiendo al por menor parte de la cosecha en las ferias locales de Cusco y el valle del Huatanay. En 1997, cuando se inicia el auge de los negocios gastronómicos, Soriano y sus vecinos deciden organizar un festival del cuy en su localidad. Inicialmente no cuentan con ningún apoyo institucional, por lo que ellos mismos se encargan de dar publicidad al evento. Gracias a la venta de la cosecha de ese año, consiguen un pequeño capital, que invierten en la compra de sillas e instrumentos de cocina. Pocos meses después abren al público su negocio. En ese momento, se trata todavía de un establecimiento precario, pues funciona en el mismo hogar familiar, utilizando el mobiliario doméstico y mesas prestadas por sus familiares y vecinos. Tampoco es

41. Entrevista a Soriano Baca Chamorro, propietario de la cuyería El Crocantito, Tipón, agosto de 2010 (realizada por Rafael Nova y María Cristina Gutiérrez Cottle).

un negocio permanente: solo abre uno o dos días a la semana. Soriano sigue trabajando como chofer y en la chacra, y únicamente los fines de semana se dedica al emprendimiento gastronómico. El salto se produce en los años siguientes, cuando Fortunata abandona sus otras ocupaciones y comienza a dedicar más tiempo al restaurante. Junto con otras vecinas, se capacita en atención al cliente y preparación de platos de calidad. Soriano, a través de sus contactos en Cusco, logra pequeños préstamos para mejorar el emprendimiento, y poco después decide dejar su ocupación de transportista y dedicarse a tiempo completo al negocio gastronómico.

En la actualidad, la cuyería El Crocantito es una de las más conocidas de Tipón, cuenta con el aval de diversas instituciones y abre todos los días. Fortunata y Soriano se han convertido en personajes importantes dentro de su comunidad. Se consideran a sí mismos "empresarios" y no dependen de otras personas para obtener ingresos. "Ahora somos dueños", afirman mientras muestran orgullosos sus tarjetas de visita con el nombre del establecimiento. Para mantener sus chacras, contratan trabajadores de otras localidades. Sus hijos van a una universidad privada en Cusco y algunos fines de semana, cuando el negocio está más bajo, ellos pueden "darse un gustito" e ir a comer a los restaurantes de la capital. Como en el caso de don Gerardo, el panificador oropesino, opinan que el futuro de su negocio está en el turismo. Han empezado a construir un edificio de tres plantas, en una parcela al lado del establecimiento, y pretenden convertirlo en un hospedaje para los visitantes.

Casi todos los establecimientos gastronómicos del valle del Huatanay son emprendimientos familiares, propiedad de los habitantes del territorio. En los casos más exitosos, pueden llegar a representar, según la percepción de los implicados, hasta el setenta por ciento de sus ingresos anuales. El público es casi exclusivamente local y regional. Se trata sobre todo de familias de clase media cusqueña, con estilos de vida entre lo urbano y lo rural. Los platos están adaptados a sus gustos, con fuerte condimentación y predominio de recetas locales. Pese a que recientemente la "red gastronómica" se ha reconvertido en "red turística", son muy pocos los visitantes de fuera de la región que se acercan al Valle Sur. El éxito económico se traduce también en el plano social.

Chicharroneros y cuyeros son considerados la élite de sus localidades. El propio Soriano señala que tanto él como su esposa han sido invitados varias veces a participar en listas electorales. Por el momento, han rechazado las propuestas, ya que prefieren concentrar toda su atención en su negocio. Pero en el futuro, señala enigmático Soriano, "quién sabe".

6

La filosofía de Túpac Amaru

En octubre de 2010, Graciano Mandura es elegido como alcalde provincial de Quispicanchi. En una apretada elección, obtiene apenas el 11,7 por ciento de los votos, cifra que sin embargo le permite sustituir en el cargo a Domingo Huitoccollo, quien había sido elegido cuatro años antes como primer alcalde campesino de la provincia. Este reducido margen muestra la fragmentación de la política local quispicachina. Casi media docena de candidatos logran votaciones similares, con apenas un par de puntos de diferencia. Mandura señala el ambiente negativo que encuentra en la capital provincial al asumir el cargo. "Como uno es de comunidad, siempre te critican, hay algo de discriminación", recuerda. El resquemor provendría sobre todo de la población de Urcos, que no habría aceptado de buen grado que dos alcaldes rurales sean elegidos sucesivamente al frente del gobierno provincial. "Ellos nomás quieren gobernar —insiste Mandura—; no quieren que entre nadie de la comunidad, dicen '¿qué saben los que vienen de comunidad?'".[1] Para revertir esta situación, los nuevos gobiernos locales apuestan por renovar los imaginarios locales. El quechua se vuelve el idioma predominante en

1. Entrevista a Graciano Mandura, alcalde distrital de Ocongate entre 2006 y 2010, y alcalde provincial de Quispicanchi a partir de 2011, Urcos, agosto de 2011 (realizada por Martín Cavero).

las intervenciones públicas y se revalorizan las costumbres y las formas de representación tradicionales.

Este capítulo se centra en los nuevos discursos de identidad colectiva que emergen en paralelo al auge de los alcaldes rurales de Quispicanchi. Se trata de una amalgama de discursos, prácticas y apelaciones emotivas que da forma a una particular visión de la historia y la identidad del territorio y de sus habitantes. Esta narrativa toma elementos del discurso predominante en la capital regional, pero los reformula de acuerdo con las realidades y el proceso político local. El resultado es una suerte de ideología del "renacer andino", que es compartida por gran parte de los habitantes de la provincia. Una de sus principales características es su fuerte componente performativo, que se proyecta en el propio espacio urbano, en las fiestas y en las ceremonias públicas que se realizan en la provincia.

Los discursos regionales

Cusco es probablemente una de las ciudades del mundo con mayor densidad de referentes, símbolos y narrativas referidos al pasado. En palabras de Helaine Silverman, el debate identitario local se caracterizaría por negociaciones entrecruzadas en torno a sueños, ideologías, identidades que se superponen y memorias históricas selectivas, todo ello aderezado con un fuerte componente de performatividad y representación pública.[2] Un factor clave para explicar este dinamismo del debate identitario es la densidad del entramado intelectual y cultural local, mucho más sofisticado que en otras regiones de la sierra peruana. El principal referente de la vida intelectual cusqueña es la Universidad Nacional de San Antonio Abad, la primera del país en introducir la antropología como materia de estudio en los años cuarenta del siglo pasado. Cusco es también el escenario principal del indigenismo peruano, un movimiento intelectual que plantea una visión dual del país, dividido entre indígenas y criollos. Los indígenas corresponderían al verdadero peruano,

2. Silverman 2002: 881-902.

oprimido por el predominio criollo heredado de la colonia. Esta dicotomía tendría su correlato en la oposición entre Lima, la ciudad criolla por excelencia, y Cusco, emblema de la resistencia indígena andina. Un evento clave en su cristalización es el descubrimiento en 1911 de las ruinas de Machu Picchu por el arqueólogo y aventurero norteamericano Hiram Bingham. La inmediata repercusión mundial de este hallazgo acelera la toma de conciencia de una nueva generación de intelectuales locales, que en los siguientes años van a tener una producción muy nutrida y una gran proyección a escala nacional.[3]

Machu Picchu se convierte en referente y emblema de la grandeza perdida de los Andes. Hasta entonces Cusco había sido una aletargada ciudad de provincias. Su antigua gloria imperial era recordada por los visitantes extranjeros, pero casi nunca por sus propios habitantes, que en su mayoría permanecían ajenos a este pasado.[4] Los vestigios prehispánicos estaban descuidados e incluso eran ignorados y destruidos. Esta paradoja es señalada, entre otros, por el viajero inglés Clements Markham, quien visitó la antigua capital imperial en 1852.[5] Markham destaca la pobreza de la ciudad y la falta de una identidad regional capaz de poner en marcha un proceso de regeneración de la ciudad. Según López Lenci, esta visión dicotómica entre un pasado glorioso perdido y un presente miserable habría llegado a convertirse en un tópico de la literatura de viajes sobre el Cusco de principios del siglo XX, e incluso habría sido asumida por los escritores cusqueños de las primeras décadas de ese siglo, a partir del momento en que comienzan a reflexionar sobre los problemas de la región.[6] El descubrimiento de Machu Picchu cambia esta dinámica. Cusco comienza a convertirse en foco de atención en

---

3. El descubrimiento de Machu Picchu sigue siendo un tema que despierta en Cusco enconadas polémicas, hasta el punto de que Hiram Bingham ha llegado a convertirse en un personaje casi maldito, visto como expoliador y tramposo. Sobre la importancia del descubrimiento en la cristalización del sentimiento de orgullo cusqueñistas, López Lenci 2004: 100 y ss.

4. Al respecto, Garrett 2009.

5. El relato de su viaje, muy ilustrativo de la visión romántica del imperio inca y su contraste con la dura realidad andina, en Blanchard 1990.

6. López Lenci 2004: 36 y ss.

los ámbitos nacional e internacional. En la década de1920, se publican las primeras guías turísticas de la ciudad y en paralelo surgen impulsos locales de reforma y revitalización cultural. El indigenismo cusqueño es un impulso regeneracionista transversal, que aspira tanto a reposicionar la ciudad en el contexto nacional como a revalorizar el pasado prehispánico. Sus impulsores son intelectuales de clase media urbana, que tienen buenos contactos en Lima e incluso en otras capitales latinoamericanas.[7] En este sentido, son parte de un movimiento intelectual más amplio que apunta al redescubrimiento de la historia indígena del país. Son los mismos años, por ejemplo, en que Julio César Tello publica sus obras sobre el Perú prehispánico, atacando el difusionismo predominante hasta entonces y postulando el origen endógeno de la cultura andina.[8] En Cusco, este redescubrimiento de lo andino tiene sin embargo particularidades locales, vinculadas con la historia de la región. Desde una perspectiva histórica, puede ser visto como parte de un proceso de larga duración, de flujo y reflujo, con etapas sucesivas de exaltación y olvido del pasado incaico de la ciudad. Un episodio previo de redescubrimiento neoincaico, muy anterior a nuestra historia, habría tenido lugar en el segundo tercio del siglo XVIII, una época de intensa pugna entre la nobleza criolla y las autoridades coloniales, coincidiendo con un momento de confrontación dentro de la propia élite indígena, cuya hegemonía es puesta en cuestión por grupos emergentes urbanos y rurales, que desafían la división dicotómica entre españoles e indios, que hasta entonces había caracterizado al sistema colonial.[9] Para defender su posición privilegiada, esta élite indígena tradicional se apoya en una revitalización del pasado incaico.[10] Las ropas de estilo incaico se ponen de moda y comienza a elaborarse genealogías, cuadros y otros objetos artísticos que remiten a este pasado prehispánico. Las ceremonias públicas

---

7. Es muy interesante y poco estudiada la relación de los indigenistas cusqueños con las vanguardias argentinas. Al respecto, Kuon Arce et ál. 2009.

8. Sobre estas pugnas y su trasfondo nacionalista: Ramos 2013: 197-214 y Kaulicke 1998: 69-84.

9. Lavalle 1988 y Lorandi 2013.

10. Garrett 2009.

incorporan desfiles y rituales revivalistas. Es también en este momento cuando comienzan a darse una nueva lectura política al texto que con el tiempo se convertirá en el principal fundamento intelectual del neoincaísmo cusqueño: los *Comentarios reales* del Inca Garcilaso de la Vega.[11]

El descubrimiento de Machu Picchu genera un proceso similar. Durante las décadas de 1920 y 1930, proliferan los artículos de prensa y los trabajos académicos sobre el pasado incaico. Rara es la semana que *El Sol* o *El Comercio* de Cusco no incluyen artículos sobre estos temas: nuevos descubrimientos, análisis más o menos fantasiosos de la cultura o la religión andina, relatos populares o incluso interpretaciones filosóficas. Comienza también a conformarse un panteón de héroes regionales, que incluye en lugar preferente a Manco Cápac y a Túpac Amaru. Se trata de un redescubrimiento tanto cultural como político. El imperio inca se convierte en el referente moral al que los indigenistas apelan para fundamentar su propio proyecto político. La diferencia respecto al episodio revivalista anterior reside en que en este caso el regionalismo se aúna con un discurso social más acusado. Las versiones idealizadas del pasado incaico se amalgaman con las corrientes radicales socialistas que en esos años comienzan a cristalizar en Perú.[12] Un ejemplo es la noción de "socialismo incaico", hasta la actualidad muy arraigada en los discursos políticos andinos.[13] El propio José Carlos Mariátegui incluye en sus obras algunos pasajes muy significativos en este sentido.[14] Más allá de que desde el punto de vista académico el retrato del imperio inca como

---

11. Esta obra se publica por vez primera en Madrid en 1607. Posteriormente, se reedita en esta misma ciudad en 1723, 1800 y 1829. También se traduce al francés en 1633 (en París), 1604, 1715, 1727 y 1737 (en Ámsterdam). Tras la revuelta de Túpac Amaru, fue prohibida por la corona en 1782. Al respecto, Valcárcel 1961: 101-105.

12. Al respecto, Andrés García 2010.

13. Las obras más representativas e influyentes de esta línea de pensamiento que asimila el pasado prehispánico a las utopías socialistas son: Castro Pozo 1936 y Baudin 1943. Estos dos trabajos tienen un papel fundamental en la configuración de los imaginarios populares del imperio inca. Hasta la actualidad, es posible encontrar ideas similares en muchos de los entrevistados para la realización de este libro.

14. Al respecto, Oyata 2014.

un baluarte del socialismo primitivo haya sido matizado y rebatido, es posible encontrar reminiscencias de esta idea en casi todos los líderes políticos andinos contemporáneos. Quispicanchi, como vamos a ver más adelante, no es una excepción.

La presencia cotidiana en la prensa permite a los intelectuales indigenistas consolidar la "categoría de cusqueño como un modelo de identificación para una elite regional y local, que busca una legitimidad política de amplitud nacional".[15] Un papel central en este proceso corresponde a Luis E. Valcárcel, quizás el más conocido de los intelectuales cusqueños de esta generación, quien tras la caída del gobierno de Leguía pasa a ocupar puestos de primer nivel en el nuevo gobierno peruano. Desde Lima, Valcárcel apoya las ideas regionalistas cusqueñas y las legitima.[16] Un ejemplo son los trabajos de desescombro y habilitación de Machu Picchu en 1934 y 1935.[17] Ese mismo año se celebra el cuarto centenario de la fundación española de ciudad, evento que sirve para atraer fondos públicos y proyectar la imagen de Cusco a escala nacional e internacional y multiplicar los debates sobre el pasado de la ciudad. En 1934, "con la concurrencia de las autoridades locales, magistrados, hombres de ciencia, señoras y señoritas, y un crecido número de caballeros y profesionales", se abre el Instituto Arqueológico del Cusco, inaugurado por el propio Valcárcel.[18] "Cumplo en este instante —señala en su discurso de aquel día— uno de mis más gratos anhelos, tras haber dedicado toda [mi] vida a la exaltación de esta sagrada tierra, no deteniéndome en la fría y erudita historia, sino avanzando hacia una interpretación dinámica del tiempo pretérito, que encuentra el nudo vital que une a las generaciones presentes con las que adelantaron la gloriosa cultura incaica".

Las palabras de Valcárcel apuntan a la función del intelectual como catalizador del cambio social que los intelectuales de esa época

---

15. Avanza 2005.

16. Al respecto, Valcárcel 1981: 289 y ss.

17. Una síntesis de los trabajos de Valcárcel sobre este monumento en Valcárcel 2011.

18. *El Comercio* (Cusco), 8 de agosto de 1931, "Se inauguró ayer el instituto arqueológico".

consideraban como necesario y urgente para Cusco y Perú. El pasado, lejos de ser una reliquia, se percibe como fundamento de la identidad colectiva. Debe ser la base de un nuevo proyecto regional y nacional. "No es el arqueólogo un maniático de las cosas viejas —continua Valcárcel— es un intérprete del tiempo muerto y un profeta, un apóstol de los renacimientos y un pugnaz rehabilitador de las razas oprimidas". Unos años después, en 1941, comienza a funcionar en la ciudad la primera facultad de antropología de América Latina. La influencia de académicos extranjeros, como John Rowe, incentiva un discurso que pretende posicionar la civilización andina como una de las grandes civilizaciones del mundo antiguo, a la altura de las culturas egipcia y mesopotámica. El objetivo ya no es solo conocer y difundir este pasado glorioso, sino también recuperar el esplendor perdido.

A partir de ese momento, se puede hablar de un movimiento cusqueñista neo-incaico, es decir, de una versión local del indigenismo basada en la doble idea de Cusco como motor del renacimiento de la cultura andina y el imperio inca como modelo ideal de organización social andina. Lo inca sería la máxima expresión histórica del genio del hombre andino, la cristalización de su *ethos* milenario. El renacimiento de la cultura andina debía suponer una trasformación social y política que pusiera punto final a la fractura producida por la conquista europea. La idea implícita es que la recuperación del pasado incaico haría posible la regeneración política y cultural, no solo a nivel regional, sino en todo el país. Lo andino sería la esencia del auténtico Perú, y le correspondería a Cusco, como antigua capital incaica y depositaria de la autenticidad andina, liderar el impulso de renacimiento nacional. "Cusco y Lima son, por la naturaleza de las cosas, dos focos opuestos de la nacionalidad —señala Valcárcel—; el Cusco representa la cultura madre, la heredad de los inkas milenarios. Lima es el anhelo de adaptación a la cultura europea. Y es que el Cusco preexistía cuando llegó el conquistador y Lima fue creada *ex nihilo*".[19] "Cusco da al Perú la tónica de epopeya, el sentido imperial, aunque no imperialista. Perú debe al

19. Valcárcel 1963.

Cusco la conciencia histórica porque sin él, el Perú no tendría el espejo que refleja su imagen total".[20] En esta lógica, desde 1944 comienza celebrarse el Inti Raymi, reedición de la antigua fiesta incaica del solsticio de invierno. En paralelo, el 21 de junio se convierte en el día oficial de la ciudad. La elección de esta fecha, propuesta por Humberto Vidal Unda, es especialmente significativa, ya que se produce tras un enconado debate, en el que triunfa sobre otras dos propuestas: el 23 de marzo, fecha de la fundación española de la ciudad, y el 12 de abril, fecha del nacimiento del Inca Garcilaso de la Vega, el hijo más ilustre de la ciudad. Es decir, ya desde este momento habría triunfado una visión de la identidad cusqueña en clave indigenista-incaísta por sobre las versiones hispanista y mestiza.[21]

La celebración del Inti Raymi refleja y acentúa la progresiva focalización de la identidad andina en el pasado incaico.[22] El propio Vidal Unda señala que el objetivo del evento era "estimular una revolución en los hijos del Cusco en particular y en el país en general, con respecto al significado de nuestra herencia". El Inti Raymi debía recordar la grandeza del Cusco, "cuál fue su pasado y el papel preponderante que jugó en la historia americana".[23] En el discurso del indigenismo cusqueño, lo andino se fusiona con lo incaico, hasta llegar a convertir ambos términos en sinónimos. El punto culminante de esta asimilación tiene lugar en las últimas dos décadas, cuando el neoincaísmo es asumido por

20. Valcárcel 1944, reimpreso en *Luis E. Valcárcel: del indigenismo cusqueño a la antropología peruana*. Tomo I. Lima, Ediciones Copé-Petroperú, Fondo Editorial del Congreso del Perú, Instituto de Estudios Peruanos, 2013.

21. Sobre los pormenores de esta elección y el contexto en que se produce, marcado por la resaca de la guerra civil española, que había polarizado a la sociedad local, dividiéndola entre hispanistas (conservadores) e indigenistas (progresistas), Pacheco Medrano 2007: 116 y ss.

22. Este no es, sin embargo, un proceso unilineal y sencillo. Marisol de la Cadena señala que estaría cruzado por múltiples variables étnicas, sociales y de género, lo que habría supuesto pugnas en torno al significado y las prácticas asociadas al Inti Raymi en los años cincuenta y sesenta. Al respecto, Cadena 2004. La autora muestra que la imagen de la identidad colectiva cusqueña proyectada por el Inti Raymi es apropiada de manera diferente por distintos colectivos sociales.

23. Citado en Nieto Degregori 1994: 16-17.

las autoridades regionales y se convierte en ideología hegemónica en el ámbito político e institucional. La figura clave en esta etapa es Daniel Estrada, alcalde de la ciudad en varios periodos entre 1983 y 1995. Bajo su mandato, la ciudad sufre una transformación total que afecta al ámbito físico y al plano simbólico. En 1987, el escudo de origen español es sustituido por el rostro de un amenazador felino antropomorfo rodeado de un halo solar.[24] La bandera multicolor, promocionada desde los años setenta por los indigenistas locales, se convierte en enseña oficial de la región y su presencia se torna ubicua en las instituciones oficiales, desde la ceja de selva hasta las provincias altas. Incluso el nombre de la ciudad es objeto de reformulación, pasando a denominarse oficialmente "Qosqo" y posteriormente "Cusco". Este cambio de grafía recoge una explícita (y un poco naif) voluntad de alejarse de la herencia española, identificada con el uso del fonema "z": "Cuzco" sería la forma española de denominar a la ciudad, en tanto "Cusco" sería la forma peruana de referirse a la capital regional.

Estrada impulsa también cambios en el Inti Raymi, que pasa a contar con tres actos. A la representación habitual, que se realiza por la tarde en la fortaleza de Sacsayhuamán, se unen dos nuevos actos, el primero en el Qorichancha (el antiguo Templo del Sol de la época inca) y el segundo en la Plaza de Armas.[25] Estas adiciones tornan el ceremonial más espectacular y lo vinculan de manera directa con el corazón simbólico de la ciudad. Refuerzan también su sentido político, al incluir una escena de interacción entre el propio alcalde y Pachacútec. Este emperador, considerado el fundador histórico del imperio inca, entrega a la autoridad local un quipu como símbolo de su gobierno, al tiempo que le ordena conducirse con sabiduría y buen corazón, para redescubrir "en lo más profundo de nuestra sabiduría ancestral, los principios fundamentales del buen gobierno". "Gobierna con generosidad, gobierna con

---

24. Este escudo, por cierto, ha sido muy criticado por algunos arqueólogos cusqueños, que consideran que la figura corresponde a la cultura pukará, desarrollada en el departamento de Puno, y no a la cultura incaica cusqueña. Al respecto, Pacheco Medrano 2007: 150.

25. Silverman 2013: 128-151.

honor, con la verdad y con justicia", recita el inca. El ritual finaliza con la respuesta del alcalde, quien jura ante su "padre" Pachacútec mantener el "maravilloso legado ancestral" y trabajar sin descanso para lograr la felicidad del pueblo cusqueño.

Frente a sus predecesores, el discurso incaísta de Estrada se caracteriza por su vinculación directa con el poder político municipal. Es un discurso de afirmación local y regional, lo que hace que también se hayan empleado términos como "cusqueñismo" o "qosqorunismo", para sintetizar su doble dimensión cultural y política. La nueva simbología oficial se complementa con múltiples intervenciones urbanas que pretenden resaltar la pretendida esencia incaica de la ciudad.[26] Las ruinas prehispánicas se tornan omnipresentes, especialmente en el centro urbano. Algunos autores llegan a hablar incluso de una museización de la ciudad, un proceso que corre en paralelo al incremento del turismo.[27] De acuerdo con Flores Ochoa y Van de Berghe, incaísmo y turismo serían fenómenos independientes, que sin embargo se reforzarían entre sí.[28] Los principales monumentos históricos son restaurados y el mobiliario urbano cambia, para adecuarse a la nueva filosofía dominante en el ámbito político. Las viejas farolas de estilo modernista, que alumbraban barrios tan tradicionales como San Blas y San Cristóbal, son sustituidas por otras de diseño incaizante. Aparecen también fuentes y monumentos que recuerdan a los antiguos héroes de la mitología y la historia andinas. En otros casos, se trata de representaciones conceptuales, basadas en imágenes que aluden al pasado prehispánico. Incluso edificios completamente nuevos incluyen elementos asociados a la tradición incaica, como zócalos y portadas con piedras irregulares almohadilladas de gran tamaño. Se trata de una versión idealizada y selectiva de la arquitectura inca, que se extiende rápidamente no solo en la capital regional, sino también en muchas provincias y pequeñas localidades de los alrededores.

El mejor ejemplo de este esfuerzo por inscribir la nueva versión de la historia local en el paisaje urbano es el enorme mural de estilo

26. Sobre el incaísmo como estilo arquitectónico, Silverman 2002: 881-902.

27. Silverman 2006.

28. Berghe y Flores Ochoa 2000: 7-26.

neoindigenista situado en la avenida Del Sol, la más comercial de la ciudad. La obra ocupa varias decenas de metros de longitud, y se instala en 1992, en el contexto de la polémica que rodea a la conmemoración del quinto centenario del descubrimiento de América, evento aprovechado por Estrada para proyectar a escalas nacional e internacional su discurso cusqueñista y neoincaísta. El mural, obra del artista cusqueño Juan Bravo Vizcarra, se plantea de manera explícita como una contranarrativa opuesta a la celebración de la efeméride. La narración se inicia con las culturas anteriores al imperio inca. Las escenas incluyen la domesticación de animales, la siembra de cultivos como la quinua, la invención del fuego y el dominio de los metales y la piedra. El segundo cuadro presenta el desarrollo de la civilización inca, con escenas de la construcción de puentes por donde transitan caravanas de llamas, el trabajo de tallado y traslado de piedras gigantescas, el dominio de los cerros con la edificación de andenes y los grandes avances en medicina, así como la realización de grandes ceremonias, como el Inti Raymi, entre otras. El papel central corresponde a la representación de gran tamaño de Pachacútec, cuya estatua de gran tamaño preside también una de las principales plazas cusqueñas. Un disco solar sobre su cabeza ilustra su origen divino y el vínculo andino con la naturaleza.

El siguiente cuadro del mural narra la llegada de los conquistadores españoles, con banderas y estandartes. El carácter disruptivo de este episodio queda remarcado por la figura de un centauro, mitad caballo y mitad guerrero español, con armadura de hierro. Tanto el trazo como el estilo de esta imagen recuerdan a la figura central del *Gernika* de Picasso, lo que contribuye a dotar al mural de un gran dramatismo. En la misma dirección apuntan las escenas de tortura, pillaje y violación que abundan en esta parte del mural. "La iglesia está representada por un cura dominico de rostro adusto, apareciendo también los alanos, perros cruzados con mastines que solo comían carne humana", según señala Bravo en una entrevista de 2012.[29] La escena incluye también al inca Garcilaso

29. Adelayda Letona García, "Uno de los murales más grandes de América del Sur se encuentra en Cusco", RPP Noticias, 25 de mayo de 2012. La descripción del mural se basa en esta entrevista.

de la Vega, al obispo Mollinedo y al pintor mestizo Diego Quispe Tito. El cuarto cuadro muestra el levantamiento de Túpac Amaru y su posterior tortura. "Los cuatro centauros —señala Bravo— representan a la corona española, la iglesia, la fuerza militar y los terratenientes". La última escena muestra a los precursores de la independencia peruana, entre ellos al cusqueño Agustín Gamarra, así como los primeros días de la nueva nación con sus nuevas industrias y el avance de las artes y oficios. El mural finaliza con una ronda de niños de todas las clases sociales y etnias que "prometen forjar un Cusco desarrollado y próspero". La abundancia de personajes y el propio estilo de la representación del mural, altamente gráfico y emotivo, hacen que hasta la actualidad esta obra se considere un referente del neoincaísmo cusqueñista. Como más adelante vamos a ver, es también un modelo para trabajos similares que se llevan a cabo en otras provincias de la región.

La culminación de esta transformación neoincaísta de Cusco tiene lugar en 2011, cuando, para conmemorar el centenario del descubrimiento de Machu Picchu, los sucesores de Estrada promueven la instalación de la estatua de Manco Cápac en la Plaza de Armas de la localidad, en sustitución de la pileta de estilo neorrenacentista presente hasta ese momento. Esta intervención tiene un fuerte impacto simbólico, ya que la Plaza de Armas había sido durante décadas un espacio de disputa entre las diferentes versiones de la historia local.[30] En los setenta, el Gobierno Revolucionario de las Fuerzas Armadas trata de erigir una estatua monumental de Túpac Amaru, el héroe emblemático del nacionalismo militar. Este intento no fructifica, en parte por la propia inoperancia del gobierno (que llega a convocar un concurso nacional para el diseño de la estatua) y en parte por la oposición de los grupos de élite locales, que veían esta imagen como excesivamente revolucionaria. Tras varias controversias y cambios de opinión, el retrato del prócer andino se coloca finalmente en la plaza central de Wanchaq, un populoso barrio del sur de la ciudad, alejado de las rutas habituales de los turistas. La instalación de la estatua de Manco Cápac en la Plaza de Armas tiene

30. Silverman 2008: 181-218.

lugar en el año 2011, aprovechando la conmemoración del centenario de la primera expedición de Hiram Bingham a Machu Picchu, evento que nuevamente incentiva los debates sobre el pasado local. La propia municipalidad es la impulsora, lo que evidencia el nuevo balance de fuerzas que existe en el interior de la ciudad. Tras el gobierno de Estrada, el discurso que vincula exaltación localista, reivindicación social y apología del pasado imperial incaico se convierte en hegemónico entre las élites cusqueñas. La estatua del inca es un símbolo de orgullo regional y de resistencia frente a lo que muchos cusqueños consideran un nuevo intento de conquista "neoliberal" de la sierra, asociado con la extensión de la minería y de las actividades extractivas. Significativamente, las únicas protestas provienen de los sectores conservadores de Lima, donde el diario *El Comercio* publica varios editoriales sobre el tema, criticando el presunto mal gusto de la obra y su falta de armonía con el conjunto patrimonial de la plaza.[31]

Renacimiento andino

Estas narrativas cusqueñas de identidad se proyectan también en Quispicanchi. Los discursos cusqueños son apropiados y reformulados por los actores locales. El hilo conductor es la idea de un "renacimiento andino", entendido como reivindicación cultural y empoderamiento político de los pobladores rurales de origen quechua. El pasado andino auténtico se presenta como un modelo de igualdad, cohesión social y prosperidad material. El éxito de estos discursos se relaciona con su capacidad para dar cuenta de una manera sencilla de los anhelos de mejora social de gran parte de la población. Para los alcaldes rurales, son una manera de proyectar su propia imagen y de legitimar su proyecto político.

En el imaginario cusqueño, Quispicanchi es un territorio singular, con una gran densidad histórica y cultural, inscrita muchas veces en la propia geografía. Cerros, lagunas y ríos se asocian con historias y leyendas que explican su origen y características particulares. Entre

31. *El Comercio*, 20 de enero de 2013, "Editorial: Bajando un inca".

los hitos más importantes, destacan los cerros Pachatusán y Ausangate, considerados entes tutelares, que proyectan su influencia benéfica sobre toda la provincia. Hacia el Ausangate se dirigen peregrinaciones anuales, que, como veremos más adelante, son un elemento importante de la identidad local. El Pachatusán es reconocido en 2009 como patrimonio nacional por parte del Instituto Nacional de Cultura.[32] También son importantes las lagunas de Huacarpay y Urcos, ambas muy imbricadas en la vida ritual de las poblaciones cercanas. De la primera se dice que tiene poderes curativos excepcionales, mientras que la segunda es el centro del Cocha Raymi, festival anual del agua que analizaremos en detalle más adelante.

La singularidad de Quispicanchi dentro del área de influencia cusqueña se percibe ya en la época prehispánica. A diferencia de otras provincias conquistadas por los incas, en esta parte del territorio cusqueño no se habrían producido alianzas matrimoniales para facilitar una conquista pacífica.[33] La incorporación de lo que luego sería Quispicanchi solo se produce tras décadas de enfrentamientos violentos. Esta resistencia se debe a que el valle del Vilcanota estaba poblado en época preínca por culturas diversas, algunas con matriz cultural aimara, provenientes del lago Titicaca, y otras con influencia huari, procedente de Andahuaylas y Ayacucho. Las ruinas de Piqillacta, cerca de Urcos, son un testimonio de esta condición de encrucijada de civilizaciones. Durante la época colonial, algunas de las familias más importantes de Cusco, tanto criollas como indígenas, tienen sus haciendas en esta zona: los marqueses de Valleumbroso, los Trelles, etc. También la Iglesia juega un papel importante, al asumir el control de una parte de las antiguas tierras patrimoniales de los gobernantes incas. Como testimonio de esta importancia,

32. Resolución Directorial Nacional del Instituto Nacional de Cultura, nº 231/INC, del 16 de febrero de 2009, publicada en *El Peruano*, n.º 10.544, p. 392.426, del 15 de marzo de 2009.

33. Al respecto, Bauer 2008. El autor sostiene que hasta el periodo imperial habrían persistido diferencias étnicas, culturales y probablemente también lingüísticas entre los incas cusqueños y los habitantes del valle sur, en zonas como la cuenca de Lucre. Estas diferencias explicarían las dificultades de asimilación.

aún quedan en pie numerosas casas hacienda, en diverso estado de conservación.[34] Por el lado indígena, destaca la importancia del marquesado de Oropesa. Este título había sido otorgado en el momento de la conquista a los descendientes de la última casa imperial incaica. Hasta el siglo XVIII, los marqueses de Oropesa son considerados por la nobleza indígena los primeros entre ellos, un cargo eminentemente honorífico, sin atribuciones de gobierno, pero que otorga gran prestigio a quien lo ejerce.[35] Una muestra de su importancia es el pleito seguido entre 1776 y 1780 por José Gabriel Condorcanqui por hacerse con este marquesado. Este episodio, previo a la gran revuelta de 1780, fue estudiado por primera vez por Carlos Daniel Valcárcel, quien pensaba que el interés de quien luego sería Túpac Amaru por el marquesado de Oropesa era una mera argucia táctica para asegurarse una posición de prestigio desde la cual convocar a un levantamiento masivo contra los españoles.[36] Esta opinión ha sido rebatida recientemente por David Cahill, quien sostiene que el interés de Túpac Amaru por el marquesado era genuino. El rechazo a sus pretensiones habría sido uno de los motivos principales de la revuelta. En el curso de este pleito Túpac Amaru habría cambiado de opinión respecto al dominio español, a medida que se le cerraban las puertas y se le recordaba su estatuto de noble secundario y provinciano.

La percepción de Quispicanchi como un espacio cargado de significado, ligado a las esencias de la civilización andina, se consolida el siglo pasado de la mano de los intelectuales indigenistas cusqueños. Un evento clave es la expedición conducida por la Universidad Nacional de San Antonio Abad a las comunidades q'eros de las faldas del Ausangate en 1955. En el viaje participan especialistas como Óscar Núñez del Prado, el arqueólogo Manuel Chávez Ballón, el folclorista Efraín Morote Best, el también arqueólogo Luis Barreda Murillo, el geógrafo Mario Escobar Moscoso y el etnomusicólogo Josafat Roel Pineda. Sus trabajos abordan diversas facetas de la cultura andina: el lenguaje, la mitología, la

---

34. Centro Guamán Poma de Ayala 2002.
35. Al respecto, Cahill 2003: 9-52.
36. Valcárcel 1973.

organización social, la vestimenta, la infraestructura material, etc. Especialmente impactantes son las fotografías tomadas por Malcom Burke y Luis Barreda, tanto las que muestran la vida cotidiana de los pobladores como las que recogen escenas del trabajo de campo de los expedicionarios. En estas últimas, se puede ver a los investigadores cusqueños tratando de mimetizarse con la imagen idealizada del pasado incaico que para ellos representaban los indígenas de las alturas, incluso ataviados con trajes tradicionales en algunos casos. Esta expedición contribuye de manera decisiva a conformar los imaginarios que hasta la actualidad rodean a la provincia de Quispicanchi. Los q'eros son presentados como "el último ayllu inca", un recóndito remanente de autenticidad andina, que habría permanecido casi totalmente al margen de los efectos contaminantes de conquista europea y de la modernización occidentalizante.[37] Es en este contexto que aparece el primer relato del mito del Inkarrí, que profetiza el resurgir del imperio incaico en un futuro no lejano. Este relato, recogido por Efraín Morote Best, conjuga con la sensibilidad política del ambiente cusqueño de esos años. Pronto los antropólogos comienzan a encontrar nuevas versiones en otras partes del país. Su expresión culminante la encontramos en los años ochenta, cuando una corriente muy influyente de la historiografía peruana postula la persistencia de una ideología subterránea, andinista e incaísta, que habría atravesado la colonia, explotando en eventos como el Tak'i Onko'y y la revuelta de Túpac Amaru, y perviviendo hasta la actualidad en forma de mitos de renovación cósmica.[38]

Todos estos factores contribuyen posicionar Quispicanchi como un territorio con personalidad propia en el contexto cusqueño. La provincia sería un territorio auténticamente andino, más puro que otras provincias de la región, que habrían sufrido en mayor medida la influencia

37. Flores Ochoa y Núñez del Prado 2005. La primera edición del libro es de 1985. Incluye artículos escritos por los participantes en la expedición y por especialistas extranjeros. Previamente, muchos de estos trabajos circularon en el diario *La Prensa*, que subvencionó una parte importante de los gastos del viaje.

38. Al respecto, Burga 1988 y Flores Galindo 1987. Una crítica a esta visión en Degregori 2014: 301-336.

occidental, el turismo o la "contaminación" de la cultura puneña.[39] Esta imagen de "autenticidad andina" ha sido asimilada también por los propios habitantes de la provincia, hasta convertirse en el eje de sus discursos de identidad. Un vector de transmisión y actor clave en la articulación de estas ideas son los intelectuales locales de Quispicanchi. Se trata muchas veces de profesores, que comparten con los intelectuales cusqueños sus principales referentes ideológicos y una visión similar del desarrollo regional. Su principal referente es un imperio incaico idealizado, aunque esta preeminencia se matiza a partir de consideraciones locales, relacionadas con la historia reciente de la provincia. El resultado es lo que podríamos llamar una versión local, provinciana, del neoincaísmo cusqueño. La cultura andina es el eje de la construcción identitaria, pero existen dos diferencias importantes respecto al discurso predominante en la capital regional: en Quispicanchi lo inca no es un único referente para definir la "andinidad" y su influencia se conjuga con el fuerte impacto de los discursos campesinista y modernizador de los años setenta y ochenta. El resultado es una narrativa heroica basada en la noción de "campesino andino", que sería la amalgama de referentes culturales, étnicos, sociales y territoriales. Según se señala, este campesino andino estaría ahora resurgiendo y volviendo a tomar las riendas de la vida económica y política de la provincia.

El proyecto político de los alcaldes rurales de Quispicanchi forma parte, se apoya y ayuda construir esta narrativa. La idea de renacimiento andino está presente en casi todas las entrevistas realizadas a estos nuevos dirigentes rurales entre los años 2007 y 2011. Una vez en el poder, los alcaldes siguen refiriéndose a sí mismos como "campesinos". Su éxito político se presenta como ejemplo de este renacimiento andino.[40]

---

39. Esta ansiedad de pureza cusqueña frente a una pretendida contaminación puneña se discute por extenso en el siguiente capítulo.

40. Es significativo que uno de los ejes discursivos habituales en las interminables confrontaciones políticas quispicanchinas sea el hecho de que el alcalde sea o no un "auténtico" campesino. Son muy habituales las acusaciones de opositores que buscan descalificar una determinada gestión municipal señalando que el alcalde no es un "verdadero campesino" o no es "comunero de verdad".

Como en el caso de Cusco, se trata de autoridades profundamente intervencionistas desde el punto de vista cultural. Los pueblos y localidades quispicanchinas, a semejanza de la capital regional, se ven inundados en los últimos años de intervenciones que transforman el paisaje urbano, introduciendo nuevas tramas de sentido. En primer lugar, desde finales de los noventa, se produce el auge de la pintura mural en los espacios públicos; se trata de obras de gran formato, cuyo referente principal es el mural antes mencionado de la avenida Del Sol de Cusco. Estas obras tienen una carga simbólica muy fuerte y suelen estar situadas en lugares de gran visibilidad pública. Las escenas remiten casi siempre a la vida campesina y reflejan un presente intemporal, en el que se integran sin aparente conflicto fornidos campesinos ataviados con trajes y herramientas tradicionales, elementos mitológicos y referencias a las tradiciones culturales de la provincia. Un ejemplo es el mural situado en Plaza de Armas de Urcos, la capital de Quispicanchi. La obra representa la peregrinación al santuario del Señor de Qoyllorit'i, en las laderas nevadas de la cordillera del Ausangate. Este evento reúne cada año a decenas de miles de personas durante casi una semana de celebraciones, y es una de las celebraciones rituales más importantes de la sierra sur. En el próximo capítulo, veremos que es también un espacio central para la negociación de identidades territoriales, culturales y étnicas. En las imágenes del mural, de un marcado tono festivo, los personajes aparecen ataviados con trajes folclóricos o vestimentas rituales, relacionadas con la peregrinación. Están rodeados de una naturaleza exuberante, que incorpora las imágenes arquetípicas de la geografía andina: montañas, nevados y lagunas de altura. Un oso de gran tamaño es el centro de la composición. Este animal posee un significado casi totémico en Quispicanchi y juega un papel central en muchas de las historias mitológicas referidas al pasado de la provincia.[41] Está muy presente también en las danzas y bailes de la peregrinación.

Otro ejemplo de este discurso bucólico andino son los murales que adornan el salón de plenos de la municipalidad de Ocongate. La

41. Allen 1983: 38-51.

reproducción de uno de ellos adorna la portada de este libro. La visión idealizada del pasado andino es en esta imagen incluso más evidente. El artista mezcla formas visuales propias de la tradición indigenista peruana, cuerpos rotundos, con los músculos bien delineados, de trazo claro y rostros de porte sobrio y solomne, cargados de profundidad y trascendencia, junto con un estilo que recuerda al *new age* andino: colores vivos, personajes de gran tamaño y múltiples alegorías religiosas y místicas. Las escenas recogen la misma peregrinación de Qoyllorit'i, pero con mayor profusión de detalles. Los rituales y las danzas conviven con alusiones telúricas, incluyendo representaciones de mitos andinos e imágenes católicas. En otros casos, las escenas representan postales costumbristas, el trabajo agrícola y la vida cotidiana de los campesinos altoandinos. Todos los personajes aparecen ataviados con prendas que remiten a la tradición andina ancestral, algunas de los cuales se usan hasta la actualidad, lo que dota a las escenas de intemporalidad. Las herramientas son igualmente tradicionales, como la *chakitajlla* o arado de pie andino. Estos murales cubren por completo las cuatro paredes de la sala, tendiendo un puente entre el discurso del renacer andino y el poder político municipal.

Otro tipo de intervenciones propiciadas por los gobiernos locales quispicanchinos se refiere al mobiliario urbano. Como en la capital regional, en Quispicanchi se multiplican las esculturas y fuentes monumentales en plazas y parques. La diferencia reside en que en este caso hay una mayor diversidad de temas. Junto con referencias al pasado incaico, se incluyen elementos del folclor local, personales históricos y animales emblemáticos. El mejor ejemplo es la enorme estatua de Túpac Amaru, acompañado de su esposa, hijos y aliados, que preside la Plaza de Armas de Urcos. Esta estatua es significativa tanto por su carácter monumental como por el espacio que ocupa, en el principal centro de poder político de la provincia. El héroe rebelde apunta al frente con la mano derecha, mientras con la izquierda blande una espada curva. Sus acompañantes están armados con huaracas, palos y mosquetes. A escala menor, otros ejemplos de esta imaginería andina son la mestiza panadera de Oropesa, que vimos en el capítulo pasado, o el cóndor andino que preside la Plaza de Armas de Ocongate. En estas obras, el incaísmo queda diluido en una especie de andinismo genérico, que considera el pasado imperial como parte de una historia más larga.

Pese a ser poco concreto en el plano ideológico, el discurso del renacer andino tiene un fuerte contenido emocional. La reivindicación del hombre andino está muy presente en la vida cotidiana de personajes como Abel Lozano, quien se define como *altomisayoq*.[42] Su trayectoria es un ejemplo interesante en dos sentidos: muestra el tipo de pensamiento híbrido (entre popular e ilustrado) que arraiga en los últimos años en Quispicanchi e ilustra al mismo tiempo el perfil de intelectual local en torno al que cristalizan las nuevas narrativas de identidad colectiva quispicanchina. En la vida cotidiana, Lozano se dedica a múltiples ocupaciones diferentes. Es un mil oficios andino, que aprovecha las oportunidades derivadas de la dinamización económica, la presencia masiva de organizaciones no gubernamentales y el auge de las municipalidades. Entre otras cosas, tiene un programa de radio en Urcos, "un informativo agrario para quechuahablantes", que emite a través de radio Unión-Tierra Fecunda. El programa es financiado y promovido por el Centro Peruano de Estudios Sociales (Cepes), una ONG limeña que desde los años setenta se involucra en múltiples iniciativas para capacitar a los campesinos andinos. Es transmitido también en radio Inti Raymi del Cusco todas las mañanas de domingo. Abel es también corresponsal de otras radios, aunque según sus propias palabras su principal ocupación es "mantener la lengua quechua, mi lengua máter". En sus palabras se amalgaman discursos derivados de la reforma agraria junto con referencias del neoincaísmo cusqueño. Otros referentes más difusos son los discursos *new age* que en los últimos años proliferan en la región e

---

42. Entrevista a Abel Lozano, *altomisayoq*, Huaro, abril de 2009 (realizada por el autor y Ludwig Huber). El grado de *altomisayoq* es el más alto en la religión andina tradicional. Según Juan Núñez de Prado, la "iglesia andina" consta de tres estamentos y siete grados. El estamento más bajo (*pampamisayoq*) consta a su vez de tres grados, el estamento intermedio (*altomisayoq*) también costa de tres grados y el estamento superior, denominado *Karuq Akulluq*, está integrado por un único grado. Al respecto, Núñez del Prado 1979. En la práctica, sin embargo, este último grado es inexistente, y los *altomisayoqs* son considerados los representantes religiosos más destacados.

incluso reminiscencias de la ideología etnocacerista, que a principios de este siglo difunde en la sierra peruana una visión estrictamente étnica de la lucha de clases.

La entrevista con Lozano tiene lugar en su domicilio de Huaro, una localidad del valle del Vilcanota cercana a Urcos, famosa por su iglesia colonial, que conserva algunos de los más notables murales polícromos de la época barroca, dedicados a las postrimerías y los castigos del infierno. La vivienda es pobre incluso para lo habitual en los pueblos andinos: está escasamente amueblada y apenas iluminada por una ventana lateral. Abel se percibe a sí mismo como la síntesis de "las dos culturas andinas". Su padre proviene de una familia mestiza de la zona urbana y su madre, de una comunidad situada a tres horas a pie de Huaro. Esta dualidad está inscrita incluso en su forma de vestir: un chullo de clores, pantalón gris de tela barata, camisa de un tono azul claro y zapatos negros algo polvorientos. Al comenzar la conversación, señala con orgullo su condición de autodidacta, formado por sus padres y abuelos. La clave de su educación habría sido el impulso de "buscar el significado de las palabras". Para Abel, el idioma es la base de la identidad de los pueblos. Cada palabra tiene un significado auténtico y profundo, que esconde la esencia del pueblo que las inventó. Su método consiste en buscar en varios lugares diferentes cuando no conoce el significado de una palabra. "Si coincide, lo he encontrado, y si no coincide, lo sigo buscando".

Desde su punto de vista, la identidad es algo que existe en sí mismo, aunque en el caso de los individuos andinos "está oculto". Su función como *altomisayoq* consistiría en "desempolvar" esa esencia ancestral, poniendo de manifiesto los elementos clave que identificarían al ser andino: su lengua, su religiosidad asociada a la tierra y su música. Esta insistencia en la esencia andina no implica, sin embargo, una renuncia a la religión católica, que Abel que considera inextricablemente vinculada al campesino andino. "Dios y la Pachamama —señala— tienen un mismo significado". Como ejemplo de esta identidad andino-católica cita la peregrinación al santuario de Qoyllorit'i, situado en el distrito de Ocongate, que cada año reúne a decenas de miles de fieles, quienes caminan varios días hasta llegar a lo alto del nevado donde se encuentra el adoratorio. Esta fiesta sería "un encuentro entre el dios del Ande y el dios cristiano". Según Abel, se trataría de un encuentro espiritual y físico, que reflejaría la doble fe del hombre andino: "La imagen del dios cristiano sube a la montaña en brazos de sus fieles, para juntarse y conversar con el dios andino".

La existencia de una identidad andina esencial, que estaría oculta debido a circunstancias históricas, es una de las ideas centrales del pensamiento neoincaísta cusqueño. Sus raíces se encuentran en el indigenismo de principios del siglo pasado, que planteaba este ocultamiento como una respuesta estratégica de los pueblos andinos frente al trauma de la conquista europea. Sin embargo, lo que comenzó siendo una retirada estratégica se habría convertido con el tiempo en un olvido trágico por parte de las nuevas generaciones. A los intelectuales y activistas les correspondería revertir esta tendencia hacia la disolución de la cultura andina, impulsando un redescubrimiento de su esencia ancestral por parte de los pobladores rurales. El intelectual sería la herramienta y el motor de este redescubrimiento. De ahí que en la conversación con Abel sea frecuente encontrar conceptos como desempolvar, enseñar, rescatar o restaurar. Desde una perspectiva mucho más radical, esta presunta existencia de una identidad ancestral oculta es asumida también por otras corrientes ideológicas que en los últimos años tiene predicamento en las regiones de la sierra sur, como el etnocacerismo. Probablemente es esta coincidencia de fondo lo que explica el rápido éxito inicial de los seguidores de Antauro Humala en esta parte del país, así como la popularidad de su hermano Ollanta Humala, quien obtiene en Quispicanchi resultados espectaculares en las elecciones de 2006 y 2011.[43] Aunque Ollanta tiene un discurso más atenuado que Antauro, estas diferencias no son siempre percibidas por los votantes quispicanchinos, quienes siguen considerando a ambos como representantes del genuino pueblo andino oprimido. Es significativo en este sentido que la mayoría de los alcaldes rurales de la provincia señalan ser seguidores de Ollanta Humala: por más que casi nunca se integren de manera formal en el

43. Asensio 2011.

Partido Nacionalista Peruano, en las entrevistas casi todos ellos señalan haber votado a Humala en ambos procesos electorales.[44]

Un tema constante de preocupación para Abel es la "españolización" que percibe a su alrededor. Es en este punto donde sus ideas se muestran más claramente herederas del incaísmo cusqueño. La dicotomía entre lo andino y lo español subyace en todo su discurso, tanto cuando habla de la lengua andina o de su música, como cuando se refiere a la política y la vida cotidiana de Quispicanchi. En este sentido, "españolización" es un término genérico para definir lo que percibe como una pérdida de las esencias andinas ante el influjo de la cultura mestiza urbana proveniente de Lima y Cusco. Abel se muestra preocupado por las tentaciones que llevan al hombre andino a olvidarse de sí mismo. "Con el tiempo —señala—, eres más español, más castellano, más gente de pueblo, urbano". Incluso, en un momento determinado de la conversación, se refiere a sí mismo y a su vestuario como un ejemplo de alienación y mixtura. Un problema adicional sería la presencia masiva de evangelistas en Quispicanchi. Abel describe la extensión de esta religión como una "nueva españolización" que amenazaría al mundo andino. La doctrina evangélica cuestionaría la naturaleza esencial de la cultura andina quispicanchina en un doble sentido: aleja a los pobladores rurales de la religión católica, esencial para su identidad, y ataca las fiestas y celebraciones tradicionales, que se consideran expresiones de "paganismo".

Las palabras de Abel surcan de un tema otro, pero vuelven constantemente sobre la esencia del mundo andino. En algunos momentos, muestra una clara nostalgia del imperio inca, considerado no tanto como un momento histórico concreto, sino como un referente moral, que permite construir una imagen ideal de convivencia, de acuerdo con los pretendidos patrones andinos. "El Tahuantinsuyo —señala— ha sido una gran nación étnica porque viene de una sola raza homogénea. Ahora tenemos una raza heterogénea, pero queremos conseguir algo en común". En esta línea, presenta como ejemplo el Museo Piedras Sagradas de Huaro, una iniciativa individual, acogida por la municipalidad

44. Sobre el discurso étnico etnocacerista, Huber, Asensio y Zúñiga 2011.

distrital, que pretende presentar un relato alternativo y verdadero de la historia de la localidad. Este museo (que analizamos con detalle en un capítulo posterior) no forma parte del sistema oficial del Ministerio de Cultura. Su creación responde a la iniciativa de un antropólogo local, y tanto las piezas como las interpretaciones son muy polémicas y ampliamente cuestionadas por los especialistas. Sin embargo, Abel enfatiza su importancia, ya que el museo demostraría "que hay secretos en la civilización andina y que hay relación con otras culturas": "La cultura humana es solo una —continúa—; no sé cómo le llaman en otros lugares, pero sé que son lo mismo. Le llaman distinto, pero son una sola cultura: China, África, pieles rojas. Por ejemplo, los indios americanos también tienen el cóndor como símbolo. Son como nosotros, los andinos".

Esta última afirmación de hermandad universal entre los pueblos "auténticos" del mundo refleja la influencia del *new age* andino en el discurso de Abel, una corriente que se ha hecho muy popular desde los años noventa, a medida que se incrementa el número de visitantes extranjeros que llegan a Cusco en busca de una experiencia espiritual "auténtica". Su fundamento es una amalgama de ideas que incluye elementos de la religiosidad tradicional andina junto con un vago misticismo oriental. La ideas centrales son (i) la cultura andina entendida como el remanente de una religión universal, que habría existido en todo el mundo en una época primitiva; (ii) el panteísmo como esencia de esta espiritualidad, expresado en los rituales de adoración a la tierra; y (iii) el carácter profundamente místico del hombre andino, que lo convertiría en depositario especial de una sabiduría ancestral, a la que los occidentales únicamente podrían llegar tras un largo proceso de aprendizaje. Estas ideas han sido criticadas tanto desde el ámbito académico como desde el político. Por un lado, se señala que son una versión mistificada de las creencias andinas tradicionales. Por otro lado, diversos autores apuntan que detrás de su difusión existe un proceso de expropiación de la religiosidad andina, que dejaría de ser una expresión cultural genuina de un grupo humano concreto para convertirse en una especie de religión universal, controlada por emigrados del primer mundo asentados en Cusco y otras ciudades andinas consideradas focos de religiosidad.[45] Más allá de estas críticas, sin embargo, lo cierto es que se trata de una corriente muy extendida y en auge. En cualquier librería de Cusco es posible encontrar decenas de libros que difunden estas ideas. Sus autores son muchas veces expatriados norteamericanos y europeos que obtienen notables beneficios por la difusión de sus ideas e incluso son considerados como gurús místicos por sus seguidores.[46] También cuenta con el apoyo de determinados sectores de la clase media mestiza urbana, que encontrarían en esta religiosidad andina *new age* una forma de negociar su inserción en la modernidad globalizada. Un ejemplo al respecto es Jorge Núñez del Prado, quien comienza su carrera como profesor de antropología en la Universidad Nacional de San Antonio Abad del Cusco y posteriormente se convierte en referente del nuevo misticismo andino. Su trayectoria es emblemática de las inquietudes y búsquedas de este segmento de la sociedad regional, que circula con relativa fluidez entre los referentes intelectuales locales y las tendencias internacionales. Hijo del organizador de la famosa expedición a las comunidades q'ero de 1955, su tesis de licenciatura se centra precisamente en el mundo sobrenatural de los quechuas andinos.[47] En los años ochenta, forma parte del equipo de profesionales cusqueños que trata de dar un sentido local a las actividades de la cooperación internacional. Junto con otros colegas, perfila la idea del Pachamama Raymi como herramienta de intervención para proyectos de desarrollo adaptada al contexto andino: una combinación de fiestas y concursos en el marco del entonces innovador paradigma de capacitación campesino a campesino. El objetivo era diseñar una estrategia de intervención rural idiosincráticamente andina, que aprovechara las potencialidades de la cultura ancestral cusqueña y al mismo tiempo contribuyera a empoderar a los pobladores rurales. En los capítulos pasados, hemos visto que, aunque despojadas de esta vertiente mística, se trata de iniciativas que tienen un gran éxito y son

45. Al respecto, Hill 2007b: 251-279 y 2007a.

46. Un ejemplo al respecto en Hill 2010: 263-289.

47. Núñez del Prado 1970.

posteriormente adoptadas por muchas de las instituciones nacionales y extranjeras que trabajan en Quispicanchi y otras provincias cusqueñas.

En paralelo a su trabajo con la cooperación internacional, Núñez del Prado se inicia como *altomisayoq*. Sus visitas a las comunidades q'ero, con las que mantiene una relación cercana, lo llevan reflexionar sobre el llamado "mito del Inkarrí", que había sido descrito por primera vez en los años cincuenta, incluyendo un famoso trabajo sobre su importancia entre los pueblos q'ero.[48] Se trataría de una creencia ancestral, propia de la población quechua, que postula el resurgir en un futuro cercano de la cultura andina. Desde su divulgación es objeto de controversia y múltiples interpretaciones religiosas y políticas.[49] Tiene también una notable influencia en la literatura peruana.[50] En algunos casos, se circunscribe su alcance a un conjunto reducido de personas o comunidades, mientras que otros autores, por el contrario, la consideran como el vestigio más visible de una creencia que estaría profundamente arraigada en los pueblos andinos. También varían su contenido y su interpretación, hasta el punto de haberse convertido en ocasiones en alegoría de un nuevo proyecto nacional peruano.[51] La particularidad de la perspectiva desarrollada por Núñez del Prado consiste en deslocalizar el relato y darle un sentido más amplio, de profecía universal. El

48. El mito de Inkarrí narra la resurrección del cuerpo de Túpac Amaru I, el último inca, que tras su ejecución en 1572 habría sido enterrado descuartizado en diferentes lugares por los españoles. La versión más conocida del mito sostiene que de manera subterránea el cuerpo estaría recomponiéndose, para emerger en el momento en que todos los pedazos se encuentren de nuevo unidos. Las primeras versiones de este mito fueron rescatadas por los antropólogos peruanos en las décadas de 1950 y 1960 en diferentes zonas rurales: Puquio, Andahuaylas y Cusco. En los años setenta, los estudios conocen un nuevo auge, en el contexto del gobierno nacionalista de Velasco. Un resumen al respecto en Ortiz Rascaniere 1973 y Ossio 1973. En el caso de los q'ero: Morote Best 2005: 287-311. Este último trabajo había sido publicado previamente varias veces, ya que se basa en el trabajo de campo de la expedición de 1955.

49. Un análisis de las lecturas políticas en Tamoeda 2006.

50. Ramírez Vásquez 2011: 236-149.

51. Núñez del Prado 2005: 335-349. El texto se basa en el trabajo de campo realizado por Núñez de Prado entre los q'ero a finales de los años setenta.

renacimiento andino no se debería entender como un evento político, sino como un cambio espiritual y personal. El resultado es lo que LeBorgne denomina un "misticismo neo-indígena".[52] "En este movimiento —escribe LeBorgne—, la profecía no se dirige solamente a los peruanos, sino al mundo entero y todos pueden, sea cual fuere su origen, devenir en el próximo inca".

Núñez del Prado es también el principal informante de Joan Parisi Wilcox, una las autoras más influyentes que apuntala la idea de los Andes cusqueños (y especialmente el pueblo q'ero) como un reservorio de espiritualidad frente a la expansión del materialismo occidental.[53] En línea con la evolución reciente de Núñez del Prado, Wilcox defiende la existencia de una teología panamericana, que habría sido un legado común tanto de los indígenas norteamericanos como de los pueblos andinos, basada en la iniciación chamánica y el culto a las fuerzas de la naturaleza. Abel, el *altomisayoq* de Huaro, explícitamente hace referencia a estas ideas varias veces a lo largo de la conversación. Desde su punto de vista, los "pieles rojas" norteamericanos y los quechuas andinos serían parte de un mismo pueblo ancestral, con creencias comunes y un mismo *ethos* profundamente espiritual. En favor de estas teorías, recuerda que durante décadas la Plaza de Armas de Cusco estuvo presidida por la estatua de un indio norteamericano, colocada en la cima de la pileta donde ahora se encuentra la estatua de Manco Cápac. Este adorno fue comprado a comienzos del siglo pasado por el rector de la Universidad Nacional de San Antonio Abad, el norteamericano Albert Giesecke, quien con esta muestra de amistad habría querido agasajar a la ciudad que lo acogió. La estatua fue encargada a una empresa neoyorkina, y seguía un estilo muy habitual en la época, con arco, flechas y penacho de plumas. Se trata de un retrato muy estereotipado, hasta el punto de que es posible encontrar réplicas similares en varias ciudades norteamericanas. En Cusco, sin embargo, el recuerdo de su origen se fue diluyendo. A mediados del siglo pasado, pese a su incontrovertible diseño, en

---

52. LeBorgne 2005: 159-179.
53. Wilcox 1999.

algunos casos se lo identificaba con Atahualpa, el último soberano inca plenamente independiente, y en otros con Moctezuma, ya que se creía que había sido un regalo del gobierno mexicano con motivo del cuarto centenario de la ciudad. Solo en los últimos años la historia real vuelve a ser conocida, difundida en parte por los círculos del nuevo misticismo andino, quienes la interpretan como una muestra de la sabiduría de Giesecke, quien habría traído la estatua al Perú al haber percibido la unidad fundamental primigenia entre todos los pueblos americanos prehispánicos.

Esta apropiación neoindigenista de la desaparecida estatua del piel roja cusqueño es paradójica por partida doble. Por un lado supone la reinterpretación en clave indigenista de un héroe cultural paradigmático del impulso modernizador de comienzos del siglo pasado (Giesecke) y, por otro, contradice la propia historia de la destrucción de la estatua. El piel roja habría sido expulsado de la Plaza de Armas de Cusco en 1969 por presión de círculos regionalistas, quienes habrían aprovechado el ambiente nacionalista y antinorteamericano posterior al golpe de estado de Juan Velasco Alvarado para destruir una imagen que consideraban ofensiva para la ciudad por su carácter imperialista y colonialista.[54] Su acción se presenta en ese momento como un acto de rebeldía, liberación y búsqueda de la autenticidad, frente a las imposiciones iconográficas de origen extranjero. Abel es consciente a medias de esta historia. Reelabora su sentido a partir de una narrativa diferente, alejada del nacionalismo revolucionario de los años setenta. Su interés no está en el detalle concreto de los sucesos, sino en su significado simbólico. La estatua, a la que hace referencia de pasada varias veces en su conversación, es vista como una metáfora de la unidad ancestral del hombre americano. Independientemente de cuáles hayan sido los avatares que llevaron a su erección y posterior destrucción, su presencia en Cusco evidenciaría el hilo de continuidad espiritual que uniría a los quechuas cusqueños con

---

54. Silverman señala que esta destrucción se enmarcaría en el contexto de la pretensión del Gobierno Revolucionario de las Fuerza Armada de convertir la Plaza de Armas en un espacio de homenaje a Túpac Amaru, personaje elegido por Velasco como emblema de su gobierno. Al respecto, Silverman 2012: 89-113.

los indígenas norteamericanos. Esta concepción universal de la religión andina lo lleva también a defender la presencia de turistas en la ciudad. Desde su punto de vista, es "normal" que los extranjeros —y especialmente los norteamericanos— se sientan atraídos por la espiritualidad cusqueña, ya que esta estaría transmitiendo una verdad de valor universal. A diferencia de otros intelectuales locales, no considera que los turistas sean en sí mismos una amenaza para la preservación de la cultura andina. Su presencia, por el contrario, sería una evidencia del alto destino reservado a los países andinos en el contexto mundial. "Si hay respeto, si solo lo hacen en plan de conocer, es bueno. Y mejor si luego lo enseñan en sus países y lo practican". "Si vienen por cuestiones de salud, también está bien", continúa. "Mientras no se comercialice todo, estaría bien".

Para Abel la identidad es un atributo colectivo: no tienen identidad los individuos, sino los pueblos. "Siempre hablo en plural, no me gusta hablar yo solo. Yo solo no soy nada: soy lo que es mi pueblo", señala. Su insistencia en la espiritualidad y el pasado andinos no implica sin embargo un alejamiento de la realidad. Sus preocupaciones se remiten constantemente al plano práctico y cotidiano. "No hay tantas diferencias entre estas culturas", señala cuando se le pregunta por los cambios ocurridos en los últimos años. "Son los mismos valores. Tenemos que hacer que estas dos culturas lleguen a ser una: la andina y la moderna". Se trataría, desde su punto de vista, de conformar una versión andina de la modernidad que recupere el orgullo de pertenencia, pero sin por ello renunciar a las ventajas materiales de la vida moderna. El éxito económico no debería estar reñido con la preservación de la cultura andina. Su referente son los otavalos de la sierra norte ecuatoriana, a quienes recuerda haber conocido durante una visita de intercambio patrocinada por Cepes. "Volví avergonzado de Otavalo —comenta— por lo que ellos han logrado y nosotros no". A diferencia de los cusqueños, continúa, los otavaleños tienen "la ropa, la filosofía y la política de Túpac Amaru, junto con su computadora y sus celulares".

Esta última frase evidencia algunas de las particularidades de la ideología del renacimiento andino tal como se expresa en Quispicanchi. A diferencia del misticismo neoindigenista de la clase media cusqueña, se trata de una ideología profundamente incrustada en un deseo de modernidad y desarrollo. Junto con referencias al pasado idealizado prehispánico, incluye numerosos referentes modernizadores, que son parte central de la luchas cotidianas de sus promotores. Más allá de la retórica, no es una ideología meramente espiritualista; expresa el anhelo de una mejora en las condiciones materiales de la vida cotidiana de la población rural, en un contexto que se percibe de acelerado cambio y nuevas oportunidades En lugar de oponerse, el mito de Inkarrí se reconciliaría de esta manera con el "mito del progreso" descrito por Carlos Iván Degregori.[55]

El giro del renacer andino hacia lo espiritual, promovido por los intelectuales cusqueños de clase media, no habría hecho olvidar a personajes como Abel que se trata de un proyecto esencialmente político en sus orígenes. En este sentido, su otro gran referente es el presidente boliviano, Evo Morales. Su reivindicación de una república plurinacional sintetiza el ideal del nuevo hombre andino, que alcanza el poder político y busca la modernidad sin por ello renunciar a sus esencias culturales. "Después de Evo no hay nadie", señala Abel. "No hay otro que se le equipare en nuestro país". Las experiencias precedentes de Alejandro Toledo y su discurso de reivindicación del cholo andino, así como varios otros líderes locales, entre los que cita explícitamente a Estrada, habrían llevado a Abel a mirar con escepticismo la política peruana. Según considera, los políticos se apropiarían con facilidad del discurso del renacer andino, pero solo en un nivel retórico, sin que se traduzca en políticas concretas para mejorar la posición del campesino andino en el contexto nacional. Su pesimismo se atenúa, sin embargo, cuando habla de la política local. Desde su punto de vista, la procedencia campesina de los alcaldes de Urcos y Huaro es un cambio importante en los últimos años. Ambos "son también comuneros de las zonas altas de los distritos" y habrían llegado al poder "por el tema de la identidad". "Es el mismo mensaje que Evo Morales", señala Abel. "Las comunidades han decidido participar". "Decidieron elegir un candidato entre ellos para gobernar",

55. Degregori 1986.

Fotografía: Raúl Asensio.

Plaza de Armas de Urcos. Túpac Amaru y sus hijos dirigiendo la rebelión andina

continúa. "Primero buscaron alguien de abajo, del pueblo. Los de abajo no quisieron y entonces se juntaron los comuneros y formaron una lista netamente campesina, con un representante de cada comunidad. Nadie les dio importancia. Nadie quiso ser regidor en la lista en representación del pueblo. Pusieron al final uno casi al azar". Como resultado de este cambio político, concluye Abel, "existe mayor libertad para usar el quechua, sin vergüenza, incluso delante de los funcionarios".

Los *raymis*

Las reflexiones de Abel Lozano, desgranadas en una larga entrevista de más de tres horas, muestran los diferentes referentes que se amalgaman en la ideología del renacer andino predominante en Quispicanchi. Como podemos ver, existe una compleja mezcla de nostalgia de un pasado idealizado, ansiedad por los cambios presentes y esperanza por lo que se percibe como un momento político favorable para los campesinos andinos. Abel es probablemente un caso extremo, en tanto buena parte de su vida se dedica a reflexionar y difundir estas ideas. La recuperación de la cultura andina es una cruzada personal, que se refleja en su propia vivienda, repleta de objetos que hacen referencia a la religiosidad tradicional andina, a la necesidad de instruir y aprender los verdaderos significados de las esencias ancestrales y a la herencia cultural de quienes considera sus antepasados. De una manera menos intensa, se trata sin embargo de ideas muy extendidas, que son compartidas por gran parte de la población de Quispicanchi, incluyendo los nuevos líderes rurales. El renacimiento andino es también para ellos el principal referente ideológico, aunque pocas veces se encuentre este discurso de manera tan elaborada como en el caso de Lozano.

La consolidación de estas ideas corre en paralelo con la aparición de un conjunto de prácticas basadas en principios similares, que contribuyen a asentarlas y naturalizarlas. Es el caso de los llamados *raymis*, que desde finales de los años noventa proliferan en la provincia de Quispicanchi. Se trata de festividades locales que recrean antiguos rituales incas, celebradas de manera anual en casi todas las localidades de la provincia, cuyo modelo es el Inti Raymi de Cusco. Sus promotores son muchas veces antropólogos o científicos sociales cusqueños aliados con autoridades locales. El objetivo inicial es atraer hacia las localidades rurales a una parte del turismo que en esos años se expande de manera espectacular en toda a la región. Sin embargo, este propósito se cumple muy pocas veces. Como veremos en un capítulo posterior, hasta la actualidad son muy pocos los turistas que acuden a Quispicanchi. En contraste, los *raymis* son apropiados rápidamente por las autoridades y la población locales, que los dotan de nuevos significados en la línea de los discursos del renacimiento andino. Más allá de su función primigenia como eventos turísticos, pasan a verse como fiestas ancestrales "recuperadas", que mostrarían la verdadera esencia de los distritos andinos. Son los casos del Sara Raymi (festival de maíz), que se celebra en marzo en Huaro; el Pachamama Raymi (festival de la tierra), en agosto en Ccatcca; el Tanta Raymi (festival del pan), en septiembre en Oropesa; y el Qocha Raymi, (festival del agua), celebrado en Urcos en ese mismo mes.

Aunque existen ejemplos en otras partes de la región, los *raymis* son un fenómeno social especialmente intenso en la zona sur de Cusco, sobre todo en el valle del Vilcanota.[56] La razón de este éxito es su capacidad para encapsular y potenciar los discursos de identidad que surgen en Quispicanchi en paralelo a los cambios económicos y políticos recientes. En la actualidad, son celebraciones de gran empaque, que movilizan una cantidad notable de recursos, públicos y privados. Un ejemplo emblemático de esta trayectoria y de los cambios ocurridos desde finales de los noventa es el Pachamama Raymi de Ccatcca.[57] Situado a medio camino entre Urcos y Ocongate, en el pequeño valle del río Yanamayo, Ccatcca es uno de los distritos de Quispicanchi que más crece en los últimos años en cuanto a su población. Es además una de las localidades más famosas por su apego a la religiosidad tradicional andina y por la calidad de sus especialistas místicos, tanto curanderos como sacerdotes andinos. El Pachamama Raymi, se realiza por primera vez en 1991. Su promotor inicial es el alcalde Mario Ccama, quien señala que la idea habría surgido al observar el éxito de las representaciones neoíncas realizadas en Cusco por un grupo de teatro universitario.[58] Recién elegido alcalde, Ccama se acerca a ellos al terminar la función para conversar sobre la posibilidad de realizar un evento similar en Ccatcca. Su preocupación en ese momento pasa sobre todo por visibilizar la localidad. Pese a su peso demográfico y simbólico, Ccama considera que Ccatcca es una localidad postergada en los ámbitos económico y político, eclipsada por la importancia de sus dos distritos vecinos. Esta percepción es compartida por muchos otros actores locales, incluyendo

56. En los últimos años, los *raymis* se han extendido por gran parte del Perú, provocando cierta controversia sobre su "autenticidad", que salta incluso al ámbito político. Sin embargo, en los años noventa, son fundamentalmente un tipo de celebración concentrado en la zona sur de Cusco. Al respecto, Flores Ochoa 2000: 123-148.

57. No se debe confundir esta fiesta, iniciada a mediados de los noventa, con la metodología de capacitación de campesino a campesino denominada también Pachamama Raymi, desarrollada en los años ochenta en el contexto del Proderm.

58. Entrevista a Mario Ccama, exalcalde de la municipalidad distrital de Ccatcca, Cusco, abril de 2009 (realizada por el autor y Ludwig Huber).

la nutrida comunidad de ccatcceños residentes en Cusco. Pese al poco tiempo de preparación, la municipalidad logra atraer el primer año a representantes de casi todas las comunidades del distrito; también acuden campesinos de Ocongate, atraídos por la fama de Ccatcca como espacio de autenticidad andina.

En total son 28 las comunidades presentes en la primera edición del Pachamama Raymi. Este éxito determina que la celebración continúe en los años siguientes y vaya progresivamente creciendo, hasta convertirse en uno de los principales eventos del calendario festivo anual. Ccama destaca también el apoyo del padre católico José María García y García, una figura clave desde su punto de vista en la consolidación de las ideologías del renacer andino en los pueblos de la parte alta de Quispicanchi. Este sacerdote de origen español tendría una particular combinación de autoridad moral entre los pobladores rurales —producto de sus muchos años de presencia en la zona— y apertura frente a los nuevos discursos culturales. Su posicionamiento en favor de la celebración habría sido determinante para su consolidación inicial. García, según Ccama, habría apoyado el Pachamama Raymi al entender que la religiosidad andina no se opondría al catolicismo, sino que más bien sería una fuerte de espiritualidad complementaria. "Algo paradójico", señala Ccama, "el padrecito cree en sus cosas, pero también participa en el pago a la tierra".

El Pachamama Raymi, tal como fue diseñado a principios de los años noventa, tiene dos componentes centrales: un concurso público de danzas y representaciones teatrales, que se realiza el primer día de agosto, y un ritual religioso oficiado la noche anterior por los sacerdotes andinos más reconocidos del distrito. En ambos casos, el principal organizador es la municipalidad, que corre con la mayor parte de los gastos. Los preparativos se inician con varios meses de anticipación, cuando las comunidades comienzan a ensayar sus danzas. La municipalidad financia también el traslado del grupo de teatro cusqueño especializado en estos eventos, que contribuye a dar mayor realce a las celebraciones. El éxito de público se repite año tras año, aunque la evaluación de Ccama es ambigua. El Pachamama Raymi, según señala, habría favorecido la recuperación de la identidad tradicional y potenciado el orgullo de los habitantes de Ccatcca, especialmente en las zonas rurales. En sus propias palabras, habría permitido recordar a los pobladores rurales que "provenimos de una cultura inca que causa admiración en el mundo entero". Sin embargo, el objetivo inicial de atraer turistas nunca se habría logrado. Ccama atribuye este fracaso a lo que llama "los detractores del Pachamama Raymi". En este grupo se encontrarían los adventistas, a quienes les parecía que "era mucha fiesta, y eso iba contra sus principios". También crítica la actitud de los habitantes de Kcauri, el otro gran centro poblado del distrito de Ccatcca, quienes se habrían sentido postergados por el excesivo énfasis que Ccama otorga a la capital. Como resultado, el Pachamama Raymi habría perdido parte de su brillo en los últimos años, algo que Ccama achaca al "desinterés" de sus sucesores en la municipalidad, provenientes precisamente de Kcauri.

El Pachamama Raymi evidencia la intersección entre las aspiraciones de las nuevas generaciones de políticos locales quispicanchinos y los intereses de los promotores culturales vinculados al movimiento neoincaísta cusqueño. El principal aliado de Ccama es Hipólito Peralta, un profesor universitario cusqueño que en la actualidad se desempeña como asesor de la Dirección Regional de Educación. Peralta fue becario de la Fundación Ford en un programa administrado por el Instituto de Estudios Peruanos con el objetivo de proporcionar a los jóvenes de bajos recursos del interior del país la oportunidad de realizar estudios de posgrado en el extranjero. Este apoyo le permitió a Peralta completar una maestría sobre educación bilingüe en Cochabamba. En consonancia con esta trayectoria, su discurso es bastante más intelectualizado, y en algunos puntos da la sensación de haber reelaborado sus recuerdos a partir de sus aprendizajes posteriores. Desde su punto de vista, el origen del Pachamama Raymi habría sido el deseo de visibilizar a los pobladores originarios andinos, un grupo "muy discriminado por la gente del mismo pueblo".[59] Su primera conversación con Mario Ccama habría tenido lugar antes de que este saliera elegido alcalde. En ese momento, Ccama manejaba un "rollo campesinista" muy fuerte. El aporte de

59. Entrevista a Hipólito Peralta, asesor de educación primaria de la Dirección Regional de Educación de Cusco, Cusco, abril de 2009 (realizada por el autor y Ludwig Huber).

Peralta habría consistido en tender el puente entre este discurso campesinista y la reivindicación del renacimiento cultural andino. Su principal lema de campaña habría sido: "Nosotros somos los indígenas. No somos un gobierno que viene de fuera". De ahí la importancia que el Pachamama Raymi habría tenido para "reivindicar y sacar a la luz" un conjunto de expresiones culturales que hasta ese momento habrían estado reprimidas y escondidas.

El apoyo de Peralta hace posible que las ideas de Ccama tengan un contenido ideológico más profundo y elaborado. Es además el puente que permite al nuevo alcalde entrar en contacto con el vigoroso mundo de los intelectuales cusqueños. La elaboración del libreto del Pachamama Raymi está a cargo del propio Peralta junto con Hugo Bonet, otro profesor universitario cusqueño, quien desde la década de 1990 es uno de los principales animadores del movimiento neoincaísta en el plano cultural. Bonet es también uno de los dramaturgos más respetados de la región, heredero, según sus propias palabras, de una larga tradición de teatro en quechua, que se remontaría hasta la época de la colonia.[60] Desde su punto de vista, la clave del éxito del Pachamama Raymi habría estado en la conjunción entre autenticidad y modernidad de la representación. Para afinar los detalles, primero habrían realizado una representación en Cusco, con un buen número de invitados procedentes de Ccatcca, y posteriormente habrían trasladado la celebración a la propia localidad. El guion se basaría en múltiples conversaciones con los "sabios de la comunidad", en busca de "hacer emerger las verdaderas tradiciones andinas". También habrían tratado de involucrar a las mujeres, que Hipólito considera las grandes depositarias de las tradiciones andinas, pero a quienes "casi nunca se tiene en cuenta". Finalmente, el grupo llegó a sumar cuarenta personas, quienes participan en lo que Peralta considera "el primer pago oficial realizado en Quispicanchi". La celebración habría sido un éxito, hasta el punto, señala, que "me sentía en otra época, como si los incas hubieran vuelto".

60. Entrevista a Hugo Bonet, encargado del teatro universitario de la Universidad Nacional de San Antonio Abad del Cusco, Cusco, abril de 2009 (realizada por el autor y Ludwig Huber).

La cooperación entre Ccama, Peralta y Bonet evidencia dos elementos clave en la historia reciente de los *raymis* de Quispicanchi: su vinculación con un proceso de reivindicación de la cultura andina que transita desde lo folclórico a lo político y la superación de los objetivos turísticos iniciales. Evidencia también la importancia de los promotores culturales cusqueños, que insertan estas festividades en un proceso más amplio de reivindicación cultural regional. Su experiencia y empuje habrían sido determinantes en las etapas iniciales de las celebraciones, tanto para definir las características formales de los eventos como para dotarlos de legitimidad y proyección social. Esta síntesis se refleja en el lema que preside la primera celebración realizada en Ccatcca tras los ensayos iniciales en la capital regional: "De Qatqa al Qosqo y del Qosqo al mundo: Pachamama Raymi festival del renacimiento".[61]

Más allá de las resistencias iniciales que pudieran haber tenido en algunos sectores, los *raymis* son rápidamente apropiados por la población quispicanchina y se convierten en una parte central de sus propias celebraciones. Se trata de celebraciones festivas que permiten escenificar y evidenciar la amalgama de referentes históricos, culturales, políticos y emocionales que sustentan los nuevos discursos de identidad colectiva. Es este giro, de lo turístico a las políticas culturales de identidad, lo que permite explicar su éxito, su continuidad y su rápida expansión en un número cada vez mayor de localidades, incluyendo en la actualidad tanto poblaciones cusqueñas como de otras regiones del país. Un factor adicional en Quispicanchi es su sentido político, que se acentúa a medida que la nueva generación de líderes rurales llega al poder. Esta cooptación de los festivales revivalistas por el poder local se observa sobre todo en el Qocha Raymi, que se celebra cada mes de septiembre en Urcos, la capital provincial. El evento tiene lugar junto a una pequeña laguna situada a las afueras de la localidad. La leyenda señala que allí se encontraría sepultado parte del tesoro real inca, escondido por Huáscar ante el avance de las tropas españolas. El ritual hace referencia a este

61. Flores Ochoa 1997: 7-10. La grafía de los topónimos corresponde a una de las diferentes ortografías del quechua que existen en Cusco, un tema que es fuente permanente de disputa, como se señalará más adelante.

hecho, que puede ser visto como una metáfora de la propia situación de la cultura andina: una riqueza escondida, oculta desde la época de la conquista europea, que debe ser redescubierta por los herederos de los antiguos incas. La celebración cuenta con la presencia de las autoridades locales. Desde primeras horas de la mañana comienza la animación. Junto al escenario, una docena de toldos de plástico acoge puestos de venta de artesanía y productos gastronómicos.[62] En su mayoría, estos puestos están ocupados por asociaciones de productores vinculados a las ONG locales o a programas estatales de desarrollo, que aprovechan la ocasión para difundir y vender sus productos. También hay un buen número de pequeños restaurantes al paso que ofrecen productos locales, platos típicos y, por supuesto, cerveza, chicha y otros licores.

Participan en el Qocha Raymi más de doscientas personas, caracterizadas como guerreros incas, ñustas, sacerdotes y pajes. La ceremonia comienza con un desfile que desciende desde la Plaza de Armas hasta el escenario instalado en las cercanías de la laguna. La marcha está presidida por el alcalde provincial de Quispicanchi y sus regidores. Ellos son los únicos que visten con ropas occidentales, aunque portan de manera muy destacada una banda transversal con la bandera multicolor de Cusco. El resto de los participantes están ataviados con vestimentas y parafernalia de época. Con un claro sesgo de género, los hombres asemejan guerreros, armados de lanzas, porras, escudos y otros abalorios bélicos. Las mujeres en cambio están caracterizadas como princesas, con largas túnicas y adornos en el pelo y el rostro. Muchos de los trajes han sido alquilados en Cusco, donde existe un floreciente mercado de este tipo de productos. La coreografía ha sido establecida y ensayada previamente por especialistas provenientes de esta misma ciudad. Lo mismo ocurre con los actores centrales, quienes han sido contratados a propósito para el evento. Los acompañan los alumnos de los colegios locales, que durante semanas han ensayado su papel, y ahora lucen el rostro adusto que corresponde a un guerrero imperial, en el caso de los chicos, y la mirada

62. La descripción del Qocha Raymi en los siguientes párrafos se basa en la observación realizada por el autor en 2011.

hierática y altiva de las princesas, en el caso de la chicas, aunque a ambos muchas veces se les escapa una sonrisa radiante y orgullosa, cuando divisan a sus familiares entre el público que aplaude el paso de la comitiva en su camino hacia la laguna.

Tras el desfile, los danzantes ocupan sus puestos en un escenario especialmente preparado. Comienzan a bailar al ritmo de los pututus, caracolas ceremoniales andinas, que dan al evento un aire de solemnidad. Desde una isla de totora situada en medio de la laguna se aproxima una barca con tres personajes femeninos, que descienden y toman su puesto entre los danzantes. Se trata de tres doncellas en representación de cada una de las principales lagunas de la provincia. El momento cumbre es el diálogo entre el personaje que encarna al sumo sacerdote y el personaje femenino que representa a la laguna de Urcos. El sacerdote implora su protección para todos sus súbditos. Para ello enumera, uno por uno, todos los hitos geográficos de la provincia. La lista remite explícitamente a la idea de *urcos llajta* o tierra de Urcos. Refleja, por lo tanto, la imagen del territorio que buscan construir los actores locales. Comienza pidiendo la protección de los cerros tutelares del *urcos llajta*, el Pachatusán y el Ausangate. Luego se dirige a las lagunas más importantes de territorio, Huacarpay, Yanacancha y Urcos, para pasar a enumerar, en la parte central del rito, los ríos, las fuentes de agua, los pueblos y las comunidades de toda la provincia. Cada uno de estos lugares se nombra de manera individualizada, uno a uno. La escenografía está cuidadosamente preparada. Con la dicción y el equipo de sonido adecuados, la voz del sacerdote puede escucharse varios kilómetros de distancia, en la quebrada del Vilcanota. Un pequeño desfase de segundos acentúa el efecto dramático de la escena.

Esta lenta enumeración ritual de localidades y accidentes geográficos tiene un profundo sentido político. Quispicanchi es una provincia con fuertes sentimientos localistas. Como hemos visto en los capítulos anteriores, las rivalidades entre municipios y los desencuentros entre pobladores urbanos y rurales son parte de la política cotidiana. El Qocha Raymi puede ser visto como una herramienta para generar un sentido de cohesión social a partir de la apelación a un pasado mítico, compartido por todos los habitantes del territorio. El prestigio de los incas permite subsumir las diferencias étnico-culturales y microterritoriales dentro de una identidad mayor, que remite a la provincia como referencia de la identidad colectiva. La enumeración establece también los límites de ese territorio imaginado. Incluye localidades que son parte de Quispicanchi desde la época colonial, pero también otras, como el caso de Ccatcca, cuya incorporación a la provincia es más reciente. La legitimidad de este acto de apropiación simbólica es doble: por un lado, apela al pasado, ya que son los propios antepasados míticos quienes delimitan el territorio, y, por otro, se basa en la máxima autoridad política de la provincia, que preside la ceremonia. El objetivo implícito es establecer una línea de continuidad entre ambas fuentes de legitimidad.

Como en el caso del Inti Raymi cusqueño, el ritual concluye con la entrega del quipu ceremonial a las autoridades locales, quienes lo reciben de manos del representante del emperador inca, jurando mantenerse fieles a los principios ancestrales de gobierno justo y recto. Esta escena marca el punto culminante de la celebración: la intersección entre el pasado heroico sobre el que se asientan los nuevos discursos de identidad quispicanchinos y el presente marcado por el éxito del proyecto político de los alcaldes campesinos. Tras la concluir la ceremonia, cada cual vuelve a sus asuntos. El Qocha Raymi, como otros eventos similares que se celebran en el sur de Cusco, es también una oportunidad para el negocio y la celebración. La fiesta se prologa hasta la tarde, con actuaciones musicales y concursos de danzas típicas. En una esquina, conforme avanzan las horas, comienzan a aparecer bandas de música con un repertorio más variado, que incluye huainos, cumbia andina e incluso salsa, mientras el grupo de teatro se promociona para futuras celebraciones. Actores, artesanos y músicos muestran sus habilidades, acuerdan nuevos contratos o alquilan sus servicios a los interesados en continuar la celebración. Solo al caer la noche los últimos invitados se retiran de la laguna.

Fotografía: Raul Asensio.

Celebración del Qocha Raymi en la laguna de Urcos.
Al fondo, danzantes caracterizados de guerreros prehispánicos llevando a cabo el ritual.
En primer plano, carpas de venta de alimentos y puestos de artesanía.

Fotografía: Rafael Nova.

Escenas del Qocha Raymi, pago a la tierra.

7

Autenticidad andina

El capítulo anterior puede haber dado una imagen demasiado idílica de los procesos culturales que actualmente están en marcha en Quispicanchi. Es cierto que encontramos nuevas narrativas que valorizan aspectos opacados de la cultura local. Se recupera así la autoestima y el sentido de pertenencia de una parte importante de la población, especialmente en los ámbitos rurales, y se ponen en valor elementos de la historia local que remiten a discursos contrahegemónicos y contestatarios: la revuelta tupacamarista, la reforma agraria, etc. Estos nuevos discursos están acompañados por una renovación en el ámbito cultural, que abarca artes plásticas, intervenciones en el paisaje urbano y ceremonias públicas. Las intervenciones se apoyan en ocasiones sobre tradiciones preexistentes, que a veces se remontan a la época de la colonia. Son los casos, por ejemplo, del auge de la pintura mural (con antecedentes en el barroco rural cusqueño) o de los *raymis*, basados en la tradición andina de representaciones teatrales en quechua. Sin embargo, es importante resaltar que no estamos ante un proceso homogéneo. Un examen más detallado muestra que en la actualidad conviven en Quispicanchi diferentes narrativas identitarias. Se trata de un debate intelectual e ideológico, cruzado por consideraciones políticas, sociales y económicas.

El discurso que podríamos llamar "oficial", asumido y patrocinado por las nuevas autoridades locales, los intelectuales locales y los promotores culturales vinculados al movimiento neoincaísta cusqueño, convive con otros discursos alternativos, que lo matizan o incluso contradicen. Estas versiones alternativas de la identidad colectiva quispicanchina remiten en ocasiones a discursos tradicionales, que mantienen su vigencia a pesar de los cambios de los últimos años. El referente es también un pasado idealizado, pero que en este caso no remite a la época prehispánica, sino a un supuesto periodo de armonía rural que habría tenido lugar antes de que los acelerados cambios de las últimas décadas trastocaran el equilibrio social de la provincia. El dinamismo económico y la aparición de nuevos actores rurales pondrían en riesgo la esencia de estas identidades idealizadas cusqueña y quispicanchina. En este capítulo, analizamos estas líneas de tensión, atendiendo tanto a las narrativas como a los conflictos subyacentes. Un elemento clave es el hecho de que, como veremos, se trata de discursos con un alto contenido emotivo e incluso con una fuerte violencia contendida. Los debates y polémicas culturales se intersectan con reivindicaciones políticas, con estereotipos sociales e incluso con los intereses económicos directos o indirectos de los diferentes actores implicados. Esta intersección de variables genera nuevos discursos y prácticas, que renuevan el universo cultural quispicanchino de una manera que a veces es apropiada y a veces resistida por los pobladores urbanos y rurales.

Guerras culturales en el nevado

Los *raymis* analizados en el capítulo anterior son manifestaciones relativamente recientes. Su éxito es una novedad importante en el contexto provincial, pero no implica que hayan sustituido a otras celebraciones más tradicionales e idiosincrásicas de la provincia. Es en estas celebraciones tradicionales donde se perciben con mayor intensidad las tensiones anudadas en torno a las políticas de identidad quispicanchinas. Por un lado, encontramos diferentes actores que pugnan por controlar y establecer el sentido de estos eventos, que son objeto de interpretaciones muy diferentes de acuerdo con la posición ideológica de los interlocutores. Por otro lado, se observa en paralelo un creciente interés de las autoridades locales y regionales por convertirse en parte central de las celebraciones, en ocasiones contraviniendo o redefiniendo prácticas muy arraigadas. Se podría hablar así de un intento de apropiación por parte de las municipalidades de fiestas que surgieron de manera autónoma, pero que ahora tratan de incluirse en la agenda municipal, aunque el éxito de este empeño sea casi siempre limitado.

El principal evento cultural de la provincia de Quispicanchi es la peregrinación anual al santuario del señor de Qoyllorit'i. Situado en la cordillera del nevado Ausangate, en el distrito de Ocongate, este santuario es considerado por los quispicanchinos como el punto focal de su identidad colectiva. Es también una de las celebraciones religiosas peruanas más conocidas a a escala nacional e internacional. Su éxito fuera de las fronteras provinciales se debe en buena medida a su impactante fuerza visual, pues el ritual se celebra en un nevado de gran belleza. Para llegar a su destino, los fieles deben desafiar el frío y el viento. Hileras sin fin de peregrinos caminan por la nieve, ataviados con coloridos trajes y banderas, rodeados de las tradicionales cruces adornadas andinas, clavadas en el hielo. En los últimos años, los peregrinos deben soportar también las cámaras de fotos y a los numerosos científicos sociales que se acercan hasta el nevado, protegidos por sus trajes de invierno y su moderno calzado de montaña, para documentar el ritual y entrevistar a sus protagonistas. Como resultado de este creciente interés, Qoyllorit'i es probablemente una de las expresiones culturales andinas mejor estudiadas. Decenas de artículos académicos desmenuzan casi cualquier aspecto relacionado con la peregrinación: los cambios recientes, los discursos subyacentes, las continuidades culturales, los actores involucrados, los conflictos de intereses, etc.

Según Guillermo Salas Carreño, los primeros datos de la peregrinación datan de la década de 1930, aunque las tradiciones locales remontan su origen a finales de siglo XVIII.[1] Una versión muy extendida señala que el inicio del ritual estaría relacionado con las convulsiones que siguen a la revuelta de Túpac Amaru, cuando las autoridades coloniales

1. Salas Carreño 2006. Mi descripción de la peregrinación en los siguientes párrafos está basada en este artículo, ya que personalmente nunca he acudido a esta peregrinación, ni tampoco la he estudiado directamente.

inician una ofensiva para controlar la religiosidad andina. Se trataría de una apropiación controlada por la Iglesia católica y las élites coloniales de rituales indígenas de origen pagano, que de esta manera entran al circuito de la religiosidad oficial, desactivándose su potencial subversivo. Esta interpretación, sin embargo, no es unánime entre los especialistas; tampoco es compartida por toda la población local. Salas habla de dos tradiciones respecto al origen del ritual. La historia "oficial", trasmitida a través de los escritos del párroco Adrián Mujica y del vecino de Ccatcca Ezequiel Arce, presenta la versión cristiana, que vincula el origen del santuario con la aparición divina experimentada por el hijo de un dueño de alpacas de Mahuayani, alrededor de 1780. Por el contrario, la versión local de la historia, resalta que la aparición divina se habría trasmutado en roca, lo que quizás estaría revelando un origen más antiguo del ritual. Esta última versión habría sido la preferida por los académicos e intelectuales indigenistas. Le habrían dado mayor realce en sus escritos, transmitiendo la idea de una peregrinación ancestral, vinculada a prácticas prehispánicas. En la actualidad, es la interpretación más extendida, tanto en el discurso oficial como entre la mayor parte de los pobladores de la zona. Las peregrinaciones de hoy son vistas como la versión actualizada de la antigua relación con el Ausangate como cerro tutelar de esta parte de Cusco, convertido ahora en un ritual católico, aunque con fuerte influencia de las tradiciones preexistentes y en algunos casos también de las narrativas del *new age* andino. En el ámbito académico, esta interpretación se apoya en varios trabajos de los años setenta y ochenta, que resaltan esta continuidad como elemento central de la peregrinación.[2]

La peregrinación se realiza en el mes de junio, y se centra en tres imágenes sagradas: la imagen del señor de Qoyllorit'i situada en la roca detrás del santuario, la misma imagen de la capilla de la comunidad de

2. Esta tradición de interpretación de la peregrinación en clave de supervivencia de rituales prehispánicos transformados se prolonga desde los años setenta hasta la actualidad, e incluye tanto a especialistas cusqueños como extranjeros. Algunos ejemplos al respecto son: Gow 1974: 49-100, Andall 1982: 37-81, Flores Lizcana 1997, Flores Ochoa 1990 y Molinié 2005.

Mahuayani y la imagen del señor de Tayankani, que normalmente se guarda en Ocongate.[3] Estas dos últimas imágenes parten hacia el nevado en medio de una tumultuosa procesión de fieles. En la comunidad de Tayankani, se celebra la primera parte del ritual, y posteriormente la imagen del señor de Qoyllorit'i sube hasta el nevado. Este es el punto fuerte de la peregrinación: la caminata a través de los paisajes nevados del Ausangate, que requiere en ocasiones hasta dos días con sus consiguientes noches. Los peregrinos se organizan en comparsas, que representan a clubes, barrios, asociaciones de productores y comunidades campesinas. Cada comparsa se adscribe a una "nación" y cuenta con vestimentas y danzas emblemáticas. Su elaboración y sus cambios reflejan tanto la memoria cultural de las poblaciones vinculadas a la peregrinación como los nuevos discursos de identidad colectiva que se consolidan en los últimos años, asociados a referentes culturales, étnicos o político-administrativos.[4] Hasta los años setenta solo existían dos naciones, Paucartambo y Quispicanchi, en representación de las tierras altas y las bajas. Según Salas, estas dos naciones constituyen hasta la actualidad la dualidad básica que organiza el ritual. Sin embargo, a medida que el ámbito de las peregrinaciones se extiende, aparecen nuevas naciones en representación de otras provincias de la región. En la actualidad, se cuentan hasta ocho naciones, y existe incluso una nación Tahuatinsuyo, integrada por comparsas procedentes de la ciudad de Cusco.

Desde los años cuarenta, la peregrinación se va transformando. Son varios los actores implicados: las comunidades cercanas al Ausangate (especialmente la comunidad de Mahuayani, por cuyo territorio transcurre gran parte de la peregrinación), los mestizos notables de Quispicanchi, los habitantes del pueblo de Ocongate, la Iglesia católica y los intelectuales cusqueños, interesados en insertar la celebración dentro de sus propios discursos identitarios. En los últimos años, se suman de manera incipiente las municipalidades, que también tratan de controlar el evento para su propio beneficio económico y simbólico. El efecto

---

3. Salas Carreño 2006.

4. Al respecto, Mendoza 2001 y de manera más específica Salas Carreño 2010a: 67-91, Mendoza 2010: 15-38 y Wissler 2010: 93-116 y Wissler 2005: 375-413.

combinado de estas influencias cruzadas habría modificado la naturaleza del festival y su funcionamiento. En un primer momento, se habría tratado de un evento eminentemente local, cuya organización estaba a cargo de las comunidades circundantes. Sus habitantes, llamados q'eros, eran considerados interlocutores privilegiados y guardianes de las divinidades del nevado. Esta cincunstancia les permitía ofrendar en primer lugar a la imagen y cargarla durante su ascensión al monte. Los q'eros son una de las comunidades más particulares y emblemáticas de Quispicanchi. Tienen fama en toda la región por su pureza andina y son considerados especialmente hábiles en sus relaciones con el universo sobrenatural. En el ámbito popular, incluso se considera que hablan una versión diferente, especialmente pura y arcaica del quechua.[5] Esta visión se apoya en la famosa expedición conducida en 1955 por Oscar Núñez del Prado, junto con Efraín Morote Best y el periodista cusqueño Demetrio Túpac Yupanqui. Como vimos en el capítulo anterior, esta expedición es un momento clave en la cristalización, tanto de la antropología cusqueña como de los imaginarios populares respecto a la población de la zona sur de la región. Hasta la actualidad los q'eros son conocidos en el discurso popular cusqueño como "el último ayllu inca", una denominación que en los últimos años se habría convertido además en un importante activo en las pretensiones de sus habitantes de consolidarse en el emergente mercado de servicios mágicos-religiosos dirigidos a la clase media cusqueña, como veremos con detalle más adelante.[6]

Tras la expedición de Núñez del Prado, la peregrinación adquiere notoriedad a escala nacional. Es entonces cuando cristaliza la interpretación que resalta el trasfondo indígena y andino del ritual, minimizando su componente católico. Este discurso cuenta con el apoyo de algunos de los intelectuales cusqueños que proyectan sobre Qoyllorit'i sus propias ideas de la cultura andina. Como reacción ante esta incipiente pérdida del control local de la celebración, los habitantes mestizos de

5. Entrevista a Felipe Oré, profesor jubilado, Ocongate, abril de 2009 (realizada por el autor y Ludwig Huber).

6. Sobre la expedición: Flores Ochoa y Núñez del Prado 2005. Sobre los imaginarios recientes en torno a este grupo: LeBorgne 2005: 159-179.

las cabeceras distritales quispicanchinas crean la Hermandad del Señor de Qoyllorit'i, que se convierte en la organizadora oficial del evento. El objetivo es reafirmar el sentido católico del ritual y limitar el poder tanto de las comunidades como del creciente número de actores externos que se interesan en la peregrinación. Los integrantes de la Hermandad son casi siempre notables urbanos, residentes en Urcos, Oropesa, Huaro, Saylla y otras localidades de la provincia de Quispicanchi. Durante las peregrinaciones, portan un vistoso escapulario y un látigo en la mano derecha. La Hermandad controla el movimiento de las imágenes, determina quiénes pueden portarlas, cuál debe ser su recorrido y cuándo deben realizarse cada una de las estaciones de la peregrinación.

Bajo este aparente control, existen sin embargo varias líneas de tensión soterradas. En primer lugar, encontramos una pugna por definir el sentido de la ceremonia entre lo que Salas llama "peregrinos endógenos", procedentes del valle, y "peregrinos exógenos", procedentes fundamentalmente de Cusco.[7] Si bien ambos sectores insisten en la necesidad de mantener la "autenticidad" de la peregrinación, la interpretación que se da a este concepto es muy diferente. El principal punto de debate es el auge de los rituales propiciatorios, como la venta ritual de juguetes con apariencia de bienes de alto costo (ganado, casas, automóviles) con objeto de asegurar la fortuna para el año entrante. Estas ofrendas son objeto de una atención especial durante la peregrinación, y en los últimos años se han convertido en una de las prácticas más valoradas por muchos de los participantes.[8] Sin embargo, también reciben duras críticas de una parte de los intelectuales cusqueños, quienes interpretan el ritual propiciatorio como una perversión del sentido místico de la peregrinación. Esta mercantilización se atribuye "a los puneños", quienes se habrían hecho cada vez más numerosos en la peregrinación, hasta el punto de desafiar el control simbólico de esta. Los habitantes de Quispicanchi recelan también de los puneños, pero defienden las ofrendas propiciatorias, que consideran que habrían formado parte de la peregrinación

7. Salas Carreño 2003: 145-171.

8. Stensrud 2010: 39-65.

"desde siempre". Debates similares se producen en torno a los grupos musicales, cuya proliferación se percibiría como algo negativo por algunos peregrinos, mientras es valorada positivamente por otros, que ven en estos grupos un signo de devoción hacia el señor de Qoyllorit'i.

La segunda línea de tensión está vinculada con el intento de los vecinos de Ocongate y Paucartambo de recuperar el control de la organización del ritual. Estas dos localidades se consideran a sí mismas las fundadoras y propietarias de la peregrinación. Sin embargo, con la creación de la Hermandad, habrían perdido gran parte de su poder, que en la práctica pasa a manos de personajes de otras localidades o incluso de quispicanchinos emigrados a Cusco. En respuesta plantean la sustitución de la Hermandad por un Consejo de Naciones, integrado por personas residentes en el territorio. En paralelo, los habitantes de Ocongate comienzan también a prestar servicios a los peregrinos, tales como alquiler de carpas para pasar la noche, animales de carga para las caminatas y venta de alimentos. La regulación de estas prácticas es objeto de disputa entre la Hermandad, el Consejo y las municipalidades. Los planes chocan además con los intereses de la comunidad de Mahuayani, en cuyo territorio se encuentra el santuario. Las relaciones con esta comunidad son extremadamente conflictivas. Sus habitantes son mayoritariamente de religión protestante, lo que despierta el rechazo de casi todos los demás involucrados, que perciben esta conversión como una traición a su identidad quispicanchina y cusqueña. Las críticas son especialmente fuertes en el caso de la Hermandad, que acusa a los comuneros de Mahuayani de faltarle "el respeto al señor". Se les achaca también la pretensión de cobrar a los peregrinos el derecho de paso por su territorio, "obstaculizando la fe del pueblo".[9]

Estas tensiones estallan el año 2002, cuando caporales y danzantes se niegan a entregar la imagen tras su paseo ritual.[10] El resultado es un enfrentamiento directo, que obliga a intervenir a las autoridades y

---

9. Entrevista a Felipe Achahui, presidente de la Hermandad Señor de Qoyllorit'i, Cusco, abril de 2009 (realizada por el autor y Ludwig Huber).

10. Salas Carreño 2006.

el arzobispado. La Hermandad se transforma desde ese momento, y la membresía deja de ser vitalicia y se transforma en electiva. Los antiguos miembros son expulsados y sustituidos por caporales elegidos en nombre de cada una de las naciones o provincias. El Consejo de Naciones se convierte en comité de vigilancia y ser danzante pasa a ser una condición imprescindible para participar en el ritual. Estos cambios suponen una nueva etapa en la peregrinación. Podemos hablar de una reacción que se apoya en un discurso muy fuerte de identidad local y provincial. Los nuevos líderes de la hermandad se identifican como "quispicanchinos netos". Desde su punto de vista, el cambio habría sido de una reacción necesaria ante lo que perciben como un desvirtuamiento de la peregrinación debido a la excesiva influencia de los actores externos. Sin embargo, su discurso muestra también influencia de las ideologías neoincaístas de la capital regional y en ocasiones se presenta como una reivindicación regional, opuesta a la mercantilización de la peregrinación y en busca de rescatar su verdadera esencia.

En la actualidad, la ceremonia está bajo el control de la alianza establecida entre la nueva hermandad y la municipalidad de Ocongate. Uno de los líderes de esta alianza es Felipe Achahui, presidente de la Hermandad del Señor de Qoyllorit'i. Entrevistado en abril de 2009, su historia de vida refleja una trayectoria bastante común en Quispicanchi. Es un ejemplo de la ambivalencia de la identidad quispicanchina, que se considera como el baluarte de la verdadera identidad cusqueña, muchas veces incluso enfrentándose a la propia capital regional. Aunque es natural de Ocongate, Achahui desde muy temprano se traslada con su familia a Cusco. En la capital regional, realiza estudios secundarios y universitarios, y se convierte en experto en ciencias de la comunicación. En la actualidad, tiene un programa matinal en Inti Radio, donde analiza las noticias del día, con "énfasis en los problemas de los hermanos campesinos". El programa tiene segmentos en castellano y en quechua, aunque Achahui señala que no se encarga directamente de estos últimos, sino una compañera suya, "que se maneja mejor en el idioma".

El día de la entrevista, Achahui tiene prisa. Cruza la pista de manera impetuosa, desafiando a los autos que suben y bajan por la avenida De la Cultura, en la zona universitaria de Cusco. Se sienta en la mesa, pide un jugo "al tiempo, que no esté helado", y mira con desconfianza a los entrevistadores. "Para qué otra entrevista", señala nada más comenzar. "No sacamos nada de estas entrevistas". Solo poco a poco se va animando, a medida que la conversación se centra en los cambios ocurridos en los últimos años. Pese a que su carrera profesional y personal se arraiga en la capital regional, Achahui mantiene fuertes vínculos con su tierra natal. En sus propias palabras, se define como un "ocongatino neto", que "todos los días hace militancia de ocongatino, allá a donde va". El futuro de Ocongate y de Quispicanchi son sus principales preocupaciones, "además de mi familia, por supuesto". Más calmado, relata con detalle que la Hermandad está integrada ahora por 82 caporales, ocho por cada nación que participa en la peregrinación, más dos adicionales procedentes de Ocongate, "en reconocimiento del papel central de este distrito como fundador de la peregrinación". Achahui calcula que en Ocongate hay "como mínimo siete mil danzantes", quienes eligen a sus caporales, que a su vez seleccionan a los miembros de la Hermandad. Su mandato dura dos años, y luego deben ser reelegidos si quieren mantenerse en el cargo. "Nada de para toda la vida, como era antes". Este sistema funciona desde "la revolución que se hizo en 2002". Insiste además en que la Hermandad no cuenta con fondos propios, por lo que rechaza que exista un interés económico detrás de su labor. Por decisión unánime, "no se reciben cuotas de los socios, ni tampoco de las naciones". Los caporales se dedican únicamente "a administrar las donaciones que los fieles hacen al santuario y a las imágenes del señor".

En su discurso, Achahui enfatiza constantemente el sentido religioso de la peregrinación. El eje es la idea de un festival "netamente campesino", cuya pureza estaría en peligro por el creciente número de actores que participan en las ceremonias. La peregrinación es propiedad de "la gente nuestra, la que vive en Ocongate y Quispicanchi y la que vive en el Cusco, los emigrantes". Este sentido de pertenencia del ritual lo hace ser muy crítico frente a la intervención externa. Sus reticencias apuntan tanto a quienes quieren convertir el ceremonial en una manifestación neoínca, al estilo de los *raymis*, como a quienes "tratan de aprovecharse de la religiosidad de los quispicanchinos para lucrar y hacer negocio". El principal objetivo de sus críticas es el creciente número de turistas que asisten a la ceremonia. A Achahui le aterra la idea de que Qoyllorit'i llegue a ser un evento turístico de primer nivel. Considera que esto no aportaría nada, ni para la peregrinación, ni para las comunidades circundantes. "Nuestro objetivo es nuestra identidad. El turismo no nos importa", señala de manera contundente, tras pedir un jugo de naranja sin helar. "El peregrino no está pensando 'mira, aquí hay plata'; quienes piensan eso son los de fuera, que no sienten al señor como nosotros".

La desconfianza de Achahui se basa en la percepción de un fuerte cambio que habría ocurrido en la ceremonia desde finales de los ochenta. Los rituales propiciatorios vinculados con el éxito económico se habrían hecho más importantes, opacando otras partes de la ceremonia, en parte como resultado de la llegada masiva de peregrinos no quispicanchinos, procedentes de la capital regional y sobre todo de Puno.[11] Desde el punto de vista de Achahui, se trataría de una mercantilización de la religiosidad tradicional, en un doble sentido: cambian las motivaciones de las peregrinaciones, que ahora apuntan hacia una religiosidad transaccional y no devocional, y cambia también el propio entorno social de la peregrinación, con la incorporación masiva de nuevos actores que disputan la primacía simbólica y la ocupación del espacio a los peregrinos que Achahui identifica como "auténticos". Esta trasformación correría además en paralelo a la consolidación de la imagen de la peregrinación como "fiesta", que el presidente de la Hermandad rechaza por ser "una perversión de la religiosidad auténtica".

Las críticas de Achahui contra los turistas ocupan gran parte de la entrevista. En ocasiones, sus frases rozan la xenofobia y el racismo. Es evidente que el turismo despierta sentimientos muy fuertes. Discursos similares son frecuentes también en otras partes de Cusco, y

---

11. Estos cambios son analizados por varios autores, especialmente por Poole, que en varios trabajos de finales de los ochenta renueva los enfoques sobre la peregrinación, atendiendo a sus componentes económicos y sociales, más allá de lo estrictamente religioso y simbólico. La tesis central de Poole es que la creciente influencia puneña en la celebración habría contribuido de manera decisiva a cambiar su sentido y dinámicas. Otros autores, sin embargo, matizan esta importancia. Al respecto, Deborah Poole 1982 y 1988: 101-119.

especialmente en la capital regional, donde un segmento importante de la élite intelectual considera que el turismo estaría poniendo en peligro la esencia de la cultura andina. Las críticas de Achahui se refieren sobre todo a los inconvenientes prácticos derivados de la presencia masiva de visitantes en el nevado: "El turismo quita espacio y no aporta nada". Los turistas "jamás han apoyado, ni siquiera en la recogida de basura". De su presencia, "jamás se ha beneficiado nadie, ni los danzantes, ni nadie". El malestar frente a esta invasión habría llevado a la Hermandad a plantearse diversas estrategias para desincentivar la presencia de "falsos peregrinos". Una propuesta consiste en prohibir fotografías y filmaciones, para evitar que la peregrinación se convierta en un espectáculo, al estilo de otras fiestas tradicionales cusqueñas, que según Achahui se "han echado a perder, y ya no significan nada". "No los estamos llevando a hacer un espectáculo", insiste. "Queremos que nos respeten, que no nos filmen". Para hacer cumplir esta norma, los *ukukus* encargados del orden durante la peregrinación han recibido órdenes de vigilar e incluso han sido autorizados a golpear con sus látigos a quienes infrinjan la prohibición. También se ha prohibido la venta de alcohol, para conseguir que Qoyllorit'i sea, según Achahui, "la única peregrinación del país que no acaba en borrachera".

Otro blanco de las críticas de Achahui es el Instituto Nacional de Cultura. Esta institución está encargada sobre el papel de la preservación del patrimonio nacional, pero en la práctica sería un obstáculo para la peregrinación.[12] El presidente de la Hermandad señala que el INC "es odiado por la gente de los pueblos", ya que "no hace nada por la cultura del pueblo". Su presencia en el santuario de Qoyllorit'i se habría quedado en "una declaratoria de papel".[13] La misma acritud merecen

---

12. Desde julio de 2010, el INC se convierte en Ministerio de Cultura, pero en el momento de la entrevista esta transición aún no se había realizado. De ahí que Achahui focalice sus críticas en el INC.

13. Se refiere a la declaración de la peregrinación como patrimonio cultural de la nación el 10 de agosto de 2004, impulsada por el INC. En 2011, el evento es incluido también en la lista representativa del patrimonio cultural inmaterial de la humanidad por la Unesco.

los vecinos de Ocongate convertidos al protestantismo. Achahui no se contiene al hablar de ellos. Según sus cálculos, en la actualidad serían ya "más de sesenta por ciento de los habitantes del distrito, especialmente en las zonas rurales". Este porcentaje incluye una parte significativa de la población de las comunidades q'ero, lo que constituye una más de las tremendas paradojas del desarrollo rural cusqueño. Desde el punto de vista de los imaginarios regionales (y ahora también turísticos), los q'ero son la expresión de la pureza cultural andina. Según Salas Carreño, su conversión masiva se explicaría por el patrón típico de difusión del evangelismo en Quispicanchi y Paucartambo. "Las iglesias evangélicas —señala— tienden a tener mayor acogida y difusión en las comunidades campesinas más lejanas de las capitales distritales o provinciales o de carreteras que las articulen más fluidamente con circuitos mercantiles".[14] El resultado es un fuerte impacto en la propia dinámica de la peregrinación. De esta manera, la creciente importancia evangélica en las alturas habría supuesto que desde los años noventa los peregrinos procedentes de las comunidades cercanas al santuario se hayan reducido, reforzándose el predominio de los fieles procedentes de Cusco y de los valles quispicanchinos. La situación se complica porque muchos casos de estos antiguos fieles siguen acudiendo al evento, pero con una nueva función: en lugar de peregrinos se convierten en prestadores de servicios, tales como alquiler de caballos, ventas de comida o refrescos para hacer más llevaderas las agotadoras caminatas.

"Estos señores son los comerciantes", continua Achahui. "Ellos son los que se aprovechan". Como en el caso del turismo, la Hermandad también habría tomado cartas para conjurar la amenaza evangélica, prohibiendo las ventas en la explanada del santuario a quienes no sean católicos. "No se les va a prohibir ir", matiza, pero "al menos les van a obligar a respetar, a quitarse el sombrero". Para los propios comuneros ocongatinos, esta situación implica también un dilema, ya que buena parte de su valoración en los imaginarios cusqueños está asociada

14. Sobre el papel de los evangélicos en la peregrinación: Salas Carreño 2010b y de manera más extensa Salas Carreño 2012.

precisamente a su carácter tradicional. En algunos casos, las versiones evangélicas del desarrollo se imponen, por lo que las tradiciones y cultos tradicionales se van diluyendo, lo que a su vez hace que estas comunidades resulten menos atractivas para el turismo que busca una experiencia andina auténtica. En otros casos, por el contrario, los incentivos derivados del turismo son lo suficientemente poderosos como para constituir una barrera frente a la expansión evangélica. Un tercer escenario muestra comunidades fragmentadas y altamente polarizadas, en las que conviven la visión del progreso antitradicional preconizada por el evangelismo junto con partidarios del mantenimiento de las tradiciones culturales y su puesta en valor en el mercado turístico. Estos son los casos más polémicos. El trabajo de Hall sobre la comunidad de Llanchu, en la provincia de Anta, muestra que estas divisiones religiosas no solo tienen que ver con cuestiones espirituales; con frecuencia se vinculan también con rivalidades políticas preexistentes, muy arraigadas, que en algunos casos incluso se remontan a tiempos anteriores a la reforma agraria.[15]

El discurso de Achahui omite estos matices, y se centra en recrear un pasado idealizado, que contrastaría con la situación actual de descontrol e mercantilización de las fiestas andinas. "Antes la peregrinación era pura de fe —señala—; ahora se ha llenado de mercachifles". Atribuye este cambio fundamentalmente a la presencia de masiva de puneños. Para reforzar la idea, señala lo que considera la última y más poderosa amenaza que, junto con los turistas y los evangélicos, pondría en cuestión la esencia de la peregrinación: los puneños. A diferencia de los "quispicanchinos netos", la asistencia de los puneños a la peregrinación no se debería a motivos religiosos, sino únicamente al interés por hacer negocios. Por esta razón, insiste Achahui, la Hermandad se estaría planteando limitar su acceso al santuario. Solo los puneños que cuenten con un permiso especial estarían autorizados a entrar en los próximos años. Estas reticencias se alimentan de un imaginario muy extendido en Cusco, que considera que la región se hallaría amenazada por la creciente influencia de sus vecinos del sur. Esta opinión es solo parcialmente

15. Hall 2013: 101-125.

avalada por los especialistas que estudian la evolución de la peregrinación en los últimos años. Algunos autores consideran que efectivamente se estaría produciendo un cambio derivado de la masiva presencia de peregrinos puneños, mientras que otros, por el contrario, relativizan este proceso y consideran que se trata sobre todo de un discurso defensivo propagado por las propias élites regionales y provinciales.[16] Achahui, sin embargo, lo tiene claro. "La cultura aymara es expansionista", señala. "Ellos vienen aquí y quiere cambiarlo todo". "No respetan nuestras costumbres. Incluso ahora dicen que el imperio inca surgió allá, en el lago Titicaca. De todo quieren apropiarse".

La invasión del Collasuyo

Las tensiones recientes que rodean la peregrinación del señor de Qoyllorit'i muestran un conjunto de realidades emergentes en torno a las grandes manifestaciones culturales del sur andino. Diferencias religiosas, mercantilización, rivalidades políticas y disputas por el significado de los rituales se entrecruzan. Se trata de una ceremonia con un alto contenido emocional, que moviliza como pocos otros eventos los imaginarios, las identidades colectivas y los sentidos de pertenencia de los habitantes quispicanchinos y cusqueños en general.[17] El principal temor se refiere a la pérdida del control local de la peregrinación frente a lo que se percibe como una creciente influencia externa, fundamentalmente puneña. Este es un tema central en las políticas culturales recientes de la sierra sur. La rivalidad entre Cusco y Puno se basa en una percepción esencialista de la identidad cultural. Para muchos de los locales, ambas regiones se presentan como universos culturales contrapuestos e incompatibles. Las disputas incluyen tanto prácticas culturales concretas como versiones e interpretaciones diferentes del pasado andino.

---

16. Entrevista a Guillermo Salas, antropólogo, Cusco, abril de 2009 (realizada por el autor y Ludwig Huber).
17. Salas habla en este sentido de una efervescencia colectiva. Al respecto, Salas Carreño 2014: 188-214.

Vistas desde fuera, estas disputas pueden parecer el producto de una hipersensibilidad localista, pero para muchos cusqueños y puneños son una cuestión central, que supera el ámbito académico. Incluso las autoridades se involucran en los debates. En mayo de 2011, Zarela Pineda Mazuelos, consejera del Gobierno Regional de Puno, presenta un "Proyecto de ordenanza regional que reconoce a la salida de Manco Cápac y Mama Ocllo del Lago Titicaca, como origen del imperio, sustentada en los relatos de los cronistas".[18] El objetivo de esta iniciativa es articular a los historiadores regionales frente a lo que se considera el intento de "un grupo de historiadores e investigadores cusqueños, de desconocer el origen del imperio incaico y por ende negar la leyenda de Manco Cápac y Mama Ocllo". En el abigarrado lenguaje político-legal andino, Pineda propone declarar esta leyenda como "objeto de interés regional", promoviendo la búsqueda de documentos sobre la historia puneña conservados en Argentina, Chile, Bolivia y España. Sus declaraciones son ampliamente cubiertas por la prensa local, que repite los argumentos con un elevando tono de reivindicación y orgullo puneño. Pocos días después se celebra un encuentro organizado por el Archivo Histórico Regional, con el fin de "deslindar ciertas posiciones dialécticas que intentan considerar la leyenda de los hermanos Ayar, como el inicio del incanato".[19] Aglutinados por Pineda, participan gran número de historiadores e intelectuales locales. La polémica se centra en cuál de los dos ciclos mitológicos debe considerase el evento fundador del imperio incaico: la leyenda de Manco Cápac y Mama Ocllo, asociada al lago Titicaca, como defienden los intelectuales y políticos puneños, o la historia de los hermanos Ayar, como se habría postulado en Cusco en un evento realizado en diciembre de 2013, con el auspicio de la municipalidad distrital de Paccaretambo. "No se puede polemizar la historia del Perú —señala el historiador puneño René Calsín Anco—. A lo mejor los historiadores cusqueños tienen intenciones, como atraer mayor cantidad

18. *Correo* (Puno), 10 de mayo de 2014, "Presentan proyecto sobre el origen del imperio incaico".

19. *Correo* (Puno), 29 de mayo de 2014, "Puneños piden que se respeta [sic] la historia del Incanato".

de turistas, pero nosotros con responsabilidad demostraremos que los cronistas coinciden en señalar como único origen del imperio la leyenda de Manco Cápac y Mama Ocllo".[20] Su posición es respaldada por la propia Pineda, quien señala que "Estamos dando los pasos necesarios para enriquecer aún más la historia puneña. Ahora nos toca trabajar en unión para alcanzar los objetivos".[21]

En menor escala, tensiones similares vinculadas con la autenticidad y las esencias andinas se perciben en muchos otros ámbitos de la vida cultural cusqueña. Los eventos festivos quispicanchinos, como en gran parte de la sierra sur peruana, conocen un auge muy importante desde finales de los noventa: crece el número de celebraciones, los participantes y su espectacularidad. Se incrementa también el movimiento económico y las tensiones, tanto alrededor de su significado como de los beneficios que se generan. Un aspecto destacado que se entrevé en estas polémicas es la presencia de un conjunto de "especialistas culturales", que cada vez tiene un papel más importante en las celebraciones quispicanchinas. Se trata de músicos, danzantes, actores o sacerdotes andinos, que hacen de estas actividades una fuente de ingresos y un estilo de vida. Estos especialistas siempre han existido en Quispicanchi y en otras muchas provincias de la sierra peruana. Pero a diferencia de las décadas pasadas, ahora se trata de ocupaciones que pueden llegar a tomar una parte importante del tiempo laboral, convirtiéndose en el eje de las estrategias económicas de las familias. Esta especialización es posible por el propio dinamismo económico de la región, que incentiva un mayor consumo de bienes y servicios, y por los cambios que se producen en paralelo en los hábitos de consumo cultural, tanto en la capital regional como en muchas localidades del interior de la región.

Una de las actividades que más crece desde finales del siglo pasado son las bandas de música andina. Se trata de instituciones semipermanentes, estructuradas en torno a una familia o a un líder, que actúa

---

20. *Correo* (Puno), 22 de mayo de 2014, "Historiadores puneños se reunirán para sustentar la Leyenda del Lago".

21. *Correo* (Puno), 27 de mayo de 2014, "Intelectuales respaldan origen del imperio incaico".

como "director". El elenco está compuesto por un grupo de músicos fijos, casi siempre vinculados familiarmente con el promotor, y otro grupo mayor de músicos eventuales, contratados según las demandas concretas de cada evento. Cada banda puede llegar a contar con unos veinte músicos. Su éxito depende de los contactos de su director y de la variedad de temas que es capaz de tocar, lo que a su vez depende de la disponibilidad de instrumentos y del acceso a partituras. Los cambios de los últimos años apuntan tanto a la dinámica del negocio como a las propias relaciones entre los integrantes de las bandas. Las jerarquías tradicionales se debilitan al tiempo que la actividad se vuelve más lucrativa y se incrementa la competencia.

Las bandas de música mezclan una lógica familiar de manejo del negocio junto con una importante proyección social de sus integrantes. Los directores son personajes respetados por sus vecinos, y muchas veces extienden su influencia fuera del ámbito cultural, hasta convertirse en líderes sociales o políticos. Es el caso de la banda San Miguel, una de las más importantes de Urcos, la capital de Quispicanchi. Su director, don Aquilino, procede de una familia de músicos con amplia tradición.[22] Su padre comenzó a ejercer el oficio en los años treinta del siglo pasado, cuando, al quedar huérfano, empezó a acompañar en sus desplazamientos a las bandas de música de localidad. Al principio era un simple ayudante, ocupándose de todas las necesidades de los músicos: ropa, comida, instrumentos, etc. Solo con el tiempo pudo establecerse en el oficio y fundar la banda San Miguel. Don Aquilino también se inicia temprano en el oficio, a los nueve años, aunque de manera menos traumática que su progenitor. Durante la entrevista, en agosto de 2010, viste con una camisa formal de cuadros y unos zapatos oscuros recién lustrados. Mira atento a los entrevistadores y espera con paciencia las preguntas. En el techo de calamina de su vivienda, situada a las afueras de Urcos, cerca del puente sobre el río Vilcanota, golpea una inusitada lluvia fuera de temporada. Su cara está profundamente arrugada y deja

22. Entrevista a Aquilino Castillo Baca, director de la banda Orquesta San Miguel de Urcos, Urcos, agosto de 2010 (realizada por el autor, Rafael Nova y María Cristina Gutiérrez Cottle).

entrever signos de cansancio: ojeras marcadas, ojos entrecerrados. Acaba de regresar de Sicuani, tras siete días de actividades. "La edad ya no perdona", dice. "Son casi cuarenta años dedicados a este negocio".

Don Aquilino recuerda que al inicio acompañaba a su padre en todos sus trabajos y era el encargado de evitar que, al final de las funciones, los músicos contratados se llevaran los instrumentos o las partituras. Con el tiempo, se hizo cargo del negocio, compaginándolo con su ocupación de maestro de primaria y secundaria. Su banda está ahora muy consolidada. Es reconocido como uno de los mejores músicos del valle del Vilcanota, y nunca le faltan encargos. Cada 29 de septiembre, fiesta de San Miguel, patrono de los músicos cusqueños, es invitado a encabezar la procesión de bandas que recorre las calles de Urcos. Se trata de un honor tanto como de un gasto. Don Aquilino y su banda deben brindar ese día un espectáculo a la altura de su fama, incluyendo abundante comida y bebida, además, por supuesto, de la infaltable música.

Los músicos son personajes altamente valorados en Quispicanchi. Sus conciudadanos los tienen en gran estima y por lo general disfrutan de una demanda constante de trabajo. Su ámbito de trabajo puede llegar hasta Sicuani y las provincias altas del sur de Cusco. Eventualmente son contratados también en Quillabamba y en la ceja de selva, donde residen numerosos emigrantes serranos. Sus actuaciones incluyen fiestas patronales, asunciones de mando de autoridades locales, de comunidades campesinas, de asociaciones de productores o de hermandades, comuniones, bodas, bautizos, entierros, etc. Don Aquilino señala que desde los años noventa el negocio ha crecido. La tendencia a hacer fiestas más espectaculares, con bandas más numerosas y contratos más largos, hace que la demanda de este tipo de especialistas sea cada vez mayor. También se hace más dura la competencia, a medida que el oficio se profesionaliza y los músicos dedican más tiempo a mejorar su repertorio. Surgen bandas nuevas y se relajan los controles sociales que restringen el acceso al negocio.

Este incremento de la demanda está acompañado de cambios en la dinámica del mundo musical quispicanchino. Tradicionalmente, la música era una actividad complementaria dentro de las estrategias de generación de ingresos de las familias. En los últimos años, sin embargo, existe una tendencia a la profesionalización. El pago depende de la fama de cada músico, y se realiza siempre por día de trabajo. Esto permite a los directores una gran flexibilidad para decidir la composición de la banda, teniendo en cuenta los gustos del público y la cuantía total de cada contrato. La remuneración oscila entre treinta soles para el platillero, que suele ser el músico más barato, cuarenta y cinco para el trompetista, y hasta sesenta o setenta para los más valorizados, "los que proceden de escuela de música", indica don Aquilino. Los directores tienen también su remuneración diaria, y además se quedan con el remanente de ganancias. En contrapartida, están obligados a asumir los gastos comunes de movilidad y alimentación, cuando no corren por parte de contratante, así como a asegurarse la disponibilidad de los instrumentos en el caso de que los músicos no dispongan de ellos.

Don Aquilino se define como "maestro". Esta es también la manera en que es percibido por sus vecinos, quienes lo buscan por su experiencia en el negocio musical y por la versatilidad de sus interpretaciones. Desde su punto de vista, no hay dudas de que la capacidad para tocar música variada y "a la moda" es una de las claves para triunfar en el negocio de la música popular quispicanchina. Un buen músico debe ser capaz de manejar una amplia variedad de registros, identificando qué se debe tocar en cada ocasión. "Cada población tiene sus huainos preferidos", señala. Por eso en su banda trata de que siempre haya un músico local, que conozca las preferencias del lugar donde deben actuar. Este saber local, producto de la experiencia y de la empatía con la población, es imprescindible para que una banda logre ser reconocida, obtenga contratos y se consolide en la profesión. Ser músico es tanto un oficio como un arte: el truco consiste en saber combinar la destreza técnica con el sabor y el sentimiento. "Al huaino cusqueño hay que saberlo tocar", enfatiza don Aquilino. "Yo puedo hacer un huaino de Huancayo, pero sé que no lo estoy dando sabor". A diferencia de los músicos más jóvenes, que se lanzan a tocar sin tener un conocimiento profundo de los gustos y los estilos particulares de cada localidad, su experiencia demostraría que "no hay que ser sobrado". Es importante, admite, llegar al punto en que incluso un maestro comprende que "no puede tocar cualquier cosa, solo por tocar".

El huaino se diferencia de otros géneros musicales porque no necesita partituras. Don Aquilino y su grupo lo tocan siempre de oído, haciendo arreglos sobre la marcha, para adaptarlos al gusto del público y al tono concreto de cada celebración. Ahí estaría el secreto del "sabor", tema al que don Aquilino vuelve una y otra vez durante la conversación. "Todo el mundo tiene su huaino", señala, "el que le gustaba a mi papá, el que me gusta a mí, el que le gusta a mi esposa". "En Cusco —insiste—, hasta en los sepelios se tocan huainos. Se puede empezar con yaravíes, pero al final se acaba siempre con huainos". Este predominio sentimental del huaino no implica, sin embargo, un enfoque tradicionalista. La música popular quispicanchina incluye numerosos géneros, de procedencia muy variada. El propio don Aquilino señala haber tenido durante un tiempo "un conjunto de música electrónica", aunque tuvo que dejarlo "por cosas que pasan". Su repertorio incluye lo que denomina "fox incaico", que "era muy solicitado en tiempos de mis padres, cuando yo empezaba en el negocio"; también boleros, valses, intermedios musicales y, cuando está en auge la fiesta, salsa y cumbia. En esto su percepción de la actividad musical recuerda a los músicos vernaculares del valle del Mantaro, estudiados por Raúl Romero. Se trataría de profesionales de la música abiertos a las corrientes externas y atentos a las derivas del gusto del público, para quienes la idea de tradición no se arraiga en una práctica musical codificada y fosilizada, presuntamente auténtica, sino en un cierto espíritu que inspiraría su trabajo.[23] Son "tradicionales" (o "vernaculares" en el caso del Mantaro) en tanto se sienten a sí mismos, y se presentan ante los demás, como representantes de esa tradición, independientemente de su capacidad y disposición para innovar en la práctica cotidiana de su trabajo.

El éxito de don Aquilino no es casualidad. La música popular andina atraviesa desde finales de los noventa un periodo de auge en toda la sierra peruana. Gracias a la popularización de las tecnologías digitales, en cada pueblo de Quispicanchi es posible encontrar una o varias tiendas que venden grabaciones de una infinidad de grupos y artistas

---

23. Romero 1999 y más en extenso en Romero 2004.

procedentes de todas las provincias de Cusco, Puno y otros lugares de la sierra. Se trata de un circuito alternativo al oficial, pero muy dinámico. La oferta incluye grabaciones de conciertos en vivo y videoclips producidos por un gran número de empresas informales que se dedican a esta actividad en casi todas las capitales provinciales. Se trata de grupos con un nivel de profesionalización superior al de las bandas musicales tradicionales, aunque solo algunos logran dar el salto e insertarse en circuitos más lucrativos, que incluyen la capital regional e incluso contratos en Puno, Huancayo y otras capitales de la sierra. La mayoría se dedican a las fiestas de pueblos y a contratos privados en comunidades, donde conviven con las bandas tradicionales.[24]

En el ámbito cusqueño, esta "industria" musical es especialmente importante en Sicuani, localidad intermedia entre Cusco y Puno, donde las influencias estéticas de estas dos regiones se entrecruzan. Los integrantes de las bandas andinas modernas suelen ser jóvenes, que compatibilizan la música con otras actividades. Una de las claves del éxito consiste en la combinación entre ritmos tradicionales y modernos. Esta mixtura se percibe también en el plano visual. En este sentido, las grabaciones musicales participan en gran medida del mismo movimiento cultural del renacimiento andino descrito en el capítulo anterior. Los artistas se consideran "andinos genuinos", y su principal preocupación es "rescatar lo nuestro, hacer nuestra música". Los escenarios escogidos para las grabaciones suelen ser lugares naturales emblemáticos, paisajes o nevados. También pueden realizarse en monumentos o ruinas incaicas. Muchos de los artistas llevan ropas tradicionales o elaborados trajes que podríamos llamar neoandinos, que mezclan patrones clásicos junto con elementos, cortes o adornos novedosos.[25] En otros casos, se trata

24. Romero analiza un caso similar de convivencia entre música moderna (que en su caso denomina urbana) y música tradicional andina en una comunidad del valle del Mantaro, ya a mediados de los años ochenta. En el caso de Quispicanchi, no he profundizado en el análisis de la historia musical local, por lo que no puedo datar con seguridad el origen de esta corriente de música moderna andina. Respecto al caso del Mantaro: Romero 1989: 121-133.

25. Este es otro rubro que en los últimos años conoce un auge importante, y que sin embargo ha sido muy poco estudiado. Por un lado, se observa un crecimiento

de ropas de fantasía vagamente inspiradas en temas incaicos o prehispánicos. Los temas, por lo general, alternan la reivindicación social con exaltaciones localistas y múltiples aspectos de la vida cotidiana. El tono suele ser lacrimógeno, abundando en nostalgias, reclamos, desengaños y peleas de enamorados. Las grabaciones se venden también a precios económicos en las ferias dominicales y durante las actuaciones de los grupos en fiestas y conciertos. La diferencia principal con las bandas tradicionales reside en el tipo de instrumentos predominantes: en el caso de los grupos andinos "modernos", son sobre todo instrumentos electrónicos, frente a los instrumentos de viento y percusión de las bandas tradicionales.

El éxito de estos grupos de música andina "moderna" es visto con desconfianza por don Aquilino. Reconoce que supone una oportunidad para "reivindicar lo nuestro", pero su confianza disminuye al hablar del futuro. "Los jóvenes no quieren aprender y superarse", señala. Esta actitud la atribuye a que actualmente existe excesiva demanda de músicos y es relativamente fácil conseguir contratos. La dinamización económica que vimos en los capítulos anteriores, junto con la espectacularización de las fiestas y los eventos oficiales, hace que la demanda de músicos se haya incrementado de manera exponencial en Quispicanchi y en otras provincias cusqueñas. Incluso jóvenes que recién se inician en el negocio pueden conseguir contratos que obtener antes requería años de experiencia. Una consecuencia de esta bonanza es que disminuye el poder de negociación de los directores de las bandas frente a sus músicos. También contribuye a ello el abaratamiento de los instrumentos musicales. En épocas anteriores, lo habitual era que el músico alquilara su instrumento, muchas veces al propio director de la banda, a quien debía devolvérselo después de la actuación. Los directores guardaban también las partituras, ya que eran uno de sus principales activos frente a otros

---

notable de las ropas tradicionales, socialmente las relacionadas con fiestas. Existen tanto tiendas específicamente dedicadas a vender estos trajes y los insumos para elaborarlos, en las principales localidades de la provincia, como infinidad de comerciantes que llevan los productos a las ferias locales. Al respecto, Asensio y Trivelli 2011.

competidores. Los directores con repertorios más amplios tenían más posibilidades de conseguir buenos contratos. Ahora las partituras están accesibles gracias a Internet, lo que supone una ventaja para los músicos más jóvenes, habituados a usar este medio. También se pueden conseguir fácilmente en Cusco y en Lima, adonde don Aquilino señala que viaja al menos dos veces al año "para buscar piezas nuevas".

En la actualidad, los directores de bandas musicales tradicionales tienen poca capacidad para retener a los músicos más talentosos, que prefieren convertirse en lo que don Aquilino denomina "músicos profesionales" o bien fundar sus propias bandas. "Todo el mundo se compra un bombo y pone su nombre", apunta con un dejo de frustración. Estos cambios suponen mayor dinamismo de la escena musical, pero no siempre son percibidos de manera positiva por los involucrados. Como en el caso de la peregrinación de Qoyllorit'i, la nostalgia de una pretendida situación idílica anterior se mezcla con la conciencia de que ahora existen mayores oportunidades económicas para el desempeño de la profesión. Se trata de una pugna generacional que en los últimos años se habría hecho más explícita, con la introducción de nuevos estilos y prácticas musicales. Un aspecto adicional es la influencia de las bandas puneñas, que se caracterizan por tener más músicos e incorporar instrumentos diferentes de los tradicionales. Más que una procedencia geográfica estricta, el concepto "puneño" describe un estilo de práctica musical que se considera ajeno al ámbito cusqueño. Las bandas "puneñas" son más bullangueras, tienen regímenes laborales más fluidos y tienden a tocar música más festiva, "ruidosa" de acuerdo con la percepción de los músicos de Urcos. En algunas localidades, su presencia ha sido prohibida en las fiestas tradicionales, ya que se considera ajena a la tradición cusqueña. En otros casos, sin embargo, la presencia de este tipo de bandas es bien acogida, ya que permite una mayor espectacularidad de las celebraciones.

La pugna entre bandas cusqueñas y puneñas es uno de los temas centrales en la mayor parte de las entrevistas realizadas con músicos quispicanchinos. Los músicos de mayor edad sienten que esta influencia es una amenaza, tanto en el plano profesional como para su propia identidad como "músicos cusqueños". Uno de los temas centrales de polémica se refiere a la incorporación de mujeres en las bandas. Los integrantes de las bandas cusqueñas tradicionales son siempre hombres. Desde el punto de vista de Aquilino, se trata sobre todo de un tema de comodidad y logística. "Tener una mujer es imposible, porque viajamos y dormimos juntos", señala. Sin embargo, también influyen la tradición y lo que describe como "nuestras costumbres". Esta práctica estaría cambiando en el caso de las bandas puneñas, que muchas veces están integradas por familias enteras, incluyendo hombres y mujeres. Esta organización exclusivamente familiar del negocio hace posible contar con más músicos, sin que esto suponga un incremento desmesurado de los costos de traslado, alojamiento y alimentación. Para don Aquilino, la presencia femenina es uno de los aspectos centrales de su crítica al estilo musical puneño: "los de Sicuani y Puno, tienen mujeres que están tocando", se lamenta antes de concluir la entrevista enfatizando de manera rotunda, "los de Puno no tocan las costumbres".

Esta encrucijada entre la consolidación económica y la preservación de una pretendida identidad musical propia es también uno de los temas centrales para Mario Achahui, gerente de desarrollo social de la municipalidad distrital de Ocongate.[26] Hermano del presidente de la Hermandad del Señor de Qoyllorit'i, Achahui representa la nueva generación de funcionarios públicos y profesionales que en la actualidad ejerce el poder en Quispicanchi. Durante la entrevista realizada en abril de 2009, señala que su principal preocupación es la defensa de la identidad ocongatina. Los dos afiches que decoran su oficina en la municipalidad refuerzan esta idea. Ambos presentan imágenes de las peregrinaciones del señor de Qoyllorit'i, el principal referente iconográfico ocongatino. Los textos señalan: "Siembra sabiduría y cosecha un futuro mejor" y "Promoviendo nuestras costumbres 2009". Achahui resalta el amplio calendario festivo ocongatino, que incluye la fiesta de Cruzvelaqui el 3 de mayo, las corridas de toros de la Mamacha Asunta en los meses de julio y agosto, y, por supuesto, la peregrinación del Señor de Qoyllorit'i.

---

26. Entrevista a Mario Achahui, gerente de desarrollo social de la municipalidad distrital de Ocongate, Ocongate, abril de 2009 (realizada por el autor y Ludwig Huber).

En agosto se celebra también el Guatacosecho, con tres noches de baile de solteros, donde "comienzan a conocerse las parejas". En cada uno de estos eventos, la música es imprescindible. Sin embargo, existe una preocupación constante por lo que denomina "la mezcla de culturas". Como su hermano, Achahui teme que "nuestra cultura sea avasallada por el Collasuyo". Desde su punto de vista, los puneños habrían ganado espacio "con sus propios ritos y sus propias danzas". Se trataría de una competencia desleal, basada en la falta de respeto hacia las costumbres locales. "Los puneños acallan a las demás bandas con sus orquestas". "No son mejores, pero hacen más bulla", señala indignado. Por eso, precisa, las han prohibido en eventos clave como la peregrinación del Señor de Qoyllorit'i.

Las opiniones de Felipe Achahui remiten a las de su hermano. En ambos casos, la idea central alude a una cultura quispicanchina que se encontraría bajo la doble amenaza de enemigos externos ("los puñenos") y desintegración interna (los "evangélicos"). Este discurso reaccionario es frecuente en las élites urbanas de Quispicanchi. Pese a sus discursos campesinistas, la experiencia de vida de los hermanos Achahui es muy diferente de la de los comuneros altoandinos. Esto hace que desde su punto de vista la nostalgia por el mundo perdido prime sobre la evaluación positiva de los cambios producidos en los últimos años. El repliegue identitario los lleva a enfatizar lo que consideran rasgos "originarios" de las manifestaciones culturales quispicanchinas. A los puneños, aclara Achahui, no se les habría prohibido la peregrinación, sino solo sus danzas y especialmente lo que denomina "danzas bolivianas". "Las danzas puneñas originarias", caracterizadas por el uso de antaras y zampoñas, concluye Achahui, "son bienvenidas, pero no las danzas bolivianas, con su bulla y su cultura diferente".

Rivalidades locales

Las inquietudes de los músicos quispicanchinos remiten a un contexto mayor de disputas en torno a la autenticidad de las culturas cusqueña y andina. Se trata de un debate con un fuerte calado emocional. En los principales periódicos regionales son muy frecuentes artículos y tribunas de opinión en favor de una u otra postura. Los intelectuales cusqueños se dividen entre tradicionalistas y modernizadores, en un debate sin fin. Una confrontación similar se percibe también en otra de las manifestaciones culturales cuya práctica crece más en los últimos años: los servicios mágico-religiosos vinculados a la espiritualidad andina. Como en el caso de la música, se trata de actividades tradicionales, cuya práctica se incrementa de manera exponencial en los últimos años, extendiéndose a nuevos grupos sociales y generando dinámicas sociales y económicas diferentes. Lo que antes era visto como un rezago, que remitía a un pasado rural que se quería dejar atrás, se considera ahora como una muestra de identidad cultural de la cual sentirse orgulloso. Este cambio se explica por una confluencia factores locales, nacionales e internacionales. La consolidación del discurso neoindigenista cusqueño hace que la religiosidad andina tradicional se revalorice y cobre un mayor protagonismo en la vida pública de la región. Rituales que antes eran minusvalorados y considerados prácticas vergonzosas son asumidos abiertamente e incluso entran a formar parte de las ceremonias oficiales. La lectura de hojas de coca y los pagos a la tierra se realizan de manera abierta y cotidiana. En el mes de agosto, el mes andino de la tierra, es casi una obligación que las instituciones públicas y privadas de Cusco contraten los servicios de especialistas para realizar pagos propiciatorios. El resto de año, los especialistas mágico-religiosos también están presentes en inauguraciones de casas o negocios, eventos familiares, y bautizos, además de las tradicionales consultas de amor y salud.

En este auge influye también el crecimiento del turismo místico, ligado a las visiones *new age* de la cultura andina. La imagen de Cusco como reserva espiritual está presente desde el comienzo del turismo internacional, en los años veinte y treinta del siglo pasado.[27] El gran salto se produce, sin embargo, en los años noventa, con la publicación en Europa y los Estados Unidos de una serie de libros a medio camino entre la espiritualidad alternativa y la autoayuda, centrados en los Andes. Su éxito lleva a que exista un grupo creciente de turistas que viajan a Cusco en

27. Flores Ochoa 1996.

busca de experiencias religiosas "auténticas". Para satisfacer esta demanda, los operadores turísticos entran en contacto con curanderos o sacerdotes tradicionales, cuyos servicios contratan de manera cada vez más frecuente. También comienzan a aparecer lo que en otros contextos se denominan "chamanes blancos", es decir, emigrados europeos o norteamericanos que desarrollan actividades místico-religiosas en Cusco, tras presuntamente haber sido iniciados en los misterios de la religiosidad andina por curanderos y sacerdotes andinos tradicionales. En algunos casos, estos "chamanes blancos" abren negocios en zonas emblemáticas, como el valle del Urubamba, donde se convierten en referentes entrando en contactos con sacerdotes andinos y otros especialistas místicos locales.[28] Los "templos" y lugares de curación se publicitan a través de redes internacionales que atraen a centenares de turistas todos los años. Entre sus clientes se encuentran también limeños y cusqueños de clase media, aunque en menor medida. Su relación con la religiosidad andina es un camino de ida y vuelta: toman de la religión tradicional muchos de sus referentes, pero también contribuyen a introducir en el lenguaje religioso cusqueño nuevos elementos ajenos a la tradición andina. El resultado es una creciente mezcla de creencias, una especie de religiosidad *collage* en la que los elementos tradicionales son reformateados de acuerdo con los principios de la filosofía *new age*. Un ejemplo es la creciente importancia de conceptos provenientes de las religiones orientales, tales como karma o reencarnación, que cada vez son más frecuentes en el discurso de los propios curanderos andinos.[29]

Para autores como Hill y Roberts, este *new age* andino puede ser visto como un mecanismo de inserción subalterna de la población mestiza cusqueña en los circuitos internacionales de la globalización.[30] Se

28. Un ejemplo al respecto en Hill 2010: 263-289.

29. Esta combinación, que algunos autores denominan "indianización del *new age*", no es ni mucho menos exclusiva del Perú. Por el contrario, se observa también en muchos otros países de la región. Dos análisis referidos a los casos de Colombia y México son: Sarrazin 2012: 139-162 y García Medina y Gutiérrez Zúñiga 2012: 219-241.

30. Al respecto, Hill 2007b: 251-279 y 2007a, y Roberts 2005.

trataría de una manera de negociar una identidad regional tanto frente a los discursos tradicionales que desvalorizaban lo andino como expresión de atraso y subdesarrollo como ante las multitudes de turistas que cada año llegan a la región en busca de "autenticidad andina". El *new age* andino haría posible este diálogo intercultural. Sin llegar a desafiar abiertamente las categorías etnoculturales, permitiría a la nueva clase media regional afianzar la recuperación de su autoestima iniciada en los años noventa con el discurso neoincaísta del alcalde Estrada y sus seguidores. Una prueba de este éxito sería la proliferación de libros y textos referidos a la religiosidad andina que pueden encontrarse en cualquier librería cusqueña, compartiendo los anaqueles con guías de viajes, clásicos de la arqueología regional (como *El descubrimiento de la ciudad de los Incas* de Hiram Bingham) y textos capitales del pensamiento incaísta (como la *Nueva crónica y buen gobierno* de Guamán Poma de Ayala, los *Comentarios reales* del Inca Garcilaso de la Vega, *Tormenta en los Andes* de Luis E. Valcárcel o *La rebelión de Túpac Amaru* de Daniel Valcárcel).

A pesar de compartir la idea de una espiritualidad andina singular y superior a la "occidental", el *new age* andino no es una corriente homogénea. En su configuración influyen desde estudios académicos serios hasta todo tipo de supercherías y pastiches. Uno de sus puntos fuertes es el respaldo de antropólogos, arqueólogos e historiadores que en los últimos años plantean relecturas de la religiosidad andina a partir de nuevas interpretaciones. Estos textos son parte de una corriente más amplia, que se percibe en otras muchas partes del Perú y a escala internacional, de auge de los llamados "estudios chamánicos".[31] Los autores plantean que la religión andina previa a la conquista europea habría sido fundamentalmente una religión chamánica, basada en cultos extáticos, a cargo de un grupo de especialistas o chamanes profesionales,

31. El redescubrimiento del chamanismo como componente de la religiosidad ancestral de la humanidad habría comenzado en los años setenta, acelerándose a partir de los noventa, hasta convertirse en una auténtica tendencia en el estudio de las religiones a escala mundial. Diversos autores relacionan este proceso con el propio cambio en la religiosidad posmoderna. Al respecto, Adlam y Holyoak 2005: 517-568 y Von Stuckrad 2005: 123-128. Un estudio más amplio sobre la relación entre indigenismo, chamanismo y *new age* en América Latina es Sarrazin 2011.

colectivo que habría tenido un gran poder político y social.[32] Estas interpretaciones buscan matizar la visión tradicional de la religión andina prehispánica como un culto imperial. Se trata de versiones discutibles, con las que no todos los especialistas están de acuerdo, pero que en todo caso se plantean en términos académicos y científicos, independientemente de cómo sean luego interpretadas a nivel local. Pero en paralelo el *new age* andino incluye también discursos más estrafalarios, basados en temas clásicos de la literatura popular del ocultismo. Las apelaciones a continentes perdidos se mezclan con relatos de presuntas civilizaciones ocultas de incas, que habrían sobrevivido alejadas del mundo occidental desde la época de la conquista hasta la actualidad.[33] Tampoco son extrañas las referencias a contactos extraterrestres, ya sea contemporáneos o en época remota.

Lo interesante de estos discursos es su carácter performativo, es decir, su capacidad para ir poco a poco modificando el cuerpo de prácticas y creencias de los pobladores cusqueños, incluyendo también a los habitantes de Quispicanchi. El Museo Piedras Sagradas de Huaro es un pequeño centro de exposición abierto al público desde el año 2000 con el aval de la municipalidad distrital, en cuyo local se sitúa. Su promotor es el antropólogo Renato Dávila Riquelme. El objetivo del museo es promover una "historia alternativa" del hombre andino. El punto fuerte de la visita es un conjunto de más de cien piedras grabadas, descubiertas por Dávila en los años ochenta, cuyo origen se remontaría a miles de años. Estas piedras mostrarían una profundidad temporal de la dinastía incaica mucho mayor que la que consigna "historia oficial". Los grabados incluyen lo que Dávila denomina una "escritura criptográfica inca con similitudes a la escritura maya o egipcia, con mensajes metafísicos y esotéricos".[34] Su elaboración habría estado a cargo de una dinastía de amautas incas, quienes habrían gobernado la región durante miles de años, de manera ordenada y armónica. El conocimiento secreto de las

---

32. Es el caso, por ejemplo, de los trabajos más recientes de Juan Núñez del Prado: Núñez del Prado y Murillo 1995: 115-122. También Wilcox 1999.
33. Un ejemplo al respecto en Hill 2010: 263-289.
34. Visita realizada por el autor al Museo Piedras Sagradas, abril de 2008.

rutas de navegación habría permitido a esta dinastía entrar en contacto con otras grandes civilizaciones antiguas, intercambiando conocimientos en temas como medicina humana, arquitectura y manejo de grandes piedras para la construcción de monumentos. Esto último habría sido posible gracias al dominio de la levitación de las piedras y el magnetismo mineral.

El Museo Piedras Sagradas es relativamente marginal, y solo recibe unos pocos visitantes al día. El recorrido concluye casi siempre con la venta de algún recuerdo, folleto o piedras representativas de la región. Más allá de este éxito limitado, es significativo porque evidencia la apropiación y reelaboración local de las ideas del *new age* andino. El discurso de sus promotores reúne reivindicación regionalista, sazón neoincaísta, referentes místico-religiosos tradicionales y elementos de la literatura ocultista popular occidental: continentes perdidos, saberes ancestrales, relaciones a larga de distinta entre las civilizaciones prehistóricas, etc. En la misma línea, Dávila promueve otro pequeño museo denominado "Rituales Andinos", que abre sus puertas en Andahuaylillas en 2007. En este caso, la ubicación del local es estratégica: en una esquina de la Plaza de Armas, frente a la parroquia de San Pedro, uno de los principales atractivos turísticos de la provincia de Quispicanchi. Como en Huaro, se trata de un repositorio precario y de pequeñas dimensiones. Cuenta con dos salas, la primera dedicada al culto al maíz y la segunda a los denominados "meteoritos andinos": piedras volcánicas que los administradores del museo señalan que al tocarlas expulsan el mal y mitigan el dolor. En el patio, se muestran reconstrucciones de posibles enterramientos, acompañados de osamentas y restos humanos con deformación craneanas.[35]

Estos museos son un ejemplo de la efervescencia que existe en Quispicanchi en torno a la religiosidad andina. Desde hace décadas, la provincia es uno de los referentes cusqueños en temas místicos-religiosos. Los curanderos y sacerdotes quispicanchinos tienen fama de ser especialmente "conocedores" y efectivos en sus rituales. Un factor que juega

35. Olivera Loayza et ál. 2010.

en su favor es la fama de la provincia como baluarte de la cultura andina. Estos imaginarios, analizados en el capítulo anterior, suponen una ventaja frente a los especialistas místico-religiosos de otras partes de la región. También es importante la existencia de tradiciones locales muy arraigadas. En concreto, son tres las localidades donde residen los curanderos y sacerdotes andinos más prestigiosos: (i) Huasao, una pequeña localidad cerca de Cusco; (ii) Ccatcca, capital del distrito altoandino del mismo nombre; y (iii) las comunidades q'eros cercanas al Ausangate, en el distrito de Ocongate. Existen también sacerdotes y curanderos en otras partes de la provincia de Quispicanchi y en otras provincias de Cusco, pero los sacerdotes de estas tres localidades son los más demandados en la capital.

Entre estos tres grupos de especialistas religiosos, los sacerdotes q'eros son en la actualidad el colectivo más prestigioso, tanto en el ámbito nacional como internacional. En su favor juegan el intenso interés que estas comunidades despiertan desde la expedición de 1955 en los científicos sociales peruanos y extranjeros. La visión general es que se trata del grupo que con mayor fidelidad habría mantenido la organización jerárquica tradicional de la religión andina, así como los rituales asociados a la iniciación y consagración de los especialistas místico-religiosos.[36] Su fama se apuntala con el trabajo de Núñez del Prado y, posteriormente, con el libro publicado en 1999 por Joan Parisi Wilcox, que divulga estos discursos a nivel internacional.[37] En los años noventa, sus servicios son requeridos en Brasil y Estados Unidos, entre otros países.[38] El incremento de la demanda de servicios místico-religiosos permite, sin embargo, que los curanderos y sacerdotes andinos de otros lugares incrementen también su fama y su posicionamiento a escala regional. Se trata de un proceso no siempre armónico, ya que existe una doble competencia: por un lado, las localidades compiten por mejorar su imagen colectiva ante los potenciales consumidores y, por otro lado, los propios

36. Rozas Álvarez 2005: 265-277.

37. Wilcox 1999.

38. LeBorgne 2005: 159-179.

especialistas pugnan individualmente por sobresalir y hacerse conocidos. Estos dos niveles de competencia se superponen entre sí, de manera que encontramos dentro de una misma comunidad tanto relaciones de colaboración entre especialistas místico-religiosos como competencia. Un punto clave para lograr posicionarse en el negocio consiste en ser visto por los potenciales clientes como el especialista "más auténtico", es decir, como el verdadero representante de la sabiduría ancestral andina. Para proyectar esta imagen, curanderos y sacerdotes recurren a diversas estrategias. En el caso de los pobladores locales, importa sobre todo la genealogía y los antecedentes familiares y profesionales del especialista, y se aprecia especialmente la relación con otros curanderos famosos más antiguos. En el caso de los turistas, en cambio, juegan un papel significativo temas como el uso de vestimentas tradicionales y el empleo exclusivo del quechua en los rituales. Es frecuente, incluso, que durante las celebraciones, especialmente cuando sus clientes son extranjeros, los especialistas aleguen desconocer el castellano, aun cuando en otros contextos lo hablen fluidamente. La pretendida ignorancia del castellano les permite modelar una imagen más auténtica, menos contaminada por la cultura occidental. En la misma línea apunta la proliferación de afiches y volantes publicitarios en los hostales y hoteles turísticos de la capital regional, con información sobre servicios místico-religiosos únicamente en inglés y en quechua.

En el caso del mercado de clase media cusqueña, probablemente la localidad que mejor consolida su posición en los últimos años es Huasao, un pequeño centro poblado situado en el distrito de Oropesa, aproximadamente a veinte minutos en carro de Cusco, al que se accede por un desvío de la carretera Panamericana. El principal elemento representativo del paisaje local es una pequeña laguna rodeada de humedales, de la que se dice que tiene especiales propiedades curativas. La especialidad local son los baños de florecimiento y la lectura de hojas de coca. Desde 1995, cada mes de agosto se celebra aquí el Kinu Raymi o encuentro de curanderos andinos, que reúne a especialistas de la localidad y de otras partes de Cusco, quienes ofrecen sus servicios a los visitantes en lo que llega a ser una auténtica feria de servicios místico-religiosos. El evento puede llegar a durar dos semanas, y atrae a una gran cantidad de público. También asisten curanderos de otras regiones, como Ayacucho, Huancavelica y Apurímac, e incluso otros procedentes de Puno y Bolivia.[39] Los clientes casi siempre provienen de la capital regional y abarcan todas las clases sociales. Lo mismo ocurre el resto el año con los curanderos afincados en Huasao. Son pocos los turistas que llegan hasta aquí, quizás porque por su ubicación y paisaje Huasao parece más un barrio periurbano que una comunidad andina paradigmática. El estilo de vida es el característico de esta parte de la provincia de Quispicanchi. Gran parte de la población se mueve cotidianamente entre Cusco y sus localidades para asistir a la escuela, trabajar, realizar gestiones o simplemente por motivos lúdicos. A diferencia de otras partes de la provincia, son muy pocas las personas, hombres o mujeres, que en su vida cotidiana utilizan indumentaria que podría verse como "tradicional". Por el contrario, es frecuente ver buzos, jeans, camisetas de fantasía y de equipos de fútbol de la más variopinta procedencia, compradas en los mercados de segunda mano de la periferia de Cusco.

Huasao no ofrece, por lo tanto, el ambiente que espera un turista en busca de una auténtica experiencia andina. Este aspecto anodino no es, sin embargo, un obstáculo para la consolidación de los curanderos. El escenario no es tan importante para la clase media cusqueña, que ya conoce la fama de la localidad. Para ellos, la "autenticidad" se relaciona con otros elementos, como la tradición familiar y el manejo de los discursos culturales predominantes en la región. Un curandero es auténtico sobre todo por sus antecedentes. Es el caso de Johan, uno de los principales curanderos de Huasao, cuya historia muestra la manera en que negocio y cultura se imbrican y transforman recíprocamente en la labor cotidiana y los discursos de los especialistas místico-religiosos cusqueños. Johan se inicia en el negocio por tradición familiar.[40] Como en toda la región andina, la curandería es en Huasao un oficio reservado casi exclusivamente a los hombres. Aunque en teoría cualquier varón puede ser llamado a desempeñar el oficio, lo habitual es que se trasmita

---

39. Salas Carreño 2003: 145-171.

40. Entrevista a Johan Dávila Quispe, maestro curandero, Huasao, agosto de 2010 (realizada por Rafael Nova y María Cristina Gutiérrez Cottle).

dentro de una misma familia. Como hemos visto en otras partes de este libro, esta capacidad para desempeñar la profesión se vincularía con una suerte de "herencia inmaterial" reservada a determinadas familias. El padre de Johan también era especialista místico-religioso, aunque en su caso se trataba de un *altomisayoq* (intermediario religioso que trabaja mediante conversaciones con los *auquis* o espíritus de los antepasados), mientras que Johan es *pampamisayoc* (intermediario religioso de menor jerarquía, que trabaja a través de la lectura de hojas de coca). Tras la muerte de su progenitor, es investido mediante un ritual conducido por una importante personalidad local, un exalcalde, quien en cumplimiento de las tradiciones andinas lo presenta a los *apus* (cerros tutelares) en su condición de hijo menor del fallecido. De ahí el nombre de maestro *Huillaq Uma*, hijo menor, con el que Johan realiza su trabajo.

Estos conceptos remiten al abigarrado universo de los especialistas místico-religiosos cusqueños, en el que existen tanto jerarquías como especializaciones profesionales. En lo más alto de la jerarquía se encuentran los *Altomisayoqs*, seguidos de los *hampiq* (expertos con gran conocimiento en herboristería) y finalmente los *pampamisayos* como Johan, que muchas veces se consideran simples curanderos.[41] Todos son en su mayor parte hombres, aunque también pueden existir mujeres curanderas, algunas de la cuales son muy reputadas y famosas. En cuando a la función social, se diferencia entre *paqo* (sanador) y *layqa* (brujo). Sobre el papel se trata de categorías excluyentes, aunque en la práctica muchas veces ambas funciones pueden ser desarrolladas por las mismas personas, dependiendo de los deseos de los clientes.[42] Johan es muy consciente de estas jerarquías, pero diversos autores señalan que en los últimos años se habrían producido cambios importantes, a medida que el crecimiento de la demanda urbana de servicios mágico-religiosos genera nuevos incentivos. Desde el punto de vista de los pobladores rurales, los *Altomisayoqs* ya no existirían o serían extremadamente raros

41. Landa Vásquez y Cazorla Zen 2014: 249-300.

42. Rozas Álvarez 2014: 385-424.

de encontrar.[43] Esto se debería a que los apus "se estarían replegando o retirando", según señala Johan. El terremoto de 1950 habría sido el punto final de esta cultura andina tradicional. En cambio, los pobladores urbanos de la ciudad son más proclives a afirmar su existencia, que proyectan sobre todo en zonas emblemáticas de la provincia de Quispicanchi, como las comunidades q'ero, Ccatcca o Huaro.

Los servicios ofrecidos por Johan son variados. Los clientes locales solicitan lecturas de hojas de coca, curaciones a base de hierbas y ofrendas a los *apus* y a los *auquis*. Estos servicios permiten un flujo constante y suponen la mayor parte de sus ingresos. Eventualmente, lo contratan también para realizar grandes ceremonias de pago a la tierra para empresas mineras e instituciones públicas de Cusco. Por estos trabajos puede recibir más de doscientos dólares al día. Otro servicio cuya demanda aumenta en los últimos años es el llamado "matrimonio andino", requerido sobre todo por los grandes hoteles de Cusco y Machu Picchu para sus clientes extranjeros. Desde su punto de vista, la extensión de esta costumbre en los últimos años es una muestra de "la fuerza de la religión andina", aunque también reconoce que muchas veces los clientes quieren "solo el espectáculo", ya que "no sienten de verdad lo que hacen". Johan se queja también de que cuando tiene clientes extranjeros debe modificar sus rituales para hacer que parezcan "más auténticos". A los turistas, señala, no les gusta que los rituales incluyan imágenes o invocaciones católicas, que son parte habitual en la religiosidad andina tradicional. Estos referentes deben ser excluidos, ya que trasmiten una imagen que no se ajusta con la idea de autenticidad andina manejada por los turistas extranjeros. Johan tiene una actitud ambigua respecto a estos requerimientos: señala que le parece una falta de respeto hacia las "enseñanzas" de sus antepasados, pero al mismo tiempo reconoce que descatolicizar sus rituales es "bueno para el negocio". "Incluso en Cusco —señala— algunas personas me piden ya que sea más auténtico".

Las dudas de Johan reflejan la actual situación de la religiosidad andina tradicional, en la disyuntiva entre su popularización y los cambios

43. Tamoeda 1992.

para adaptarse al nuevo contexto de oportunidad. Los matrimonios andinos son un ejemplo de estas nuevas prácticas emergentes, en la intersección entre la religiosidad andina tradicional y las ideologías *new age* occidentales. Se trata de una costumbre derivada de instituciones como el *warmichakuy*, presentes entre otras en las comunidades q'ero.[44] Más que un matrimonio en el sentido estricto, se trata de rituales sociales de paso, sin un contenido religioso explícito. Con su extensión al ámbito urbano de clase media en los años noventa, cambian de significado, imbuyéndose de referentes espirituales y místicos, muchas veces cercanos a las ideologías del *new age* andino. Estos nuevos rituales pseudoandinos son frecuentes también entre los extranjeros que viven en la ciudad o en los profesionales procedentes de Lima. Incluso se han extendido entre la clase media de la capital nacional, especialmente en sectores intelectuales y académicos, que ven en ellos una forma de distinción y autenticidad.

Gracias a este tipo de encargos, Johan es en la actualidad uno de los personajes más relevantes de Huasao. Cuenta con orgullo que su éxito profesional le ha llevado a países como Estados Unidos ("para hablar sobre mi trabajo"), Brasil y Suiza ("para unos trabajos") y Uruguay ("como premio por haber curado a una persona de ese país"). Otro de sus clientes habituales son las instituciones públicas, empresas y ONG que trabajan en Cusco y en las provincias limítrofes. Como parte de la extensión del paradigma de desarrollo rural andino, es muy frecuente que estas instituciones incorporen rituales andinos o pseudoandinos como parte de sus actividades. Al iniciarse un proyecto, al entregar una obra o al conmemorar algún evento especialmente significativo, suelen realizarse pagos a la tierra u otras ceremonias religiosas, bien sea de carácter propiciatorio o agradecimiento. Desde el punto de vista de los oferentes, estas ceremonias son una manera de demostrar su compromiso con la cultura local e incluso su involucramiento en ella. Aunque es difícil precisar hasta qué punto estos rituales son auténticamente sentidos, se trata de una obligación moral ineludible. No hay que olvidar, a ese respecto,

---

44. Núñez del Prado 2005.

que muchos de los profesionales que trabajan en estas instituciones son cusqueños, hijos o nietos de campesinos rurales, quienes se encuentran inmersos en complicados dilemas identitarios. Las celebraciones suelen estar a cargo de reconocidos especialistas, como el propio Johan, quien para acceder a este mercado ha formalizado su situación fiscal. Dispone ahora de recibo de honorarios, que muestra orgulloso durante la entrevista, lo que le permite ser contratado sin problemas por instituciones estales y empresas privadas.

Como resultado de este posicionamiento en el mercado cusqueño de servicios místico-religiosos, Johan dispone de un pequeño ambiente alquilado en Huasao para sus ceremonias. Un cartel en la puerta anuncia que su emprendimiento está incluido en la "Guía de atractivos turísticos del valle del Huatanay". Su éxito repercute también en el nivel de vida de su familia. Hace cuatro años compró un terreno en el mismo Huasao, donde está construyendo una vivienda de varios pisos. El objetivo es trasladar a su familia a este nuevo hogar, ya que por el momento residen en la zona periférica de Cusco. La especialización familiar en prácticas místicas incluye también a su esposa, dueña de un negocio de venta de insumos para rituales religiosos y místicos. Los clientes de Johan son frecuentemente también sus clientes.

El éxito profesional de Johan se traduce en un mayor arraigo en su localidad de nacimiento, tras haber pasado la mayor parte de su vida adulta en Cusco. Este éxito contrasta con lo que ocurre en otras localidades quispicanchinas tradicionalmente vinculadas a la religiosidad andina. En la parte alta de la provincia, los casos más destacados son Ocongate y Ccatcca. Como vimos en capítulos anteriores, se trata de distritos con un amplio predominio de población rural quechuahablante. Ccatcca es uno de los centros de referencia a escala regional en cuanto a religiosidad tradicional. Esta es la opinión de Felipe Oré durante la entrevista realizada en su casa de Ocongate, en abril de 2009.[45] Oré es un ejemplo paradigmático de intelectual local quispicanchino. Es también

45. Entrevista a Felipe Oré, profesor jubilado, Ocongate, abril de 2009 (realizada por el autor y Ludwig Huber).

un hombre con dos amores: nacido en Ccatcca, hace sin embargo más de cuarenta años que reside en Ocongate, por lo que señala "querer por igual" a ambos distritos y desear su "prosperidad compartida". Durante toda su vida, Oré fue profesor de escuela, hasta que hace pocos años se jubiló. Su reconocimiento incluye la distinción de hijo predilecto de Ccatcca, en enero de 2008, y el título de "Amauta de los Andes", concedido por la Unidad de Gestión Educativa Local de Quispicanchi en 2005. También es poeta, y recuerda haber tenido una participación destacada en las polémicas cusqueñas respecto a las versiones trivocálica y pentavocálica del quechua.[46] Al comenzar la entrevista, se encuentra en el patio trasero de su vivienda, sentado en un banco de madera, rodeado de aperos agrícolas semiabandonados. Está leyendo un ejemplar muy ajado y subrayado de los *Comentarios reales* del Inca Garcilaso. "Siempre leo este libro", señala al vernos llegar. "Ahora estaba leyendo el párrafo dedicado al Templo del Sol".

Para Oré, Ccatcca es una de las cunas tradicionales de la religiosidad andina. En este distrito, "los jefes de familia son todos expertos en hacer despachos". Es también una de las localidades quispicanchinas donde más arraigo tienen las fiestas tradicionales, "netamente indígenas, incaicas seguramente algunas". El viejo profesor señala como ejemplo el llamado Chaka Chutay, una especie de competencia de fuerza con mimbres trenzados, que enfrenta todos meses de junio a representantes de las comunidades y los barrios ccatcceños. Esta fiesta, según Oré, sería

46. Las políticas lingüísticas cusqueñas son extraordinariamente complejas. En ellas se cruzan elementos de raza, clase social y regionalismo, junto con argumentos lingüísticos. El punto central es la pretensión de los intelectuales mestizos de clase media de la capital regional de postular la existencia de un quechua imperial puro, que debería convertirse en la referencia única de una lengua que en la práctica cuenta con numerosas variantes regionales. Esta disputa se cruza además con la relativa al alfabeto quechua. La Academia Peruana del Lengua Quechua de Cusco sostiene que el idioma debe escribirse con cinco vocales, mientras que, por el contrario, gran parte de los expertos internacionales plantean que únicamente debería hacerse con tres vocales. Esta posición es rechazada por extranjerizante por la academia. Al respecto, Niño-Murcia 1995: 251-288 y de manera más amplia los artículos sobre este polémica recogidos en Godezzi 1992. También Marr: 1999 181-197 y Mannheim 1989: 13-45.

de origen prehispánico, aunque desde hace mucho tiempo se la habría "adecentado", asimilándola a la celebración de San Juan. Hacia mediados del siglo pasado, casi había desaparecido por impulso de la modernización. Los grupos mestizos de la ciudad la consideraban "una fiesta de salvajes, que les recordaba su pasado indígena" y se apartaba de la imagen moderna y racional que deseaban presentar. Su revitalización en los últimos años se debería al deseo de los alcaldes ccatcceños de recuperar la identidad del distrito y su esencia indígena. Junto con el Pachamama Raymi, analizado en el capítulo anterior, sería una muestra de que "las autoridades ahora son diferentes, piensan de otra manera, miran de otra manera nuestra cultura andina".

Este impulso de renovación y reivindicación cultural no habría sido suficiente, sin embargo, en el caso de la religiosidad andina ccatcceña. Los especialistas ccatcceños tradicionalmente habían copado el mercado local quispicanchino, pero en los últimos años se ven superados por los especialistas provenientes de Ocongate. Este cambio se debería a dos motivos confluyentes: el prestigio ganado por Ocongate gracias a la creciente fama de la peregrinación de Qoyllorit'i y la "pérdida de las esencias ccatcceñas", debido al creciente predominio de los evangélicos en este distrito. La combinación de estos dos factores habría determinado que, mientras los especialistas de Ocongate proyectan una imagen de autenticidad, en el caso de Ccatcca la situación sea exactamente al revés. "Ni siquiera en Ccatcca se ponen de acuerdo," señala Oré. La "vigencia de las sectas evangélicas, que casi controlan todas las comunidades, es un peligro para la religiosidad andina". Lo que más le duele es que no se trataría solo de que Ccatcca no sea apenas considerada por los turistas, sino que "hasta en Urcos los sacerdotes ocongatinos están desplazando a los ccatcceños".

Un ejemplo emblemático de este cambio en el peso relativo de los especialistas ocongatinos y ccatcceños sería el caso de Mariano y Nazario Turpo Condori, dos de los más famosos sacerdotes andinos de las últimas décadas. Su carrera sintetiza muchos de los procesos que afectan actualmente a los sacerdotes andinos tradicionales. Los dos nacen en la comunidad ocongatina de Paqchanta. El padre, Mariano, es un famoso líder campesino de los años sesenta, e incluso llega a entrevistarse con el presidente Belaunde en los tumultuosos años anteriores al golpe de estado de Juan Velasco Alvarado.[47] Este prestigio le permite ser invitado por Alejandro Toledo para oficiar la ceremonia de pago a la tierra durante su toma de posesión como presidente de la república en julio de 2001. Debido a su avanzada edad, Mariano delega este honor en su hijo Nazario, quien ya entonces era un reconocido especialista en temas místicos. Su capital simbólico es tanto tradicional como moderno. Su prestigio se debe a la herencia inmaterial familiar, pero también a las redes de nuevos contactos que desarrolla en su trayectoria profesional, más allá de su comunidad de origen. Especialmente interesante es su vínculo con el mundo académico norteamericano. En 1996, Nazario preside la ceremonia de reentierro en las faldas del Ausangate de varias momias de origen quechua devueltas por el Smithsonian Institute. Posteriormente participa en el diseño de la sala quechua del Museo del Indio Americano de Washington. En este contexto, tiene lugar la famosa escena de su abrazo con el jefe cheyenne, Richard West. Nazario participa también en diversas reuniones y seminarios del Banco Mundial, donde reclama en quechua financiamiento para obras de irrigación en su comunidad, "ya que el agua se está secando [...] porque el Ausangate está molesto, por tanto avión que pasa por encima y se pone negro de la cólera".

Esta última frase remite nuevamente al contexto actual de entrecruzamiento de discursos tradicionales y modernos. La religiosidad tradicional andina se conjuga en este caso con referencias a los cambios climáticos y a los riesgos de la acelerada occidentalización de los Andes. Nazario Turpo es un intermediario ideal entre esos dos mundos, que permite la síntesis de estos referentes diferentes sin por ello perder su arraigo local. Su muerte en un accidente de tránsito en Saylla en el año 2007 causa una auténtica conmoción en toda la región. Para Oré se trata de una figura de valoración ambigua, a la que le reconoce su importancia en la legitimación de la religiosidad andina y su papel central como líder comunitario. Su esfuerzo por atraer el "turismo místico" a la faldas del Ausangate sería un ejemplo a seguir, en un contexto en el que

---

47. *La República*, 26 de julio de 2007, "El altomisayoq tocó el cielo".

“muchos foráneos quiere apropiarse de nuestra religión”. Sin embargo, critica lo que considera un exceso de protagonismo y un afán “por ganar fama y dinero”. Desde su punto de vista, estas no deberían ser preocupaciones de un “verdadero sacerdote andino”, que debería preferir a su pueblo “antes que codearse con personajes famosos y salir en televisión”. La fama de Turpo habría sido además decisiva en el vuelco producido en los últimos años, al popularizar la idea de que “Ocongate es el distrito donde más vigente está la religiosidad andina”, desplazando a Ccatcca a un lugar secundario.

8

De nivel internacional

Los curanderos y las bandas de música son ejemplos de emprendimientos basados en activos culturales íntegramente controlados por actores locales. Sus productos apuntan sobre todo a una demanda local y regional. El éxito de estos emprendimientos se vincula con su imagen de representantes de la tradición y las esencias andinas. Pero esta retórica esencialista no supone un anquilosamiento. Los casos de don Aquilino, el músico de Urcos, y Johan, el curandero de Huasao, muestran que los especialistas culturales quispicanchinos se mueven en un contexto de intercambio y relaciones con actores diversos, tanto de dentro como de fuera de la provincia. Los músicos quispicanchinos acuden a la capital regional o incluso a Lima para comprar instrumentos y proveerse de partituras, que luego son adaptadas al gusto local. Para satisfacer los gustos del público están obligados a manejar registros diversos: música andina, cumbia, salsa. La "autenticidad andina" debe adecuarse a las modas y tendencias globales. También curanderos y sacerdotes deben "construir" autenticidad y al mismo tiempo adaptar la oferta a los gustos cambiantes de sus potenciales clientes. La vestimenta, el uso del idioma y los abalorios empleados en las ceremonias místico-religiosas están cuidadosamente pensados para generar un determinado impacto en sus interlocutores. La oferta de servicios y el detalle de las presentaciones se modifican constantemente. También cambia la escenografía, en la medida que la imagen de la cultura andina "auténtica" evoluciona.

Sin embargo, estos cambios no están exentos de tensiones. En el capítulo anterior vimos que en Quispicanchi existen múltiples conflictos relacionados con las dinámicas culturales. Envueltos en un proceso de cambio acelerado, los habitantes del territorio sienten que muchos de sus rasgos idiosincrásicos están bajo amenaza. Los temores apuntan en dos direcciones: a la pérdida de control por parte de los actores locales de sus manifestaciones culturales y a los propios cambios que la sociedad quispicanchina experimenta en los últimos años. El rechazo a la "mercantilización", a los "puneños" o a los "evangélicos" son formas concretas en las que cristalizan estos discursos. Se trata de conceptos muy dúctiles, que más que a grupos humanos concretos se refieren a nuevas prácticas que afectan a lo que los "quispicanchinos netos" consideran las esencias de su cultura. El resultado es un ambiente crispado, en el que los actores locales tratan de reglamentar y codificar sus prácticas culturales. Cuentan para ello con el apoyo de las municipalidades, que se involucran en las disputas mediante reglamentaciones o prohibiciones, que se unen a los cada vez más frecuentes discursos de sanción moral.

Estos elementos están presentes también en otro de los temas clave del debate local de los últimos años: la promesa del turismo. Quispicanchi es, en este sentido, una provincia relativamente excepcional en el contexto cusqueño. El flujo de turistas es muy limitado en comparación con otras partes de la región. Hasta hace pocos años existían pocas iniciativas turísticas consolidadas. Este capítulo se centra en los esfuerzos de los habitantes y autoridades de la provincia por cambiar esta situación, vinculando sus localidades a las dinámicas turísticas regionales. Como veremos, se trata de un proceso que genera grandes expectativas, pero cuyos resultados son por el momento muy limitados. El paradigma de desarrollo rural andino muestra en este punto sus limitaciones. Pese a los esfuerzos de los actores locales, las condiciones estructurales de la economía regional determinan que la mayor parte de las iniciativas turísticas quispicanchinas tengan magros resultados. Más allá de sus promotores directos, no logran generar una economía de escala que haga posible cumplir con las expectativas.

Grandes esperanzas

Cusco es el principal destino turístico peruano. La región pasa de poco más de 242.000 turistas en 1992 a casi 1,2 millones en 2012. El principal contingente, tal como muestra el gráfico 8.1, está compuesto por visitantes extranjeros, cuyo porcentaje aumenta desde comienzos de los noventa hasta llegar al 72 por ciento de cota máxima en 2008. Desde entonces la porción correspondiente a visitantes nacionales se incrementa, aunque de manera moderada.

En este contexto, los logros de Quispicanchi son modestos. El turismo es una expectativa latente al menos desde los años setenta. En ese momento, se habla de la posibilidad de poner en marcha un circuito

Gráfico 8.1
Porcentaje de visitantes nacionales y extranjeros en Cusco (1992-2012)

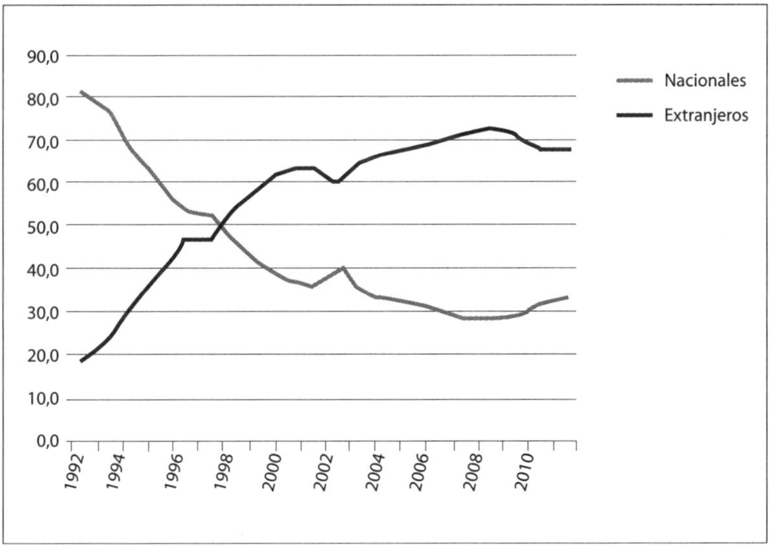

Fuente: Ministerio de Comercio Exterior y Turismo.
Elaboración propia.

turístico que conecta la capital regional con Andahuaylillas.[1] También se realizan esfuerzos para mejorar las artesanías locales.[2] La iglesia de Urcos se restaura y se descubren en ella nuevos murales que hasta entonces había pasado desapercibidos.[3] El factor clave que concita las esperanzas es la mejora de la carretera que atraviesa longitudinalmente la provincia. El auge turístico sería posible "ahora que con el asfaltado, la carretera ofrece enorme facilidad para llegar a los sitios en un tiempo relativamente muy corto".[4] Por primera vez se habilita también una vía de acceso a las ruinas incas de Tipón, gracias al apoyo del Sistema Nacional de Movilizacion Social (Sinamos).[5] Sin embargo, estas expectativas quedan en nada. Durante los años ochenta, con las crisis económica y política Quispicanchi atrae a unos cuantos visitantes procedentes de la capital regional, pero queda completamente al margen del turismo internacional que transforma Cusco.

En la actualidad, los restos arqueológicos de Tipón y Piqllacta son los únicos atractivos turísticos de la provincia que forman parte de las estadísticas oficiales compiladas por el Ministerio de Comercio Exterior y Turismo. Aunque en ambos casos existe un crecimiento notable del número de visitantes, pero muy por debajo del crecimiento de otros atractivos turísticos regionales. En el caso de Piqillacta, los visitantes pasan de 36.157 en 2005 a 38.624 en 2012, mientras que en el mismo periodo Tipón crece de 36.052 a 52.544. Esta cifras quedan muy lejos de los casi 1,2 millones de visitantes anuales que recibe Machu Picchu. Incluso están por debajo de los 96.000 turistas que vistan Raqchi, monumento arqueológico situado en la provincia de Canchis, del que hablaremos

1. *El Comercio* (Cusco), 25 de julio de 1970, "La realidad del circuito turístico Cusco-Andahuaylillas".
2. *El Comercio* (Cusco), 18 de noviembre de 1972, "Andahuaylillas tiene su centro artesanal".
3. *El Comercio* (Cusco), 9 de febrero de 1972, "Encontraron murales en iglesia de Urcos".
4. *El Comercio* (Cusco) 10 de enero de 1972, "Apogeo turístico goza Quispicanchi".
5. *El Comercio* (Cusco), 10 de julio de 1971, "Carretera a ruinas Tipón apadrinará jefe SINAMOS".

más adelante, ya que es un referente permanente para los habitantes de Quispicanchi. Otro dato importante es que se trata en su mayoría de turistas nacionales: 65 por ciento en Piqillacta y 70 por ciento en Tipón. Esta proporción contrasta con el resto de atractivos turísticos cusqueños, donde son amplia mayoría los visitantes foráneos. En Machu Picchu, los extranjeros suman el 76 por ciento, en Choquequirao el 79 por ciento, según los datos de 2013, y en Raqchi alcanzan hasta el 88 por ciento. En el caso de Quispicanchi, se trata además de un turismo de entrada y salida. Según un estudio realizado en 2008 por Ccaijo, menos del 0,1 por ciento de las pernoctaciones turísticas de la región Cusco se realizan en la provincia.[6] Estas tendencias divergentes entre los atractivos turísticos de Quispicanchi y el resto de la región tienden, además, a hacerse más pronunciadas en el tiempo.

Crecimiento limitado, predominio del turismo nacional y pocas pernoctaciones configuran un panorama poco prometedor en términos económicos, que sin embargo no parece haber desanimado a los habitantes de la provincia. El turismo es un tema recurrente en los discursos públicos. Un ejemplo al respecto es la proliferación de "inventarios de recursos turísticos" promovidos por municipalidades, ONG o programas estatales de desarrollo. Estos documentos registran y sistematizan la información referida a ruinas prehispánicas, antiguas haciendas, iglesias coloniales y paisajes. Incluso las tradiciones y el patrimonio inmaterial de cada localidad son objeto de interés. Se trata, por lo general, de textos bienintencionados, caracterizados por una mezcla de voluntarismo y lenguaje empresarial turístico. El inventario más completo, realizado en 2010 por la Gerencia de Planeamiento, Presupuesto y Acondicionamiento Territorial del Gobierno Regional de Cusco, incluye 83 atractivos turísticos quispicanchinos divididos en cuatro categorías: manifestaciones culturales (68 por ciento), sitios naturales (22 por ciento), folclor (5 por ciento) y realizaciones técnico-científicas (5 por ciento).[7] Los distritos más representados en esta lista son Andahuaylillas y Ocongate (13

6. Ccaijo 2008.

7. Olivera Loayza et ál. 2010.

atractivos turísticos en cada caso), seguidos de Oropesa (11), Quiquijana (9), Marcaparta (8), Huaro y Lucre (6), Cusipata (5), Ccatcca (4), Ccarhuayo y Urcos (3) y Camanti (2). Los monumentos seleccionados incluyen manifestaciones prehispánicas (37), coloniales (17) y republicanas (2). Sin embargo, de esta serie de 83 atractivos turísticos potenciales solo 3 son calificados como "atractivos con rasgos excepcionales": el templo de San Pedro de Andahuaylillas y los parques arqueológicos de Piqillacta y Tipón. El resto de dividen entre atractivos con "rasgos llamativos" (26) y atractivos con "cualidades limitadas" (53).

Estos datos relativamente poco optimistas contrastan con las percepciones y expectativas de los habitantes de la provincia. Como en tantas zonas rurales de Perú, en Quispicanchi el turismo canaliza los sueños locales de un rápido desarrollo económico. En la encuesta aplicada en 2010 a los habitantes de Oropesa y Ocongate, los porcentajes de apoyo al turismo son muy altos. El 73 por ciento de los entrevistados en Ocongate y el 80 por ciento en Oropesa señalan que esta actividad sería buena o muy buena para sus comunidades. Por el contrario, menos del 1 por ciento piensa que sería mala o muy mala. Preguntados de manera más directa sobre el impacto que tendría en sus economías personales, el 59 por ciento de los ocongatinos y el 68 por ciento de los oropesinos eran optimistas. Los siguientes gráficos muestran estos resultados en detalle.

Al profundizar en esta opinión, encontramos que el turismo es valorado sobre todo porque "permite oportunidades de trabajo para la gente como yo". También se valora la inversión que genera por parte del Estado, el aumento del número de negocios y, en menor medida, la mejora de las infraestructuras. Estos datos muestran que el turismo se vincula sobre todo con consideraciones económicas. El posible incremento del conocimiento de su historia por parte de los pobladores locales es menos valorado. Entre los elementos negativos, destaca la idea de que el turismo "solo favorece a unos pocos", que está muy consolidada sobre todo en Ocongate. El riesgo de otros potenciales efectos negativos apenas es tenido en cuenta, tal como muestra el cuadro 8.1.

Gráfico 8.2
Situación presente-general

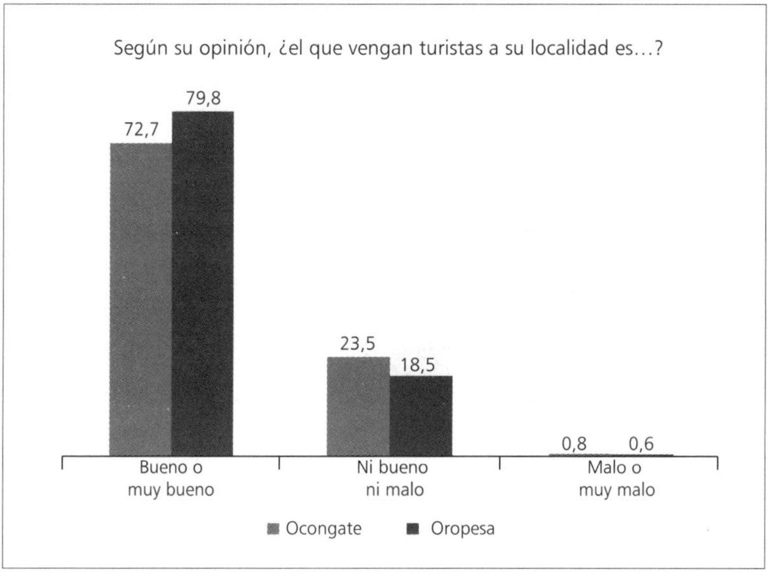

Fuente: Encuesta IEP.

Gráfico 8.3
Situación presente-personal

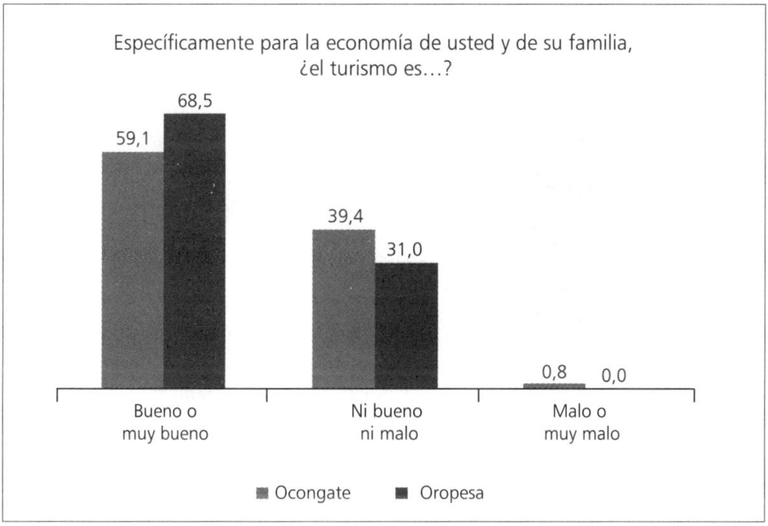

Fuente: Encuesta IEP.

Gráfico 8.4
Situación futura-general

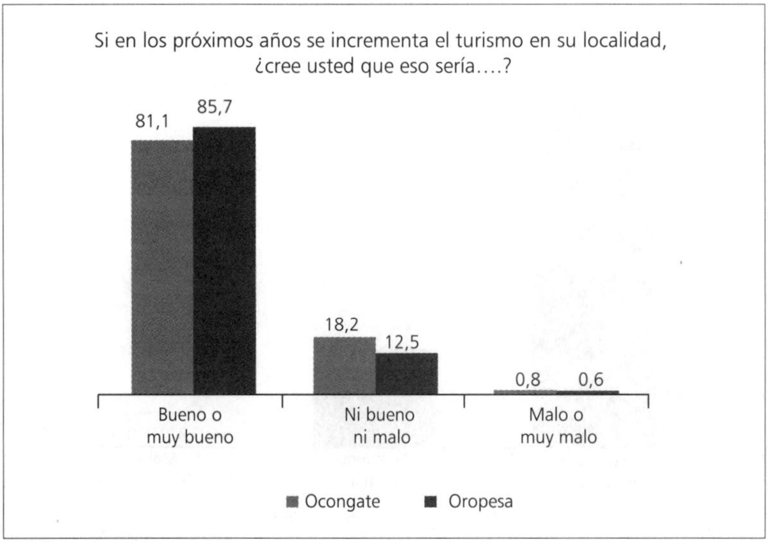

Fuente: Encuesta IEP.

Gráfico 8.5
Situación futura-personal

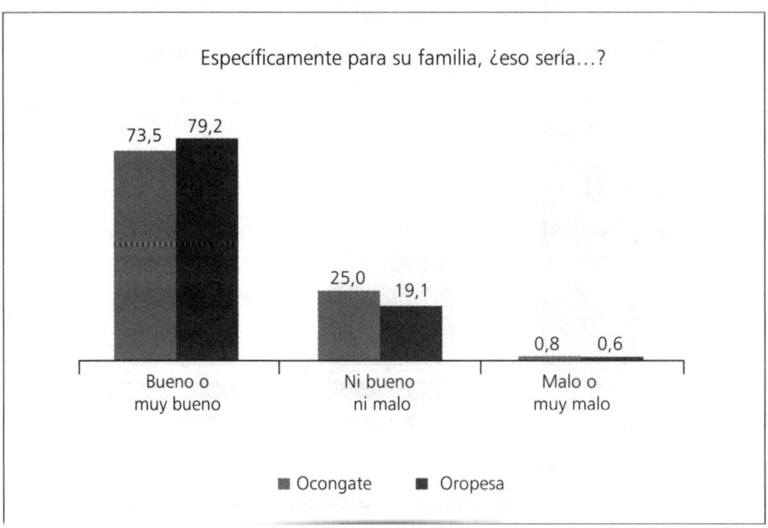

Fuente: Encuesta IEP.

Cuadro 8.1
Percepción sobre los efectos del turismo

En una escala de 1 a 7, en la que uno es completamente en desacuerdo y siete completamente de acuerdo, ¿en qué medida está usted de acuerdo con las siguientes expresiones?
Promedios

	Ocongate	Oropesa
Elementos positivos del turismo		
El turismo permite más inversión del Estado.	4,87	5,07
El turismo permite más oportunidades de trabajo para la gente como yo.	4,92	5,38
Gracias al turismo ha mejorado la infraestructura en mi localidad.	4,03	4,74
Gracias al turismo ha aumentado el número de negocios que hay en mi localidad.	4,47	5,07
Gracias al turismo la gente de mi localidad conoce mejor su historia.	4,14	4,48
Elementos negativos del turismo		
El turismo hace que se deterioren los monumentos de mi localidad.	2,22	2,46
El turismo hace que aumente la delincuencia en mi localidad.	2,31	2,42
El turismo hace que la gente de mi localidad pierda su identidad.	2,60	2,60
El turismo ha aumentado los conflictos sociales entre los habitantes de mi localidad.	2,50	2,43
El turismo solo favorece a unos pocos.	4,99	4,34

Fuente: Encuesta IEP 2010.

Los datos de esta encuesta muestran la predisposición positiva de la población quispicanchina a integrarse en los circuitos del turismo cusqueño. En las entrevistas con actores del territorio, este es un tema recurrente. Alcaldes y trabajadores municipales consideran el turismo como un factor clave para activar la economía local. El impacto sería tanto directo (favoreciendo negocios de artesanía o turismo comunitario) como indirecto (mejorando el precio de los productos agropecuarios gracias al incremento de la demanda). El turismo también permitiría afianzar la identidad local, consolidando las nuevas narrativas de identidad colectiva puestas en marcha en los últimos años. “Los turistas pueden cambiar

Quispicanchi", afirma el alcalde de Andahuaylillas, Vicente Salas, en una entrevista realizada en enero de 2009.[8] "Es una forma de que la gente del pueblo no se vaya, de que se queden aquí". "Sin el turismo, Andahuaylillas sería un pueblo desierto".

Una expectativa similar tienen los integrantes de la gerencia de desarrollo económico de Ccatcca. Este distrito, situado entre Ocongate y Urcos, atraviesa en desde finales de los noventa un periodo complicado. Sus recursos económicos son limitados y la economía no logra despegar como en otras zonas de la provincia. Las tierras de cultivos son limitadas, ya que el valle es estrecho y apenas existen fuentes de agua. Solo unas pocas comunidades logran sumarse al dinamismo ganadero de los distritos vecinos. En el plano político, existe una fuerte rivalidad entre la capital distrital y el centro poblado de Kcauri, demográfica y económicamente más importante, cuyas desavenencias bloquean la acción de los alcaldes, que constantemente deben enfrentar cuestionamientos.

Con esta acumulación de problemas, los ccatcceños miran con envidia a sus vecinos de Ocongate, localidad que considera afortunada en cuanto a dotación de recursos naturales y mucho más activa desde el punto de vista económico y político. Para revertir este estancamiento, la municipalidad apuesta por poner en valor el prestigio del distrito, asociado como vimos en el capítulo pasado a la tradición mágico-religiosa andina. En 1995, se aprueba la denominación oficial de "capital de la religiosidad andina", lema que en los últimos años se torna omnipresente, tanto en los documentos oficiales como en los discursos de las autoridades. En paralelo, se pone en marcha una subgerencia de turismo, con el fin de atraer visitantes a la localidad. En una entrevista realizada en abril de 2009, Rubén Castillo, subgerente de desarrollo económico, señala que el objetivo es "convertir Ccatcca en un destino para visitantes nacionales y extranjeros, interesados en conocer nuestra religión andina de manera genuina".[9]

---

8. Entrevista a Vicente Salas, alcalde de Andahuaylillas, enero de 2009 (realizada por el autor y Carmen Ponce).
9. Entrevista a Rubén Castillo, subgerente de desarrollo económico de la municipalidad distrital de Ccatcca, Ccatcca, abril de 2009 (realizada por el autor y Ludwig Huber).

Con el apoyo del Instituto Nacional de Cultura, la municipalidad comienza en 2007 a restaurar el templo de San Juan Bautista, construido originalmente en el siglo XVI, que preside la Plaza de Armas. Se trata de una obra interminable, que se prologa por varios años. Apoya también la creación de una asociación de productores de hierbas medicinales e incluso la apertura de una tienda para vender estos productos, junto a la Carretera Interoceánica. Otra iniciativa consiste en habilitar el acceso a la laguna de Ccatccapampa, así como el camino que conduce al llamado Centro Artesanal de Atapata, especializado en trajes típicos de las comunidades de Quispicanchi y Calca. "Cada comunidad, cada sector, cada fiesta tiene su vestimenta", indica Castillo. Los pobladores de Atapata elaboran estos productos a partir de lana que compran al por mayor en Juliaca y Huancayo. Posteriormente los venden a tiendas especializadas en Cusco y Urcos, o bien en las ferias semanales y las tabladas de la provincia. El colorido y la diversidad de las piezas hacen que el centro artesanal haya sido considerado por el gobierno regional como uno de los potenciales atractivos turísticos de Quispicanchi.[10] "Lo que queremos es que el visitante venga, vea y compre, y también tener un museo en la comunidad", explica Castillo. El distrito cuenta además con los restos arqueológicos de Saywa y con el impresionante apu Aqjanacuy, situado en la frontera con Huancarani. Esta amalgama, según el subgerente, proporcionaría al visitante "una experiencia andina auténtica, diferente de Cusco y el Valle Sagrado, donde el turismo lo ha cambiado todo".

Buscando un nicho

Estos discursos que ven el turismo como la gran esperanza para el desarrollo local se encuentran muy extendidos a escala nacional. Es posible encontrarlos no solo en Cusco, sino en prácticamente todas las regiones del país, formando parte de un sentido común muy afianzado. En buena cuenta esto se debe a que efectivamente existen motivos para el optimismo. El número de turistas que visitan Perú se incrementa de

10. Olivera Loayza et ál. 2010.

manera muy notable desde finales de los noventa, posicionando al país como uno de los destinos emergentes de América Latina. Cusco es en este contexto la región más favorecida. Casi totalidad de los visitantes extranjeros que llegan a Perú visitan a Machu Picchu y la antigua capital imperial inca.[11] Pese a los intentos del gobierno peruano de descentralizar el turismo internacional, poniendo en marcha nuevos circuitos en otras regiones del país, Cusco sigue teniendo un papel casi hegemónico en los imaginarios turísticos internacionales.[12] Los efectos de esta avalancha son tanto positivos como negativos.[13] Las mejoras en la habilitación urbana y el incremento del dinamismo económico se mezclan con cambios en las propias dinámicas urbanas de la capital regional. El centro histórico prácticamente se convierte en un parque temático turístico, lo que suscita reacciones encontradas en la población local, que aprecia la nueva fuente de ingresos, pero también siente nostalgia ante lo que considera una pérdida de control de los espacios emblemáticos de su ciudad.[14] El turismo impulsa también la expansión del estilo neoínca, analizado en los capítulos anteriores, así como el surgimiento de nuevos discursos de identidad local, en los que interactúan las expectativas de los turistas junto con las agendas, los anhelos y las ansiedades de la población cusqueña.[15]

La aspiración de convertir Quispicanchi en parte de esta dinámica turística cusqueña se apoya en la existencia de referentes de éxito muy importantes. Los casos más citados son las comunidades de Taquile y Raqchi. En ambos casos, se trata de comunidades rurales que logran posicionarse a partir de modelos de turismo alternativos, lo que les

11. Figueroa Pinedo 2013. La autora señala que el 98 por ciento de los visitantes extranjeros que llegan a la región visitan Machu Picchu.

12. Un análisis sobre el peso de Cusco en las visitas realizadas por turistas internacionales a Perú en Asensio (en prensa).

13. El turismo habría generado en Cusco un tipo de crecimiento económico más favorable en comparación con otras ciudades peruanas. Al respecto, Steel 2013: 237-249.

14. Chion 2009: 115-150.

15. Roberts 2005 y Lawhon y Chion 2012: 539–553.

permite atraer a una parte de los visitantes que acuden a Cusco. Taquile es una comunidad del lago Titicaca que desde finales de los años setenta desarrolla un modelo de turismo comunitario pionero en Perú.[16] El punto clave es el control de los desplazamientos hacia la isla, que permite regular el flujo de visitantes y controlar su tiempo de estancia. Los turistas son alojados en las viviendas de las familias locales y participan en distintas actividades, dentro de un esquema de turismo vivencial que explota la idea de una comunidad indígena auténtica. Durante casi tres décadas, este esquema permite a Taquile convertirse en un referente de turismo comunitario (es decir, controlado por la comunidad) reconocido a escala nacional e internacional. El modelo es imitado por otras islas de lago, aunque con resultados más limitados.[17] Raqchi comparte algunas de estas características, aunque tiene diferencias importantes.[18] El éxito en este caso se basa en la estratégica situación de la localidad, junto a la carretera, a mitad de camino entre Cusco y el lago Titicaca. El atractivo central es el llamado Palacio de Viracocha, un conjunto de ruinas incaicas de gran espectacularidad, unido a la oferta de turismo vivencial ofrecida por la comunidad.

Estas dos experiencias son muy conocidas en todo el Perú. En Quispicanchi, son un referente para quienes trabajan en la promoción del turismo rural. Ambos casos son vistos como modelos de turismo "alternativo", que favorecería a las comunidades. Lo que se pretende es poner en marcha experiencias que apunten a nichos concretos de este mercado global: atraer, como en los casos de Raqchi y Taquile, a una parte de los turistas que llegan a la región para que, después de ir a Machu Picchu, visiten Quispicanchi como complemento de su viaje. Sobre el terreno, sin embargo, estas ilusiones son muy difíciles de cumplir. Los obstáculos

16. Algunos estudios recientes sobre este caso emblemático son: Ypej y Zorn 2007: 119-128, Zorn y Farthing 2006: 61-84 y Zorn y Farthing 2007: 673-689.

17. Dos casos son las islas de Amantaní y Wiñaymarca. Al respecto, Gascón 2005 y Millán 2003.

18. Dos recientes revisiones críticas de ese caso son: Sillar 2013: 27-51 y Pérez Galán 2008.

tienen que ver tanto con la concepción de las iniciativas como con su implementación. Son varios los factores a considerar.

Un primer problema que diferencia las experiencias quispicanchinas de los modelos ideales de turismo comunitario se refiere a los actores que participan en las mismas. En Quispicanchi, encontramos dos tipos de iniciativas: proyectos promovidos por ONG o por actores privados, concentrados en turismo vivencial o las caminatas de montaña, e iniciativas pensadas para aprovechar el "turismo de paso" de los viajeros que hacen el recorrido entre Puno y Cusco. En ambos casos, predominan experiencias promovidas por actores externos a las comunidades. La iniciativa corresponde a empresarios privados, que se asocian con comunidades o municipalidades para desarrollar sus emprendimientos a cambio de la promesa de compartir una parte de los beneficios. Otras veces son ONG o programas de desarrollo rural. Los acuerdos de cooperación pueden suponer ventajas importantes para las comunidades, pero por el momento no existe ningún caso que permita hablar con propiedad de turismo comunitario al estilo de Raqchi y Taquile. Los pobladores rurales no tienen capacidad para regular los flujos que llegan a sus comunidades o para establecer sus propias políticas de alojamiento y reparto de los beneficios, y su participación suele centrarse en la provisión de bienes o servicios para los turistas de acuerdo con los promotores de las iniciativas: alquiler de animales para las cabalgatas, alimentación, venta de artesanías, servicios de guías locales, etc.

Esta falta de participación directa de la población se agrava por el escaso impacto de las iniciativas municipales. Su aporte suele centrarse en la elaboración de los inventarios antes mencionados, en la organización de eventos y ferias "turísticas" que permiten a los pobladores locales vender sus productos o en la construcción de algunas obras de infraestructura. Sin embargo, como vimos en los capítulos anteriores, salvo la peregrinación al santuario de Qoyllorit'i, las fiestas quispicanchinas tienen una repercusión limitada fuera de la provincia. El caso de Ccatcca es emblemático al respecto. Se trata de uno de los distritos que desde finales de los años noventa apuesta con mayor énfasis por las fiestas tradicionales recreadas. La oferta incluye, entre otras celebraciones, el Chaka Chutay y el Pachamama Raymi. El primero se celebra en el mes de junio y el segundo, a finales de julio. Tras su éxito inicial, ambas celebraciones son rápidamente apropiadas por las comunidades y por los habitantes de la cabecera distrital, que las convierten en sus fiestas principales. En contrapartida, apenas logran atraer visitantes de otras partes de la provincia y mucho menos turistas extranjeros. "No elegimos bien el día", se lamenta el subgerente regional. "Es en junio, al mismo tiempo que el Inti Raymi de Cusco. No viene nadie". Tampoco consigue consolidarse la tienda de hierbas medicinales impulsada por la municipalidad. Los integrantes de la asociación prefieren dedicarse a otras actividades más lucrativas antes que esperar en la tienda a los pocos turistas que se acercan a la localidad. Una parte de ellos retoma sus labores previas y otros comienzan a trabajar en las obras de la Interoceánica. La posibilidad de obtener ingresos rápidos y seguros resulta demasiado atractiva frente a un negocio turístico de futuro incierto.

La única actividad turística relativamente próspera del distrito es el mirador de Cuyuni, construido en 2008 por la empresa Odebrecht, como parte de su compromiso de responsabilidad social. Esta iniciativa está gestionada por la comunidad del mismo nombre, e incluye un restaurante y una tienda de venta de artesanía. El mirador se sitúa junto a la Carretera Interoceánica, lo que permite que se haya convertido en un punto de parada de muchos de los turistas que hacen la ruta hacia la selva. No obstante, se trata de un caso aislado en Ccatcca. En Ocongate, la situación es algo más propicia. Existe un mayor número de iniciativas turísticas, vinculadas sobre todo con nichos específicos de mercado: aventura, caminatas, montañismo o turismo místico y religioso. El escenario suelen ser las comunidades de la cordillera del Ausangate, incluyendo algunas aldeas q'ero. Varias de estas iniciativas son muy publicitadas y tienen un gran reconocimiento a escala nacional. Son, sin embargo, esfuerzos promovidos por actores privados. Los pobladores locales participan en ellos de manera subordinada, bajo el control de expertos o técnicos provenientes de fuera de la provincia y muchas veces incluso de fuera de la región. Las experiencias de turismo controladas por las propias comunidades son muy incipientes. Las únicas excepciones en el periodo comprendido en este libro son las comunidades de Lahua Lahua y Tinke. Esta última cuenta con apoyo del programa Turismo

Rural Comunitario del Ministerio de Comercio Exterior y Turismo y de la propia Odebrecht, aunque los beneficios son aun inciertos.[19]

Las experiencias turísticas no siempre obtienen los resultados esperados. Los problemas derivados del reparto de los beneficios se cruzan con las tensiones propias de las comunidades y en los últimos años también con las divisiones religiosas. Mientras algunos pobladores depositan sus esperanzas en esta actividad, otros consideran que se trata de una doble amenaza: contra los cimientos de su nueva fe evangélica y contra su propia seguridad, al propiciar la llegada de visitantes y operadores turísticos que a medio plazo pueden disputar a la comunidad el control del territorio y sus recursos.[20] Su referente en este sentido es la creciente ocupación de tierras por extranjeros en Urubamba y otras localidades del Valle Sagrado, un proceso que en Quispicanchi se evalúa de manera ambigua. Se envidia el alto valor que la tierra tiene en esa zona de Cusco, pero se teme el incipiente despojo que sufren los pobladores locales, a quienes se califica de "metalizados", término importado de Cusco para definir a los campesinos que únicamente se moverían por dinero, habiendo perdido sus valores tradicionales de solidaridad y búsqueda del bienestar común.[21]

Según el subgerente Castillo, el principal problema de las incipientes y escasas iniciativas turísticas emprendidas por las comunidades de Ccatcca es su dificultad para conectarse con los operadores turísticos de la capital regional. En la práctica, este es probablemente el punto central

19. Zutter 2010.

20. Una muestra de esta tensión, aunque fuera del marco temporal de este estudio, es el linchamiento sufrido en enero de 2013 por tres turistas norteamericanos que viajaban por su cuenta en una camioneta por parte de pobladores de la comunidad de Pallca, en el distrito de Ocongate. Los comuneros alegaron que temían que los turistas fueran abigeos, ya que se habían negado a mostrar sus documentos El trasfondo del incidente nunca llega a quedar claro, aunque parece relacionarse con divisiones internas de la comunidad, que habrían llevado a situaciones enfrentadas respecto a la conveniencia o no de dejar pasar turistas por su territorio. Un relato de incidente, aunque sin ninguna interpretación, en "Cusco: turismo y desventura", *Caretas*, 24 de enero de 2013, pp. 29-31.

21. Sobre este concepto: Maxwell 2007: 85-103.

que determina el éxito o el fracaso de la mayor parte de las iniciativas turísticas realizadas en las provincias del interior de Cusco. El mercado turístico cusqueño está condicionado por las malas comunicaciones y la limitada información que manejan la mayor parte de los turistas. Los visitantes internacionales casi siempre llegan a Cusco con paquetes contratados previamente en sus países de origen. Otra alternativa consiste en adquirir estos servicios en alguna de las decenas de agencias turísticas que copan con sus anuncios y volantes las principales calles del centro histórico de la capital regional. Por el contrario, apenas se aventuran a viajar por el interior de la región por su propia cuenta. El transporte público interprovincial es caótico y azaroso para quien no conoce su dinámica. Los turistas nacionales son algo más osados, pero no demasiado. Sus destinos son casi siempre los mismos: Písac, Ollantaytambo, Urubamba, Maras, etc. Son muy pocos quienes se animan a viajar a Quispicanchi y otras provincias del sur de Cusco. Esta falta de autonomía de los turistas permite que los operadores turísticos tengan un gran poder para canalizar a los visitantes hacia una u otra comunidad. Si una determinada municipalidad o comunidad está interesada en atraer visitantes, debe llegar a acuerdos con estos operadores. Este "amarre" es una queja muy reiterada en Quispicanchi. La mayor parte de los entrevistados resaltan que es imprescindible "conocer el mercado" y "tener contactos", eufemismos que por lo general implican negociaciones muy duras con los operadores turísticos. La competencia se agudiza por el gran número de comunidades que en los últimos años impulsan iniciativas de turismo vivencial en prácticamente todas las provincias de la región. La oferta de cada una de ellas suele ser similar, basada en una combinación de naturaleza, vestigios prehispánicos más o menos espectaculares y autenticidad andina. Esto hace que sea muy difícil destacar en un mercado tan competitivo y pautado como el turismo cusqueño. Para el visitante extranjero, o incluso para el nacional, las ofertas son demasiado similares, por lo que terminan delegando en los operadores la organización de sus excursiones.

Castillo ratifica esta visión: "No conocemos a nadie en Cusco, ningún operador tiene Ccatcca en sus tours". Las críticas se extienden también a los guías turísticos, otro de los colectivos clave en la dinámica del turismo cusqueño. Estos guías trabajan para los operadores, y son casi siempre jóvenes procedentes de Cusco que han estudiado en alguna de las muchas escuelas de turismo que imparten lecciones en la capital regional. Como colectivo, tienen una gran presencia pública y un fuerte sentido de identidad profesional. Según Bosman, en 2006 existían 2500 guías registrados en las tres asociaciones oficiales de la ciudad: la Asociación de Guías Oficiales de Turismo (Agotur), el Colegio de Licenciados en Turismo (Colitur) y la Asociación de Profesionales Guías Asociados de Turismo (Progatur).[22] Los guías tienen una fuerte presencia pública y son un actor central en los debates sobre el modelo turístico cusqueño. Su objetivo, según señalan, sería asegurar que "la profesión guidística [sic] sea desempeñada [...] con profesionalismo, ética, garantía y calidad de servicio que satisfaga las expectativas de nuestros visitantes". Sin embrago, en la práctica, su labor se enfoca sobre todo en asegurar su nicho de trabajo. Bosman calcula que el 67 por ciento de los turistas que llega a Cusco contrata un guía al menos una vez durante su estancia. Son muy frecuentes las quejas, por ejemplo, contra los guías locales, jóvenes pobladores de las propias comunidades que tratan de ejercer por su cuenta el oficio de guía sin haber pasado por escuelas oficiales.[23] La presencia de estos guías locales es apreciada por los turistas porque aportan un sentido local a su experiencia, al incorporar detalles que no siempre son conocidos por los guías oficiales cusqueños. Son también un recurso apreciado por las ONG y los proyectos de desarrollo, que los consideran una alternativa para que una parte de los beneficios redunde en las poblaciones locales. Sin embargo, los guías profesionales consideran que se trata de una competencia desleal. Desde su punto de vista, los guías locales prestan un servicio de baja calidad y contribuyen a "malograr" el mercado, al cobrar precios muy bajos. Los guías locales estarían poco preparados y serían incapaces de ofrecer un servicio "a la altura de lo que Cusco merece". En contrapartida, los habitantes de Quispicanchi acusan a los guías cusqueños de mediatizar su relación con los turistas

---

22. Bosman 2007: 199-218.

23. Una caracterización de los guías locales en el caso de Raqchi en McGrath 2004: 426-432.

para obtener beneficios personales. Son frecuentes las historias de guías oficiales que solicitan "propinas" a los comuneros para orientar a los turistas hacia una localidad o, dentro de la comunidad, alojarlos en una vivienda determinada.

En 2010, esta tensión estalla ante el intento del gobierno nacional de reformar la ley de turismo, para incluir la figura del guía local no letrado. Según la norma entonces vigente, aprobada en 2005, únicamente podían prestar servicios de guiado aquellos profesionales que estuvieran inscritos en el registro oficial del gobierno regional. Se establecía además la obligación de tener "formación profesional como guía y título profesional a nombre de la nación".[24] En la práctica, estos requisitos suponían dejar fuera del negocio a los guías locales. La modificación propuesta contemplaba la posibilidad de que estos guías locales pudieran prestar servicios en sus comunidades en determinadas condiciones. El objetivo era promover un mejor reparto de los beneficios, evitando que las ganancias del negocio turístico se concentrasen en las agencias y los intermedios urbanos. Por el contrario, el argumento utilizado por los guías cusqueños para defender su monopolio apela a la calidad del servicio y al "derecho" del turista a contar con una atención "de nivel internacional" durante sus recorridos turísticos en Cusco. Durante varios días, los guías profesionales toman el centro de la ciudad, realizan manifestaciones y demostraciones por las principales calles y la Plaza de Armas, al tiempo que reparten afiches y manifiestos en diferente idiomas, apelando a la solidaridad de los turistas. En el punto culminante de su protesta, incluso impiden el paso de vehículos al aeropuerto. Su defensa del "profesionalismo" es vista con buenos ojos por las autoridades cusqueñas, que se suman a sus demandas, hasta que finalmente la reforma legal queda aparcada.

Turistas al paso

"Saber moverse en Cusco", señala Magdalena Mateos, especialista de Ccaijo, "es decisivo para lograr el éxito de una iniciativa de turismo

---

24. Ley n.° 28529, Ley de Guía de Turismo, dada el 29 de abril de 2005.

local". "Son los cusqueños quienes llevan a los turistas a un sitio u otro", insiste. "Por muy buen trabajo que se haga desde el lado de la comunidad, no sirve para nada si no logras la atención de los operadores de Cusco".[25] En el momento de la entrevista, Mateos está a cargo de un proyecto de promoción del turismo en la localidad que probablemente más ha avanzado en este camino en Quispicanchi: Andahuaylillas. Su trabajo es parte de un esfuerzo más amplio por crear en esta parte de Quispicanchi una ruta turística con un perfil propio, capaz de atraer turistas nacionales e internacionales durante todo el año: el denominado "circuito del barroco andino". Esta iniciativa es la más ambiciosa desarrollada en la provincia y la única en el periodo analizado que se propone superar la lógica del turismo de nicho. El punto fuerte es la restauración y puesta en valor de las iglesias de San Pedro de Andahuaylillas y San Juan Bautista de Huaro, consideradas entre las más destacadas del barroco andino peruano. Destacan sobre todo las pinturas murales, que ocupan prácticamente la totalidad de las paredes de ambas iglesias. Las escenas muestran episodios y alegorías religiosas, entre los que sobresalen los temas vinculados con del relato bíblico de las postrimerías. Las escenas tienen una gran fuerza visual y son parte de una tradición de representación naturalista muy arraigada en la región.[26] El gozo del paraíso contrasta con las muy vividas escenas de torturas ambientadas en el purgatorio y el infierno.

Estas escenas fueron pintadas a finales del siglo XVIII y comienzos del XIX por el pintor mestizo cusqueño Tadeo Escalante. Su trazo extremadamente realista refleja el convulso escenario cusqueño posterior a la revuelta de Túpac Amaru, marcado por la ansiedad, el miedo y el temor al castigo. Algunos autores sugieren incluso que el propio artista habría quedado trastornado por sus vivencias de esos años, lo que explicaría el extraordinario grado de crueldad de algunas representaciones. Ambas iglesias tienen además espectaculares órganos, que también

---

25. Entrevista a Magdalena Mateos, coordinadora en Ccaijo del programa de puesta en valor del patrimonio cultural, financiado por Fondo Contravalor Perú-Francia, abril de 2009 (realizada por el autor).

26. Flores Ochoa, Kuon Arce y Samánez Argumedo 1991: 165-199.

son parte del programa de restauración. En el caso de Andahuaylillas, destaca también el artesonado del techo, de estilo mudéjar, conservado con pocas modificaciones desde la construcción del templo en el siglo XVI. Otro elemento destacado es el baptisterio de piedra adornado con inscripciones en latín, castellano, quechua, aimara y puquina. Este último es uno de los idiomas anteriores a la extensión del imperio inca que se hablaba en el sur de Cusco hasta época de la colonia, pero que en la actualidad ha desaparecido.[27] El proyecto de rehabilitación y puesta en valor se inicia en el año 2004, financiado por el Fondo Contravalor Perú-Francia. Cuenta también con aportes de la World Monument Foundation y otras instituciones internacionales. La parte técnica corre a cargo del Instituto Nacional de Cultura, mientras que Ccaijo colabora en la capacitación de la población en negocios turísticos y educación patrimonial. El objetivo en última instancia es convertir las capillas en fuente de valor para ambas localidades.

Ccaijo es una ONG asentada en Andahuaylillas desde los años setenta. Gracias a su vinculación con la Compañía de Jesús, tiene una relación muy estrecha con la parroquia. Mateos señala que su primer reto al hacerse cargo del programa consiste en convencer a las autoridades y los funcionarios municipales de la importancia que podría tener la iglesia para generar un mayor movimiento turístico a escala local. Para lograr este propósito, recurre a una de las estrategias que en los últimos años más se popularizan entre los expertos en desarrollo rural: pasantías que permiten a los pobladores rurales conocer otras realidades para posteriormente implementar cambios en sus localidades. Estos viajes tienen un doble propósito: deben servir como ejemplo y motivación para que los actores asuman nuevos proyectos y al mismo tiempo son espacios de

27. Sobre la extensión de este idioma a comienzos de la colonia y su progresiva extinción, un trabajo reciente es: Domínguez Faura 2014: 181-206. Es interesante notar que las referencias a este idioma son casi inexistentes en los discursos de identidad colectiva quispicanchinos y cusqueños. Una posible razón de este olvido podría encontrarse en su origen altiplánico. El puquina era hablado también en amplias zonas de Puno, lo que avalaría la idea de una conexión muy antigua de esas tierras con Cusco, poniendo en cuestión los discursos de pureza cusqueña analizados en los capítulos anteriores.

intercambio y familiarización entre los propios viajeros, que refuerzan sus lazos a partir de la experiencia compartida. En el caso de Andahuaylillas, los destinos elegidos para estos viajes son, en primer lugar, emplazamientos cercanos. Ccaijo busca convencer a los actores locales de la potencialidad de sus propios recursos turísticos. Entre los atractivos visitados se encuentran las ruinas de Piqillacta, las canteras de Rumicolca y las tejerías de Piñimpampa. "Muchas veces la población desconoce su patrimonio", resalta Mateos para explicar esta elección. "Incluso las autoridades, que uno pensaría otra cosa, no conocen bien la historia de su distrito y lo que significa cada recurso local".

Posteriormente, Ccaijo promueve una visita al valle del Colca, en Arequipa. Este es otro de los lugares emblemáticos del desarrollo turístico peruano de los últimos años. Se trata de un territorio rural que logra posicionarse en el mercado turístico a partir de la conjunción de patrimonio monumental (sobre todo iglesias coloniales restauradas gracias a la cooperación internacional), autenticidad andina (con performances muy cuidadas que incluyen vestimentas y danzas tradicionales, además de un genuino proceso de reinvención de la identidad étnica local), artesanías y un espectacular paisaje natural, incluyendo el famoso Mirador de los Cóndores.[28] Lo interesante, desde el punto de vista de Ccaijo, es que los principales actores de este proceso habrían sido las propias municipalidades distritales, que habrían desarrollado una serie de acciones conjuntas a partir de lo que Mateos denomina "un proyecto territorial propio". El viaje al Colca habría permitido a los alcaldes y funcionarios quispicanchinos comprender lo que significa "desarrollo territorial con identidad cultural". Este enfoque es el que Ccaijo quiere promocionar en Quispicanchi.[29] El desarrollo territorial con identidad cultural implicaría tres elementos: (i) generar en los pobladores locales una conciencia de territorio, evidenciando la existencia de dinámicas y lógicas sociales, políticas y

---

28. Asensio 2008a.

29. Mateos cita de manera explícita como referente al programa Desarrollo Territorial Rural con Identidad Cultural, impulsado por el Centro Latinoamericano para el Desarrollo Rural-Rimisp. Las bases teóricas de este programa se encuentran en Ranaboldo y Schejtmann 2008.

económicas que superan los ámbitos distritales; (ii) vincular esta noción de territorio con una identidad colectiva, asociada a la historia y la cultura locales; y (iii) desarrollar acciones conjuntas que permitan poner en valor esta identidad colectiva y abran nuevas oportunidades para el empoderamiento y la mejora del nivel de vida de los pobladores locales.

Partiendo de estas premisas, el Colca es visto como un ejemplo de "cómo se pueden articular un circuito turístico, de tal manera que resulte rentable para las municipalidades y para los habitantes del territorio". Durante la pasantía, una de las visitas centrales tiene como objetivo la municipalidad de Sibayo, "que es donde más se ha avanzado en estos temas". Mateos considera que Sibayo es un modelo de recuperación, puesta en valor y potenciamiento de la identidad local. También son importantes las entrevistas con los responsables de la Autoridad Autónoma del Colca (Autocolca), el organismo integrado por el Gobierno Regional de Arequipa y los gobiernos locales del valle que gestiona el turismo y se encarga, entre otras cosas, de cobrar un derecho de entrada a todos los turistas que llegan a la zona. Otro tema de interés son las acciones emprendidas para promocionar las artesanías colqueñas. Mateos resalta el impacto que habría tenido para los alcaldes quispicanchinos conocer de primera mano el detalle de las negociaciones para la construcción de un mercado artesanal en Chivay, un proceso que contrastaría con el "desorden que impera en Andahuaylillas", donde los artesanos "se pelean por el espacio frente a la iglesia".

Para Mateos, una de las claves del éxito del Colca habría sido la capacidad de las autoridades locales y de las instituciones que trabajan en el valle para aprovechar los fondos invertidos por la cooperación internacional. Esto es algo que, pensando en el contexto quispicanchino, observa con envidia. "En Quispicanchi estamos mucho más atrasados", se lamenta. "Parece mentira que teniendo al lado Cusco estemos tan atrasados en temas de turismo, pero es así porque las municipalidades hasta hace pocos años nunca se habían preocupado por estos temas". La acción concertada habría permitido a los actores del Colca desarrollar nuevos productos turísticos e incorporar en los circuitos a comunidades periféricas, apartadas de las principales vías de comunicación. Este sería un ejemplo de "pensamiento territorial". "En lugar de un turismo al paso, el visitante permanece en el territorio, va a diferentes localidades, y al final eso es positivo y trae beneficios para todos", señala Mateos. "Eso es lo que nos faltaría hacer en Quispicanchi".

Pasar del "desarrollo local, distrito a distrito", al desarrollo territorial no es sin embargo una tarea sencilla. Desde el punto de vista de Mateos, implica "un cambio en la manera de pensar de nuestras autoridades: asumir que lo que ocurre en el distrito vecino me importa a mí y que lo que yo hago en mi distrito les importa a ellos". Un ejemplo de la preeminencia de la lógica local sobre la lógica territorial serían los problemas relacionados con Piñimpampa. Esta localidad, situada entre Oropesa y Andahuaylillas, es famosa por la elaboración de tejas, que posteriormente se venden en Cusco y otras localidades cercanas. Se trata de una actividad artesanal que aprovecha el asentamiento de Piñimpampa sobre un terreno inundable. La producción de la teja es un negocio rentable, pero supone una gran contaminación ambiental debido a la pobreza de la tecnología empleada. Todas las mañanas, amplias zonas del valle del Huatanay amanecen cubiertas de una espesa humareda proveniente de las decenas de tejerías artesanales de Piñimpamapa. Esta humareda "espanta a los turistas". Existe además el riesgo de que el crecimiento de los negocios implique el deterioro de zonas patrimoniales. Por esta razón, el esfuerzo de sensibilización de Ccaijo incluye también talleres participativos con la propia población de Andahuaylillas y de otros distritos cercanos. El objetivo es concientizar a la población sobre la importancia de su acerbo patrimonial "para que conozcan y presionen a sus autoridades". Solo cuando la población "sea consciente del impacto que estos problemas tienen para todos se podría solucionar el tema de Piñimpampa".

El posicionamiento turístico de Andahuaylillas y Huaro incluye también actividades con periodistas nacionales especializados en temas culturales. Desde 2008, comienzan a celebrarse en la capilla conciertos de música barroca andina, con invitados de los principales medios de comunicación.[30] En paralelo, Ccaijo capacita a los pobladores para que

30. Ricardo Ochoa, "Andahuaylillas. Cusco también es barroco", *La República*, 6 de noviembre de 2008.

desarrollen pequeños emprendimientos que les permitan aprovechar la visita de los turistas que llegan Andahuaylillas y Huaro para admirar las iglesias restauradas. En este objetivo colaboran las municipalidades y otras instituciones con experiencia en la zona, como el Centro Guamán Poma de Ayala. Sin embargo, los resultados no están a la altura de las expectativas, al menos en el periodo considerado en este estudio. Incluso en Andahuaylillas la mayor parte de las iniciativas resultan un fracaso. Ni las asociaciones de artesanos ni los negocios gastronómicos logran despegar. Un ejemplo es el caso de Hermelinda Montalvo, presidenta de la Hermandad de la Virgen Dolorosa de Andahuaylillas.[31] Esta asociación, que reúne a 23 socias de la localidad, es una de varias hermandades que existen en Andahuaylillas, un tipo de asociación muy arraigado en esta parte de la provincia de Quispicanchi. Las hermandades tienen un trasfondo religioso y suelen estar vinculadas con las fiestas que marcan el calendario ritual quispicanchino. Su funcionalidad práctica va sin embargo mucho más allá de lo puramente devocional. Las hermandades son también instancias de ayuda recíproca, especialmente en el caso de las mujeres, que les permiten participar como colectivo en los proyectos que se llevan a cabo en sus localidades y contar con un grupo de soporte para sus actividades cotidianas.

Como parte de la hermandad, Hermelinda participa en varias iniciativas impulsadas por Ccaijo y el Centro Guamán Poma de Ayala. Se trata de pequeños proyectos que pretenden incrementar el rendimiento de los negocios locales asociándolos al creciente flujo de turistas que visitan la localidad. Su familia regenta un pequeño restaurante junto a la carretera que atraviesa Andahuaylillas. El objetivo de Hermelinda es convertir este local en una "alternativa para los turistas", que visitan la localidad para admirar la capilla recién restaurada y escuchar los conciertos de música barroca andina. Para adquirir el nivel adecuado, asiste a cursos de gastronomía y atención al cliente, además de participar en redes gastronómicas locales y acudir a ferias y conferencias en Cusco,

31. Entrevista a Hermelinda Montalvo, expresidenta de la Hermandad de la Virgen Dolorosa de Andahuaylillas, abril de 2009 (realizada por el autor y Ludwig Huber).

incluyendo algunas con renombrados maestros cocineros, protagonistas del actual auge gastronómico peruano. Con un dejo de frustración, reconoce no obstante que por el momento casi todos sus clientes siguen siendo transportistas que recorren la ruta entre Puno, Cusco y la selva. "Son ellos —señala— quienes tienen parado el negocio". "Son ellos quienes han salido ganando con todo esto de las capacitaciones. Estamos capacitadas, hemos mejorado nuestros platos, pero los turistas no vienen", insiste mientras adecenta el local en espera de los primeros clientes de la mañana.

El restaurante de Hermelinda es de pequeñas dimensiones: tiene un solo ambiente y tres mesas. El piso es de madera y en la pared destaca un póster de Machu Picchu con la leyenda "Maravilla del mundo". También hay varias figuritas de cerámica en una repisa: un elefante de la suerte, un buda y un Cristo llorando sangre. Completa la ornamentación una imagen de gran tamaño del Señor de los Milagros y un afiche que anuncia una "Gran Campaña Mundial de Ecografías". Los manteles de las mesas son de hule. El día de la entrevista, la oferta se limita a jugos y comidas de menú, que Hermelinda prepara en la cocina de su casa, situada al costado del negocio. Esta es precisamente una de sus principales desilusiones: la falta de oportunidades para poner en práctica lo que ha aprendido en las capacitaciones. Sus clientes son de escasos recursos, lo que le impide aprovechar las nuevas recetas. Incluso los platos que se basan en productos locales son demasiado costosos para sus clientes. "Ellos saben lo que quieren, están acostumbrados", señala. "No quieren que les cambie. Si es un sol más, ya no quieren". "Solo dos o tres veces las he preparado, pero en mi misma casa", se lamenta. "La verdad, la verdad, es que no me sirven para mi negocio".

Pese a estas frustraciones, Hermelinda no decae. Su vitalidad es representativa de un perfil de emprendedor muy frecuente en Quispicanchi. Además de los cursos de gastronomía, participa en capitaciones artesanales y en varios comités de vigilancia, relacionados con el centro educativo y la parroquia. Este activismo le insume gran parte de su tiempo, pero, según señala, es una parte importante de su vida, no solo en el plano económico, sino también en el ámbito social. Las actividades de su hermandad le permiten sentirse parte de la comunidad, y aunque las cosas no siempre salen del todo bien, casi todos los meses consigue completar su presupuesto: "Un sol de aquí, un sol de allí. Mi vida no cambia con los proyectos, ojalá, pero voy saliendo". Su hija Blanca es también parte de esta estrategia familiar de búsqueda de nuevas fuentes de ingresos. Hace poco ha terminado sus estudios de turismo en Cusco y trabaja eventualmente en la municipalidad distrital. Con orgullo señala que formó parte de la delegación andahuaylillina que viajó al Colca. Lo que vio allí le impactó y le dio mucha envidia: "Envidia sana, ellos están mucho más adelantados que nosotros. Tenemos mucho que aprender".[32] En Andahuaylillas, enfatiza, la municipalidad y la población ven el patrimonio como un recurso económico, "no ven todo lo que significa la puesta en valor".

Artesanías y empoderamiento femenino

La restauración de las iglesias de Huaro y Andahuaylillas concluye el año 2012, con una solemne ceremonia de inauguración y un concierto de órgano presidido por el embajador de Francia.[33] Desde ese momento, el número de turistas que se detienen en ambas localidades se incrementa de manera significativa. Sin embargo, pese a los esfuerzos realizados por Ccaijo y otras instituciones locales, se trata de un turismo de entrada y salida, que apenas permea la vida local. Los visitantes llegan en ómnibus contratados en Cusco, temprano en la mañana o a última hora de la tarde. Andahuaylillas y Huaro son lugares de paso en un viaje más largo, que los lleva o trae de regreso desde Raqchi y el lago Titicaca. Apurados por sus guías, los turistas desembarcan en la Plaza de Armas, donde reciben una pequeña charla, y las interacciones con los actores locales son muy limitadas. Pagan la entrada al monumento y visitan la iglesia durante unos quince o veinte minutos antes de volver a sus vehículos y continuar su recorrido. Esta dinámica se traduce en una concentración

32. Entrevista a Blanca Paz, encargada del área de rentas de la municipalidad distrital de Andahuaylillas, abril de 2008 (realizada por el autor y Ludwig Huber).

33. *La República*, "Capilla Sixtina de América vuelve a abrir sus puertas", 1 de noviembre de 2012.

de negocios no ya en la Plaza de Armas, sino únicamente en la esquina donde se encuentra la iglesia. Tiendas de venta de recuerdos, puestos de artesanía e incluso un pequeño museo privado dedicado a la religiosidad andina se agolpan en unos pocos metros cuadrados.

La ocupación intensiva del espacio es decisiva para la rentabilidad de los negocios y es también una fuente constante de problemas debido a que los dueños de la docena de puestos que existen en la actualidad rechazan la apertura de nuevos negocios. Se trata de vendedores de artesanías procedentes de otras localidades que ofrecen productos estandarizados, elaborados en los grandes centros artesanales de la región, sobre todo en Písac,[34] cuya presencia genera tensión y malestar en la localidad. Existen en el distrito otros grupos de artesanos de reciente creación, patrocinados por la municipalidad o por otras instituciones, que reclaman su derecho a acceder a este espacio privilegiado para la venta de sus productos. Las fricciones han derivado en alguna ocasión en escenas de gran tensión, incluyendo insultos y enfrentamientos. Para solucionar el problema, las autoridades municipales han propuesto la construcción de un mercado artesanal en algún punto de la localidad, al estilo de Chivay, pero las gestiones han sido infructuosas. Los vendedores de artesanías de la Plaza de Armas se niegan a perder su espacio privilegiado. Temen, probablemente con razón, que en caso de trasladarse el mercado artesanal quede fuera de los circuitos turísticos y su lugar en la plaza sea ocupado por nuevos puestos informales de venta de artesanías. En la esquina enfrente de la iglesia existe además una tienda que vende las artesanías elaboradoras por un taller privado local. Se trata de productos más sofisticados y de mayor precio, que incluso se exportan al extranjero. En caso de abandonar la Plaza de Armas los artesanos que actualmente la ocupan, es probable que esta tienda se convierta en el principal punto de venta de la localidad.

Estas disputas apuntan a dos elementos clave para comprender el funcionamiento del mercado de artesanías cusqueñas elaboradas para

34. Jane Henrici señala que la producción de artesanías de Písac comenzó en los años sesenta como iniciativa gubernamental. Los primeros ceramistas llegaron a la localidad procedentes de Cusco. Al respecto, Henrici 1999: 161-180.

el turismo: las dificultades para posicionar los productos locales en un mercado copado por centros de producción muy consolidados y la importancia de las redes de comercialización que permiten la venta de productos en lugares estratégicos. Las artesanías son uno de los rubros que en los últimos tiempos tiene mayor crecimiento en la zona sur de Cusco. Son incontables las asociaciones de artesanos impulsadas en las zonas rurales altoandinas por ONG o instituciones del Estado. Proliferan también las empresas privadas que acuden a la mano de obra campesina para elaborar sus productos. El tamaño de estas iniciativas varía desde un núcleo familiar hasta decenas de campesinos en diferentes comunidades, cuyos productos se venden posteriormente en tiendas abiertas al público en la capital regional muchas veces envueltas en discursos de solidaridad, comercio justo o inclusión social.

Los productos de estos emprendimientos varían en calidad y diseño. Sin embargo, hay varios elementos comunes. En casi todos los casos, se trata de productos recientes, pensados para satisfacer la demanda del mercado turístico cusqueño. La artesanía tradicional quispicanchina era un producto rústico, fundamentalmente utilitario. Hasta los años ochenta, se la podía encontrar en las ferias del territorio, pero ahora casi ha desaparecido, sustituida por enseres domésticos de plástico y metal, muchas veces traídos de contrabando desde Bolivia, más baratos, versátiles y duraderos. Son muy pocos los casos en los que se puede hablar de continuidad y trasmisión intergeneracional de saberes aplicados a la artesanía. Lo que encontramos son artesanías "recreadas", basadas en motivos que recuerdan a los tradicionales, basados en la arqueología, la tradición oral y la iconografía locales. Sus promotores suelen ser los agentes de desarrollo, que impulsan esta línea de negocios como parte de su estrategia de diversificación de ingresos de las familias rurales. El objetivo es contar con productos con una "identidad territorial" singular, capaces de insertarse en el competitivo mercado cusqueño a partir de una combinación de calidad, acabado y originalidad. Sin embargo, esta fórmula ideal es difícil de conseguir en la práctica. Por un lado, existe una tensión entre la calidad, el costo y el precio de los productos. Para tener éxito, los productos artesanales deben ser o bien de alta calidad y muy originales (lo que implica un precio muy alto) o bien tener un precio muy bajo para poder competir con la enorme cantidad de productos similares que existen en Cusco.

En el mercado de las artesanías cusqueñas no existe por el momento un nicho intermedio. Las artesanías son de lujo o populares. O bien son productos de "autor", elaborados por reconocidos artesanos, que guardan celosamente su imagen de marca, o bien son cachivaches al por mayor. En el caso de las artesanías turísticas de bajo costo, la producción está controlada por los artesanos de Písac y las comunidades aledañas, que desde hace décadas se especializan en este rubro y tienen redes de distribución muy consolidadas en toda la región, e incluso en otras partes del país. En el caso de las artesanías de lujo, enfocadas en consumidores con alta capacidad de compra, existen artesanos-artistas muy consolidados, con los que también es muy difícil competir. Sus talleres suelen estar en el barrio de San Blas, emblemático de la capital regional. Su presencia permite posicionar la artesanía cusqueña en el mercado nacional, pero sus actividades están completamente desvinculadas del mundo de los productores rurales, que pugnan por apropiarse de las migajas del gran negocio turístico.[35]

Para los artesanos quispicanchinos, esta configuración del mercado supone un dilema de difícil solución. Un producto artesanal enfocado en el nicho de artesanías de calidad implica costos de producción muy altos. Los materiales y los acabados requieren una capacidad técnica y unos recursos financieros que están fuera del alcance de la mayoría de las familias rurales. La producción de artesanías enfocadas en el

35. Fujii señala que esta tradición de artesanías cusqueñas es mucho más reciente de lo que se piensa. La clave del nuevo arte popular cusqueño estaría en dos elementos: el papel del Instituto Americano de Arte en los años treinta y la confluencia en los años sesenta de renombrados artistas en el barrio de San Blas: Mendívil, Mérida y Olave. Cada uno de estos artistas habría desarrollado un estilo personal, que modela la imagen actual del arte popular cusqueño. Mendívil con sus muñecas de cuello largo, Olave con sus niños manuelitos y la cerámica de tipo incaico, Mérida con figurillas de barro de tipo grotesco, con grandes manos y pies, y sus cuadros de personajes heroicos, influidos por el pintor expresionista cusqueño Abel Jiménez. Estos cuatro artesanos estarían a la raíz de la actual industria cusqueña de artesanía de lujo. Al respecto, Fujii 2000: 149-157.

mercado turístico masivo, por su parte, implica jornadas laborales agotadoras y una dedicación intensiva, que puede afectar a otras actividades familiares, ya que el rendimiento por unidad es muy bajo. Por otro lado, en la práctica los diseños de la artesanía quispicanchina casi nunca son demasiado originales. Junto con elementos locales, incluyen referentes comunes andinos o cusqueños. Eso se debe a que, en última instancia, este tipo de diseños "andinos" son los que el turista demanda. Un producto demasiado original corre el riesgo de ser considerado como algo que no es auténtico.

Un problema adicional es la comercialización de los productos. Salvo el caso de Andahuaylillas, las artesanías quispicanchinas "recreadas" se venden casi en su totalidad fuera de la provincia. Su mercado de referencia es Cusco, pero los costos de abrir una tienda en la capital regional son muy altos. El precio de los alquileres en las zonas turísticas del centro urbano resulta imposible para los productores quispicanchinos. Es complicado también acceder al alquiler de puestos en los mercados artesanales capitalinos, ya que estos espacios suelen estar controlados por organizaciones dirigidas por artesanos cusqueños o de otras localidades. El resultado de todo esto es que la inserción de los productores quispicanchinos suele darse en situación subordinada. Lo habitual es que las asociaciones de artesanos promovidas por ONG o programas de desarrollo produzcan artesanías que posteriormente son vendidas a intermediarios urbanos. En otros casos, son los propios pobladores quienes de manera individual o en grupos entran en contacto con vendedores urbanos y se convierten en sus abastecedores. Esta relación suele darse en un contexto de informalidad, con escaso respeto por los derechos laborales de los campesinos implicados. En ocasiones, supone agotadoras jornadas y una fuerte presión hacia los productores, obligados a cumplir con cuotas debido al adelanto de los pagos. Solo en algunos casos excepcionales encontramos emprendedores locales que compran los productos en las comunidades y los venden en los mercados semanales de las capitales distritales o en los propios mercados urbanos cusqueños. En cualquier caso, son muy pocas las veces en que los productores quispicanchinos logran acceder de manera directa al consumidor final.

Las expectativas puestas en la artesanía como fuente de ingresos pocas veces se cumplen en la práctica. Un aspecto significativo es la mayoría de estos emprendimientos suelen estar integrados por mujeres, algo muy destacado en una sociedad en la que los sesgos de género aún son muy importantes. Frente a los cambios positivos ocurridos en los últimos años en los ámbitos de la política, la economía y la cultura, los sistemas de género han mostrado ser mucho más difíciles de cambiar. Las mujeres quispicanchinas, como en gran parte de la sierra peruana, siguen padeciendo problemas de acceso a activos y poca participación en la toma de decisiones en los ámbitos familiar y comunitario.[36] En este contexto, los negocios de artesanía pueden ser una vía de empoderamiento femenino.[37] En 2010, el Instituto de Estudios Peruanos, con apoyo de varias organizaciones locales, elaboró el llamado "Mapa de emprendimientos basados en activos culturales Valle-Sur-Ocongate", con información de varios distritos de la provincia de Quispicanchi y de la zona limítrofe de la provincia de Cusco.[38] El objetivo era dar a conocer negocios que pudieran vincularse con las rutas de turismo alternativas. En total se registraron más de ciento cincuenta emprendimientos de diferentes rubros: ganadería, gastronomía, artesanía, bandas de música, curanderos y grupos de teatro sobre todo. El análisis de estos datos muestra efectivamente un balance de género más equilibrado que en otras áreas de la economía local: el 40 por ciento del total de los negocios analizados estaban dirigidos por mujeres. Esa cantidad aumentaba en el caso de los negocios de artesanía y elaboración de textiles, donde más de la mitad de los casos tenían mujeres a la cabeza.

Estos datos parecen apuntar a que los negocios basados en activos culturales podrían efectivamente ser una vía para el empoderamiento femenino. Artesanía y turismo permitirían a las mujeres rurales quispicanchinas contar con sus propios ingresos, ayudando a socavar los

36. Una revisión general de las tendencias de cambio de las mujeres rurales peruanas en Agüero y Barreto 2012.

37. Henrici 2007: 83-101.

38. Un análisis de los resultados de este mapa en Asensio 2010. Sobre la metodología, Nova 2010.

cimientos de los sistemas de género tradicionales. Sin embargo, un análisis más detallado arroja algunas sombras que matizan este optimismo.[39] Un ejemplo es el caso de la Asociación de Artesanos en Tejido Plano Chask'a P'aqariy de Ocongate. La historia de esta asociación es representativa de muchos de los problemas que enfrentan las asociaciones de artesanía del sur de Cusco: dificultades para encontrar mercado para sus productos, intensa competencia y cargas laborales que pueden llegar a ser extenuantes para sus socios, casi siempre mujeres. Es representativa también de la manera en que los sistemas de género preexistentes condicionan la evolución de los negocios artesanales a medida que se consolida la orientación productiva y el crecimiento económico supone nuevas relaciones con otros actores externos a la comunidad.

El motor de Chask'a P'aqariy son Justino y su esposa Balbina.[40] Antes de dedicarse a la actividad artesanal, Justino era carpintero y Balbina se ocupaba en la venta de productos agrícolas en las ferias y mercados de la región. De ellos es la idea que da pie a Chask'a P'aqariy. Justino, a través de un pariente de Balbina, involucrado en otra asociación de artesanía, entra en contacto en 2005 con el Proyecto Corredor Puno-Cusco, un programa del Estado peruano enfocado en promocionar pequeños negocios en las zonas rurales del sur del país. Su petición es bien recibida, y vecinos y amigos se suman, hasta llegar a los 15 socios requeridos para empezar a recibir capacitaciones. El rubro de negocio son los textiles: monederos, chalinas, pasadores, portacámaras, fundas para celulares y frazadas andinas, todos ellos elaborados con técnicas tradicionales como el tejido a cintura, a cuatro estacas y a telar. El Proyecto Corredor facilita la adquisición de dos telares a nombre de la asociación y el trabajo de un especialista en iconografía permite mejorar el diseño de los productos e incorporar motivos que remiten al pasado incaico de la región. También reciben el apoyo de la municipalidad distrital de Ocongate y de otras ONG locales.

---

39. Esta perspectiva crítica se desarrolla en Frisque 2011.

40. Entrevista a Justino Flores Cusihuallpa, presidente y fundador de la Asociación Chask'a P'aqariy de Ocongate, agosto de 2010 (realizada por Rafael Nova y María Cristina Gutiérrez Cottle).

Pese a este prometedor inicio, los problemas empiezan pronto. Las vías de comercialización de los productos son escasas. Ni Justiniano ni su esposa tienen contactos entre los mayoristas que abastecen a las tiendas artesanales de Cusco, y menos aún los demás socios, todos ellos mujeres, con un manejo limitado del castellano y con dificultades para leer y escribir en este idioma. La asociación tampoco dispone de capital para instalar su propio local de venta. La única salida son las ferias locales y la peregrinación anual al santuario del Señor de Qoyllorit'i. En estos eventos, sin embargo, existe mucha competencia. Solo en Ocongate existen casi treinta asociaciones de naturaleza similar. Los precios son bajos y los compradores escasos. Entrevistado en agosto de 2011, Justino señala que en la última feria agropecuaria, de tres días de duración, solo han podido vender dos chalinas. Tampoco las relaciones dentro de la asociación son buenas. Justino es el único que habla castellano con fluidez. Se encarga de todas las gestiones, tanto para las capacitaciones como para el abastecimiento de insumos y la venta de los productos. Los telares de la asociación son de libre disponibilidad, pero están instalados en su casa. Allí funciona también el taller de carpintería de Justiniano, su ocupación más lucrativa. El número de socios decrece con el fracaso. En la actualidad, solo quedan 5 de las 15 compañeras de viaje iniciales.

Mirada en perspectiva, la experiencia de Chask'a P'aqariy resulta un fracaso. Solo Justino parece haber salido beneficiado, pues las diversas capacitaciones en temas comerciales que ha recibido las aplica ahora con éxito en su negocio de carpintería. Los telares son un atractivo más, que muestra a los clientes que se acercan a comprar a su casa. Además, su papel de líder de la asociación le permite posicionarse en la comunidad: en la actualidad, es vicepresidente de la central de asociaciones de artesanos del distrito de Ocongate y antes fue presidente de su barrio y miembro de varias comisiones ciudadanas de vigilancia. Incluso, algunos candidatos municipales se han acercado a él para proponerle un lugar en sus listas. Para las demás socias, el balance es mucho más ambiguo. Los ingresos obtenidos no cambian significativamente su situación y la mayor parte del tiempo producen con la incertidumbre de la venta de sus productos. Cuando hay un pedido significativo, la presión aumenta, y deben trabajar en los telares desde las ocho de la mañana hasta las cinco de la tarde. Al mismo tiempo, su falta de manejo del castellano y la sobrecarga de obligaciones domésticas les impiden con frecuencia asistir a las capacitaciones. Para ir a las ferias se turnan entre ellas. Aunque Justino es quien negocia, su presencia es bienvenida, ya que con sus coloridas indumentarias tradicionales contribuyen a dar una imagen de mayor autenticidad a sus productos. "Con ellas es mejor —señala Justino—, las personas se acercan y miran. Si estoy yo solo, no viene nadie".[41]

Esta evolución de lo que en principio fue una prometedora iniciativa enfocada en el empoderamiento de las mujeres rurales muestra la importancia de los sistemas de género preexistentes. Tanto el trabajo de hombres y mujeres como el reparto de los beneficios están condicionados por hábitos, creencias y sentidos comunes profundamente arraigados. El resultado es lo que Henrici, refiriéndose al caso de las artesanías de Písac, denomina una "negación colectiva".[42] Los actores locales, imbuidos por la fuerza de su propio discurso, perciben de manera errónea como positivas relaciones sociales que en el fondo son discriminatorias e injustas. No se trata de una imposición o de una explotación directa de las mujeres rurales, sino de algo más sutil. Justiniano no se beneficia directamente del trabajo de sus socias, ya que los ingresos van a parar íntegramente a cada una de ellas. Sin embargo, sí resulta beneficiado indirectamente de su trabajo. Chask'a P'akariy le permite aumentar su competencia práctica, adquirir nuevas habilidades comerciales e incrementar su capital social. Nada de todo esto ocurre con las demás socias. Su pobre manejo del castellano sigue siendo una barrera psicológica que les impide considerarse capaces de valerse por sí mismas en el mundo de las gestiones comerciales y financieras.[43]

---

41. Entrevista a Justino Flores Cusihuallpa, presidente y fundador de la Asociación Chask'a P'aqariy de Ocongate, agosto de 2010 (realizada por Rafael Nova y María Cristina Gutiérrez Cottle).

42. Henrici 2007: 83-101.

43. Es interesante notar que, como vimos en los capítulos pasados, otras actividades, como la ganadería, generan una fuerte conciencia por parte de las autoridades locales acerca de la necesidad de promocionar el uso del quechua como vehículo de negociación, lo que no parece ser así en el caso de las artesanías. Es evidente que aquí se cruzan cuestiones sociales, de raza y de género, circunstancia que podría

Es difícil saber cómo evolucionará esta situación en el futuro. Tanto Ocongate como el conjunto de la provincia de Quispicanchi están cambiando muy rápidamente. En los últimos años, se han producido avances muy sustanciales en temas como el acceso de las mujeres rurales a la educación secundaria. Como en la mayor parte del Perú, el analfabetismo es prácticamente inexistente en las generaciones más jóvenes. La introducción masiva de tecnologías como el teléfono celular contribuye también a redefinir las relaciones sociales y los ámbitos de autonomía de las mujeres rurales, especialmente entre las más jóvenes.[44] La conciencia de derechos es mucho mayor en esta nueva generación en comparación con sus madres y abuelas. Varias de las entrevistas realizadas en el trabajo de campo muestran ejemplos de un real empoderamiento femenino. Historias como las de Hermelinda y su hija Blanca, con su lucha continua y sus éxitos parciales, son cada vez más frecuentes en la sierra peruana. Sin embargo, es cierto también que los sistemas de género siguen imponiendo condicionantes que limitan la capacidad de las mujeres rurales para desarrollar sus propias estrategias de vida. Como ilustra el caso de Chask'a P'aqariy, incluso las experiencias enfocadas de manera explícita en el empoderamiento femenino pueden tener resultados diferentes a los esperados.

---

explicar la paradoja de que son las mujeres quechuahablantes de las comunidades las que con más fuerza se oponen a experiencias de educación bilingüe. Para un hombre, el quechua puede no ser un obstáculo tan insalvable, no solo porque sepan hablar castellano, sino también porque los ámbitos donde se mueven son objeto de políticas de promoción de su uso del quechua. Para una mujer, en cambio, la barrera es más alta.

44. Barreto Ávila, García Abad y Asensio 2013.

Fotografía: Rafael Nova.

Artesanías para venta en el mercado cusqueño.
Asociación artesanal de Ocongate.

9

Trayectorias divergentes

Es día de partido. Se enfrentan el Real Garcilaso de Cusco y el equipo local de Urcos. El estadio está en una ladera, camino del río Vilcanota. Está en juego una plaza para la siguiente etapa de la Copa Perú, el campeonato que enfrenta todos los años a los equipos del interior del país, en busca de un puesto en la primera división nacional. Para prevenir incidentes, el partido se juega a puerta cerrada, pero nadie quiere perderse la principal atracción del fin de semana. Todo Quispicanchi lleva días hablando del partido, haciendo cábalas, discutiendo sobre posibles alineaciones e indagando sobre el estado de forma de los jugadores. La orografía juega a favor de quienes no quieren perderse el espectáculo. Desde la ladera de la colina se puede ver el interior del estadio, y allí se ubican los seguidores de ambos equipos. Unos palos de madera que sobresalen de la estructura de cemento del estadio evidencian que en algún momento debió existir un toldo de plástico o de tela para evitar que los partidos pudieran verse desde afuera sin pagar la correspondiente entrada. Pero ahora el toldo no está. Ha volado o simplemente alguien ha decidido quitarlo teniendo en cuenta la importancia del partido. Para prevenir incidentes, fuera del estadio hay numerosos efectivos de policía, llegados de la capital regional, con uniformes verdes y material antidisturbios. Incluso pueden verse cuatro efectivos a caballo. El Garcilaso viste de azul celeste y el uniforme del equipo local es amarillo y rojo.

Con la viveza típica de la sierra peruana, apenas se inicia el partido, varios jóvenes suben la ladera cargados de cestas y neveras artesanales. Venden chicha, canchita y toccto, la versión andina de la corteza de chancho tostada. En la parte más alta, un grupo de aficionados exhibe globos naranjas para animar al equipo local. En el primer tiempo hay un gol fantasma. Los de Urcos parecen haber anotado, pero la jugada ocurre en el lado contrario a la tribuna improvisada de la ladera. No se puede ver con claridad si la pelota ha entrado o no. Es temporada seca y el césped está quemado. Apenas se ven las rayas de cal que delimitan las áreas y las líneas de fondo. Inicialmente el árbitro se niega a validar el gol. Los jugadores locales lo rodean, protestando y empujando. Su ímpetu arrincona al árbitro en una de las esquinas del campo. Durante diez minutos deliberan y discuten, mientras la tensión sube en las gradas. Algunas piedras comienzan a caer. El público se divide entre quienes reprochan la intimidación y quienes la aplauden. Estos últimos recuerdan los malos tratos que sufren los aficionados quispicanchinos cuando van a Cusco para ver jugar a sus equipos. Al final, el árbitro convalida el gol: lo han convencido o se ha dejado asustar por el ambiente. Ahora son los visitantes quienes lo rodean y tratan de hacerle cambiar de opinión. Pero no hay nada que hacer. El árbitro no quiere volver a rectificar. Los jugadores locales lo defienden hasta que la policía entra al estadio para evitar que la disputa pase a mayores. La anotación sube al marcador y poco a poco los visitantes vuelven a sus posiciones refunfuñando malhumorados mientras el público celebra la anotación.

Ahora el juego es mucho más violento. Es "futbol macho" en su esencia pura.[1] Varias entradas de los jugadores del Garcilaso levantan la indignación del público. El estadio está situado perpendicularmente a la ladera, por lo que no todas las jugadas se pueden ver con claridad.

---

1. En los ambientes futboleros peruanos se denomina "fútbol macho" a la manera en que este deporte se practica en el interior del país. Se trataría de un estilo recio y violento. Malos estadios, viajes interminables, peleas con los rivales y frecuentes agresiones por parte del público darían a la Copa Perú un carácter particular, que a su vez requeriría de un tipo particular de futbolista. Sobra decir que se trata de un concepto con múltiples estereotipos subyacentes, en clave cultural, étnico-racial y de género.

También hay gente en los edificios aledaños. Algunos tienen tres o cuatro pisos y son de reciente construcción, lo que les permite convertirse en palcos improvisados. Poco antes del medio tiempo comienza a llover. El polvo que se levanta anuncia que la tormenta se acerca. Solo los más valientes siguen observando. También nosotros nos vamos, para refugiarnos de la lluvia y continuar nuestras entrevistas. Al día siguiente, nos enteraremos por la prensa de que, tras una primera parte muy disputada, el Garcilaso fue capaz de levantar el resultado y se clasificó con dos goles en el segundo tiempo. El partido siguió siendo muy violento. Dos jugadores del equipo local fueron expulsados y el árbitro tuvo que dar por concluido el encuentro diez minutos antes del final, ante las continuas peleas y la amenaza de invasión del estadio.

Aunque solo es un partido de fútbol, sujeto al azar y a la habilidad de los jugadores, también podemos ver este resultado como una metáfora. En los siguientes años, el Real Garcilaso va a continuar su ascenso hasta llegar a la primera división nacional. En 2013, logra incluso clasificarse para disputar la etapa preliminar de la Copa Libertadores de América. Se une así al Cienciano, el otro equipo cusqueño que juega asiduamente competiciones internacionales. Los equipos de Urcos, por el contrario, continúan deambulando por las etapas locales de la Copa Perú. En ningún momento logran despegar y destacar. Se trata de dos trayectorias divergentes: mientras el equipo de la capital regional crece y se consolida entre la élite nacional, los equipos de la capital provincial se diluyen y son cada vez menos competitivos. La paradoja concluye con una especie de absorción por conquista. Cuando el Garcilaso llega a la primera división nacional, muchos de sus partidos como anfitrión se juegan precisamente en Urcos, considerado su estadio talismán. Se convierte así en el principal referente del fútbol quispicanchino, sustituyendo a los equipos locales.

El fútbol es síntoma de un proceso más amplio: la decadencia de Urcos como eje articulador de la vida política, económica y social de Quispicanchi. La capital es el único distrito de la provincia que pierde población desde los años noventa. Su feria dominical es menos frecuentada que antes, y ya no se ven con tanta asiduidad comerciantes de Cusco y Sicuani negociando las cosechas de maíz y papa. Esta decadencia de

Urcos es solo uno de los múltiples cambios ocurridos en Quispicanchi en los últimos años, a partir de la consolidación del paradigma de desarrollo rural. El crecimiento económico y la acción de los alcaldes rurales transforman las dinámicas territoriales y alteran los equilibrios tradicionales. En algunos casos, se trata de cambios que ya estaban en marcha, y que en esta década se aceleran. Otras veces son procesos incipientes, cuyo alcance es todavía limitado, pero que ponen en cuestión algunos de los presupuestos teóricos de los defensores del paradigma de desarrollo rural.

Este último capítulo del libro apunta a explorar estos cambios de equilibrio. ¿Quiénes ganan y quiénes pierden después de diez años de dinamismo económico y empoderamiento político en Quispicanchi? ¿Hasta qué punto la sociedad quispicanchina es ahora más justa que hace veinte años? ¿Cuánto contribuye la extensión del paradigma de desarrollo rural a mejorar las condiciones de vida de la población rural? Estas, obviamente, son preguntas para las que es imposible tener una respuesta categórica. Es importante, sin embargo, plantearlas, ya que pueden contribuir a explicar los nuevos rumbos que la provincia toma en los último años. Desde 2010, el keynesianismo andino propugnado por los alcaldes rurales debe enfrentar la reacción de una parte de los pobladores urbanos de la provincia, quienes consideran que sus intereses se encuentran ahora postergados y luchan por recuperar el control político de sus distritos.

¿Qué ha cambiado?

Los capítulos anteriores evidencian que en Quispicanchi se han producido cambios importantes en los ámbitos político, económico y cultural. Estas transformaciones no pueden ser entendidas como procesos aislados y separados, cada uno con su propia gama de causas y consecuencias. Por el contrario, son procesos interconectados. Uno de los aspectos más destacados es que las zonas rurales ganan importancia y se convierten en el principal foco de atención de los alcaldes. Las municipalidades, con el apoyo de ONG y programas estatales, promueven una infinidad de proyectos dirigidos a mejorar los ingresos de las familias campesinas de manera directa (contratándolos como mano de obra no calificada) o indirecta (fomentando sus emprendimientos y mejorando los vínculos con el mercado). Este énfasis en el segmento rural de la población responde a un proceso político particular de la provincia, pero habría sido imposible sin la conjunción favorable de dinámicas políticas y económicas nacionales: construcción de infraestructuras, mejora de los servicios básicos. En otro plano, influye también el hecho de que asistamos a una descentralización política mucho más profunda que en cualquier otra época anterior de la historia reciente peruana. Como resultado, las zonas rurales de Quispicanchi se transforman rápidamente.

Un primer cambio se refiere a la habilitación de los hogares y las viviendas rurales, algo fundamental, ya que afecta de manera directa a la calidad de vida de los pobladores rurales. Aunque existen fuertes diferencias entre los distritos situados en el valle del Huatanay, el valle del Vilcanota y la parte altoandina, los gráficos 9.1 y 9.2 muestran los avances en toda la provincia. La mejora de los servicios públicos se inicia en los años setenta, aunque para ese entonces el avance se concentra en los distritos más cercanos a la capital regional. En los ochenta, se suman las cabeceras distritales de los valles del Vilcanota y el Huatanay, y en los noventa la cobertura se extiende a la zona altoandina. El censo de 2007 registra que más de la mitad de las viviendas de los valles del Huatanay y el Vilcanota disponen de agua potable, el 80 por ciento tiene luz eléctrica en el Huatanay, el 60 por ciento en el Vilcanota y poco más de la mitad de las viviendas en los distritos altoandinos. También se producen notables mejoras en el capital humano de la población local. Como resultado de la expansión de la educación primaria y secundaria, en las tres zonas de la provincia, más del 60 por ciento de la población sabe leer y escribir. En el valle de Huatanay, el 45 por ciento de los adultos tiene educación secundaria completa o superior. Este porcentaje es del 35 por ciento en el valle del Vilcanota y del 19 por ciento en los distritos altoandinos. En las tres zonas, se trata de cifras que cuadruplican las registradas en 1981.

La mejora de la dotación de servicios públicos de los hogares responde a una tendencia nacional, que se observa tanto en Quispicanchi como en otras partes de la sierra sur. En este sentido, no se trata de

Gráfico 9.1
Agua potable de red pública en domicilio
(% viviendas)

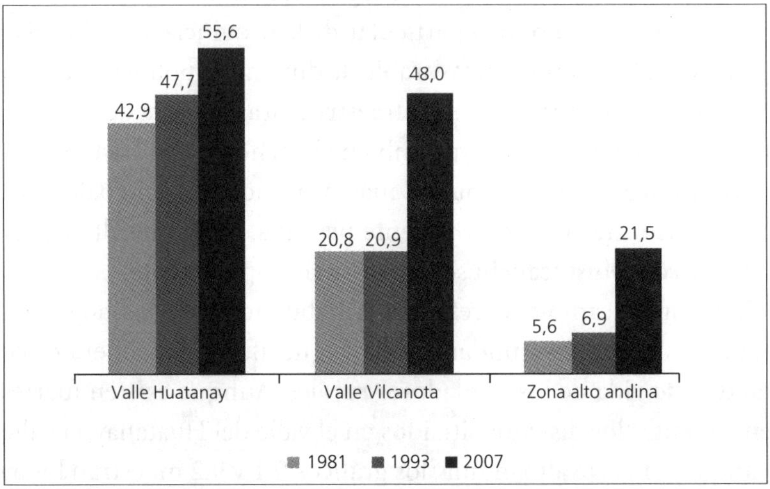

Fuentes: INEI-censos nacionales.
Elaboración propia.

Gráfico 9.2
Luz eléctrica en domicilio
(% viviendas)

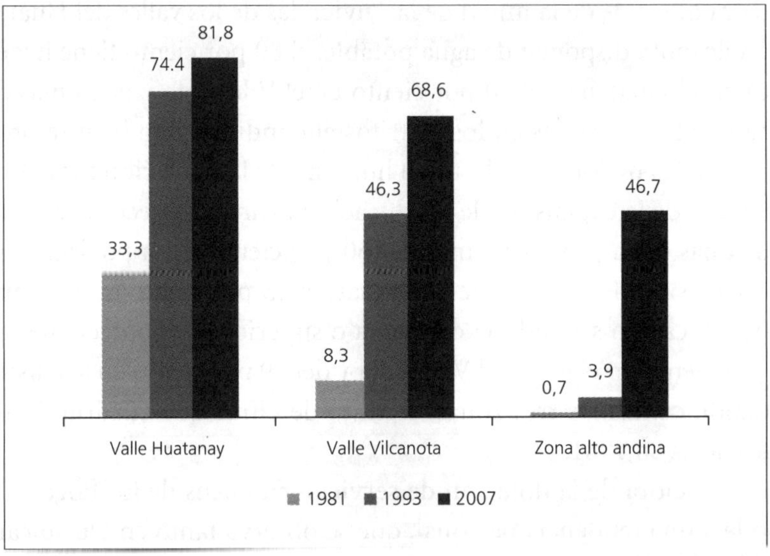

Fuentes: INEI-censos nacionales.
Elaboración propia.

Gráfico 9.3
Lee y escribe
(% población)

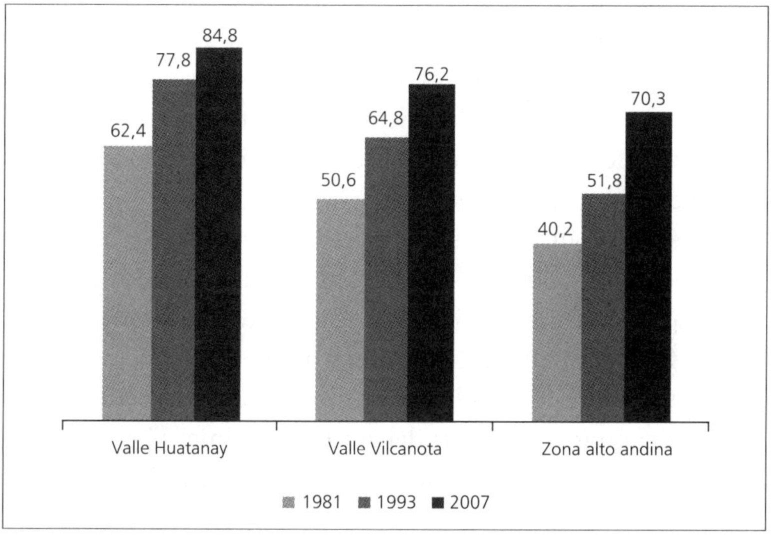

Fuentes: INEI-censos nacionales.
Elaboración propia.

Gráfico 9.4
Secundaria completa o más
(% población)

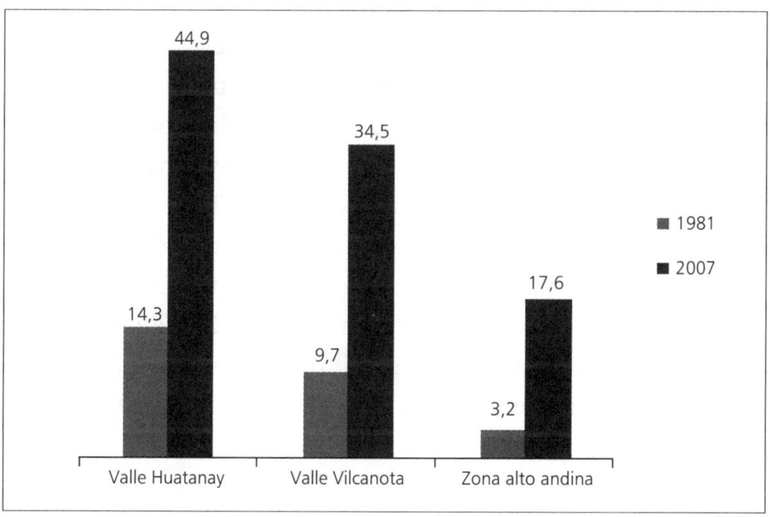

Fuentes: INEI-censos nacionales.
Elaboración propia.

un proceso que esté relacionado de manera directa con las dinámicas políticas locales. Más bien al contrario, es la propia extensión de estos servicios la que permite que el estilo de gobierno impulsado por los alcaldes rurales cuaje, ya que hace posible destinar al ámbito productivo recursos que de otro modo tendrían que haberse dirigido a los servicios básicos. La electrificación y las mejoras educativas permiten, además, que los habitantes de las zonas rurales incrementen su productividad y diversifiquen sus ocupaciones.

También se producen cambios en el plano subjetivo. Los quispicanchinos tienen una visión de situación personal significativamente más optimista que en otras zonas del país. La encuesta realizada en 2010 en Oropesa y Ocongate muestra que la mayoría percibe una mejora en su nivel de vida en los últimos diez años. Este optimismo contrasta con lo que Torres denomina "paradoja del crecimiento infeliz", es decir, la idea generalizada en la mayor parte del país de que el crecimiento económico no se refleja en el nivel de vida de los más pobres.[2] La actitud optimista de los habitantes de Quispicanchi contrasta también con un discurso muy extendido en Cusco, tanto en el ámbito político como entre los profesionales del desarrollo, que considera que la política económica de los últimos años (lo que genéricamente se llama el "modelo neoliberal") habría producido mayor pobreza y descontento en las zonas rurales de la región. La encuesta nos muestra que, al menos en los dos distritos analizados, la mayor parte de la población discrepa de este sentido común pesimista.

La percepción de mejoría es mayor en Oropesa, la localidad más cercana a Cusco y mejor articulada con el mercado. Como vimos en los capítulos anteriores, se trata de una localidad muy dinámica, cuya vida gira en torno a la producción y venta de pan. El 62 por ciento de los encuestados considera que vive algo o mucho mejor que diez años antes, el 29 por ciento cree que no se habrían producido cambios y solo el 14 por ciento opina que su situación habría empeorado. El gráfico 9.5 muestra que también en Ocongate la percepción positiva es mayoritaria, a pesar de tener una dinámica económica muy diferente a la de Oropesa. Este

---

2. Torres 2010.

es uno de los distritos emblemáticos del nuevo estilo de gobierno municipal, caracterizado por el fomento de las actividades agropecuarias y la apuesta de los gobiernos locales por convertirse en promotores activos de la economía local. Quienes consideran que están mejor son el 49 por ciento, frente al 41 por ciento de quienes no perciben cambios significativos y el 9 por ciento que considera que su situación habría empeorado.

Estas preguntas se refieren a la situación familiar de los encuestados. Oropesa y Ocongate fueron seleccionados por tratarse de los dos distritos dispares en cuanto a ubicación geográfica, composición étnica y estructura económica. El hecho de que en ambos casos la percepción sea positiva (aunque más moderada en Ocongate que en Oropesa) sugiere que esta podría ser una tendencia general en Quispicanchi. Esta impresión se refuerza al analizar los datos según el nivel de pobreza de los hogares. El gráfico 9.6 muestra que la percepción de mejoría alcanza al 64 por ciento de los hogares no pobres y al 46 por ciento de los hogares pobres. En ese último caso, si bien no constituye la mayoría de la población encuestada, la visión optimista supera a quienes consideran que no habría habido cambios en su nivel de vida (38 por ciento) y a quienes creen que ha empeorado (16 por ciento).

La capital invisible

Todos estos datos sugieren que Quispicanchi habría tenido una evolución positiva en los últimos años. Se trata no obstante de un éxito matizado, ya que por el momento tiene tres características: (i) sigue existiendo un nivel muy alto de pobreza; (ii) el incremento de los ingresos de los pobladores rurales no se traduce aún en un cambio significativo en los estilos de vida de la mayor parte de la población, que siguen marcados por la precariedad; y (iii) los avances se concentran en determinados sectores, favorecidos por los cambios de los últimos años. Es además un éxito frágil, ya que su consolidación depende en gran medida de factores que escapan al control de las familias e incluso de los gobiernos locales.

Este último es precisamente uno de los elementos clave a la hora de evaluar la proyección futura de los alcaldes rurales quispicanchinos. Se trata de un estilo de gobierno local que cristaliza gracias a una confluencia de factores políticos, económicos y sociales que lo hacen

Gráfico 9.5
Percepción subjetiva de mejora, según distritos

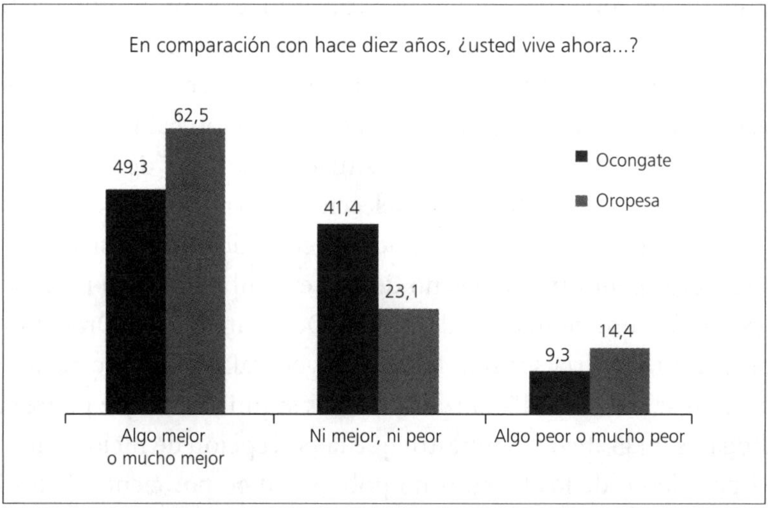

Fuente: Encuesta IEP 2010.
Elaboración propia.

Gráfico 9.6
Percepción subjetiva de mejora, según pobreza

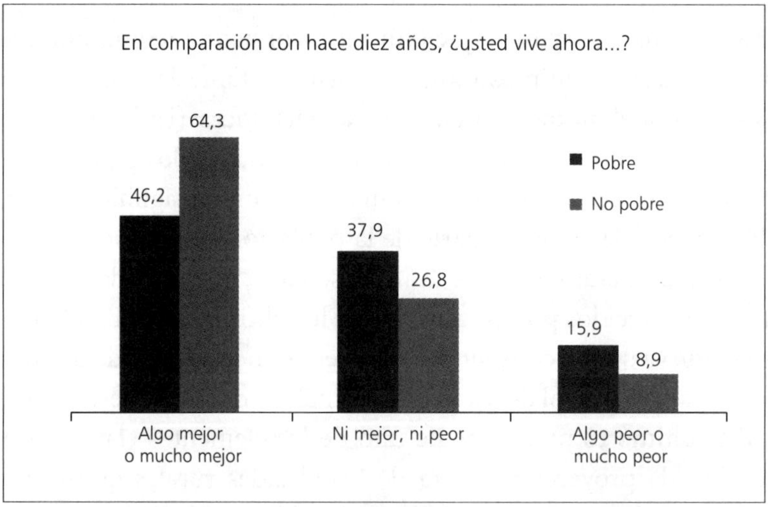

Fuente: Encuesta IEP 2010.
Elaboración propia.

muy difícil de replicar. Existen además varios elementos que ponen en duda su continuidad a medio plazo, incluyendo en un lugar relevante su sostenibilidad económica. El activismo de los gobiernos locales quispicanchinos se basa casi exclusivamente en transferencias del gobierno central, ya sea por los canales ordinarios de financiamiento o por conceptos de canon y sobrecanon. En este sentido, Quispicanchi puede ser visto como un territorio tremendamente afortunado, ya que se ve favorecido por las rentas mineras, pero sin experimentar de manera directa los efectos negativos de la expansión de esta actividad. Al contrario que otras provincias andinas, donde los efectos positivos y negativos de la minería conviven, en nuestra provincia el panorama es unidimensional. En contraste, la capacidad de las municipalidades para generar fondos por cuenta propia es mínima, ya que la población es extremadamente refractaria ante la idea de pagar impuestos locales ligados a la propiedad inmobiliaria o a la tierra, y tampoco existe una tradición de pago por los servicios que presta la municipalidad. Este tipo de imposiciones son vistas con mucha desconfianza y suelen ser resistidas con argumentos que apelan a la pobreza de la provincia o a la propia mala calidad de los servicios. En un nivel más amplio, la propia narrativa de los alcaldes rurales considera que son las transferencias estatales las que deben sustentar las políticas de desarrollo rural y no los impuestos locales. Estas transferencias son vistas como una deuda histórica que el Estado estaría obligado a saldar. Las zonas rurales ya habrían aportado lo suficiente al desarrollo nacional a través de su esfuerzo, su trabajo y el expolio de sus recursos, sufridos desde la época colonial. Ahora sería el momento de recibir las contrapartidas por estos sacrificios, en forma de un involucramiento directo del Estado peruano en su promoción y desarrollo.

La imposición de tasas e impuestos locales es vista como una prolongación del "modelo neoliberal" y el pago por la prestación de servicios públicos se considera una "privatización", por lo que es rechazada tanto por los alcaldes como por la mayor parte de la población quispicanchina.[3] El resultado de esta suma de factores institucionales e ideológicos es

---

3. Hay que considerar que en el lenguaje político popular predominante en el mundo rural andino, la idea de privatización no se refiere solo (ni principalmente) a la

una extremada vulnerabilidad económica. Los municipios tienen nulo control sobre las asignaciones que reciben del Estado central, que pueden incrementarse o descender de acuerdo con factores que escapan a su control. Incluso puede llegar a darse la situación paradójica de alcaldes que participan activamente en campañas antimineras y al mismo tiempo reclaman en contra del recorte de los fondos transferidos por el gobierno central, sin ser conscientes de que estos fondos provienen en gran medida de las rentas mineras. Ya sea por su desconocimiento del funcionamiento de las cuentas públicas o por estrategia política, el keynesianismo andino está atrapado en esta disyuntiva entre una retórica radical, contraria al modelo neoliberal, anticentralista y antiminera, y su dependencia respecto de la buena marcha de este modelo económico basado en la minería como fuente de ingresos de la hacienda pública.

Otro factor de riesgo en los próximos años se vincula con los cambios de las dinámicas territoriales resultado de la mejora de la conectividad vial. El aspecto clave en este sentido es el debilitamiento de Urcos, la capital provincial, que pierde importancia en los ámbitos económico y político. Fundada en la época colonial, su importancia como ciudad intermedia se debe a su posición geográfica, en la intersección de las rutas que llevan de Cusco a la sierra sur y a la selva de Madre de Dios. Las nuevas carreteras hacen sin embargo que esta ventaja comparativa se diluya. Al disminuir el tiempo y el costo de los viajes, ciudades que hasta hace unos años parecían lejanas y solo eran visitadas ocasionalmente por los habitantes de Quispicanchi se convierten ahora en parte de sus rutas cotidianas. Para un residente de la zona altoandina o del valle del Vilcanota, ir a Cusco se ha convertido en algo muy sencillo e incluso puede ser más barato que viajar a otras comunidades o a la capital del distrito vecino, ahora comunicadas entre sí.

Urcos pierde relevancia como nudo de comunicaciones.[4] Según la encuesta de 2010, solo el 0,3 por ciento de la población de los distritos

---

propiedad de las empresas que administran los servicios públicos. De manera más amplia, se considera "privatización" el hecho de tener que pagar por la prestación de estos servicios públicos, independientemente de quien los gestione.

4. Este tema se analiza por extenso en Asensio y Trivelli 2013b: 83-108.

de Ocongate y Oropesa compra sus alimentos en esta localidad y solo el 1,3 por ciento se provee en ella de herramientas para la actividad agrícola. Urcos también deja de ser una referencia para la prestación de servicios. Apenas el 1,7 por ciento de la población habría acudido en el último año al centro médico de la localidad y solo el 3,7 por ciento habría estudiado educación secundaria en la capital provincial. En contraste, el gráfico 9.8 muestra que en la actualidad los servicios básicos (educación primaria y atención médica no urgente) se atienden mayoritariamente en los mismos distritos de residencia de la población, sin necesidad de desplazarse a la capital provincial, como ocurría hasta hace apenas unas décadas. La mejora de las comunicaciones tiene además un efecto importante sobre la calidad de estos servicios. Un transporte público más fluido y más barato disminuye el ausentismo de los maestros y del personal de salud. Para los servicios especializados (educación secundaria y atención médica de urgencia), la opción preferida es Cusco. La capital regional es ahora más asequible para los quispicanchinos gracias a la disminución de los costos de desplazamiento. Solo en el plano de los servicios financieros, Urcos parece haber mantenido su papel de referente para la población de la provincia, especialmente para los habitantes de los distritos altoandinos. El 26 por ciento de la población de Ocongate señala haber realizado al menos una transacción financiera en Urcos en los seis meses anteriores, probablemente vinculada con algún programa social ya que en el momento de la encuesta no existía en Ocongate una sucursal del Banco de la Nación.

Un aspecto muy significativo es que Urcos pierde importancia sobre todo para quienes más tienen. Son ellos quienes pueden acudir con más frecuencia a la capital regional. El gráfico 9.7 muestra que 80 por ciento de la población no pobre señala haber acudido a Cusco en los últimos treinta días. Este porcentaje desciende hasta el 55 por ciento en el caso de la población pobre. En cambio, solo el 29 y el 26 por ciento, respectivamente, señala haber ido a Urcos en este mismo periodo. Los quispicanchinos también viajan más a ciudades más lejanas. Uno de cada diez encuestados no pobres señala haber viajado en el último año a Sicuani y Puerto Maldonado. En este último caso, es significativo que el porcentaje sea incluso más alto en los encuestados de la categoría "pobre", quizás porque para ellos la minería de Madre de Dios es una alternativa laboral más atractiva. Tampoco son infrecuentes los viajes a Lima.

También en salud y la educación el segmento menos pobre acude con mayor frecuencia a Cusco para atenderse. Esta tendencia se hace más acusada cuanto más especializado es el servicio requerido. El número de quienes estudian secundaria en Cusco es cuatro veces superior en el caso de la población no pobre. Este dato es importante porque la formación secundaria es una etapa clave para la "competencia práctica" de la población rural. Es en estos años cuando se adquieren habilidades de sociabilidad y manejo de relaciones, determinantes para el éxito profesional. El gráfico 9.9 muestra, además, que el porcentaje de población pobre que no logra terminar esta etapa de su formación sigue siendo muy alto: casi el 60 por ciento. Esta cifra supone el doble que entre la población no pobre. Este mismo patrón se repite también en el caso de la atención médica de urgencia. La población no pobre tiende a atenderse en Cusco de manera preferente (59 por ciento frente a 38 que se atiende en el mismo distrito en mayor medida que la población pobre: 45 frente a 46 por ciento).

Las diferencias entre pobres y no pobres se encuentran también en el abastecimiento de productos de primera necesidad. Los segundos acuden con mayor frecuencia a Cusco para la compra de alimentos, ropa y calzado. Lo mismo ocurre con la provisión de herramientas e insumos para la actividad agrícola. Urcos, por el contrario, casi no es tenido en cuenta para estas actividades. Esto es muy significativo si tenemos en cuenta que hasta finales del siglo pasado la capital era el principal centro de abastecimiento de suministros agrícolas de toda la provincia. También es interesante notar que casi la mitad de la población no pobre declara no haber comprado herramientas durante el último año. Este hecho, como veremos más adelante, probablemente se deba a una menor importancia de la actividad agrícola dentro de las estrategias de generación de ingresos de este segmento de la población

La suma de todas estas cifras y datos muestra que Urcos es casi irrelevante para la vida cotidiana de los quispicanchinos. Ni los habitantes de Oropesa ni sus vecinos de Ocongate cuentan a la capital provincial entre sus destinos favoritos. Aunque no poseemos datos específicos, es

Gráfico 9.7
Dinámicas de movilidad cotidiana

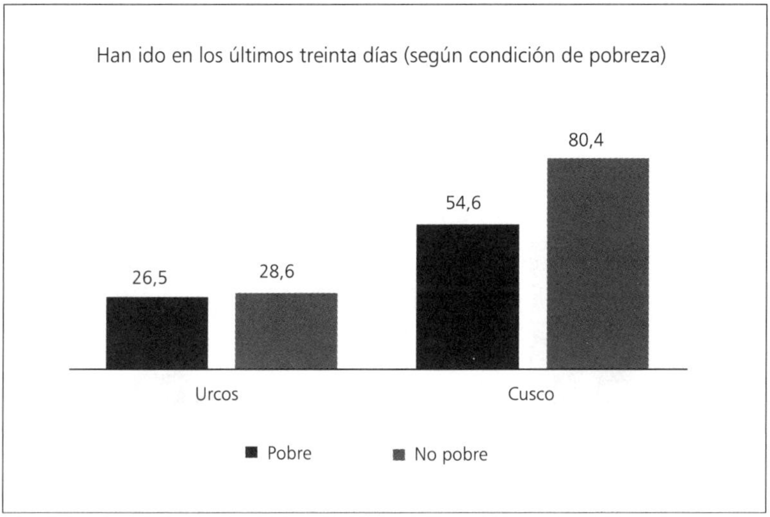

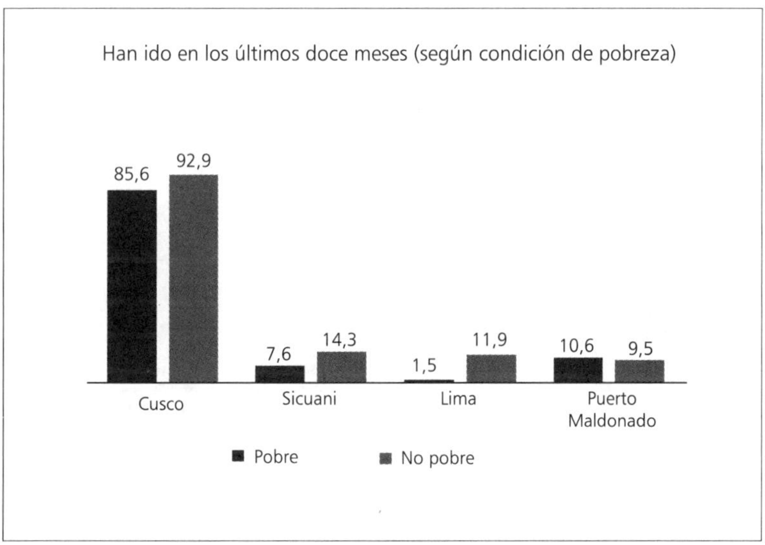

Fuente: Encuesta IEP 2010.
Elaboración propia.

Gráfico 9.8
Prestación de servicios públicos

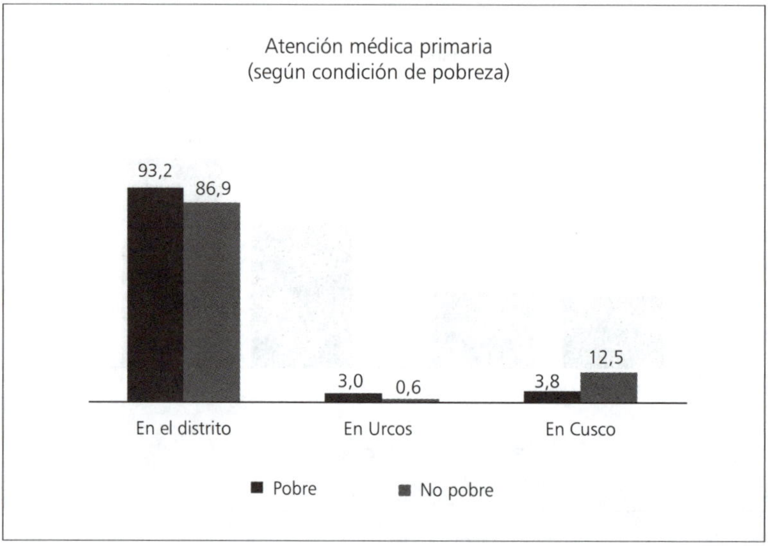

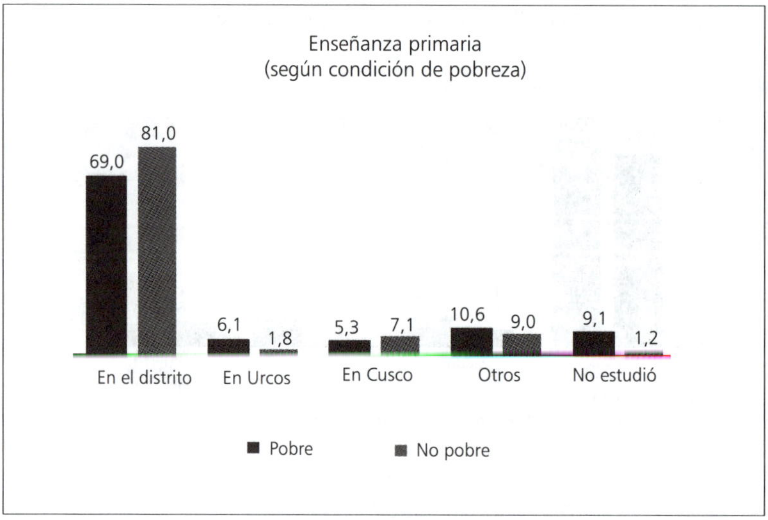

Fuente: Encuesta IEP 2010
Elaboración propia

Gráfico 9.9
Dinámicas de servicios especializados

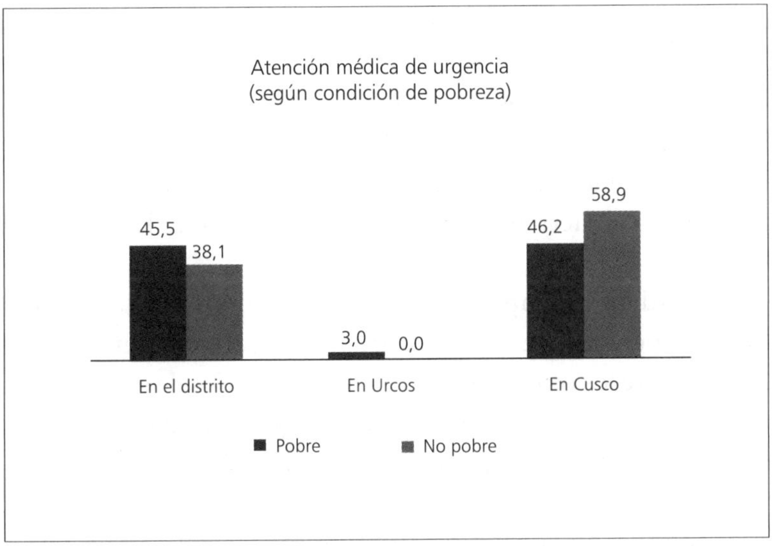

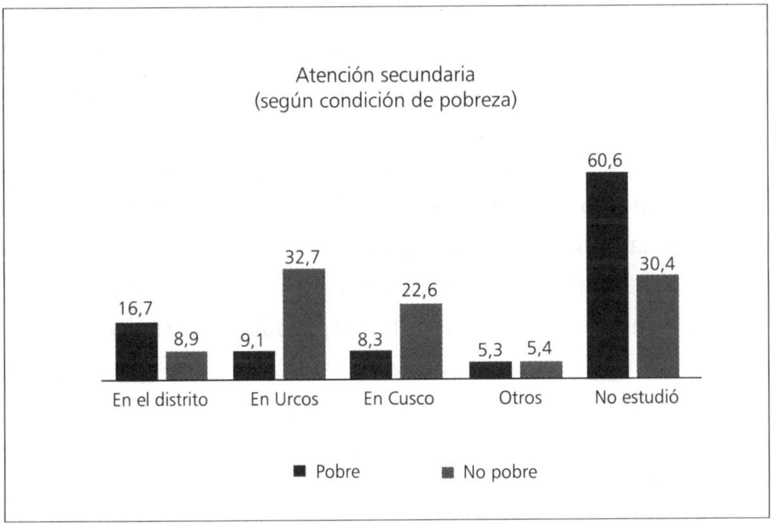

Fuente: Encuesta IEP 2010.
Elaboración propia.

muy probable que lo mismo ocurra en los demás distritos de la provincia. Quienes tienen más recursos prefieren viajar hasta Cusco, tanto para proveerse de productos como para recibir atención especializada. Este cambio de las dinámicas cotidianas de movilidad es un efecto inesperado de la mejora de las comunicaciones. El caso extremo, como vimos en los capítulos anteriores, son los distritos del valle de Huatanay, que en la actualidad casi pueden considerarse áreas periféricas de la capital regional. En localidades como Saylla y Oropesa incluso es frecuente encontrar ofertas de terrenos para segunda vivienda de las nuevas élites urbanas.

Esta pérdida de importancia de Urcos se observa también en el ámbito demográfico. La capital distrital es el único distrito que pierde población entre los censos de 1995 y 2007. El análisis de este último censo muestra además una estructura de demográfica particular. Mientras en el resto de la provincia predomina la población joven, en Urcos son mayoría los adultos. Estas tendencias parecen haberse agudizado en los últimos años. La proyección del Instituto Nacional de Estadística e Informática para el año 2014 señala que la capital provincial se encontraría en la actualidad por debajo de los diez mil habitantes. Urcos habría pasado de aglutinar el 16,3 por ciento de la población de la provincia en 1993 a concentrar apenas el 10,2 por ciento en 2014. Se trataría, por lo tanto, de una ciudad en proceso de envejecimiento y despoblamiento.

Junto con Cusco ganan importancia las capitales distritales. Estas localidades están ahora en mejores condiciones para proveer los bienes y servicios que la población rural necesita en su vida cotidiana. Casi todos los pueblos cuentan con instituciones de educación primaria y secundaria, incluyendo en ocasiones una sorprendente variedad de centros privados de diferente orientación laica y religiosa. Disponen también de servicios de salud, que están mejor equipados y atienden un mayor número de horas a la semana: la cobertura alcanza a más hogares, con lo que disminuye la necesidad de viajar para recibir atención. Las mejoras incluyen también tiendas para la venta de productos de primera necesidad, bodeguitas y otros negocios. En algunos casos, comienzan incluso a aparecer establecimientos especializados, sobre todo enfocados en rubros agropecuarios. Muchos de estos productos se pueden encontrar también

Gráfico 9.10
Abastecimiento de productos

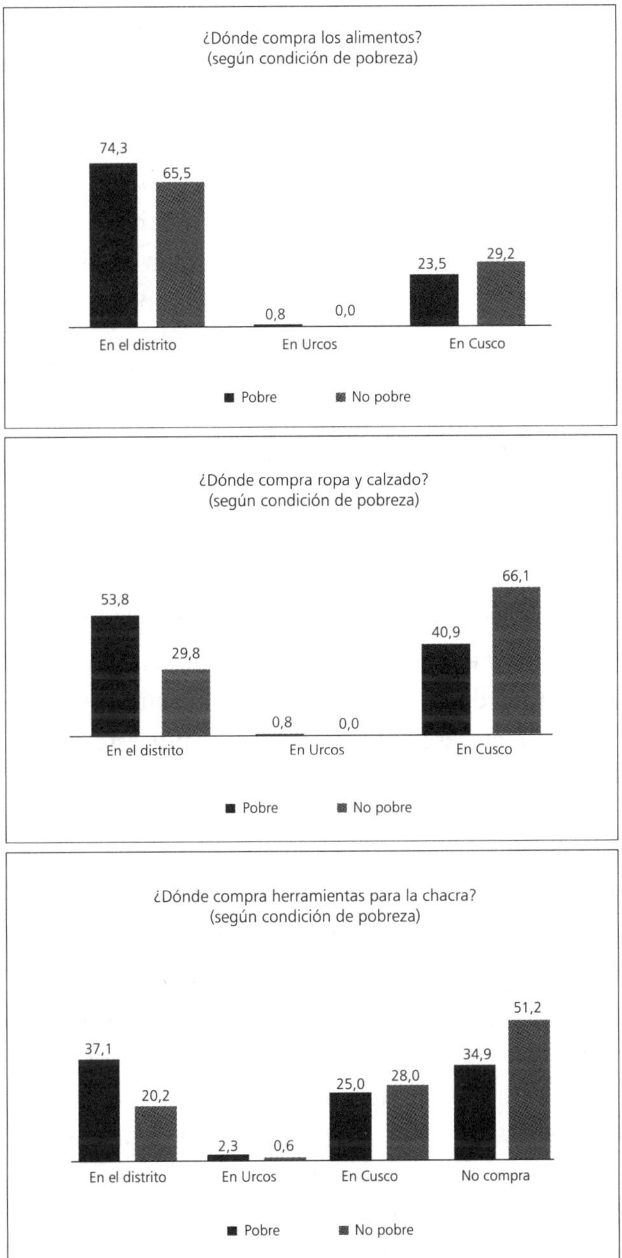

Fuente: Encuesta IEP 2010.
Elaboración propia.

en las ferias dominicales que ahora funcionan en muchas capitales de distrito.

Con todos estos cambios, el sur de Cusco avanza hacia un modelo de dinámica territorial que combina el nivel micro (los distritos) con el nivel macro (la vinculación con Cusco). En contrapartida, casi desaparece el nivel intermedio representado por la capital provincial. Se trata de un cambio que a medio plazo puede incluso poner en cuestión a la provincia como ámbito de referencia significativo para sus habitantes. Quispicanchi sigue siendo un referente discursivo y simbólico. Ser quispicanchino es un elemento de identidad que permanece aún vigente, pero cada vez menos es una experiencia cotidiana. La deriva se traduce también en una pérdida de relevancia en relación con lo político. La elección de Domingo Huitoccollo en 2007 como alcalde provincial es paradigmática de esta nueva situación: aunque Urcos sigue siendo la sede del poder político, sus élites locales pierden el control político de la provincia en beneficio de localidades emergentes como Quiquijana y Ocongate. La capital provincial entra en una profunda crisis de identidad y debe redefinir su papel en el marco de una transformación profunda de las relaciones sociales y económicas en toda la provincia. Como señala uno de los candidatos en el evento preelectoral de septiembre de 2010, el riesgo es que, de seguir por este camino, "quizás ni nuestros hijos, ni nuestros nietos querrán vivir en Urcos".

Cohesión social

Una mirada de mediano plazo muestra que en Quispicanchi conviven en la actualidad distritos que podríamos calificar como "ganadores", muy beneficiados por los cambios ocurridos en los últimos años, junto con distritos "perdedores", beneficiados en menor medida o incluso perjudicados. Entre los primeros se encuentran Oropesa, Quiquijana y Ocongate, además de otros, mientras que el segundo grupo incluye a Urcos y en menor medida localidades como Ccatcca (opacada por el auge de Kcauri). En otra dimensión, estas tendencias divergentes se reproducen también en el interior de cada distrito, entre comunidades, y dentro cada localidad, entre familias. Pese a la preocupación de los alcaldes rurales por la cohesión social, la encuesta de 2010 muestra una creciente heterogeneidad en todos los niveles. Lo que hasta hace pocos años era un panorama de pobreza relativamente igualitaria, da paso a una incipiente diferenciación económica entre los hogares que logran incrementar y diversificar sus fuentes de ingresos y las familias que siguen dependiendo de las actividades tradicionales agropecuarias.

Estas trayectorias divergentes se observan, en primer lugar, al comparar los resultados agregados de los dos distritos en los que se realizó la encuesta en el año 2010. Oropesa es una localidad cercana a Cusco, bien articulada al mercado urbano, al menos desde los años ochenta. El principal rubro de ingresos de los hogares es el sector servicios (43 por ciento en promedio). En cambio, en Ocongate, un distrito más alejado y rural, los ingresos provienen sobre todo del trabajo asalariado (36 por ciento en promedio) y de las actividades primarias (26 por ciento). Trabajo asalariado, en este contexto, significa sobre todo empleo como mano de obra no calificada en obras públicas promovidas por las municipalidades. Es decir, se trata de un distrito mucho más dependiente del keynesianismo andino de los alcaldes, en contraste con la mayor autonomía económica de Oropesa.

Al analizar estos datos de manera diacrónica, se observa la magnitud del cambio ocurrido en apenas tres décadas. Tanto en Oropesa como en Ocongate, las actividades primarias pierden importancia respecto a hace 10 y 25 años, los otros dos hitos temporales incluidos en la encuesta. El cambio es más acusado en Oropesa (donde bajan del 53 al 18 por ciento en el promedio de ingresos de los hogares), pero también en Ocongate es muy importante (del 54 al 27 por ciento).[5] En los dos distritos aumenta el aporte proveniente del trabajo asalariado y del sector servicios. Es interesante notar que el salto del sector servicios se produce en el periodo comprendido entre hace 25 y 10 años, es decir, aproximadamente entre los años 1985 y 2000. En esta época, comienzan a instalarse tiendas, restaurantes y otros servicios que antes eran casi

---

5. Las cifras referidas a momentos anteriores en el tiempo se obtuvieron mediante diferentes herramientas de recordación de los encuestados. Por lo tanto, no deben de ser tomadas como datos exactos, sino como indicadores de tendencias.

Gráfico 9.11
Composición de los ingresos familiares en 2010

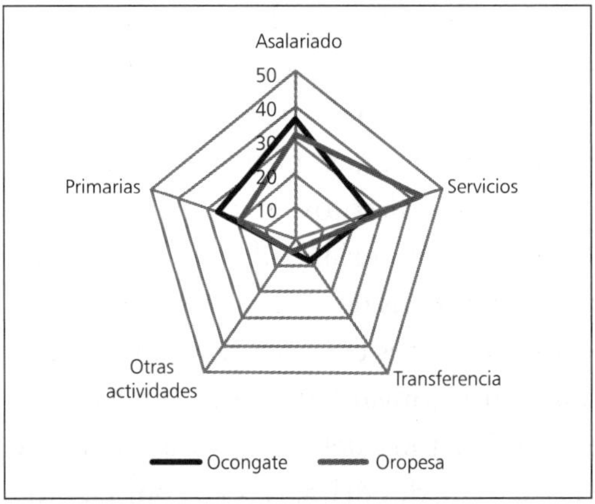

Composición de los ingresos por distrito en la actualidad (%)

Distrito	Ocongate	Oropesa
Act. primarias	26,2	18,3
Asalariado	36,2	31,3
Servicios	25,3	42,7
Transferencias	7,5	3,1
Otras	4,8	4,6

Fuente: Encuesta IEP 2010

inexistentes en las cabeceras de distrito. Por el contario, en el intervalo más reciente, el rubro que más crece es el trabajo asalariado. Coincidiendo con la expansión de los presupuestos municipales y la consolidación del keynesianismo andino, el trabajo asalariado pasa del 23 por ciento de los ingresos de los hogares en Oropesa al 31 por ciento. En Ocongate, pasa del 30 al 36 por ciento. En esta localidad también se observa una mayor importancia de las transferencias, que alcanzan el 7 por ciento de los ingresos familiares.

Más allá de estas tendencias generales, el gráfico 9.13 muestra que ni Oropesa ni Ocongate son distritos homogéneos. Los datos relevantes son dos: por un lado, existen diferencias significativas en la composición de los ingresos entre los hogares pobres y no pobres de nuestra muestra y, por otro lado, estas diferencias parecen haberse incrementado en los últimos años. En la actualidad, los hogares pobres dependen, sobre todo, del trabajo asalariado (44 por ciento del ingreso en Ocongate y 39 por ciento en Oropesa). Este rubro, en cambio, supone únicamente el 26 y el 27 por ciento en los hogares no pobres.

Estos datos evidencian que las obras públicas son especialmente importantes para los grupos más pobres de la provincia. En municipios como Ocongate, donde prácticamente no existen empleos asalariados en el sector privado, las obras son casi la única alternativa para que los sectores menos dinámicos y capacitados de la población puedan acceder a ingresos monetarios. Esto hace que para los alcaldes sean una herramienta estratégica imprescindible. Las obras les permiten reforzar su liderazgo, al tiempo que las tensiones entre las localidades del distrito se amortiguan. La contratación de trabajadores no cualificados permite también amortiguar el potencial impacto negativo de las nuevas dinámicas económicas basadas en el mercado sobre la cohesión social. Esta dimensión política de las obras públicas promovidas por las municipalidades no suele percibirse por parte de los funcionarios y políticos limeños, quienes prefieren resaltar el carácter poco práctico y redundante de los proyectos. En contraste, el principal rubro de ingresos de los hogares no pobres corresponde al sector servicios, que alcanza el 53 por ciento en Oropesa y 36 por ciento en Ocongate).[6]

La heterogeneidad es aún más clara al analizar la evolución en el tiempo de los ingresos de los hogares. Tanto los hogares que en 2010 estaban en el tercio superior como los que estaban en el tercio inferior de ingresos dependían hace un cuarto de siglo de las actividades primarias (50 y 55 por ciento de los ingresos, respectivamente). Las diferencias a partir de ese momento son dos. Por un lado, los hogares que ahora están en el tercio superior comienzan a disminuir su dependencia de las actividades primarias antes que los hogares del actual tercio inferior. Hace diez años las actividades primarias ya solo suponían para ellos el 33 por ciento de los ingresos, pero representaban todavía el 50 por ciento para los hogares más pobres. Por otro lado, la diversificación se produce de manera diferente. En los hogares del tercio superior, el sector servicios juega en la actualidad el mismo papel que tenían las actividades primarias hace un cuarto de siglo (51 por ciento de los ingresos en la actualidad). Probablemente se trata de hogares que supieron aprovechar los cambios de las dinámicas del territorio desde los años noventa, para

6. Hemos usado un estimado de pobreza basado en un conjunto de variables que están estrechamente ligadas a dicha condición. Nuestro predictor de pobreza ha sido probado y consistenciado con varias encuestas anteriores.

Gráfico 9.12
Composición de los ingresos por periodo y distrito (%)

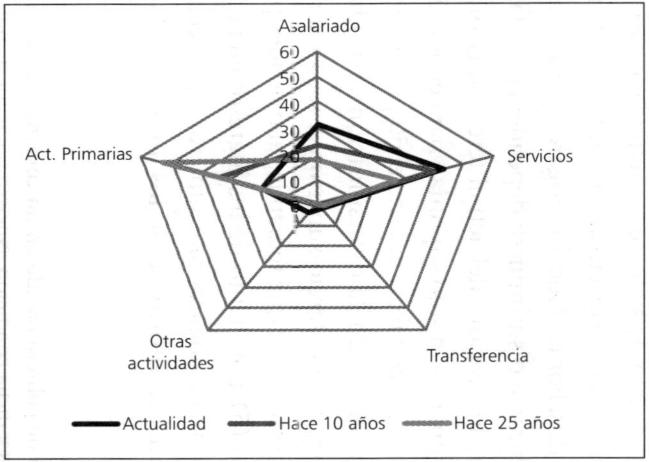

Fuente: Encuesta IEP 2010.

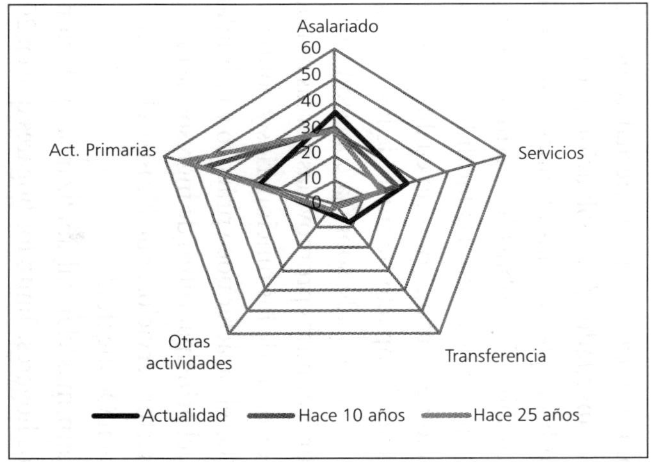

Fuente: Encuesta IEP 2010.

Distrito de Oropesa
Evolución de la estructura de ingreso de los hogares

Periodo	Actualidad	Hace 10 años	Hace 25 años
Act. primarias	18,1	33,4	53,1
Asalariado	31,3	22,7	17,3
Servicios	42,7	40,2	28,0
Transferencias	3,1	1,5	1,3
Otras	4,6	2,2	0,3

Distrito de Ocongate
Evolución de la estructura de ingreso de los hogares

Periodo	Actualidad	Hace 10 años	Hace 25 años
Act. primarias	26,6	46,1	53,7
Asalariado	36,2	30,2	28,5
Servicios	25,3	21,4	15,4
Transferencias	7,4	0,0	0,0
Otras	4,8	2,4	2,3

Gráfico 9.13

Composición de los ingresos por distrito y condición de pobreza en la actualidad (%)

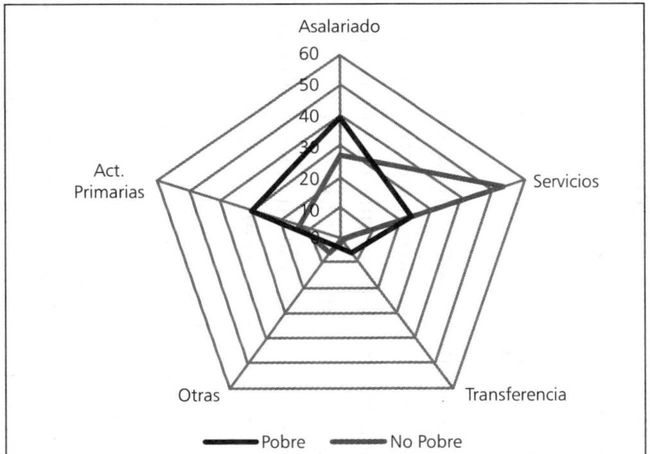

Fuente: Encuesta IEP 2010.

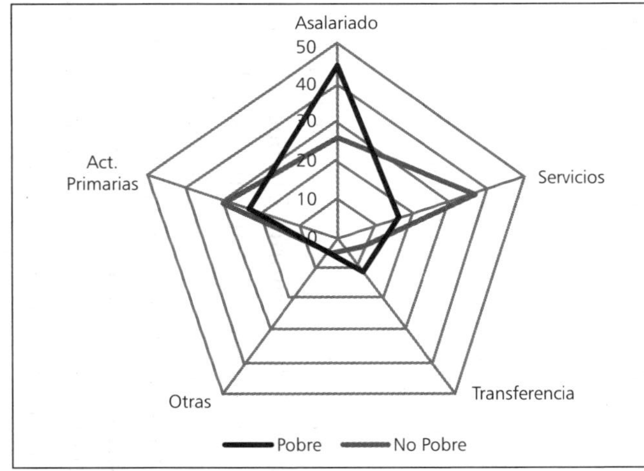

Fuente: Encuesta IEP 2010.

Distrito de Oropesa
Estructura de ingresos de los hogares

Condición	Pobre	No Pobre
Act. primarias	28,4	12,9
Asalariado	39,4	27,0
Servicios	22,9	53,4
Transferencias	6,2	1,3
Otras	3,1	5,4

Distrito de Ocongate
Estructura de ingresos de los hogares

Condición	Pobre	No Pobre
Act. primarias	23,4	29,6
Asalariado	44,6	26,2
Servicios	16,2	36,1
Transferencias	10,7	3,7
Otras	5,1	4,4

instalarse en las capitales de distrito y abrir negocios (aunque esto no lo podemos saber con certeza, debido a que la segmentación de la muestra no permite diferenciar entre hogares rurales y urbanos). En los hogares del tercio inferior, por el contrario, el rubro más importante sigue siendo la agricultura. Pese a que ha perdido importancia, es todavía la fuente principal de ingresos: 55 por ciento hace un cuarto de siglo, 51 hace diez años y 33 por ciento en la actualidad. Casi a la par se encuentra el trabajo asalariado, que supone el 34 por ciento de los ingresos en la actualidad.

El dinamismo económico habría producido, por lo tanto, un incremento de la heterogeneidad del territorio. La apuesta de las municipalidades por mantener la cohesión social a través del apoyo a los emprendimientos productivos rurales y la rotación de obras públicas, no habría sido suficiente para frenar los cambios socioeconómicos impulsados por la mayor inserción en el mercado de la provincia. No podemos hablar todavía de estilos de vida diferenciados, ya que el ambiente general sigue siendo de precariedad, pero comienzan a ser perceptibles las consecuencias de la desigual fortuna de los distritos y de las familias. Como vamos a ver en las siguientes páginas, también existe un incipiente impacto de esta desigualdad en los discursos políticos.

El retorno de los alcaldes urbanos

Las incipientes diferencias económicas son uno de los temas centrales en las elecciones locales de 2010. En la mayoría de los casos, no se trata aún de un dato completamente procesado, que dé lugar a reflexiones articuladas y discursos netamente diferenciados entre los candidatos. Es más bien una percepción difusa, anclada en casos emblemáticos de éxito o fracaso, que se repiten una y otra vez en los discursos de los candidatos. Abundan los reproches y las acusaciones cruzadas sobre que tal o cual distrito, comunidad o anexo han sido relegados. Otro tema recurrente es el "abandono" que habrían sufrido en los últimos años las cabeceras distritales. Estos cuestionamientos protagonizan sobre todo los debates celebrados en Ocongate, Ccatcca y Quiquijana. Tal como señala uno de los candidatos en Urcos, el temor de los sectores urbanos

Gráfico 9.14

Composición de los ingresos por periodo y rango de ingresos familiares (% del agregado de los dos distritos)

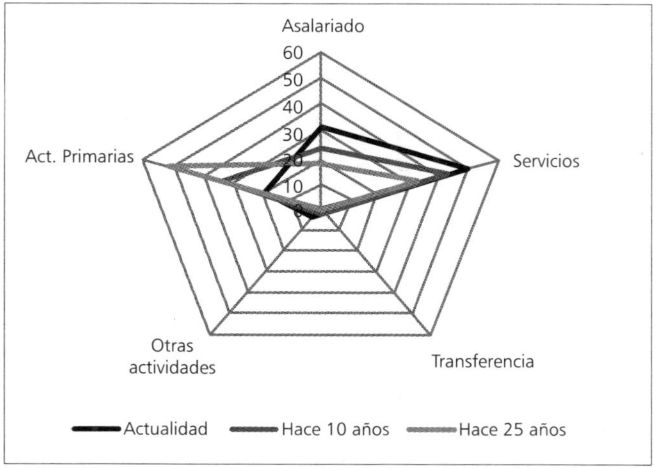

Fuente: Encuesta IEP 2010.

Tercil 3 (mayores ingresos)
Evolución de la estructura de ingresos de los hogares

Periodo	Actualidad	Hace 10 años	Hace 25 años
Act. primarias	15,4	33,8	50,7
Asalariado	28,7	19,5	15,4
Servicios	51,0	44,6	33,9
Transferencias	0,9	0,0	0,0
Otras	3,9	2,1	0,0

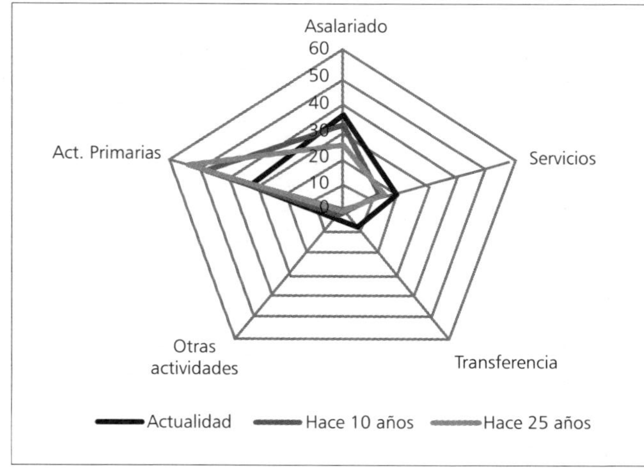

Fuente: Encuesta IEP 2010.

Tercil 1 (menores ingresos)
Evolución de la estructura de ingresos de los hogares

Periodo	Actualidad	Hace 10 años	Hace 25 años
Act. primarias	33,0	50,9	55,2
Asalariado	34,6	31,4	26,6
Servicios	18,5	14,9	13,6
Transferencias	10,4	1,2	2,2
Otras	3,5	1,5	2,4

es que una reelección de los alcaldes rurales se traduzca en "cuatro años más de postergación y abandono de nuestra capital".

Los protagonistas de esta reacción urbana pertenecen, al igual que los alcaldes rurales, a la nueva generación de líderes quispicanchinos, posterior al ciclo de la reforma agraria. Étnica y culturalmente son muy parecidos y muchas veces comparten sus referentes ideológicos y políticos. La diferencia radica en su desconfianza frente a lo que consideran un enfoque excesivo hacia las comunidades campesinas, que habría postergado los intereses de las cabeceras distritales. Armando Quispe tiene 37 años en el momento de su elección.[7] Nació en la capital distrital, y desde 2010 es por primera vez alcalde de Ocongate, reemplazando a Mandura. Sus padres fueron agricultores, ganaderos y comerciantes. Su infancia fue relativamente feliz y poco problemática. Su familia tenía una situación económica relativamente estable, lo que le permitió estudiar primaria y secundaria sin necesidad de grandes sacrificios. En 1994, ingresa en la Universidad Nacional de San Antonio Abad para cursar agronomía y zootecnia. Es aquí cuando Quispe comienza a encontrar dificultades. "Como todo provinciano —relata—, hicimos malabares para seguir estudiando". Para completar la escueta pensión que le enviaban sus padres, trabaja como empleado en una empresa privada de seguridad, por lo que el tiempo apenas le alcanzaba para los estudios. Aun así, señala con orgullo, "conseguí graduarme en solo seis años".

Quispe usa de manera inadvertida el plural cuando habla de su educación. Es consciente de que su acceso a la universidad es el resultado de un proyecto colectivo de ascenso social. Como en muchas otras familias de los pequeños pueblos andinos, los padres de Quispe consideran que educación es la plataforma para dar el salto a un estilo de vida diferente, no solo en términos económicos, sino también culturales. Tras egresar de la universidad, comienza a trabajar en diversas instituciones estatales enfocadas en el mundo rural: primero en el Instituto del Manejo del Agua y el Medio Ambiente (IMA) y posteriormente en el Programa Nacional de Manejo de Cuencas Hidrográficas y Conservación de Suelos

7. Entrevista a Armando Quispe Qquenaya, alcalde distrital de Ocongate desde 2011, Ocongate, julio de 2011 (realizada por Martín Cavero).

(Pronamachcs). Su labor se desarrolla en diferentes provincias cusqueñas, incluyendo su pueblo natal. En estos viajes, explica, "conocimos de primera mano la realidad del hombre andino". Las largas caminatas y las horas de conversación habrían mostrado a las comunidades su capacidad de trabajo, responsabilidad y eficiencia, "cumplir al cien por ciento las funciones que me encargaron", recuerda durante la entrevista realizada en julio de 2011.

Esta exitosa carrera profesional está acompañada desde el principio por una profunda inquietud política. Para Quispe, la vocación política "es algo con lo que se nace". En su época de universitario, apoya las gestiones de sus vecinos en la capital, los ayuda cuando acuden a Cusco a realizar trámites y los aconseja en su búsqueda de oportunidades laborales y profesionales. En su escaso tiempo libre, trabaja en un proyecto de alfabetización y comienza a colaborar con un conocido programa radial. Lidera también un círculo de estudios con jóvenes provincianos que como él estudian en Cusco. Posteriormente, se involucra en el entramado de instituciones locales ligadas a los proyectos de desarrollo rural que comienzan a surgir desde mediados de los noventa: forma parte del Consejo Local de Administración de Salud de Ocongate, preside ferias agropecuarias y colabora en la organización de actividades folclóricas y fiestas patronales.

Estas inquietudes cristalizan en el año 2000 con el ingreso de Quispe en Perú Posible. Ni la fecha ni el partido son casualidad: se trata de un momento de efervescencia en todo el país. Las pretensiones Alberto Fujimori de hacerse elegir presidente por tercera vez movilizan a una nueva generación que entonces da el salto a la política. Tanto en la capital como en el resto de Perú, se extiende un impulso de regeneración moral que lleva a jóvenes como Quispe a involucrarse de manera más activa. El partido liderado por Alejandro Toledo aparece como la gran alternativa que aglutina esos deseos de cambio. Aunque su ideología difusa, logra atraer a quienes, como Quispe, se sienten cansados con diez años de autoritarismo fujimorista. En su favor juega su explícita reivindicación del "cholo andino", paradigma étnico-cultural con el que se identifica gran parte de la población urbana quispicanchina. Sin embargo, como ocurre con otros muchos peruanos, Quispe rápidamente se decepciona.

En su relato no están claras las razones que lo habrían llevado a separarse de Perú Posible, aunque es probable que estas sean las mismas que en otros muchos casos: la decepción por el tibio gobierno de Toledo y por los escándalos de corrupción que entonces comienzan a sucederse.

La ruta de Quispe parece seguir los pasos de la política peruana. En 2006, aparece como candidato en la lista del Partido Aprista Peruano, agrupación que ese año gana las elecciones nacionales y se encuentra a la búsqueda de candidatos para refrendar su éxito en los ámbitos local y regional. Quispe encaja a la perfección con el perfil requerido: joven, con experiencia y redes de contactos propias, preparado profesionalmente y con un buen conocimiento del medio rural cusqueño. Para explicar su paso de Perú Posible al PAP, Quispe apunta a las particularidades de la política local andina: "Las elecciones municipales y regionales no es por el partido —explica—, sino simplemente te invitan y la aceptas". La ideología sería un factor secundario. Lo importante es la capacidad de un candidato para movilizar electores a través de sus redes de seguidores. Los partidos aportan únicamente el derecho de inscripción legal y una vaga legitimidad asociada a sus líderes nacionales (que en muchos casos puede incluso ser contraproducente). "Estas elecciones, por más que vayas con un símbolo, si eres un vecino notable, vas a ser elegido. No es como en el gobierno nacional, que por partido eligen."

Pero las cosas no siempre salen bien. Pese a sus buenas credenciales, Quispe resulta derrotado en la elección de 2006. Queda en tercer lugar con el 17,3 por ciento de los votos, por detrás de Graciano Mandura, elegido con el 20,6 por ciento, y del candidato del Partido Nacionalista Peruano. Como en el caso de otros futuros alcaldes, esta derrota da paso a un periodo de reflexión y aprendizaje. Quispe señala que su frustrado asalto al poder le habría servido para comprender la importancia de contar con su propio grupo de seguidores, más allá de los militantes de los partidos nacionales. "Definitivamente, para ser alcalde, te tienen que conocer", señala. "Si no eres conocido, no te apoyan". El éxito electoral "depende de la amistad, el liderazgo, que te apoyen líderes de la comunidad. Esto es fundamental para la campaña". El otro factor a considerar sería la propia actitud personal del candidato, lo que Quispe denomina "un enfoque positivo": ser capaz de ilusionar y movilizar a sus vecinos.

Para ser elegido "tienes que ser un buen vecino", trabajador, eficiente, respetuoso y sencillo. "Acá a la gente no le gusta un tipo renegado —insiste—. Gente que critica y no da alternativas, no sale elegida".

En 2010, Quispe encabeza nuevamente la candidatura de Perú Posible, obtiene el 36,4 por ciento de los votos emitidos y resulta elegido alcalde. Este porcentaje, extraordinariamente alto para lo habitual en las contiendas quispicanchinas, se explica en parte por el apoyo de su antiguo rival, el alcalde Mandura, quien habría aportado el prestigio de su gestión y las alianzas tejidas en muchas comunidades. Quispe enfatiza también la importancia de sus años de trabajo en el distrito: los potenciales votantes lo conocen personalmente y lo valoran. En él apreciarían, "primeramente, sencillez, mantener prudencia, demostrar en todo momento eficiencia de trabajo, la amistad que es muy importante, y en todo el Perú debe ser así". "Cuando es presidencial es distinto", reflexiona, "pero a nivel distrital es muy difícil ganar, porque acá te evalúan en el distrito. Ven tu perfil, te evalúan al cien por ciento, qué cosa eres, de dónde vienes, dónde has trabajado, si tienes profesión, qué características tienes". "Te evalúan de cerquita", concluye.

La gente del pueblo

En términos prácticos, la elección de Quispe no supone un quiebre radical con las políticas llevadas a cabo por sus antecesores campesinos. El discurso del nuevo alcalde incluye numerosas apelaciones a la necesidad de recuperar la centralidad y las tradiciones ocongatinas, pero al mismo tiempo es también realista y se ve obligado a reconocer el nuevo balance de poder que existe en el distrito. Su equipo incluye varios regidores rurales, lo que le impide desatender a las comunidades. Es consciente además de que sobre su gestión pende la amenaza de una revocatoria, un recurso que desde finales de los noventa es frecuentemente empleado en las zonas rurales cusqueñas por los candidatos derrotados para revertir el resultado e intentar nuevamente acceder al poder, sin esperar los cuatro años preceptivos. Por esta razón, muchas de las iniciativas de la gestión anterior siguen a cargo de las mismas personas. Quispe enfatiza la importancia de continuar con "las cosas que se hacen bien". Más radical es el caso de Herminio Ccahuata Huamán, elegido ese mismo año como alcalde de Huaro. Su elección supone sin ambigüedades una recuperación por parte de las élites urbanas como reacción a un periodo de gobierno de alcaldes campesinos.

Nacido como la mayoría de los protagonistas de esta historia a principios de los años setenta, en pleno contexto de la reforma agraria peruana, Ccahuata pertenece a una familia a medio camino entre los ámbitos rural y urbano.[8] Sus padres son "netamente quechuahablantes". Como vimos en los capítulos anteriores, el quechua es la lengua mayoritaria en Quispicanchi, sobre todo en los distritos altoandinos. En el valle de Vilcanota, su uso no es tan intenso en el ámbito público, pero incluso en la actualidad la inmensa mayoría de los entrevistados señalan conocerla y utilizarla en los ámbitos familiar y laboral. La familia de Ccahuata, como tantas otras, se dedica a la agricultura. Sin embargo, residen en la cabecera distrital. Esta ambigüedad entre el *ethos* rural tradicional y un emergente estilo de vida urbano, con nuevas aspiraciones, va a marcar su trayectoria. Aunque estudia primaria y secundaria en Huaro, las cosas se tuercen rápidamente. Cuando apenas tiene nueve años, su padre fallece. Son los primeros años ochenta y la crisis económica afecta a todo el país. Ccahuata recuerda asistir a la escuela con ojotas, y no con zapatos, por lo que era motivo de burla de sus compañeros. Tampoco recibía propinas de su madre. Este recuerdo lo tiene grabado hasta la actualidad, y, según nos cuenta, se encuentra en la base de su orientación política.

La pérdida de su progenitor habría marcado la vida de Ccauhata. En los siguientes años, traza una ruta azarosa que lo lleva a casi todos los rincones del territorio cusqueño. Apenas concluida la educación secundaria, emigra a la selva de Madre de Dios, donde trata de ganarse la vida en diversas ocupaciones, "aunque no le voy a contar todo lo que hice", señala enigmático. También aprovecha esos años para estudiar en el Instituto Pedagógico Nuestra Señora del Rosario. En 1992, emigra a Tinta, una próspera localidad agropecuaria de la parte alta de valle del

8. Entrevista a Herminio Ccahuata Huamán, alcalde distrital de Huaro, Huaro, julio de 2011 (realizada por Martín Cavero).

Vilcanota, bien conectada con Sicuani y con las rutas comerciales que llevan a Arequipa y Puno. Reside allí por dos años, que le permiten especializarse en ciencias naturales en el pedagógico local. Esta experiencia es clave para su maduración política. El pedagógico de Tinta es uno los institutos más prestigiosos de la región, pero a principios de los noventa sus aulas están muy politizadas. Ccahuata recuerda la presencia de activistas de la izquierda radical, que habrían tenido gran influencia en su formación ideológica.

En 1993, Ccahuata decide alistarse en el ejército. Sus estudios quedan inconclusos, hasta que años más tarde los retoma y logra graduarse. Tras una etapa de idas y vueltas, a finales de los noventa, se asienta primero en Sicuani y posteriormente en Chumbivilcas, otra de las provincias altas cusqueñas. Allí trabaja como docente en escuelas de primaria y secundaria. Para entonces ya es conocido por su actividad política, muy cercana a lo que denomina "izquierda popular". En 1999, es invitado a integrar la candidatura del Movimiento Nueva Izquierda (MNI) en su localidad natal. El MNI es la versión más ortodoxa de las múltiples facciones de la izquierda peruana. Sus prédicas marxistas influyen sobre todo en el ámbito del magisterio, de manera directa o a través de su organización matriz, el Partido Comunista del Perú-Patria Roja. La experiencia de Ccahuata, sin embargo, resulta frustrada, ya que su candidatura obtiene un porcentaje de votos muy bajo.

Tras su derrota Ccahuata decide regresar a Huaro. En 2001, comienza a trabajar en una pequeña empresa de venta de madera y de carpintería. Su especialidad es la fabricación de puertas para las viviendas de clase media y baja de Cusco. Para abastecerse de materia prima recurre a sus contactos en Madre de Dios. Esta experiencia "como empresario y emprendedor" habría contribuido a reformular su ideología, alejándolo de las posiciones extremistas de su juventud. El propio Ccahuata señala que, "en honor a la verdad", su decisión de involucrarse más activamente en la política municipal se habría debido al poco apoyo que encuentra en las autoridades locales para sacar adelante su negocio. Desde su punto de vista, la municipalidad de Huaro, lejos de facilitarle las cosas, habría hecho todo lo posible por verlo fracasar. Otro factor relevante en esos años es la influencia de su hermano mayor, quien por entonces ya tenía una carrera política bastante consolidada en Puerto Maldonado, y que constantemente lo anima a presentar su candidatura.

En 2003, Ccahuata postula al cargo de regidor en las filas de Fuerza Democrática, pero sale derrotado. Cuatro años después, se presenta como candidato a alcalde por el movimiento regional PAN, que en ese momento estaba en vías de constituirse, a partir de una ideología vagamente izquierdista. Es su tercera derrota: apenas obtiene 75 votos, menos del cuatro por ciento del total de los votos emitidos en el distrito. Decide entonces dejar de lado su negocio de carpintería y dedicar mayor tiempo a "hacerme conocido con las personas relevantes del distrito". Trabajar con estudiantes y jóvenes, en organizaciones deportivas y sociales le habría permitido un mayor "roce social" con la población. También postula y logra obtener el cargo de presidente del comité electoral de la Junta de Regantes, "demostrando que sí podía trabajar bien". Otro factor de reconocimiento habría sido la orientación social de su empresa, puesta "al servicio de la población", que se consolida como una de las principales fuentes de empleo de Huaro.

Este intenso trabajo político corre en paralelo a lo que Ccahuata considera una "toma de conciencia" sobre los riesgos que amenazan a su distrito natal. Desde su punto de vista, los problemas surgen cuando en 2007 por primera vez un comunero alcanza la alcaldía. Este triunfo es posible por la existencia de una única candidatura rural, consensuada entre todas las comunidades del distrito. Representando a esta coalición, el candidato del movimiento Ayllu obtiene el 39,9 por ciento de los votos válidos. Esta victoria supone un trauma para los habitantes de la capital, ya que Huaro es un distrito fundamentalmente urbano. La candidatura campesina no habría tenido éxito si no se hubieran presentado un gran número de listas con candidatos urbanos diferentes, que dividen el voto de los habitantes de la capital. Como respuesta, desde 2008 comienzan a producirse reuniones entre los potenciales candidatos urbanos, con vistas a consensuar también ellos una candidatura unificada en las siguientes elecciones. Según Ccahuata, "nos dimos cuenta de cuenta que el alcalde que entró en ese periodo apoyaba mucho más a las comunidades de altura que a la población de la parte baja". Su gestión enfocada en las actividades agropecuarias habría perjudicado a los emprendimientos artesanales y a la pequeña industria local, ya que los recursos municipales se concentran en obras para las comunidades agropecuarias y en brindar apoyo a los negocios agropecuarios campesinos. Las élites urbanas temen que esta situación se perpetúe, alterando el equilibrio de poder del distrito. Según Ccahuata, "los campesinos querían poner su gobernante durante varios periodos".

Este es el origen de lo que en Huaro se denomina "el consenso", un proceso informal de elecciones primarias que concluye con un único candidato apoyado por la mayor parte de la población urbana. Ccahuata, en su doble condición de político con experiencia y empresario exitoso, encabeza esta candidatura, que concurre a la elección dentro de las listas de la Gran Alianza Nacionalista (GANA Perú). El resultado esta vez es favorable, ya que logra imponerse con el 33,3 por ciento de los votos emitidos, frente al 25,5 por ciento del candidato del movimiento Ayllu.

La elección de Ccahuata puede considerarse un punto de inflexión en el auge de los alcaldes rurales. Es la primera vez que un movimiento de reacción urbano vence a una candidatura rural apoyada por la mayor parte de las comunidades de un distrito. En el momento de concluir el trabajo de campo que alimenta este libro, la nueva gestión se encontraba aún en su etapa inicial. Su discurso es mucho más radical que el de Quispe, pero todavía es demasiado pronto para saber si estas proclamas se plasmarán realmente en un cambio en el estilo de gobierno local. Es pronto también para saber si estas victorias de alcaldes urbanos son un primer síntoma de un proceso mayor o únicamente una excepción, una anécdota al margen en la historia del ascenso de los alcaldes rurales. Huaro es un distrito pequeño y poco relevante en el equilibrio general de la provincia de Quispicanchi. En otros distritos, las elecciones de 2010 suponen la consagración de nuevos alcaldes rurales. El propio Graciano Mandura, anterior alcalde de Ocongate, es elegido como alcalde provincial, en sustitución de Domingo Huitoccollo.

Estos resultados muestran que Quispicanchi es un territorio donde conviven dinámicas políticas contradictorias. La gestión de los alcaldes rurales (junto con otros procesos de alcalde nacional y regional) es un síntoma de empoderamiento de las poblaciones rurales, que contribuye a disminuir la pobreza y se traduce en una mejora de la condiciones de vida para un parte importante de la población. Es parte también de un proceso de reivindicación social y cultural. Sin embargo, como cualquier proceso político, implica también problemas y tensiones. Tiene ganadores y perdedores. Mientras una parte importante de la población parece encontrarse satisfecha con el rumbo emprendido en los últimos años, existen también sectores descontentos, que buscan revertir el proceso, impulsando sus propios proyectos de desarrollo local, diferentes del modelo preconizado por los alcaldes de origen campesino. Queda por ver la evolución de estas nuevas rivalidades en los próximos años.

Epílogo

Llegamos al final. Me queda poco por decir antes de acabar. El libro termina igual que comenzó: con un desfile. Esta vez el escenario es Cusco, la capital regional, una ciudad acostumbrada a las manifestaciones, las marchas de protesta, los cortes de calles y los bloqueos de las principales avenidas. La tradición combativa de este rincón del Perú se refleja en el apelativo de "Cusco rojo" que la ciudad recibe hasta la actualidad.[1] Sin embargo, la marcha del 14 de febrero de 2014 es poco habitual. Por momentos parece un carnaval adelantado o alguna de las múltiples fiestas religiosas que reúnen la tradición andina y la fe católica de los pobladores rurales cusqueños. Varios centenares de pobladores de Quispicanchi recorren la avenida Del Sol, la principal vía que comunica el aeropuerto con el centro de la ciudad, repleta a esta hora de la mañana de funcionarios que entran y salen de sus oficinas y de turistas que comienzan el día. Encabezan la marcha los delegados de la Hermandad del Señor de Qoyllorit'i. Pese a que a la mañana amenaza lluvia, llevan todos los emblemas de la ocasión. El rictus de sus rostros es severo. La mayoría vienen de Ocongate y Ccatcca, otros de la parte baja de la provincia: Urcos, Andahuaylillas y Oropesa. También hay quispicanchinos residentes en la capital regional, que se unen a los reclamos en contra de lo que consideran un ataque contra su identidad y su patrimonio

1. Sobre esta tradición: Gutiérrez 1986.

cultural. El motivo de la protesta es la pretensión de uno de los infinitos partidos políticos cusqueños de utilizar la imagen de un *ukuku* como emblema electoral.

Los manifestantes siguen su camino sin hacer caso de los bocinazos propinados por los cada vez más indignados automovilistas, que ven su paso bloqueado por la protesta. Tras doblar a la derecha por la calle Mantas, la marcha llega hasta la Plaza de Armas, donde son recibidos por decenas de turistas que visitan la catedral y la vecina iglesia de la Compañía de Jesús o disfrutan de un desayuno tardío en alguno de los muchos balcones coloniales convertidos en restaurantes con vista a la plaza. Entre divertidos y curiosos, sacan sus cámaras para retratar la pintoresca manifestación: una historia más para contar a su regreso a casa. El *ukuku* es uno de los personajes emblemáticos de la peregrinación al santuario del señor de Qoyllorit'i. Es también un nombre muy frecuente en hoteles y negocios turísticos, ya que reúne adecuadas dosis de exotismo, autenticidad andina y misterio. Incluso uno de los locales nocturnos más famosos de Cusco se llama así. Sin embargo, su apropiación como emblema político parece haber sido demasiado. "El ukuku es símbolo de autoridad y justicia", señala uno de los carteles, "no imagen política". "Respeten a nuestro ukuku", proclama otro. El mismo mensaje recoge un cartel amarillo en manos de una señora anciana, tocada con el gorro característico de las mestizas oropesinas: "Respeten nuestros ukukus". De su mano, con una ingenua vena poética, el afiche de su hija (o quizás sea su nieta) señala: "Ukuku devoción y tradición. No lo perdamos con una votación".

"No somos políticos, sino peregrinos del señor", es el lema más repetido. Algunos turistas se acercan a preguntar la razón de la protesta y se hacen fotos con los peregrinos. La modesta elegancia de los manifestantes contrasta con las ropas coloridas e informales de los visitantes. Otros miran desde lejos, sin decidirse a perder su privilegiado emplazamiento desde donde disfrutan de su estancia en Cusco. La mañana es soleada y hasta el momento tranquila, algo raro en plena temporada de lluvias. Los menos interesados por la evolución de la marcha son los pocos habitantes de Cusco que a esa hora están en la plaza, por lo general un territorio dominado por los turistas. Tienen prisa y apenas se detienen un momento a escuchar los reclamos. Están acostumbrados, en Cusco hay protestas casi todos los días. La mayoría se muestran de acuerdo con los manifestantes. Expresan de manera efusiva su convicción de que la política no se debe mezclar con la cultura, pero ocupados en sus cosas no se unen a la protesta. Una nueva consigna surge en ese momento entre los manifestantes: "Queremos desarrollo, no política". El grito hace fortuna y se extiende. En los siguientes minutos se vuelve a repetir varias veces, mientras poco a poco la protesta se va disolviendo.

Este es un buen punto para poner fin al libro. Los campesinos de Quispicanchi están en las calles de la capital regional, protestando y reclamando por lo que consideran su "derecho al desarrollo". El protagonismo de esta palabra no es casualidad. Como he tratado de mostrar, la noción de desarrollo rural tiene un significado complejo en el contexto cusqueño. Significa muchas cosas al mismo tiempo. Es una aspiración ideal a la par que un paradigma de transformación social. La palabra codifica nuevas y viejas demandas; expresa anhelos que remiten al universo tradicional de las reivindicaciones campesinas de autonomía y autogobierno, pero también nuevas aspiraciones relacionadas con la economía de mercado.

Cusco continúa creciendo y modernizándose. Una nueva vía expresa está a punto de inaugurarse para conectar el centro de la ciudad con el sur, evitando las aglomeraciones que cada día se producen en San Jerónimo. En Urcos, una carretera de circunvalación evitará en pocos meses que los camiones sigan atravesando el centro de la localidad. El paradigma de desarrollo rural andino es el resultado de la combinación de ideas y prácticas provenientes del exterior, del universo multinacional de la cooperación al desarrollo, junto con ideas, tradiciones y prácticas locales, propias del mundo andino. Visto en perspectiva, puede considerarse como una camisa de fuerza, que constriñe la imaginación política de los actores locales. Fija unas reglas y unos límites para los proyectos de transformación rural, señala las líneas rojas que no se pueden superar y determina hasta dónde pueden llegar los objetivos legítimos del juego político. Delimita también los canales a través de los cuales puede lograrse la transformación a la que aspira la mayor parte de los habitantes de la provincia. Se deja de hablar de redistribución de la tierra y revolución y se empieza a hablar de cambio gradual, de reducción de la pobreza y de incremento de ingresos de los pobladores rurales. La economía de mercado se convierte en un dogma inamovible, lo mismo que el modelo de democracia liberal, que en los años setenta y ochenta había sido rechazado por gran parte de la izquierda peruana.

Sin embargo, quedarse con esta imagen de camisa de fuerza sería injusto. Como paradigma de políticas públicas, el desarrollo rural es lo suficientemente flexible y amplio para dar cabida a una gran parte de las demandas y reclamos de los pobladores rurales quispicanchinos. Alcaldes, líderes campesinos y pobladores rurales no son meros espectadores pasivos de esta historia. Por el contrario, con sus decisiones, intervenciones y luchas de intereses contribuyen a moldear un proceso político particular. Sobre el terreno, más que un conglomerado monolítico de prácticas y discursos impuesto desde arriba o desde fuera, el desarrollo rural realmente existente es una práctica híbrida, producto de múltiples negociaciones, tiras y aflojas, concesiones y rectificaciones. Los resultados son diferentes y variables, según los momentos y los escenarios que se analicen.

El paradigma de desarrollo rural genera y al mismo tiempo se apoya en un conjunto de nuevos actores rurales, que desde finales de los ochenta se apoderan progresivamente del escenario cusqueño. Por un lado, están las ONG y los programas de desarrollo, que en este periodo cobran mayor fuerza, hasta el punto de sustituir al Estado, a los sindicatos agrarios y a los partidos políticos como principales referentes para la articulación de las demandas de los pobladores rurales. Por otro lado, surge también una nueva generación de líderes rurales, con expectativas y características diferentes de las de sus antecesores. Aunque retoman y continúan muchas de las demanda tradicionales de autogobierno campesino, lo hacen de una manera distinta a sus padres y abuelos. Es una época diferente, con una alineación distinta de las fuerzas políticas. Los partidos políticos organizados en torno a principios ideológicos dejan de ser importantes, sustituidos por formas más confusas de hacer política: coaliciones de independientes, liderazgos basados en identidades comunales, etc. Los nuevos líderes rurales buscan adaptarse a estas circunstancias, y de hecho lo hacen con bastante fortuna. En la última década, gracias a la fragmentación política y a las normas electorales peruanas, acceden a espacios de poder que en la época de los partidos políticos ideológicos (tan añorados por algunos especialistas) habían estado fuera de su alcance. Gracias a este nuevo poder, consolidan el giro iniciado por la reforma agraria en las estructuras sociales y políticas de los espacios rurales cusqueños, ampliando sus márgenes de autonomía y autogobierno.

Quienes protagonizaron la etapa trágica y heroica de la reforma agraria salen definitivamente del escenario político a finales de los años noventa. Los nuevos líderes rurales quispicanchinos, como en otras partes de la sierra sur peruana, transitan con fluidez entre los espacios rurales y urbanos. Pasan de la capital regional a las capitales distritales y a sus comunidades. Tienen trayectorias de vida complejas. Muchos de ellos incluso tienen formación universitaria e inician su vida laboral en el mundo de las ONG y las instituciones de desarrollo, de donde toman muchas de las prácticas y discursos, que luego tratan de replicar una vez que alcanzan el poder. Sin embargo, no se trata solo de una mera traslación al ámbito público de lo aprendido previamente en el ámbito privado. El estilo de gobierno de los alcaldes rurales quispicanchinos es deudor también de la economía moral andina, que privilegia la cohesión social por encima de la eficiencia administrativa y por encima también del crecimiento económico. El resultado es una suerte de keynesianismo andino: gobiernos municipales que buscan intervenir en la vida económica de sus distritos mediante un fuerte gasto público, enfocado en obras y proyectos productivos, pero siguiendo una serie de reglas pensadas para prevenir disparidades económicas o sociales demasiado fuertes. Este modelo se ve favorecido por la particular coyuntura económica y política que atraviesa el país a comienzos de este siglo. Las municipalidades rurales se refuerzan en los planos político y económico gracias a las transferencias por concepto de canon. Las municipalidades tienen ahora más fondos para gastar que nunca antes en su historia. Debido a todo ello, esta década es probablemente el momento en que los anhelos de autogobierno campesino están más cerca de materializarse: controlan el gobierno local y tienen recursos para desarrollar su propia política.

En septiembre de 2015, cuando este libro estaba ya en la etapa de pruebas editoriales, el Instituto Nacional de Estadística y e Informática (INEI) publicó por primera vez en varios años datos actualizados de pobreza a nivel local En comparación con 2007, todos los distritos de Quispicanchi mostraban una evolución positiva, en algunos casos con indicadores de reducción de pobreza muy significativos. Esta evolución positiva es parte de una tendencia más amplia, que se observa en casi toda la sierra sur peruana. En contraste, la sierra norte pareciera estar quedándose rezagada. El eje de la pobreza rural peruana estaría, por lo tanto, desplazándose del sur hacia el norte.

Estos datos refrendan retrospectivamente muchas de las valoraciones señaladas en los capítulos anteriores. Quispicanchi puede ser visto como una historia de éxito relativo. Considerada en perspectiva comparativa, la trayectoria reciente de la provincia permite extraer varias conclusiones de interés para los debates sobre el desarrollo rural andino. La historia de los alcaldes quispicanchinos evidencia la importancia de los procesos de larga duración de empoderamiento de la población rural, cuya evolución en cuanto a educación, capacidades y demandas muestra el impacto profundo de la reforma agraria peruana en la actual configuración del mundo rural andino. Aunque en sí misma no cumpliera sus objetivos, la reforma agraria habría desencadenado procesos sociales, políticos y económicos que están en la base de los cambios ocurridos en los últimos años. Pese a que los objetivos iniciales de sus promotores eran otros, fortalece a las comunidades campesinas, refuerza la conciencia de derechos de la población rural, genera nuevos discursos y sentidos comunes, y abre la puerta a la llegada a nuevos actores, que cambian las dinámicas políticas locales. Y más importante aún, permite a los campesinos de las empobrecidas comunidades andinas imaginar un futuro diferente para sus hijos. Facilita su acceso la educación y con el paso del tiempo permite el surgimiento de nuevos liderazgos campesinos, diferentes pero al mismo tiempo herederos de la época de la reforma agraria. Todos estos elementos condicionan la realidad de Quispicanchi desde los años ochenta hasta la actualidad.

Otro aspecto destacado es la multidimensionalidad de los procesos de cambio en el mundo rural peruano. En Quispicanchi conviven procesos de cambio de largo, mediano y corto plazos. Cultura, economía y política no son ámbitos aislados que puedan analizarse por separado. En la línea de lo señalado por Bebbington, para entender la evolución de un territorio, junto con las dinámicas políticas y económicas, es necesario considerar los imaginarios del desarrollo y las identidades colectivas de sus habitantes.[2] Desde finales de los noventa, en Quispicanchi asistimos al surgimiento una narrativa regional del desarrollo que se convierte en hegemónica en el territorio y contribuye de manera decisiva al afianzamiento de las nuevas dinámicas políticas y económicas. Esta narrativa se alimenta de los debates regionales sobre la identidad cusqueña. La nostalgia de lo que se considera una civilización andina genuina, donde todos los pobladores rurales serían tratados con justicia y no existiría la pobreza, es el eje de un discurso, que expresa al mismo tiempo reivindicación social y cultural. Todos estos esfuerzos contribuyen a redefinir la manera en que la provincia es percibida y la manera en que sus habitantes se ven a sí mismos.

Pero tampoco debemos cometer el error de idealizar nuestro estudio de caso. Nada más lejos de mi intención que postular un "modelo quispicanchino de desarrollo rural", susceptible de ser imitado en otras provincias o regiones peruanas. Junto con éxitos y buenas noticias, las historias narradas en esta investigación también dejan ver los límites, contradicciones y dilemas del paradigma de desarrollo rural y de las políticas campesinas realmente existentes en las provincias rurales andinas. Quispicanchi sigue teniendo una tasa muy alta de pobreza. Para la mayor parte de sus habitantes, la vida sigue siendo precaria. También se incrementan las desigualdades en estos últimos años. Ni todos los distritos, ni todos los pobladores se benefician del efecto combinado de la dinamización económica y la apertura política. Localidades como Urcos pierden relevancia para los habitantes del territorio e inician una pronunciada decadencia. La llegada al poder de los alcaldes rurales tampoco soluciona los problemas de exclusión que sufre la provincia. En cuanto a las mujeres que habitan en Quispicanchi, su situación es especialmente grave. Es aquí donde probablemente menos avances se perciben. Más allá de algunos ejemplos puntuales, la acción de los alcaldes rurales y sus aliados

2. Bebbington 2011.

no incide de manera significativa en unos sistemas de género que son profundamente discriminatorios. La violencia familiar sigue siendo muy alta. En muchas zonas, especialmente en las comunidades altoandinas, persisten normas informales que limitan el acceso de las mujeres al control de tierra y otros medios de vida. Estos sesgos están presentes también en los propios proyectos de desarrollo auspiciados por las ONG y la cooperación internacional. Su impacto en términos de equidad de género es muy discutido, como hemos visto en los capítulos pasados, e incluso los proyectos especialmente enfocados en empoderamiento femenino parecen haber tenido resultados ambiguos, muy por debajo de lo esperado.

También está en duda la sostenibilidad del modelo de desarrollo rural impulsado por los alcaldes quispicanchinos. El keynesianismo andino no habría sido posible sin el espectacular aumento de los recursos municipales de los últimos años. Son estos fondos los que alimentan el modelo y constituyen su condición de posibilidad. Sin embargo, se trata de recursos que provienen sobre todo de transferencias del gobierno central. Los alcaldes tienen poco control sobre su regulación, y su vulnerabilidad se incrementa por la escasez de ingresos propios y el ambiente extremadamente contrario al pago de impuestos que impera en la provincia. Se da la paradoja, además, de que el canon está vinculado a la explotación gasífera y minera, actividades a las que se oponen abiertamente la mayor parte de los quispicanchinos, incluidos los alcaldes. Podríamos decir, por lo tanto, que se trata de un proyecto político local subvencionado por un modelo de desarrollo nacional extractivista al que se oponen los propios actores locales, quienes además no siempre son conscientes de esta paradoja, una contradicción que a medio plazo puede significar un grado muy alto de tensión y vulnerabilidad.

Si las condiciones económicas que hacen posible el keynesianismo andino están fuera del alcance de los habitantes del territorio, lo mismo ocurre con las condiciones políticas. La ley electoral que permite la elección de alcaldes rurales está sujeta a fuerte presión. Entre sus críticos se encuentran muchos políticos y académicos de izquierda, que ven la fragmentación política como un elemento negativo, ya que impediría consolidar movimientos progresistas de ámbito nacional similares a los de otros países vecinos. De ahí que se hayan impulsado propuestas en el parlamento nacional para instaurar una segunda vuelta en las elecciones locales. De aprobarse, esta medida cambiaría completamente la economía política de las elecciones quispicanchinas, favoreciendo a los candidatos urbanos en perjuicio de los rurales. Otra paradoja más, por lo tanto, es que los intereses de la izquierda nacional parecen en este punto ir en contra de la política campesina andina realmente existente.

El futuro es, por lo tanto, incierto. Es decir, como siempre. Cuando estaba a punto de entregar a la imprenta este libro asistí a una presentación del historiador norteamericano Stephen E. Lewis sobre el trabajo de los antropólogos indigenistas mexicanos en Oaxaca en los años cincuenta, sesenta y setenta del siglo pasado.[3] Frente la visión actual predominantemente negativa de esta etapa, Lewis reflexionaba sobre la dificultad para juzgar las experiencias de desarrollo rural con parámetros de éxito o fracaso importados del mundo académico. Un paso más allá se preguntaba, incluso, si era legítimo desde un punto de vista moral emitir este tipo de valoraciones, en un contexto en el que nunca contaremos con toda la información y todas las opiniones necesarias. Estoy absolutamente de acuerdo con estas palabras. Al acabar este libro me encuentro en una situación muy similar. Sin embargo, aun asi creo que la historia de Quispicanchi debe tener un tono final positivo. Los esfuerzos de sus habitantes, sus éxitos relativos y su capacidad para aprovechar los intersticios de oportunidad matizan la visión excesivamente negativa que predomina en los análisis del proceso de descentralización peruano. Se trata de un ejemplo que muestra que incluso políticas desacertadas a nivel nacional pueden tener repercusiones positivas cuando son analizadas a nivel local, ofreciendo nuevas oportunidades a poblaciones tradicionalmente excluidas para extender sus márgenes de libertad y acción política. Veremos qué pasa más adelante.

---

3. Stephen E. Lewis, "Una defensa (con reservas) del indigenismo mexicano, 1948-1976". Conferencia pronunciada en el Seminario Internacional INTERINDI "Categorías e indigenismo en América Latina", Sevilla, 10-12 de noviembre de 2015.

[illegible] el paradigma [illegible] que [illegible] de [illegible]
[illegible] libro [illegible]

8 [illegible] 2011.

Bibliografía

ADLAM, Robert y Lorne HOLYOAK

2005 "Shamanism in the postmodern world: A review essay", *Studies in Religion/Sciences Religieuses*, vol. 34, n.° 3-4, pp. 517-568.

AGÜERO, Aileen, y Mariana BARRETO

2012 *El nuevo perfil de las mujeres rurales jóvenes de Perú*. Lima: Instituto de Estudios Peruanos, serie Nuevas Trenzas, n.° 2.

AGURTO, José, et ál.

2002 *Gestión de ecosistemas lacustres de alta montaña. El caso de la subcuenca Pomacanchi*. Cusco: Instituto de Medio Ambiente.

ALLEN, Catherine

1983 "Of Bear-Men and He-men: Bear Metaphors and Male Self-Perception in a Peruvian Community", *Latin American Indian Literatures*, vol. 7, n.° 1, pp. 38-51.

ALTHAUS GUARDERAS, Jaime de

2007 *La revolución capitalista en el Perú*. Lima: Fondo de Cultura Económica.

ANDALL, Robert

1982 "Quyllur Rit'i: An Inca fiesta of the Pleiades", *Boletín del Instituto Francés de Estudios Andinos*, vol. 11, n.° 1-2, pp. 37-81.

Andrés García, Manuel
2010 *Indigenismo, izquierda, indio. Perú, 1900-1930*. Sevilla: Universidad Internacional de Andalucía.

Anrup, Roland
1990 *El taita y el toro: en torno a la configuración patriarcal del régimen hacendario cusqueño*. Estocolmo: LAIS.

Argumedo, Alejandro
2008 "The Potato Park, Peru: Conserving Agrobiodiversity in an Andean Indigenous Biocultural Heritage Area", en T. Amend, J. Brown, A. Kothari, A. Phillips y S. Stolton, editores, *Protected Landscapes and Agrobiodiversity Values*. Heidelberg: IUCN, GTZ, Kasparek Verlag.

Argumedo, Alejandro y Michel Pimbert
2006 *Protecting indigenous knowledge against biopiracy in the Andes*. Londres: IIED.

Asensio, Raúl H.
2008 "Posibilidades y límites de las estrategias de desarrollo local basadas en la identidad cultural en el valle del Colca (Arequipa, Perú) en C. Ranaboldo y A. Schejtmann, editores, *El valor del patrimonio cultural. Territorios rurales, experiencias y proyecciones latinoamericanas*. Lima: Instituto de Estudios Peruanos, Rimisp-Centro Latinoamericano para el Desarrollo Rural.

2010 "Desarrollo rural y activos culturales. El Mapa de Emprendimientos con Identidad Cultural Valle Sur-Ocongate", *Revista Argumentos*, año 4, n.° 2.

2011 "Algunas ideas sobre el voto rural en dos territorios de la sierra sur", en *Revista Argumentos*, año 5, n.° 2.

2012 "El giro territorial en las ciencias sociales peruanas. Balance de estudios sobre desarrollo, mundo rural y territorio", en Raúl H. Asensio, Fernando Eguren y M. Ruiz, SEPIA XIV. *El problema rural en debate, Lima, Seminario Permanente de Investigación Agraria*. Lima; Seminario Permanente de Investigación Agraria, pp. 19-90.

2013 *El parque de la papa de Cusco: claves y dilemas para el escalamiento de innovaciones rurales en los Andes (1998-2011)*. Lima: Instituto de Estudios Peruanos, serie documentos de trabajo, 48.

2014a "Estudio de caso: Perú" en José Joaquín Brunner Ried, Orazio J. Bellettini Cedeño y Adriana M. Arellano Albuja, editores, Más Saber América Latina, potenciando el vínculo entre think tanks y universidades. Santiago de Chile: Grupo Faro y Centro de Políticas Comparadas de Educación de la Universidad Diego Portales, pp. 462-540.

2014b "¿Luz después del eclipse? Tendencias recientes en los estudios sobre la reforma agraria peruana", ponencia presentada en el 37° Congreso Internacional de la Asociación de Estudios Latinoamericanos (LASA), Chicago, 21-24 de mayo de 2014.

en prensa "Los museos arqueológicos de la costa norte de Perú. Éxito y límites de una estrategia para diversificar el turismo (2007-2013)".

Asensio, Raúl H. y Carolina Trivelli

2011 "Puesta en valor de activos culturales y dinámicas territoriales en el sur de Cusco". Santiago de Chile: Rimisp-Centro Latinoamericano para el Desarrollo Rural, serie documentos de trabajo del programa Desarrollo Territorial Rural con Identidad Cultural.

2013a "Crecimiento económico, cohesión social y trayectorias divergentes (Valle Sur-Ocongate, Cusco, Perú)" en Julio Berdegué y Félix Modrego, *De Yucatán a Chiloé: dinámicas territoriales en América Latina*. Buenos Aires; Teseo, Rimisp-Centro Latinoamericano para el Desarrollo Rural, International Development Research Centre, pp. 351-392.

2013b "¿El ocaso de las ciudades intermedias? Urcos y las dinámicas territoriales del sur de Cusco" en José Canziani y Alexander Schejtman, editores, *Ciudades intermedias y desarrollo territorial*. Lima: Pontificia Universidad Católica del Perú, pp. 83-108.

Asensio Raúl H. y Carolina Trivelli, editores
2014 *La revolución silenciosa: mujeres rurales jóvenes y sistema de género en América Latina*. Lima: Instituto de Estudios Peruanos, Fondo Internacional para el Desarrollo Agrícola.

Asensio, Raúl H. y Martín Cavero
2013 *El parque de la papa de Cusco: claves y dilemas para el escalamiento de innovaciones rurales en los Andes (1998-2011)*. Lima: Instituto de Estudios Peruanos, serie documentos de trabajo, 183.

Asociación Andes
2011 "Visit to the Native Potato Culinary Sanctuary of the Potato Park, Pisaq, Cusco, Peru", 1° de junio de 2011.

Avanza, Martina
2005 "¿Qué significa ser cusqueño? La construcción de un discurso identitario en un diario de Cusco entre 1919 y 1930", en Antoinette Molinié, editora, *Etnografías de Cusco*. Cusco: Centro de Estudios Regionales Andinos Bartolomé de Las Casas.

Ávila, Javier
2007 "Gobiernos locales en distritos rurales indígenas de la sierra sur peruana: dinámicas de participación y exclusión social" en Willlem Assies y Hans Gündermann, editores, *Movimientos indígenas y gobiernos locales en América Latina*. San Pedro de Atacama: Instituto de Investigaciones Arqueológicas y Museo, Universidad Católica del Norte, El Colegio de Michoacán, International Work Group fo Indigenous Affairs, pp. 26-43.

Ballén, Mariana y Pedro Francke
2003 "Perú: dos programas de combate contra la pobreza" en *La pobreza rural en América latina: lecciones para una reorientación de la políticas*. Santiago de Chile: Comisión Económica para América Latina (CEPAL), Rimisp-Centro Latinoamericano para el Desarrollo Rural, Organización de las Naciones Unidas para la Alimentación y la Agricultura (FAO), pp. 183-196.

BARKIN, David

2001a "La nueva ruralidad y la globalización" en Edelmira Pérez y María Adelaida Farah, editores, *La Nueva Ruralidad en América Latina*. Bogotá: Pontificia Universidad Javeriana.

2001b "Superando el paradigma neoliberal: desarrollo popular sustentable", en N. Giarracca, *¿Una nueva ruralidad en América Latina?* Buenos Aires, Facultad Latinoamericana de Ciencias Sociales.

BARRETO ÁVILA, Mariana, Andrea GARCÍA ABAD y Raúl H. ASENSIO

2013 *Control y trasgresión. El uso, apropiación e impacto de las TIC por las mujeres rurales jóvenes en el Perú*. Lima: Instituto de Estudios Peruanos, serie documentos de trabajo, 199.

BAUDIN, Louis

1943 *El imperio socialista de los incas*. Santiago de Chile: Zig-Zag.

BAUER, Brian S.

2008 *Cusco antiguo. Tierra natal de los incas*. Cusco: Centro Bartolomé de las Casas.

BEBBINGTON Anthony

2007 "Elementos para una ecología política de los movimientos sociales y el desarrollo territorial en zonas mineras", en Anthony Bebbington, editor, *Minería, movimientos sociales y respuestas campesinas. Una ecología política de transformaciones territoriales*. Lima: Instituto de Estudios Peruanos, pp. 23-46.

2011 "Theorizing rural territorial dynamics in Latin America: elements for a theoretical framework", documento preparado para el programa Dinámicas Territoriales Rurales, Rimisp–Centro Latinoamericano para el Desarrollo Rural.

BEBBINGTON, Anthony, Rafael ROJAS y Leonith HINOJOSA

2002 *El programa de cofinanciamiento de Holanda y sus contribuciones al desarrollo rural en las zonas altas de Perú y Bolivia*. Boulder: Steering Committee for the Evaluation of the Netherlands' Cofinancing Program.

BÉJAR, Héctor
2009 "Comentarios a los cuentos feos de Enrique Mayer", *Revista Argumentos*, año 3, n.° 4, setiembre 2009.

BERGHE, Peter L. van de, y Julio FLORES OCHOA
2000 "Tourism and Nativistic Ideology in Cusco, Peru", *Annals of Tourism Research*, vol. 47, nº 1, pp. 7-26.

BLANCHARD, Peter, editor
1990 *Markham in Peru, The Travels of Clements R. Markham, 1852-1853*. Austin: University of Texas Press.

BOSMAN, Karin
2007 "Ofreciendo un mundo imaginario: los guías de turismo en el Cusco", en Annelou Ypeij y Annelies Zoomers, editoras, *La ruta andina: turismo y desarrollo sostenible en Perú y Bolivia*. Quito: Abya Yala, Instituto de Estudios Peruanos, pp. 199-218.

BOWEN, Sally
2001 "Foncodes, un panorama" en *Concertando para el desarrollo: lecciones aprendidas en sus estrategias de intervención*. Lima: Fondo de Cooperación y Desarrollo Social.

BROWN, Jessica, y Ashish KOTHARI
2011 "Traditional agricultural landscapes and community conserved areas: An overview", *Management of Environmental Quality*, vol. 22 no. 2, pp. 139-153.

BURGA, Manuel
1988 *Nacimiento de una utopía: muerte y resurrección de los incas*. Lima: Instituto de Apoyo Agrario.

CABALLERO, José María
1981 *Economía agraria de la sierra peruana antes de la reforma agraria de 1969*. Lima: Instituto de Estudios Peruanos.

1984 *Agricultura, reforma agraria y pobreza campesina*. Lima: Instituto de Estudios Peruanos.

CABALLERO, José María, y Elena ÁLVAREZ
1980 *Aspectos cuantitativos de la reforma agraria 1969-1979*. Lima: Instituto de Estudios Peruanos.

Cabero, Javier, y Wilhelm Van Immerzeel

2007 "Building learning networks for small-scale farmers: Pachamama Raymi as an innovative knowledge management system", *Knowledge Management for Development Journal*, vol. 3, n.° 2, pp. 52-63.

Cadena, Marisol de la

2004 *Indígenas mestizos: raza y cultura en el Cusco*. Lima: Instituto de Estudios Peruanos.

2006 "¿Son los mestizos híbridos? Las políticas conceptuales de las identidades andinas", *Universitas Humanística*, n.° 61, pp. 51-84.

2007 "Murió Nazario Turpo indígena y cosmopolita", *Lucha indígena*, n.° 14, octubre de 2007.

Cahill, David

1988 "Una visión andina: el levantamiento de Ocongate de 1815", *Revista Histórica*, vol. 12, nº 2, pp. 133-159.

2003 "Primus inter pares. La búsqueda del Marquesado de Oropesa camino a la Gran Rebelión (1741-1780)", *Revista Andina*, nº 37, pp. 9-52.

Cameron, John D.

2008 "Democratización rural y desarrollo rural en la sierra ecuatoriana", en Liisa North y John D. Cameron, *Desarrollo rural y neoliberalismo: Ecuador desde una perspectiva comparativa*. Quito: Universidad Andina Simón Bolívar, Corporación Editora Nacional, pp. 205-230.

2009 "Hacia la alcaldía: The Municipalization of Peasant Politics in the Andes", *Latin American Perspectives*, vol. 36, pp. 64-82.

Cant, Anna

2012 "Land for Those Who Work It: A Visual Analysis of Agrarian Reform Posters in Velasco's Peru". *Journal of Latin American Studies*, vol. 44, n.° 1, pp 1-37.

CARPIO, Olga del, Augusto CAVAZA y Hebert GÓMEZ
1992 *El impacto de proyectos de desarrollo en sierra: el caso del PRODERM en la Cuenca de Pomacanchi-Cusco*. Cusco: Centro Bartolomé de las Casas.

CASTRO POZO, Hildebrando
1936 *Del ayllu al cooperativismo socialista*. Lima: Imprenta P. Barrantes Castro.

CCAIJO
2008 *Diagnóstico de la provincia de Quispicanchi*, 2008. Cusco: Centro de Capacitación Agroindustrial Jesús Obrero.

CENTRO GUAMÁN POMA DE AYALA
2001a *La cocina popular andina. Primer Concurso de Platos Nutritivos*. Cusco: Centro Guamán Poma de Ayala.

2001b *La cocina popular andina. Segundo Concurso de Platos Nutritivos*. Cusco: Centro Guamán Poma de Ayala.

2002 *Patrimonio y mágico territorio. Guía del Valle de Cusco: San Jerónimo, Saylla, Oropesa y Lucre*. Cusco: Centro Guamán Poma de Ayala.

2004a *Amanecer en el bajo Huatanay. Diagnóstico de recursos naturales en el Valle de Cusco*. Cusco: Centro Guamán Poma de Ayala.

2004b *La historia de mi distrito en imágenes San Jerónimo - Saylla - Oropesa – Lucre*. Cusco: Centro Guamán Poma de Ayala.

2005a *El rol de los gobiernos locales en la promoción del desarrollo económico local*. Cusco: Centro Guamán Poma de Ayala, Cusco.

2005b *La historia de mi distrito Una historia para ser contada. San Jerónimo - Saylla - Oropesa – Lucre*. Cusco: Centro Guamán Poma de Ayala.

2005c *Recuperando el río Huatanay para la vida. Problemas, riesgos, soluciones*. Cusco: Centro Guamán Poma de Ayala.

2006a *Aportes al Plan de Acondicionamiento Territorial del Valle Sur*. Cusco: Centro Guamán Poma de Ayala, Asociación de Municipalidades para la Concertación Interdistrital del Desarrollo del Valle Sur de Cusco, CID - Valle Sur.

2006b *Cocina Popular Andina, recetario n.° 3*. Cusco: Centro Guamán Poma de Ayala.

2006c *El Valle Sur*. Cusco: Centro Guamán Poma de Ayala, Asociación de Municipalidades para la Concertación Interdistrital de Desarrollo del Valle Sur de Cusco.

2006d *Vamos a salvar el Huatanay*. Cusco: Centro Guamán Poma de Ayala.

2008a *Memoria Institucional Proceso PIDES: Valle Sur 1996-2007*. Cusco: Centro Guamán Poma de Ayala.

2008b *Salvemos el Huatanay. Una prioridad para la vida en el Valle del Cusco*. Cusco: Centro Guamán Poma de Ayala.

Chilliuhani Ttito, Valentín
2012 *Las rondas campesinas del Perú: una alternativa de justicia en las zonas rurales altoandinas. El caso de Ocongate, un distrito rural del departamento de Cusco (1992-2011)*. Tesis para optar al grado de magíster en historia con mención en estudios andinos por la Pontifica Universidad Católica del Perú, Lima.

Chion, Miriam
2009 "Cambios en el centro histórico del Cusco: espacios turísticos, espacios culturales" en Luis Nieto Degregori, editor, *El ombligo se pone piercing. Identidad, patrimonio y cambios en el Cusco*. Cusco: Centro Guamán Poma de Ayala, pp. 115-150.

Coello, Javier, et ál.
2006 "Provisión de asistencia técnica de campesino a campesino en Cusco y Cajamarca: promoviendo el cambio tecnológico en comunidades pobres de la sierra peruana", Carlos Iván Degregori, Javier Escobal y Javier Iguíñiz, editores, *Perú: el problema agrario en debate. Sepia XI*. Lima: Seminario permanente de Investigación Rural.

Coppin, Lieve
2008 "Rutas turísticas de la papa. Informe Final", consultoría realizada para el Ministerio de Agricultura del Perú, Lima, octubre de 2008.

Cortés, Ángela
2014 *Historias de vida: Remigio Huayllane*. Lima: Corporación Procasur, Fundación Ford, documentos de trabajo del programa Talentos Rurales.

Cotlear, David
1989 *Desarrollo campesino en los Andes: cambio tecnológico y transformación social en las comunidades de la sierra peruana*. Lima: Instituto de Estudios Peruanos, Serie Estudios de la Sociedad Rural, 11.

Cotler, Julio
1968 "La mecánica de la dominación interna y del cambio social en el Perú", en José Matos Mar et ál., *Perú Problema, Cinco ensayos*. Lima: Instituto de Estudios Peruanos,

1969 "Pautas de cambio en la sociedad rural", en José Matos Mar, Julio Cotler et ál., *Dominación y cambios en el Perú rural*. Lima: Instituto de Estudios Peruanos.

Crabtree, John
2014 "Funding Local Government: Use (and Abuse) of Peru's Canon System", *Bulletin of Latin American Research*, vol. 33, n.° 4, pp. 452-467.

Davis, Mikal S.
2013 *Contests as a Tool for Development: Evidence from Peru*, Thesis submitted in partial fulfillment of the requirement for the degree of Master of Science in Economics, Tufts University.

Degregori, Carlos Iván
1986 "Del mito de Inkarri al mito del progreso: poblaciones andinas, cultura e identidad nacional", *Socialismo y Participación*, n.° 36.

2014 "Del mito mariateguista a la utopía andina", en Carlos Iván Degregori, *¿Cómo despertar a la bella durmiente?*. Lima: Instituto de Estudios Peruanos, serie Obras Escogidas de Carlos Iván Degregori, 5, pp. 301-336.

Degregori, Carlos Iván, José Coronel y Ponciano Del Pino
1999 "Gobierno, ciudadanía y democracia: una perspectiva regional", en John Crabtree y Jim Thomas, editores, *El Perú de Fujimori: 1990-1998*. Lima: Universidad del Pacífico, Instituto de Estudios Peruanos, pp. 437-465.

Domínguez Faura, Nicanor
2014 "The Puquina Language in the Early Colonial Southern Andes (1548-1610): A Geographical Analysis", *Journal of Latin American Geography*, vol. 13, n.° 2, pp. 181-206.

Dorais, Geneviève
2012 *La crítica maoísta peruana frente a la reforma agraria de Velasco (1969-1980)*. Lima: Instituto de Estudios Peruanos, serie documentos de trabajo, 167.

Dourojeanni, Marc
2006 *Estudio de caso sobre la carretera Interoceánica en la Amazonía sur del Perú*. Lima; Conservación Internacional, Derecho, Ambiente y Recursos Naturales, Bank Information Center, Racimos de Ungurahui, Labor.

Escandell-Tur, Neus
1997 *Producción y comercio de tejidos coloniales. Los obrajes y chorrillos del Cusco, 1570-1820*. Cusco: Centro de Estudios Regionales Bartolomé de las Casas.

Escobal, Javier, Carmen Ponce y Raúl Hernández Asensio
2013 "Intervenciones de actores extra-territoriales y cambios en la intensidad de uso de los recursos naturales: el caso del territorio Cuatro Lagunas, Cusco-Perú", en Julio A. Berdegué y Félix Modrego, editores, *De Yucatán a Chiloé. Dinámicas Territoriales en América Latina*. Buenos Aires: Teseo.

Escobal, Javier, et ál.

2012 *Estudio comparativo de intervenciones para el desarrollo rural en la sierra sur del Perú*. Lima: Ford Foundation, Grupo de Análisis para el Desarrollo.

Escobal, Javier y Carmen Ponce

2008 *Dinámicas provinciales de pobreza en el Perú, 1993-2005*. Santiago de Chile: Rimisp-Centro Latinoamericano para el Desarrollo Rural, serie documentos de trabajo del programa Dinámicas Territoriales Rurales, 11.

Fernández, Lourdes

2012 *Desarrollo territorial en Madre de Dios. Los impactos socioambientales de la carretera Interoceánica Sur*. Lima: Wildlife Conservation Society.

Figueroa Pinedo, Jessica Ruth

2013 "Turismo, pobreza y desarrollo sostenible en el Perú. Los casos de Cusco, Cajamarca y La Libertad". Tesis de doctorado en el programa de turismo, derecho y empresa de la Universidad de Gerona.

Flores Galindo, Alberto

1987 *Buscando un inca: identidad y utopía en los andes*. Lima: Instituto de Apoyo Agrario.

Flores Lizcana, Carlos

1997 *El Taytacha Quyllur Rit'i. Teología india hecha por comuneros y mestizos quechuas*. Sicuani: Instituto de Pastoral Andina.

Flores Ochoa, Jorge

1990 "El Cristo de la Nieve Resplandeciente", en *Cusco, resistencia y continuidad*. Cusco: Centro de Estudios Andinos.

1996 "Buscando los espíritus del Ande: turismo místico en el Qosqo" H. Tomoeda y L. Millones, editores, *La tradición andina en tiempo modernos*. Osaka: National Museum of Ethnology.

1997 "El Pachamama Raymi en Qatqa", *Mosoq Kiksko*, n.° 31, pp. 7-10.

2000 "En el principio fue el Inka. El ciclo del Inti Raymi cusqueño", en Luis Millones, Hiroyasu Tomoeda y Tatsuhiko Fujii, *Desde afuera y desde adentro. Ensayos de etnografía del Cusco y Apurímac*, Osaka, National Museum of Ethnology, pp. 123-148.

Flores Ochoa, Jorge, Elizabeth Kuon Arce y Roberto Samánez Argumedo
1991 "De la evangelización al incaismo. La pintura mural en el sur andino", *Histórica*, vol. 15, n.° 2, pp. 165-199.

Flores Ochoa, Jorge y Juan Núñez del Prado, editores
2005 *Q'ero, el último ayullu inka. Homenaje a Óscar Núñez del Prado y a la expedición científica de la UNSAAC a la nación q'ero en 1955*. Lima: Instituto Nacional de Cultura, Dirección Regional de Cusco, Universidad Nacional Mayor de San Marcos.

Frisque, Jenica
2011 "The Real Value of Cultural Assets: Gender & Rural Territorial Dynamics in Valle Sur-Ocongate". Manuscrito, documento del proyecto Coaliciones, Dinámicas Territoriales y Desarrollo, Rimisp-Centro Latinoamericano para el Desarrollo Rural.

Fuenzalida, Fernando, et ál.
1968 *El desafío de Huayopampa. Comuneros y empresarios*. Lima: Instituto de Estudios Peruanos 1968.

Fujii, Tatsuhiko
2000 "El arte popular en la ciudad del Cusco y la identidad regional" en Luis Millones, Hiroyasu Tomoeda y Tatsuhiko Fujii, editores, *El arte popular en la ciudad del Cusco y la identidad regional*. Osaka: National Museum of Ethnology, pp. 149-157.

Gall, Norman
1974a "Perú, mancha indígena" en *Síntesis actuales elaboradas por el CIAL*. Sin datos de edición.

1974b *La reforma educativa peruana*. Lima: Mosca Azul Editores.

García Medina, Jesús, y Cristina Gutiérrez Zúñiga
2012 "La indianización de la nueva era en Guadalajara", *Cuicuilco*, n.º 55, pp. 219-244.

GARRETT, David T.
2009 *Sombras del imperio: la nobleza indígena del Cusco, 1750-1825*. Lima: Instituto de Estudios Peruanos.

GASCÓN, Jorge
2005 *Gringos como en sueños. Diferenciación y conflictos campesinos en los Andes peruanos ante el desarrollo del turismo*. Lima: Instituto de Estudios Peruanos.

GODEZZI, Juan Carlos, compilador
1992 *El quechua en debate*. Cusco: Centro Bartolomé de las Casas.

GONZALES, Osmar
2012 "The Instituto Indigenista Peruano: A New Place in the State for the Indigenous", *Latin American Perspectives*, vol 39, pp. 33-44.

GOW, David D.
1974 "Taytacha Quyllur Rit'i. Rocas y bailarines, creencias y continuidad", *Allpanchis Phuturinga*, n.° 7, pp. 49-100.

GREY, Sam
2011 "Decolonization as Relocalization. Conceptual and Strategic Frameworks of the Parque de la papa, Qosqo". Thesis Submitted in Partial Fulfillment of the Requirements for the Degree of Master of Arts in the Faculty of Human and Social Development, University of Victoria.

GUTAFSSON, Maria-Therese
2008 "Inclusión o cooptación de comunidades indígenas en la política local. Reflexiones desde los Andes peruanos", *Amérique Latine Histoire et Mémoire*, n.°16.

GUTIÉRREZ, Julio G.
1986 *Así nació el Cusco rojo. Contribución a su historia política 1924-1934*. Lima: sin datos de edición.

HALL, Ingrid
2013 "La reforma agraria, entre memoria y olvido (Andes sur peruanos)", *Antrhopologica*, n.° 31, pp. 101-125.

HELLIN, Jon, y John DIXON

2008 "Operationalising participatory research and farmer-to-farmer extension: the Kamayoq in Peru", *Development in Practice*, vol. 18, n.° 4-5, pp. 627-632

HENRICI, Jane

1999 "Trading Culture: Tourism and Tourist Art in Písac, Peru" en Michael Robinson y Priscilla Boniface, editores, *Tourism and Cultural Conflicts*. Wallingford: CABI Publishing, pp. 161-180.

2007 "Género, turismo y exportación: ¿llamando a la plata en el Perú?", *Anthropologica*, n.° 25, pp. 83-101.

HERRERA WASSILOWSKY, Alexander

2011 *La recuperación de tecnologías indígenas: arqueología, tecnología y desarrollo en los Andes*. Lima: Instituto de Estudios Peruanos, Universidad de los Andes, Consejo Latinoamericano de Ciencias Sociales, Punku Centro de Investigación Andina.

HILL, Michael D.

2007a "Contesting Patrimony: Cusco's Mystical Tourist Industry and the Politics of Incanismo", *Ethnos*, vol. 72, nº 4.

2007b "Inca of the Blood, Inca of the Soul: Embodiment, Emotion, and Racialization in the Peruvian Mystical Tourist Industry", *Journal of the American Academy of Religion*, vol. 76, nº 2, pp. 251-279.

2010 "Myth, Globalization, and Mestizaje in New Age Andean Religion: The Intic Churincuna (Children of the Sun) of Urubamba, Peru", *Ethnohistory*, vol. 57, n.° 2, pp. 263-289.

2012 "Desigualdad, diferencia y política de identidad" en Julio Cotler y Ricardo Cuenca, *Las desigualdades en el Perú: balances críticos*. Lima: Instituto de Estudios Peruanos.

HUBER, Ludwig, Raúl H. ASENSIO y Rómulo ZÚÑIGA

2011 *Políticas de la identidad, fragmentación y conflicto social en el Perú contemporáneo*. Lima, Instituto de Estudios Peruanos, documento de trabajo, 166.

HYDE, Kate

2006 "Cloth, Culture and Change. The Effects of Globalisation on Indigenous Textile Production in Peru". Dissertation submitted in partial fulfilment of the requirements for the degree of Bachelor of Arts in the School of Art and Design, the Manchester Metropolitan University.

KAULICKE, Peter

1998 "Julio C. Tello vs. Max Uhle en la emergencia de la Arqueología peruana" en Peter Kaulicke, editor, *Max Uhle y el Perú antiguo*. Lima: Pontificia Universidad Católica del Perú, pp. 69-84.

KEITH, Robert G., et ál.

1970 *La hacienda, la comunidad y el campesinado en el Perú*. Lima: Instituto de Estudios Peruanos.

KAY, Cristóbal

2001 "Los paradigmas de desarrollo rural en América Latina" en Francisco García Pascual, editor, *El mundo rural en la era de globalización: incertidumbres y potencialidades*. Madrid, Lérida: Ministerio de Agricultura, Pesca y Alimentación, Universitat de Lleida.

2002 "Agrarian reform and the neoliberal counter-reform in Latin America" en Jacqueline Chase, editor, *The Space of Neoliberalism: Land, Place and Family in Latin America*. Bloomfield, Connecticut: Kumarian Press.

2006 "Una reflexión sobre los estudios de pobreza rural y estrategias de desarrollo en América Latina", *Revista ALASRU Nueva Época, Análisis Latinoamericano del Medio Rural*, n.º 4, pp. 29-76.

2007 "Algunas reflexiones sobre los estudios rurales en América Latina", *Iconos. Revista de Ciencias Sociales*, n.º 29, pp. 31-50.

2009 "Estudios rurales en América Latina en el periodo de globalización neoliberal: ¿una nueva ruralidad?", *Revista Mexicana de Sociología*, vol. 71, n.º 4, pp. 607-645.

Kuon Arce, Elizabeth et ál.
2009 *Cusco-Buenos Aires: ruta de la intelectualidad americana (1900-1950)*. Cusco, Buenos Aires, Granada: Universidad San Martín de Porres.

La Cruz, Gonzalo et ál.
2004 "Desarrollando mercados de asistencia técnica de campesino a campesino en el sur andino. Una estrategia para el alivio de la pobreza", en Fernando Eguren, editor, *Perú: el problema agrario en debate. Sepia X*. Lima: Seminario Permanente de Investigación Agraria, Oxfam.

Laats, Henkjan
2000 "Propiedad y autonomía en comunidades campesinas en el Perú, proyecciones desde la población". Cusco: Centro Bartolomé de las Casas (manuscrito).

Landa Vásquez, Ladislao y Carmen Cazorla Zen
2014 "El curanderismo andino: balances necesarios" en Silvia Limón Olivera y Luis Millones, editores, *Por la mano del hombre: prácticas y creencias sobre chamanismo y curandería en México y en el Perú*. Lima: Asamblea Nacional de Rectores, pp. 249-300.

Lavalle, Bernard
1998 *El mercader y el marqués: las luchas de poder en el Cusco, 1700-1730*. Lima: Banco Central de Reserva del Perú.

LeBorgne, Yann
2005 "Evolución del indigenismo en la sociedad peruana. El tratamiento al grupo étnico Q'ero" en Antoinette Molinié, editora, *Etnografías de Cusco*. Cusco, Lima: Centro Bartolomé de Las Casas, Instituto Francés de Estudios Andinos, pp. 159-179.

Leinaweaver, Jessaca B.
2009 *Los niños ayacuchanos: una antropología de la adopción y la construcción familiar en el Perú*. Lima: Instituto de Estudios Peruanos.

Levi, Giovanni

1990 *La herencia inmaterial. La historia de un exorcista piamontés del siglo XVII*. Madrid: Nerea.

Limón Olivera, Silvia y Luis Millones, editores

2014 *Por la mano del hombre: prácticas y creencias sobre chamanismo y curandería en México y en el Perú*. Lima: Asamblea Nacional de Rectores, pp. 385-424.

Lituma Agüero, Leopoldo

2011 *El verdadero rostro de Túpac Amaru (Perú, 1969-1975)*. Lima: Universidad Nacional Mayor de San Marcos, Pakarina Ediciones, 2011.

Llosa, Eleana

2003 *La batalla por la interoceánica en el sur peruano: ¿localismo o descentralismo?* Lima: Instituto de Estudios Peruanos, serie documentos de trabajo, 129.

López Gallegos, Carmen Clenny, et ál.

2013 *Caracterización socioeconómica de la provincia de Quispicanchi*. Cusco: Gobierno Regional del Cusco.

López Lenci, Yazmín

2004 *El Cusco, paqarina moderna. Cartografía de una modernidad e identidades en los Andes peruanos (1900-1935)*. Lima: Fondo Editorial de la Universidad Nacional Mayor de San Marcos, Consejo Nacional de Ciencias y Tecnología.

Lorandi, Ana María

2013 *La pedagogía del miedo: los borbones y el criollismo en el Cusco 1780-1790*. Cusco: Instituto Francés de Estudios Andinos.

Lawhon Mary y Miriam Chion

2012 "Rooted Cosmopolitanism: Spaces of Multiplicity in Cusco, Peru", *International Journal of Urban and Regional Research*, vol. 36, n.° 3, pp. 539–553.

Mannheim, Bruce

1989 "La memoria y el olvido en la política lingüística", *Lexis*, vol. 43, n.° 1, pp. 13-45.

Martín Sánchez, Juan
2003 *La revolución peruana: ideología y práctica política de un gobierno militar, 1968-1975*. Sevilla: Universidad de Sevilla.

Marr, Tin
1999 "Neither the State nor the Grass Roots: Language Maintenance and the Discourse of the Academia Mayor de la Lengua Quechua", *International Journal of Bilingual Education and Bilingualism*, vol. 2, n.° 3, pp. 181-197.

Matos Mar, José
1968 "Dominación, desarrollos desiguales y pluralismo en la sociedad y culturas peruanas", en José Matos Mar et ál., *Perú Problema, Cinco ensayos*. Lima: Instituto de Estudios Peruanos,

1976 *Yanaconaje y reforma agraria en el Perú. El caso del valle de Chancay*. Lima: Instituto de Estudios Peruanos.

1978 "Educación, lengua y marginalidad rural en el Perú", Informes del proyecto "Desarrollo y educación en América Latina y El Caribe", ejecutado de manera conjunta por UNESCO, CEPAL y PNUD, abril de 1978. Con la colaboración de Giorgio Alberti, Vera Gianotten, Aurelio Carmona Cruz, Jorge Flores Ochoa, Juvenal Casaverde y José M. Mejía.

Matos Mar, José, y José M. Mejía
1980 *La reforma agraria en el Perú*. Lima: Instituto de Estudios Peruanos.

Maxwell, Keely
2007 "Campesinos metalizados y rituales burocráticos: la lucha por el sustento, las regulaciones y el turismo en el Camino Inca" en A. Ypeij y A. Zoomers, *La ruta andina: turismo y desarrollo sostenible en Perú y Bolivia*. Quito: Instituto de Estudios Peruanos - Centro Bartolomé de las Casas - Centro de Estudios para el Desarrollo Laboral y Agrario - Abya Yala, pp. 85-103.

McGrath, Gemma
2004 "Including the Outsiders: The Contribution of Guides to Integrated Heritage Tourism Management in Cusco, Southern Peru", *Current Issues in Tourism*, vol. 7, n.° 4-5, pp. 426-432.

MENDOZA, Zoila

2001 *Al son de la danza: identidad y comparsas en el Cusco*. Lima: Pontificia Universidad Católica del Perú,

2010 "La fuerza de los caminos sonoros: caminata y música en Qoyllorit'i", *Anthropologica*, n.° 28, pp. 15-38.

MEYER, Enrique

2009 *Cuentos feos de la reforma agraria*. Lima: Instituto de Estudios Peruanos, Centro Peruano de Estudios Sociales.

MILLÁN, Armando

2003 "El Tesoro de Wiñaymarca, lago Titicaca" en Jorge Bracamonte, Víctor Vich y Armando Millán, editores, *Sumando esfuerzos. Doce experiencias de participación ciudadana en la gestión local*. Lima: Red para el Desarrollo de las Ciencias Sociales en el Perú.

MINISTERIO DE COMERCIO EXTERIOR Y TURISMO

2007 *Turismo rural comunitario en Perú. Experiencias exitosas*. Lima: Ministerio de Comercio Exterior y Turismo, PROMPERU.

MOLINIÉ, Antoinette

2005 "La transfiguración eucarística de un glaciar: una construcción andina del Corpus Christi" en Antoinette Molinié, editora, *Etnografías de Cusco*. Cusco: Centro de Estudios Regionales Andinos Bartolomé de Las Casas.

MOROTE BEST, Efraín

2005 "Un nuevo mito de fundación del imperio", en Jorge Flores Ochoa, editor, *Q'ero, el último ayullu inka. Homenaje a Óscar Núñez del Prado y a la expedición científica de la UNSAAC a la nación q'ero en 1955*. Lima: Instituto Nacional de Cultura, Dirección Regional de Cusco, Universidad Nacional Mayor de San Marcos, pp. 287-311.

MURPHY, Annie y Laird Townsend

2010 "Farmers without Borders", CSQ *Issue: Quechua and Climate Change*, vol. 34, n.° 4.

NIETO DEGREGORI, Luis

1994 "Cincuenta años de la creación del Día del Cusco", *Parlante*, n.° 49, pp. 16-17.

NIÑO-MURCIA, Mercedes

1995 "Política del purismo lingüístico en el Cusco", *Lexis*, vol. XIX, n.° 2, pp. 251-288

NOVA, Rafael

2010 *Manual Mapa Colaborativo de Emprendimientos con Identidad Cultural del Valle Sur Ocongate (Cusco)*. Santiago de Chile: Rimisp-Centro Latinoamericano para el Desarrollo Rural, serie documentos de trabajo del programa Desarrollo Territorial Rural con Identidad Cultural.

NÚÑEZ DEL PRADO, Juan

1970 "El mundo sobrenatural de los quechuas del sur del Perú a través de la comunidad de Qotobamba", Tesis de licenciatura en el Departamento de Antropología de la Universidad de San Antonio Abad de Cusco (publicado ese mismo año con igual título en el número 2 de la revista *Allpanchis*).

1979 "Jerarquía religiosa andina", *Revista Cielo abierto*, vol. 1, n.° 2.

2005 "Un mito de origen colonial, una profecía y un proyecto nacional en Jorge Flores Ochoa, editor, *Q'ero, el último ayullu inka. Homenaje a Óscar Núñez del Prado y a la expedición científica de la UNSAAC a la nación q'ero en 1955*. Lima: Instituto Nacional de Cultura, Dirección Regional de Cusco, Universidad Nacional Mayor de San Marcos, pp. 335-349 (primera versión de 1984),

NÚÑEZ DEL PRADO, Juan y Lida MURILLO

1995 "Preparando un inca", *Crónicas urbanas*, n.° 4, 1995, pp. 115-122.

NÚÑEZ DEL PRADO, Óscar

1964 "El hombre y la familia: su matrimonio y organización político-social en Q'ero, en *Estudios sobre la cultura actual del Perú*. Lima: Universidad Nacional Mayor de San Marcos (reeditado en Jorge Flores Ochoa, editor, *Q'ero, el último ayullu inka. Homenaje a Óscar Núñez del Prado y a la expedición científica de la UNSAAC a la nación q'ero en 1955*. Lima: Instituto Nacional de Cultura, Dirección Regional de Cusco, Universidad Nacional Mayor de San Marcos, 2005).

O'Phelan Godoy, Scarlett
1977 "Cusco 1777: el movimiento de Maras, Urubamba", *Histórica*, vol. 1, n.° 1, 1977.

1979 "La rebelión de Túpac Amaru: organización interna, dirigencia y alianzas", *Histórica*, vol. 3, n.° 2, pp. 89-121.

Oliart, Patricia
2013 "Education for Social Change, Peru 1972-1975", *Journal of Social Science Education*, vol. 12, n.° 3, pp. 8-18.

Oliart, Patricia, Rosa María Mujica y José María García
2005 *Quispicanchi: género y sexualidad*. Lima: IPEDEHP.

Olivera Loayza, Jimmy, et ál.
2010 *Proyecto Fortalecimiento del desarrollo de capacidades de ordenamiento territorial en la región Cusco. Área de turismo: provincia de Quispicanchi*. Cusco: Gerencia de Planeamiento, Presupuesto y Acondicionamiento Territorial.

Ortiz Rascaniere, Alejandro
1973 *De Adaneva a Inkarrí, una visión indígena del Perú*. Lima: Retablo de Papel.

Ossio, Juan M.
1973 *Ideología mesiánica del mundo andino*. Lima: Ignacio del Prado Pastor Ediciones.

Oyata, Martín
2014 "Una nación para los incas: Mariátegui y el Tahuantinsuyo", ponencia presentada en el 37° Congreso Internacional de la Asociación de Estudios Latinoamericanos (LASA), Chicago, 21-24 de mayo.

Pacheco Medrano, Karina
2007 *Incas, indios y fiestas. Reivindicaciones y representaciones en la configuración de la identidad cusqueña*. Cusco: Instituto Nacional de Cultura, Dirección Regional de Cultura de Cusco.

Pajuelo, Ramón
2006 *Participación política indígena en la sierra peruana. Una aproximación desde las dinámicas nacionales y locales*. Lima: Instituto de Estudios Peruanos, Fundación Konrad Adenauer.

Paredes, Maritza
2011 "Indigenous Politics and the Legacy of the Left" en John Crabtree, editor, *Fracture Politics. Peruvian Democracy. Past and Present*. Londres: Institute for the Study of the Americas, University of London.

Perche, Guillaume
2012 "Cuando el cuy tuvo que salir de la cocina. Turismo e intimidade na ilha de Amantani, lago Titicaca, Perú", en Raúl H. Asensio y Beatriz Pérez Galán, editores, ¿El turismo es cosa de pobres? Patrimonio cultural, pueblos indígenas y nuevas formas de turismo en América Latina. El Sauzal (Tenerife): PASOS, Instituto de Estudios Peruanos, pp. 201-224.

Pérez Galán, Beatriz
2008 "El patrimonio inmaterial en proyectos de desarrollo territorial en comunidades indígenas de los Andes peruanos", *Patrimonio y desarrollo*, n.° 3.

Poole, Deborah
1982 "Los santuarios religiosos en la economía regional andina", *Allpanchis*, n.° 19, 1982

1988 "Entre el milagro y la mercancía: Quyllur Rit'i", *Márgenes*, año 2, n.° 4, pp. 101-119.

Quedena, Enrique
2003 *Democracia participativa en los Andes: la experiencia de cuatro municipalidades rurales en el Perú*. Lima, Department for International Development (DFID), Oxfam, Council for the Intellectual and Cultural Development of the Arts (CICDA), Red de Municipalidades Rurales del Perú (REMURPE), 2003

Quintín Quílez, Pere
1993a "La recomposición del poder local en un distrito andino: Ocongate-Cusco, 1970-1992", Ponencia presentada al V

Seminario Permanente de Investigación Agraria celebrado en Arequipa.

1993b "La reapropiación de la historia y la lucha por el poder local en un distrito del sur andino peruano (Ocongate, Cusco)", en Pilar García Jordán, Miquel Izard y Javier Laviña, editores, *Memoria, creación e historia: luchar contra el olvido*. Barcelona: Universidad de Barcelona, pp. 293-304

Radcliffe, Sarah, et ál.
2002 "Reterritorialized Space and Ethnic Political Participation: Indigenous Municipalities in Ecuador", *Space and Polity*, vol. 6, n. ° 3, pp. 289-305.

Ramírez Vásquez, Elicenia
2011 "El mito de Inkarrí: ideología y violencia en las novelas La Tumba del Relámpago de Manuel Scorza y Abril Rojo de Santiago Roncagliolo", *Nexus*, n.° 10, pp. 236-149.

Ramos, Alejandra
2013 "Max Uhle - Julio Tello: una polémica académico-política en la conformación de la arqueología peruana", *Runa*, vol. 34, nº 22, pp. 197-214.

Ranaboldo, Claudia y Alexander Schejtmann, editores
2008 *El valor del patrimonio cultural. Territorios rurales, experiencias y proyecciones latinoamericanas*. Lima: Instituto de Estudios Peruanos, Centro Latinoamericano para el Desarrollo Rural.

Rasch, Elisabet D.
2012 "The Root is Maya, the Practice is Pluralist: Xelju and Indigenous Political Mobilization in Quetzaltenango, Guatemala", *Bulletin of Latin American Research*, vol. 31, n.° 1, pp. 80-94.

Reátegui, Wilson
1977 "Breve descripción de las acciones de los campesinos de la hacienda Lauramarca", en Wilfredo Kapasoli E., editor, *Los movimientos campesinos en el Perú: 1879-1965*. Lima: Delva Editores, pp. 245-268.

Remy, María Isabel

2013 "50 años de investigaciones sobre la sociedad rural en el IEP", conferencia pronunciada en el marco del Seminario "El Instituto de Estudios Peruanos y las ciencias sociales en el Perú: una reflexión crítica", Lima 14-15 de noviembre de 2013.

Rigolin, Camila Carneiro Dias

2010 "North-South, Public- Private Parterberships for Biodiversity Prospection: Two cases Studies from Peru". Ponencia presentada en el 33° Congreso Internacional de la Asociación de Estudios Latinoamericanos (LASA), Toronto, Canadá, 6-9 de octubre de 2010.

Roberts, Paul E.

2005 "Tourism, political economy, identity politics and globalization in a Milennial City: Cusco, Perú 2005". Ponencia presentada al VI Congreso Nacional de Investigaciones en Antropología, 1-6 de agosto de 2005.

Romero, Raúl

1989 "Música urbana en un contexto campesino: tradición y modernidad en Paccha (Junín), *Antrhopologica*, vol. 7, n.° 7, pp. 121-133.

1999 "De-esencializando al mestizo andino", en Carlos Iván Degregori y Gonzalo Portocarrero, editores, *Cultura y globalización*. Lima: Red para el Desarrollo de las Ciencias Sociales.

2004 *Identitades múltiples: memoria, modernidad y cultura popular en el valle del Mantaro*. Lima: Fondo Editorial del Congreso del Perú.

Rozas Álvarez, Jesús Washington

2005 "Los paqo en q'ero" en Jorge Flores Ochoa, editor, *Q'ero, el último ayllu inka. Homenaje a Óscar Núñez del Prado y a la expedición científica de la UNSAAC a la nación q'ero en 1955*. Lima: Instituto Nacional de Cultura, Dirección Regional de Cusco, Universidad Nacional Mayor de San Marcos, pp. 265-277

2014 "La ambivalencia del curanderismo cusqueño: una interpretación de su doble identidad frente a los clientes que solicitan su servicio", en Silvia Limón Olivera y Luis Millones, editores, *Por la mano del hombre: prácticas y creencias sobre chamanismo y curandería en México y en el Perú*. Lima: Asamblea Nacional de Rectores, pp. 385-424.

Rozas Beltrán, Wilbert
2010 "Estado y gobiernos locales: una mirada desde los municipios rurales", en Alberto Adrianzén, Ciro Alegría Varona, Jeannine Anderson Roos, et. ál., *El estado en debate: múltiples miradas*. Lima: Programa de las Naciones Unidas para el Desarrollo, pp. 255-272.

Sala i Vila, Núria
2013 "La historiografía rural peruana bajo el influjo de la Reforma agraria y el neoliberalismo (1968-2012)" ponencia presentada en el XIV Congreso de Historia Agraria, Badajoz (Extremadura), 7-9 de noviembre de 2013

Salas Carreño, Guillermo
2003 "Curanderos, peregrinos y turistas. Procesos interculturales en la sociedad cusqueña contenporánea", *Anthropologica*, vol, 21, pp. 145-171.

2006 "Jerarquía social y discursos de resistencia cultural: El control de los principales rituales de la peregrinación de Quyllurit'i (Cusco, Perú) a lo largo del s XX". Ponencia presentada al 52° Congreso internacional de Americanistas, celebrado en Sevilla, julio de 2006.

2010a "Acerca de la antigua importancia de las comparsas de wayri ch'unchu y su contemporánea marginalidad en la peregrinación de Quyllurit'i", *Anthropologica*, n.º 28, pp. 67-91.

2010b "Conversiones religiosas y conflictos comunales. Las iglesias evangélicas y la creciente importancia del turismo en comunidades campesinas de Cusco" en Patricia Ames y Víctor Caballero, editores, *Perú: el problema agrario en debate. SEPIA XIII*. Lima: Seminario Permanente de Investigaciones Agrarias.

2012 "Negotiating evangelicalism and new age tourism through quechua ontologies in Cusco, Peru". Dissertation submitted in partial fulfillment of the requirements for the degree of Doctor of Philosophy (Anthropology) in The University of Michigan.

2014 "The Glacier, the Rock, the Image: Emotional Experience and Semiotic Diversity at the Quyllurit'i Pilgrimage (Cusco, Peru)", *Signs and Society*, vol. 2, n.° S1, pp. S188-S214.

SAMANIEGO DÍAZ, Ramiro Franciso
2013 "Memoria descriptiva del mapa temático sobre origen y organización política administrativa en las comunidades campesinas, comunidades nativas y centros poblados de la región Cusco". Cusco: Gerencia de Planeamiento, Presupuesto y Acondicionamiento Territorial del Gobierno Regional, documento del Proyecto Fortalecimiento del desarrollo de capacidades de ordenamiento territorial en la región Cusco.

SARMIENTO, Fausto O., Guillermo RODRIGUEZ y Alejandro ARGUMEDO
2005 "Cultural landscapes of the Andes: indigenous and colonoculture, traditional knowledge and ethno-ecological heritage" en Jessica Brown, Nora J. Mitchell y Michael Beresford, editors, *The protected landscape approach: linking nature, culture*, and community. Londres: IUCN.

SARRAZIN, Jean-Paul
2011 *Du marxisme au chamanisme. Naissance d'un indigénisme local à l'heure globale.* Saarbrücken: Éditions Universitaires Européennes.

2012 "New age en Colombia y la búsqueda de la espiritualidad indígena", *Revista Colombiana de Antropología*, vol. 48, n.º 2, pp. 139-162.

SELIGMANN, Linda J.
1995 *Between Reform and Revolution: Political Struggles in the Peruvian Andes, 1969-1991.* Stanford CA; Stanford University Press [hay traducción al español publicada por el IEP en 2015].

2004 *Peruvian Street Lives. Culture Power and economy among Market Women of Cusco.* Urbana: University of Illinois Press [hay edición en español publicada por el IEP en 2015].

2008 "Agrarian Reform and Peasant Studies: The Peruvian Case" en Deborah Poole, editora, *A Companion to Latin American Anthropology*. Oxford: Blackwell Publishing.

SENDÓN, Pablo F.

2011 "Fundamentos etnográficos para una etno-historia comparativa de los valles orientales del macizo del Ausangate: distrito de Marcapara, departamento del Cusco, Perú, 1821-1960", comunicación presentada en la XXV Reunión Anual de Etnología, La Paz, Sucre, Santa Cruz, agosto-noviembre de 2011.

SILLAR, Bill

2013 "The building and rebuilding of walls: Aspirations, commitments and tensions within an Andean community and the archaeological monument they inhabit", *Journal of Material Culture*, vol. 18, pp. 27-51

SILVERMAN, Helaine

2002 "Touring Ancient Times: The Present and Presented Past in Contemporary Peru", *American Anthropologist*, vol. 104, nº 202, pp.881-902

2006 "The Historic District of Cusco as an open-Air Site Museum, en Helaine Silverman, editora, *Archaeological Site Museums in Latin America*. Gainesville: University Press of Florida.

2008 "Mayor Daniel Estrada and the Plaza de Armas of Cusco, Peru", *Heritage Management*, vol. 1, nº 2, pp. 181-218.

2012 "The Space of Heroism in the Historic Center of Cusco" en Russell Staiff, Robyn Bushell y Steve Watson, editores, *On Location: Heritage Cities and Sites*. Nueva York: Springer, pp. 89-113.

2013 "Cuscotopia. Imagining and performing the Incas", en *Heritage and Tourism. Place, Encounter, Engagement*. Londres: Routledge, pp. 128-151.

SKAR, Harald O.

1997 *La gente del valle caliente: dualidad y reforma agraria entre los runakuna (quechua hablantes) de la sierra peruana*, Lima, Fondo Editorial de la Pontificia Universidad Católica del Perú.

SOTOMAYOR, César, et ál.
2008 *Avances del proceso de institucionalización del mecanismo CLAR en los gobiernos locales*. Cusco: Proyecto Corredor Puno-Cusco.

STAVIG, Ward
1985 "Violencia cotidiana de los naturales de Quispicanchis y Canas y Canchis en el siglo XVIII", *Revista Andina*, vol. 3, n.° 2, pp. 460-466.

1999 *The World of Tupac Amaru: Conflict, Community, and Identity in Colonial Peru*. Lincoln: University of Nebraska Press.

STEEL, Griet
2013 "Mining and Tourism Urban Transformations in the Intermediate Cities of Cajamarca and Cusco, Peru", *Latin American Perspectives*, vol. 40 n.° 2, pp. 237-249.

STENSRUD, Astrid B.
2010 "Los peregrinos urbanos en Qoyllorit'i y el juego mimético de miniaturas", *Anthropologica*, n.° 28, pp. 39-65.

SULLCA CONDORI, Sergio
2007 "Salcca Pucara: el precio del progreso sin consenso", *Willanakuy*, edición de junio de 2007, pp. 13-15.

SULMONT, David
1995a "Demandas sociales y ciudadanía: el caso de Quispicanchi, Cusco", *Allpanchis*, n.° 46, pp. 45-89.

1995b *Estado ciudadanía y grupos sociales en la sociedad rural andina: estudio de caso en la provincia de Quispicanchi-Cusco*. Tesis presentada para obtener el grado de licenciado en sociología por la Pontificia Universidad Católica del Peu, Lima, mayo de 1995.

TAMOEDA, Hiroyasu
1992 "Curanderos urbanos: salud y ritual en el Cusco contemporáneo", en H. Tamoeda y Jorge Flores Ochoa, *El Qosqo, antropología de la ciudad*. Cusco: Centro de Estudios Andinos.

2006 "Inkarrí en La Habana: discurso indigenistas en torno a un mito indígena", en Luis Millones y Takahiro Kato, editores, *Desde el exterior: el Perú y sus estudiosos*. Lima: Universidad Nacional Mayor de San Marcos.

TORRE, Carlos de la
2004 *Kamayoq: Promotores campesinos de innovaciones tecnológicas*. Lima: ITDG, MASAL.

TORRES, Alfredo
2010 *Opinión pública, 1921-2021: un viaje en el tiempo para descubrir cómo somos y qué queremos los peruanos*. Lima: Aguilar.

TRIVELLI, Carolina, Javier ESCOBAL y Bruno REVESZ
2008 "Desarrollo rural para la sierra: elementos para promover una estrategia integral de desarrollo", Informe del proyecto conjunto realizado por el Instituto de Estudios Peruanos (IEP), el Grupo de Análisis para el Desarrollo (GRADE) y el Centro de Investigación y Promoción del Campesinado (CIPCA), para el Consorcio de Investigaciones Económicas y Sociales (CIES), Lima.

VALCÁRCEL, Carlos Daniel
1961 "Túpac Amaru y la prohibición de los Comentarios Reales", *Revista Nacional de Cultura*, año 22, n.° 144, pp. 101-105.

1973 *La rebelión de Túpac Amaru*. Lima: Peisa.

VALCÁRCEL, Luis E.
1944 "El nuevo significado del Cusco", *Hora del Hombre*, año 1, n.° 1, p.11, reimpreso en *Luis E. Valcárcel: del indigenismo cusqueño a la antropología peruana. Tomo I*. Lima: Ediciones Copé-Petroperú, Fondo Editorial del Congreso del Perú, Instituto de Estudios Peruanos.

1963 *Tempestad en los Andes*. Lima: Populibros Peruanos [primera edición de 1927].

1981 *Memorias* (editadas por José Matos Mar, José Deustúa y José Luis Rénique). Lima: Instituto de Estudios Peruanos

2011 *Machu Picchu: el más famoso monumento arqueológico del Perú*. Lima: Fondo de Cultura Económica.

Van Immerzeel, Willhem y Javier Cabero
2003 *La fiesta de la capacitación. Teoría y práctica de un sistema de capacitación campesino-a-campesino*, Cusco, La Paz: DEXCEL, MASAL.

Van Immerzeel, Willhem y Juan Víctor Núñez del Prado
1994 *Pachamama Raymi, un sistema de capacitación para el desarrollo*. Cusco, La Paz: Euroconsult.

Vargas León, Carlos
1998 *Desarrollo local y participación política en Ilo: nuevas formas de articulación y representación social y política*. Lima: Instituto de Estudios Peruanos, serie documentos de trabajo, 95.

Vega-Centeno, Imelda
2008 *Desde la experiencia de los sujetos. Sistematización de los Aportes del Proyecto de Desarrollo Corredor Puno-Cusco en la "Gestión del Conocimiento"*. Cusco: Proyecto Corredor Puno-Cusco, Fondo Internacional de Desarrollo Agrícola.

Vicent, Susan
2013 "Why Beautify the Plaza? Reproducing Community in Decentralized Neoliberal Perú", *Journal of Agrarian Change*, vol. 14, nº 4, pp. 522-540.

Villanueva Rojas, Paca y Roberto Montero Palacios
2013 "Hacia la configuración de sistemas locales de innovación con inclusión: la experiencia de los kamayoq en el sur andino", en Álvaro Paz, María Paz Montoya y Raúl H. Asensio, editores, *Escalando innovaciones rurales*. Lima: Instituto de Estudios Peruanos, International Development Research Centre, Fondo Internacional para el Desarrollo Aagrícola, pp. 395-414.

Von Stuckrad, Kocku
2005 "Constructions, normativities, identities: recent studies on shamanism and neo shamanism", *Religious Studies Review*, vol. 31, n.º 3-4, pp. 123-138.

WALKER, Charles
2014 *The Tupac Amaru rebellion*. Cambridge, Londres: The Belknap Press of Harvard University Press [hay edición en español publicada por el IEP en 2015].

WILCOX, Joan Parisi
1999 *Keepers of the Ancient Knowledgwe. The Mystical World of the Q'ero Indians of Peru*. Boston: Element Books.

WIENER, Elisa
2014a *Historias de vida: Mario López*. Lima: Corporación Procasur, Fundación Ford, documentos de trabajo del programa Talentos Rurales.

2014b *Historias de vida: Rosa Supho*. Lima: Corporación Procasur, Fundación Ford.

WISSLER, Holly
2005 "Tradición y modernización en la música de las dos principales festividades de Q'eros: Quyllur Rit'i (con Corpus Christi) y Carnaval" en Jorge Flores Ochoa y Juan Núñez del Prado, editores, *Q'ero, el último ayullu inka. Homenaje a Óscar Núñez del Prado y a la expedición científica de la UNSAAC a la nación q'ero en 1955*. Lima: Instituto Nacional de Cultura, Dirección Regional de Cusco, Universidad Nacional Mayor de San Marcos, pp. 375-413.

2010 "Q'eros, Perú. La regeneración de relaciones cosmológicas e identidades específicas a través de la música", *Anthropologica*, n.° 28, pp. 93-116.

YATES, Julian
2014 "Historicizing 'ethnodevelopment': Kamayoq and política-economic integration across gobernance régimen in the Peruvian Andes", *Journal of Historical Geography*, n.° 46, pp. 53-65.

YPEJ, ANNELOU y Elayne ZORN
2007 "Taquile: A Peruvian Tourist Island Struggling for Control", *European Review of Latin American and Caribbean Studies*, n.° 82, pp. 119-128.

ZAVALETA, Mauricio
2014 *Coaliciones de independientes. Las reglas no escritas de la política electoral.* Lima: Instituto de Estudios Peruanos.

ZORN, Elayne
2005 "From Political Prison to Tourist Village: Tourism, Gender, Indigeneity, and the State on Taquile Island, Peru" en Andrew Canessa, *Natives making Nation: Gender, Indigeneity, and the State in the Andes.* The University of Arizona Press, pp. 156-180

ZORN, Elayne y Linda FARTHING
2006 "Desafíos de un turismo controlado por la comunidad: el caso de la isla Taquile, Perú" en Annelou Ypeij y Anneleis Zoomers, editoras, *La ruta andina: turismo y desarrollo sostenible en Perú y Bolivia.* Quito: Instituto de Estudios Peruanos, Centro Bartolomé de las Casas, Centro de Estudios para el Desarrollo Laboral y Agrario, Abya Yala, pp. 61-84

2007 "Communitarian Tourism. Hosts and Mediators in Peru", *Annals of Tourism Research*, vol. 34, nº 3, pp. 673-689.

ZUTTER, Pierre de
2010 "Crónica de una visita al turismo vivencial de Lahua Lauhua, Ocongate, Cusco, Perú, del lunes 3 al sábado 8 de mayo de 2010", en <www.p-zutter.net>.

Se terminó de imprimir en
los talleres gráficos de
LITHO & ARTE S.A.C.
Jr. Iquique 046 - Breña
Teléfonos: 332-1989 /332-8397 / 332-9077
E-mail: ventas@lithoarte.com
Mayo de 2016